COLLECTION
DES MÉMOIRES

RELATIFS

A L'HISTOIRE DE FRANCE.

MÉMOIRES DU CARDINAL DE RETZ, TOME I.

DE L'IMPRIMERIE DE A. BELIN.

COLLECTION
DES MÉMOIRES

RELATIFS

A L'HISTOIRE DE FRANCE,

DEPUIS L'AVÉNEMENT DE HENRI IV JUSQU'A LA PAIX DE PARIS
CONCLUE EN 1763;

AVEC DES NOTICES SUR CHAQUE AUTEUR,
ET DES OBSERVATIONS SUR CHAQUE OUVRAGE,

Par M. PETITOT.

TOME XLIV.

PARIS,

FOUCAULT, LIBRAIRE, RUE DE SORBONNE, N°. 9.

1825.

MÉMOIRES

DU

CARDINAL DE RETZ,

CONTENANT

CE QUI S'EST PASSÉ DE REMARQUABLE EN FRANCE PENDANT
LES PREMIÈRES ANNÉES DU RÈGNE DE LOUIS XIV.

NOTICE

SUR

LE CARDINAL DE RETZ,

ET SUR SES MÉMOIRES.

Jean-François-Paul de Gondy naquit au château de Montmirel en Brie, au mois d'octobre 1614, de Philippe-Emmanuel de Gondy, et de Françoise-Marguérite de Sillé, dame de Commercy. Sa famille, originaire de Florence, s'étoit établie à Lyon au commencement du seizième siècle, et elle fut appelée à la cour lorsque Catherine de Médicis épousa le second des fils de François premier. Albert de Gondy, aïeul de celui dont nous nous occupons, parvint, pendant les guerres de religion, à la plus haute faveur; il fut duc de Retz, marquis de Belle-Isle, pair et maréchal de France, général des galères, colonel général de la cavalerie française, premier gentilhomme de la chambre, et grand chambellan des rois Charles IX et Henri III. Cette famille, jusqu'alors peu connue, ne fournit pas une carrière moins brillante dans l'Eglise. Pierre de Gondy, frère d'Albert, fut nommé évêque de Paris, devint cardinal, quitta son siége lorsque la vieillesse ne lui permit plus de remplir les fonctions du ministère, et fut remplacé par Henri son neveu. Celui-ci, étant mort en 1622, eut pour successeur son frère Jean-François, qui fut le premier archevêque de Paris (1).

Ce siége paroissant héréditaire dans la maison de Gondy, on destina le cadet de la famille à l'état ecclésiastique; et cet enfant, qui annonçoit les plus belles dispositions, témoigna bientôt de l'aversion pour une carrière entièrement contraire à ses goûts : ce qui n'empêcha pas ses parens de persister dans la résolution qu'ils avoient prise. Dès son enfance il possédoit les abbayes de Buzay, de Quimperlay et de La Chaumes; et à l'âge de treize ans il fut nommé chanoine de Notre-Dame.

On avoit choisi pour son précepteur l'homme le plus propre à lui faire prendre des habitudes pieuses, et à diminuer la résistance obstinée qu'il ne cessoit de faire paroître : c'étoit Vincent de Paul, devenu depuis si célèbre par d'immenses services rendus à la religion et à l'humanité, et que l'Eglise a placé au nombre des saints. Mais les soins de cet homme vertueux ne purent changer le caractère de son élève; et plus le jeune abbé avançoit en âge, plus se développoient en lui des penchans qui devoient inspirer à ses parens les plus justes craintes. A peine dans l'adolescence, il se livroit à un libertinage précoce, prenoit part à des duels, et cherchoit à séduire une de ses cousines, qu'il fut sur le point de déshonorer pour jamais par un enlèvement. Cependant, malgré la violence de ses passions, il avoit fait d'excellentes études; les chefs-d'œuvre oratoires et his-

---

(1) En 1622, l'Eglise de Paris fut érigée en métropole, et Jean-François de Gondy fut sacré en qualité d'archevêque.

toriques de l'antiquité exaltoient son imagination ; et, par malheur pour lui, il n'y cherchoit que les spéculations brillantes, mais dangereuses, qui pouvoient flatter l'audace et l'indépendance de son caractère.

En 1632 il avoit atteint l'âge de dix-huit ans ; et la situation politique de la France fixoit déjà depuis long-temps son attention. Marie de Médicis, mère de Louis XIII, s'étoit réfugiée en Flandre : elle avoit conservé dans le royaume un grand nombre de partisans, et presque chaque jour voyoit éclore des complots et des conspirations contre l'autorité du cardinal de Richelieu. Ce fut alors qu'un livre italien, contenant l'histoire de la conjuration du comte de Fiesque, tomba entre les mains de l'abbé de Gondy (1). Il dévora cet ouvrage de Mascardi ; et comme il n'y trouva pas les doctrines anarchiques dont il étoit idolâtre, il résolut de le refaire, en ne changeant presque rien au plan ni à la suite de la narration.

Cette première production d'un homme si fameux est infiniment curieuse : on y trouve toutes les théories qu'il mit un peu plus tard en pratique ; et elle se distingue surtout par un style animé, précis, énergique, dont la prose française ne présentoit alors aucun modèle. Nous offrirons donc un extrait assez étendu de cet ouvrage, que nous comparerons à l'original italien. Nous en userons de même, par la suite, à l'égard de quelques autres écrits du cardinal de Retz, que nous avons trouvés la plupart dans des recueils ignorés, et qui peuvent, aussi bien que ses Mémoires,

(1) La Congiura del conte Gio. Luigi de Fieschi, descritta da Agostino Mascardi. *Anvers*, 1629.

donner une juste idée de son caractère et de son génie.

L'auteur italien de la Conjuration de Fiesque professe les opinions les plus saines et les plus modérées. Il abhorre les factions ; et son style, approprié à ses pensées, présente souvent de l'élégance, du nombre et de l'harmonie. La manière du jeune abbé de Gondy est entièrement différente : le rôle de conspirateur lui paroît aussi noble que brillant; il en est enthousiaste, et l'on retrouve dans son style toute la violence de ses passions.

Mascardi commence ainsi son récit : « La répu-
« blique de Gênes respiroit après de grands dés-
« astres ; les citoyens, tourmentés long-temps, non-
« seulement par les discordes civiles, mais par l'in-
« fluence des princes étrangers, instruits enfin par
« leurs souffrances, avoient senti la nécessité de
« maintenir la paix intérieure. La réformation du
« gouvernement avoit produit en peu de temps l'aug-
« mentation des fortunes particulières; et les richesses
« immenses que l'on avoit follement dissipées pour
« animer les factions étant désormais employées à
« un meilleur usage, l'or que l'on perdoit auparavant,
« soit pour l'entretien d'une soldatesque effrénée,
« soit pour satisfaire l'insatiable cupidité des gouver-
« neurs, étoit entièrement consacré à faire fleurir le
« commerce et l'industrie. Au milieu de cette tran-
« quillité profonde, un événement aussi affreux qu'in-
« attendu mit en péril la liberté à peine recouvrée,
« et bouleversa presque la république : ce fut la con-
« juration du comte Louis de Fiesque. Il est néces-
« saire de remonter plus haut pour en expliquer la
« cause et l'origine. »

Le début de l'abbé de Gondy est plus développé, et écrit avec bien plus d'énergie.

« Au commencement de l'année 1547, la républi-
« que de Gênes se trouvoit dans un état que l'on pou-
« voit appeler heureux, s'il eût été plus affermi. Elle
« jouissoit en apparence d'une glorieuse tranquillité
« acquise par ses propres armes, et conservée par
« celles du grand Charles-Quint, qu'elle avoit choisi
« pour protecteur de sa liberté. L'impuissance de tous
« ses ennemis la mettoit à couvert de leur ambition,
« et les douceurs de la paix y faisoient revivre l'abon-
« dance que les désordres de la guerre en avoient si
« long-temps bannie. Le trafic se remettoit dans la
« ville avec un avantage visible du public et des par-
« ticuliers; et si l'esprit des citoyens avoit été aussi
« exempt de jalousie que leurs fortunes l'étoient de
« la nécessité, cette république se seroit relevée en
« peu de jours de ses misères passées par un repos
« plein d'opulence et de bonheur. Mais le peu d'union
« qui étoit parmi eux, et les semences de haine que
« les divisions précédentes avoient laissées dans les
« cœurs, étoient des restes dangereux qui marquoient
« bien que ce grand corps n'étoit pas encore remis
« de ses maladies. La noblesse, qui avoit le gouverne-
« ment entre ses mains, ne pouvoit oublier les in-
« jures qu'elle avoit reçues du peuple dans le temps
« qu'elle étoit éloignée des affaires. Le peuple, de
« son côté, ne pouvoit souffrir la domination de la
« noblesse que comme une nouvelle tyrannie qui étoit
« contraire aux lois de l'Etat. Une partie même des
« gentilshommes, qui prétendoient à une plus haute
« fortune, envioit ouvertement la grandeur des autres.

« Ainsi les uns commandoient avec orgueil, les au-
« tres obéissoient avec rage, et beaucoup croyoient
« obéir parce qu'ils ne commandoient pas assez abso-
« lument ; quand la Providence permit qu'il arrivât
« un accident qui fit éclater tout à coup ces diffé-
« rens sentimens, et qui confirma pour la dernière
« fois les uns dans le commandement, et les autres
« dans la servitude. C'est la conjuration de Jean-Louis
« de Fiesque, comte de Lavagno, qu'il faut repren-
« dre de plus haut pour en connoître mieux les suites
« et les circonstances. »

L'historien italien croit devoir s'étendre sur les motifs qui déterminèrent André Doria à quitter le service de François premier. L'imitateur français passe rapidement sur ces détails, qui pourtant sont essentiels : il brûle d'arriver au récit de la conjuration. Le premier peint le comte de Fiesque sous les couleurs les plus défavorables : il dit que ce jeune homme avoit été mal élevé, et que les gens sages répétoient souvent qu'*il croissoit pour le malheur de sa patrie.* L'abbé de Gondy fait au contraire du comte le portrait le plus brillant : il lui reconnoît toutes les qualités d'un chef de parti ; et, pour le justifier d'avoir long-temps caché ses desseins, il fait remarquer qu'il n'avoit pas craint de témoigner hautement sa haine pour les Doria.
« Cette chaleur, dit-il, qu'on a observée dans son
« procédé fait voir qu'il ne s'est porté à cette entre-
« prise que par une émulation d'honneur et une am-
« bition généreuse ; puisque tous ceux qui sont en-
« gagés dans de semblables desseins par un esprit
« de tyrannie, et des intérêts qui ne vont pas à la
« grande réputation, ont commencé par une patience

« toujours soumise, et des abaissemens honteux. »

Dans les deux historiens, Fiesque tient un conseil où figure Verrina, l'un des ennemis les plus fougueux de la famille des Doria. Mascardi donne à ce factieux le langage qui lui convient, et ne cherche point à couvrir, par des maximes spécieuses, l'horreur de ses conseils. « Jean Doria, lui fait-il dire, tentera cette
« entreprise contre vous, si vous ne l'exécutez con-
« tre lui. Les circonstances ont placé entre vous deux
« l'empire de la Ligurie : l'un de vous ne peut par-
« venir à s'en emparer, s'il ne se fraie un chemin sur
« le cadavre de son rival. La victoire couronnera ce-
« lui dont les coups seront les plus prompts. La né-
« cessité d'assurer sa vie vous est commune à tous
« deux : le plus sage sera celui qui, par son activité,
« préviendra les desseins mal conçus de son ennemi.
« Si vous n'attaquez, on vous attaquera : tendez des
« piéges, pour ne pas tomber dans ceux qui sont
« dressés devant vous : portez les coups, si vous ne
« voulez pas les recevoir. »

L'abbé de Gondy, dans ce discours, qui est l'un des morceaux les plus remarquables de son ouvrage, commence par faire une allusion odieuse à la situation de la France sous l'administration du cardinal de Richelieu. Verrina parle ainsi à Fiesque :

« Vous êtes né dans des temps qui ne produi-
« sent presque aucun exemple de force et de gé-
« nérosité qui n'ait été puni, et qui ne vous en re-
« présentent tous les jours de bassesse et de lâcheté
« qui sont récompensés : ajoutez à cela que vous êtes
« dans un pays où la puissance des Doria tient le
« cœur de toute la noblesse abattu par une hon-

« teuse crainte, ou engagé par un intérêt servile;
« et cependant vous ne tombez pas dans cette bas-
« sesse générale : vous soutenez ces nobles sentimens
« que votre illustre naissance vous inspire, et votre
« esprit forme des entreprises dignes de votre valeur.
« Ne négligez donc point ces qualités admirables,
« n'abusez point des grâces que la nature vous a
« faites : servez votre patrie ; jugez, par la beauté
« de vos inclinations, de la grandeur des actions
« qu'elles peuvent produire : songez qu'il ne faut
« qu'un homme seul de votre condition et de votre
« mérite pour redonner cœur aux Génois, et les en-
« flammer du premier amour de la liberté. »

L'abbé de Gondy place ensuite dans la bouche de Verrina les maximes d'après lesquelles il se proposoit lui-même de diriger sa conduite.

« Je conçois qu'une ame aussi délicate que la vôtre
« et aussi jalouse de la gloire aura peine à souffrir
« de se voir ternie par ces mots terribles de rebelle,
« de factieux et de traître. Cependant ces fantômes
« d'infamie que l'opinion publique a formés pour
« épouvanter les ames du vulgaire ne causent jamais
« de honte à ceux qui les portent pour des actions
« éclatantes, quand le succès en est heureux. Les
« scrupules et la grandeur ont été de tout temps
« incompatibles, et ces foibles prétextes d'une
« prudence ordinaire sont plus propres à débiter
« à l'école du peuple qu'à celle des grands sei-
« gneurs. Le crime d'usurper une couronne est si
« illustre, qu'il peut passer pour une vertu ; chaque
« condition des hommes a sa réputation particu-
« lière : l'on doit estimer les petits pour la modéra-

« tion, et les grands pour l'ambition et le courage. »

Les deux auteurs donnent à peu près les mêmes détails sur l'exécution du complot : seulement l'abbé de Gondy cherche à justifier son héros des lâches perfidies dont il se rendit coupable, afin de tromper la surveillance des Doria. On connoît le résultat de cette entreprise, qui échoua par un accident imprévu arrivé au comte de Fiesque, dans le moment où son triomphe sembloit assuré. Chacun des historiens tire de cet événement extraordinaire une conclusion conforme à ses principes. Voici celle de Mascardi :

« Telle fut la fin de la conjuration tramée par le
« comte de Fiesque. Quand même elle auroit réussi,
« il y a lieu de croire que ce seigneur n'auroit pas
« joui long-temps du fruit de ses forfaits. » L'auteur entre dans d'assez longs détails sur les dispositions du peuple de Gênes, très-opposées au système tyrannique que vouloient établir les conjurés ; puis il ajoute :
« Je pense donc que Fiesque seroit peut-être parvenu
« à saccager la ville, à l'aide des scélérats que Ve-
« rina avoit engagés à son service ; qu'il auroit pu
« ruiner plusieurs familles, et exercer sur ses enne-
« mis d'horribles vengeances, mais je ne puis me
« figurer qu'en détruisant la liberté de sa patrie il
« eût réussi à se maintenir sur le trône : à moins que
« les Génois ne fussent devenus assez aveugles et
« assez insensés pour user d'un remède beaucoup
« plus funeste que les maux dont ils pouvoient avoir
« à se plaindre. »

La conclusion de l'abbé de Gondy est entièrement opposée ; et loin de prévoir, comme le fait sagement l'historien italien, les suites terribles de l'entreprise du comte de Fiesque, en lui supposant même le succès le plus heureux, il prétend que, dans ce dernier cas, son héros seroit devenu l'un des souverains les plus puissans de l'Italie.

« La suite de l'entreprise du comte de Fiesque,
« dit-il, est un de ces coups que la sagesse des hom-
« mes ne sauroit prévoir. Si le succès en eût été aussi
« heureux que sa conduite fut pleine de vigueur et
« d'habileté, il est à croire que la souveraineté de
« Gênes n'eût pas borné son courage et sa fortune,
« et que ceux qui condamnèrent sa mémoire après
« sa mort auroient été les premiers à lui donner de
« l'encens pendant sa vie. Les auteurs qui l'ont noirci
« de tant de calomnies pour satisfaire la passion des
« Doria auroient fait son panégyrique par un intérêt
« contraire; et la postérité l'auroit mis au nombre
« des héros de son siècle. Tant il est vrai que le bon
« ou le mauvais événement est la règle ordinaire des
« louanges et du blâme que l'on donne à des actions
« extraordinaires. »

Ce coup d'essai d'un jeune homme, destiné par sa naissance aux plus grands emplois, révèle son caractère, et fait prévoir qu'il saisira la première occasion de prendre part aux troubles de l'Etat. On voit que la haine du repos est presque l'unique cause de son goût pour le désordre; qu'il n'a en vue ni son intérêt bien entendu, ni celui de son pays; et que le nom de factieux et de chef de parti est à ses yeux le plus beau titre de gloire. Il n'osa pas d'abord faire imprimer cet ouvrage; mais l'ayant fait circuler manuscrit, il en tomba une copie entre les mains de Boisrobert, qui la porta au cardinal de Richelieu. Ce ministre, après l'avoir lu avec attention, dit à ses confidens : « Voilà un dangereux esprit. » Cependant il ne prit aucune mesure, même de précaution, contre l'auteur, se figurant probablement que l'âge et les conseils de sa famille lui feroient bientôt abandonner ses folles théories.

Quatre ans après (1636), l'abbé de Gondy, qu'une conduite fort dissipée ne détournoit point de ses études, brilla en Sorbonne; et quoique Richelieu protégeât le plus distingué de ses rivaux, il fut le premier de la licence. Ce triomphe, dont il ne jouit point avec modestie, et le soupçon assez fondé qu'il n'avoit pas été étranger à un complot tramé dans Amiens contre la vie du ministre, effrayèrent sa famille, qui lui fit faire un voyage en Italie. Il passa quelque temps à Rome, étala son érudition théologique dans les écoles de sapience; et, toujours emporté par son caractère turbulent, il osa braver le comte de Schomberg, ambassadeur de l'Empereur.

De retour en France, il entretint des relations avec le comte de Soissons, qui, retiré à Sedan, étoit en révolte ouverte contre le Roi; et bientôt, suivant son expression, il éveilla l'idée dans l'esprit d'un de ses amis de faire une tentative contre les jours du ministre. Le complot fut formé, le jour pris; et cependant il éprouva quelque scrupule en pensant qu'il s'agissoit de verser le sang d'un prêtre. « J'eus honte de
« ma réflexion, dit-il, j'embrassai le crime qui me
« parut consacré par de grands exemples, justifié et
« honoré par de grands périls. » C'étoit là l'usage qu'il faisoit de ses souvenirs classiques; et quelques maximes des républiques anciennes lui sembloient

suffire pour pallier l'horreur d'un assassinat. Le complot échoua par des circonstances indépendantes de sa volonté.

Cependant le comte de Soissons ne tarda pas à s'unir aux Espagnols, qui lui fournirent des troupes. Ayant le projet de livrer une bataille qu'il croyoit gagner, il chargea l'abbé de Gondy, son correspondant le plus actif, d'exciter en même temps à Paris un soulèvement général. Il fut décidé qu'on commenceroit par procurer la liberté aux prisonniers de la Bastille, parmi lesquels se trouvoient les maréchaux de Bassompierre et de Vitry, et que ces deux généraux se mettroient à la tête des rebelles. Gondy trouva le moyen de concerter avec eux ce grand mouvement. Il contracta aussi des liaisons avec quelques officiers de la garde bourgeoise; et pour se concilier la faveur du peuple, il distribua, à titre d'aumône, une somme de douze mille écus que lui avoit fait passer le prince. Ce fut par cette libéralité apparente qu'il forma dans la capitale le noyau d'un parti qui s'accrut par la suite, et qui le rendit aussi puissant que redoutable. Tout étoit prêt pour une insurrection, le succès paroissoit infaillible ; lorsqu'on apprit que le comte de Soissons avoit, il est vrai, gagné la bataille de la Marfée, mais qu'il avoit été tué peu d'instans après le combat (6 juillet 1641). Cet accident déconcerta entièrement les conjurés. L'abbé de Gondy, qui avoit espéré que le succès de son entreprise lui feroit quitter glorieusement l'état ecclésiastique, résolut d'y rester, dans l'espoir assez fondé de parvenir tôt ou tard au siége de Paris; et il ne prit aucune part à la conjuration du 5 mars, qui fut découverte l'année suivante.

Après la mort de Louis XIII, il parut, comme tous ceux qui avoient été opposés à Richelieu, professer le dévoûment le plus sincère pour la régente Anne d'Autriche, qui avoit eu aussi à se plaindre de ce ministre. La princesse, éblouie de ses talens, et faisant trop peu d'attention à ses vices, lui donna la coadjutorerie de Paris : démarche dont elle ne tarda pas à se repentir. Le nouveau coadjuteur reçut ses bulles le 29 octobre 1643 : il eut le titre d'évêque de Corinthe, et il lui fallut faire une retraite avant d'être sacré. Il choisit la maison de Saint-Lazarre, où le pieux Vincent de Paul, son ancien précepteur, avoit établi une congrégation de missionnaires ; et au lieu de se livrer aux méditations que sa position exigeoit, il pensa beaucoup à la conduite extérieure qu'il lui convenoit désormais de tenir. Il s'agissoit de concilier la dépravation de ses mœurs avec les augustes fonctions dont il alloit être chargé. « Je pris, dit-il, après six jours
« de réflexions, le parti de faire le mal par dessein :
« ce qui est sans comparaison le plus criminel devant
« Dieu, mais ce qui est sans doute le plus sage devant le monde, parce qu'en le faisant ainsi l'on y
« met toujours des préalables qui en couvrent une
« partie, et parce que l'on évite par ce moyen le plus
« dangereux ridicule qui se puisse rencontrer dans
« notre profession, qui est celui de mêler à contretemps le péché dans la dévotion. »

Quelques jours après son sacre il monta en chaire dans la métropole, et prêcha l'avent. Ses sermons attirèrent la multitude, et produisirent la plus grande sensation. Ils se distinguoient par une diction nerveuse, vive et serrée : on n'y voyoit point de ces rapprochemens singuliers et de ces figures étranges qui étoient à la mode dans le temps : s'ils manquoient d'onction, ils se faisoient admirer par la force des idées ; enfin ils annonçoient un homme habile et plein de talent, plutôt qu'un orateur chrétien. Le coadjuteur avoit calculé l'effet de cette démarche inattendue. « Le grand secret de ceux qui entrent dans les affaires, « observe-t-il, est de saisir d'abord l'imagination des « hommes par une action que quelque circonstance « leur rende particulière. » En effet, la réputation qu'il acquit tout à coup comme prédicateur contribua beaucoup à augmenter le nombre de ses partisans.

A la même époque, et dans la première année de la régence d'Anne d'Autriche, il s'étoit formé contre le cardinal Mazarin, à qui elle accordoit toute sa confiance, un parti fort bruyant, mais peu redoutable. C'étoit le parti des *importans*, à la tête duquel figuroit le duc de Beaufort, qui fut bientôt arrêté et renfermé dans le château de Vincennes (2 septembre). Le coadjuteur refusa d'entrer dans cette intrigue, en donnant pour raison qu'il avoit à la Reine des obligations trop récentes ; mais, en effet, parce qu'il regardoit les chefs de cette faction comme de vrais extravagans. Cependant, lorsqu'il affectoit tous les dehors d'une fidélité incorruptible, il continuoit de s'attacher des hommes de toutes les classes par d'immenses libéralités. Un de ses amis lui ayant reproché l'imprudence de cette conduite : « J'ai bien supputé, « répondit-il ; César, à mon âge, devoit six fois plus « que moi. » En même temps il se lioit avec les jansénistes, parti formé sous le règne précédent, et très-disposé à favoriser toutes les oppositions. Il combloit de louanges ces hommes orgueilleux, et il les appuyoit de l'influence que lui donnoit sa place : en retour, il trouvoit en eux la plus grande indulgence pour ses désordres. Ses projets gigantesques n'avoient encore rien de bien arrêté ; mais il vouloit être en état de prendre une attitude redoutable, aussitôt que l'occasion s'en présenteroit.

En 1645, il joua un rôle brillant dans l'assemblée du clergé de France. Ce corps croyoit avoir des plaintes à faire : et le coadjuteur s'étant montré le plus ardent défenseur de ses droits, il fut choisi pour porter les remontrances au pied du trône. Son discours, que nous avons trouvé dans un recueil presque inconnu (1), offre une hardiesse que la foiblesse de la régence peut seule expliquer. Il fut prononcé le 30 juillet, en présence du jeune Louis XIV, âgé alors de sept ans, et de la Reine sa mère. L'orateur commence ainsi :

« Sire, je porte à Votre Majesté des paroles qu'elle
« doit respecter, puisque ce sont celles de Dieu, qui,
« par la bouche de ses ministres, vous parle pour
« son épouse. L'Eglise, cette épouse sacrée de Jésus-
« Christ, cette mère féconde des fidèles, qui parle
« toujours à Dieu par des prières, et qui ne s'expli-
« que jamais aux hommes que par des oracles, ins-
« pire aujourd'hui, en quelque manière, cette même
« conduite à ceux qui composent une de ses plus
« belles parties, qui est l'Eglise de France ; et fait
« qu'en qualité d'ambassadeurs du Dieu vivant (pour
« se servir des termes de saint Paul), ils viennent.

---

(1) Théâtre de l'Eloquence, ou Recueil choisi des harangues, remontrances, etc. ; second recueil, page 60.

« présentement en corps répandre sur Votre Majesté
« les bénédictions qu'ils obtiennent du ciel par leurs
« prières; vous porter en même temps les oracles
« sacrés, c'est-à-dire les vérités ecclésiastiques......
« Nous parlons des libertés de l'Eglise avec cette li-
« berté vraiment chrétienne que Jésus-Christ nous
« a acquise par son sang, qui fait que les dispensa-
« teurs de sa parole la portent sans trembler aux
« oreilles des princes, qui, sans diminuer le respect,
« diminue la crainte, et qui fait qu'à ce même mo-
« ment, où je me trouve saisi d'un étonnement pro-
« fond en songeant que je parle à mon Roi, je me
« relève par une sainte confiance, en considérant
« que je lui parle de la part de son maître. »

L'orateur, après cet exorde, entre dans le détail des plaintes du clergé. En 1635, le cardinal de Richelieu avoit fait déposer légalement l'évêque de Léon, parce qu'il s'étoit déclaré pour Marie de Médicis, et l'avoit suivie en Flandre. Depuis cette époque, le clergé avoit souvent réclamé, mais sans succès, en faveur de ce prélat.

« Il y a dix années, dit l'orateur, que nous pleu-
« rons amèrement sur un de nos confrères, qui a été
« séparé de son épouse avec des formes entièrement
« contraires aux droits et aux libertés de l'Eglise gal-
« licane. Nous avons en cette assemblée animé nos
« larmes, qui n'avoient été jusqu'ici que les foibles et
« impuissantes marques de nos douleurs; nous les
« avons, dis-je, animées d'une voix plus forte et plus
« puissante que celle du sang de notre frère, puis-
« que c'est celle de son honneur, ou plutôt puisque
« c'est celle de la dignité violée du plus saint et du

« plus élevé des caractères. Nous vous avons repré-
« senté avec respect l'obligation que vous avez, et
« par les intérêts de votre couronne et par ceux de
« votre conscience, de conserver avec soin, de pro-
« téger avec vigueur les droits du clergé de France,
« qui sont les monumens les plus illustres et les
« plus glorieux de la piété et de la prudence de vos
« ancêtres. »

Le coadjuteur passe ensuite rapidement sur quelques points qui lui semblent de peu d'importance : il dit un mot des protestans, dont il demande qu'on déconcerte les entreprises ; il s'élève contre les duels, quoiqu'il ait souvent pris part à ces sortes de combats : il se plaint des appels comme d'abus, qui sont, dit-il, un attentat contre la juridiction ecclésiastique. Mais il réserve toute la vigueur de son éloquence pour prouver que le clergé, dont, selon lui, les revenus sont insuffisans, ne doit être assujetti à aucune contribution.

« L'Eglise, s'écrie-t-il, n'est point tributaire : sa
« seule volonté doit être la règle de ses présens ; ses
« immunités sont aussi anciennes que le christia-
« nisme ; ses priviléges ont percé tous les siècles, qui
« les ont respectés : ils ont été établis et continués
« par toutes les lois royales, impériales, canoniques :
« leurs infractions ont été frappées d'anathêmes dans
« les conciles. Depuis le martyre de saint Thomas de
« Cantorbéry, mort et canonisé pour la conservation
« des biens temporels de l'Eglise, c'est une impiété
« qui n'a point de prétexte, que de ne pas les mettre
« au rang des choses les plus sacrées : ils sont comme
« de l'essence de la religion, puisqu'ils soutiennent

« le culte extérieur, qui en est une partie essentielle.

« Toutes les maximes qui sont contraires *à ces ar-
« ticles de foi*, décidés par les conciles généraux,
« partent de l'ignorance, sont entretenues par l'in-
« térêt, produisent l'impiété. »

La piété de nos rois avoit en effet toléré que les contributions du clergé portassent le nom de *dons gratuits*; mais jamais ce privilége, très-souvent contesté par les deux autres ordres, n'avoit été réclamé avec cette autorité et ce ton audacieux; et jamais surtout on n'avoit considéré comme un article de foi la maxime que le clergé n'est point obligé de contribuer aux charges de l'Etat.

Les remontrances se terminent par une invective contre les ministres et les officiers du Roi, qui, pendant les intervalles des assemblées du clergé, n'ont pas exécuté les promesses qui avoient été faites avant leur séparation. « Ils ont, dit l'orateur, altéré par un
« procédé, qui est une espèce de sacrilége, le poids
« de la parole royale. Les plaintes que nous avons
« faites, n'étant plus en corps, n'ont pu être que tar-
« dives : ainsi les promesses des rois en tant de ren-
« contres ont été rendues vaines, ainsi les espérances
« de l'Eglise en tant d'occasions ont été éludées.
« Nous espérons que Votre Majesté ne souffrira pas
« ces désordres; qu'elle ne permettra pas qu'on arrête
« l'effet des choses promises à cette assemblée; que
« l'on prenne avantage de la séparation, qui est un
« effet de son obéissance, mais qui n'est pas, comme
« quelques-uns ont voulu présumer, une marque de
« foiblesse. »

Ces dernières paroles montrent que les intrigues

du coadjuteur avoient répandu dans l'assemblée du clergé beaucoup d'aigreur contre le cardinal Mazarin, et que ce ministre avoit été obligé de prendre des mesures pour accélérer le moment de sa séparation. Le discours eut d'ailleurs l'effet que s'étoit promis celui qui l'avoit composé : tout le monde en admira la force et la hardiesse ; il augmenta le nombre de ceux qui commençoient à déclamer contre le ministre ; et l'on vit dans l'orateur un homme capable de faire de grandes choses, s'il arrivoit que les mécontentemens particuliers prissent le caractère d'une opposition générale.

Au reste, on doit peu s'étonner de l'engouement que firent naître ces remontrances, si l'on réfléchit que le style du coadjuteur avoit pour les contemporains un attrait tout nouveau ; que l'éloquence française, modelée alors sur les productions de Balzac, n'offroit en général que des périodes froides et compassées ; et que les *Provinciales*, qui donnèrent à notre prose la vivacité, la vigueur et la précision dont elle étoit presque dépourvue, ne furent publiées que plus de dix ans après.

Pendant les trois années qui suivirent, le coadjuteur ne négligea rien pour entretenir la bonne opinion que le public avoit conçue de lui. Ses désordres étoient cachés, et ce qu'il pouvoit faire d'honorable étoit vanté avec ostentation. Enfin, au commencement de 1648, les affaires prirent une tournure qui sembla devoir réaliser les espérances qu'il nourrissoit depuis si long-temps. Quelques mesures fiscales que nécessitoit la continuation de la guerre excitèrent une rumeur universelle. Le parlement de Paris et les autres cours souveraines refusèrent d'enregistrer les édits, et multiplièrent les remontrances : il y eut des lettres de jussion, des lits de justice, qui ne firent qu'augmenter la fermentation. Enfin, par un arrêt d'Union, tous les magistrats de la capitale formèrent contre le ministère la ligue la plus redoutable.

Le coadjuteur étoit alors âgé de trente-quatre ans : il avoit des liaisons, non-seulement avec des gens de robe de toutes les classes, mais avec les principaux officiers de la garde bourgeoise ; et il ne lui restoit plus qu'à paroître sur la scène des troubles, pour y occuper presque aussitôt le premier rang. « Je voyois, « dit-il, la carrière ouverte pour la pratique aux « grandes choses, dont la spéculation m'avoit beau- « coup touché dans mon enfance : mon imagination « me fournissoit toutes les idées du possible, mon « esprit ne les désavouoit pas. »

Tant que durèrent ces préliminaires d'une rupture ouverte entre la cour et la magistrature, il redoubla d'efforts pour s'attacher le peuple, et il avoue lui-même que depuis le 28 mars jusqu'au 25 août, veille du commencement des troubles, il dépensa trente-six mille écus en aumônes et en libéralités. Cependant il croyoit devoir user de beaucoup de circonspection dans ces circonstances, où il étoit nécessaire que rien ne diminuât l'estime dont il jouissoit. Ne voulant point paroître ingrat envers la Reine, à laquelle il étoit redevable de la coadjutorerie, il la ménageoit dans ses discours, mais il sourioit aux invectives dont on accabloit son ministre : et l'on pouvoit croire que la reconnoissance seule lui imposoit une réserve dont il désiroit en secret de pouvoir se délivrer, sans blesser les convenances. Il faisoit répandre en outre qu'il étoit menacé par quelque coup d'Etat, mais qu'il se bornoit à rester sur la défensive. Au milieu de cette inaction apparente, ses nombreux émissaires entretenoient partout des intelligences ; et ses mesures étoient si bien prises, qu'en peu d'heures il pouvoit se flatter d'être le maître de la capitale.

Le coadjuteur étoit dans cette position, lorsqu'on apprit que le prince de Condé avoit remporté le 20 août, près de Lens, une grande victoire sur les Espagnols. Cet événement effraya les mécontens, qui pensèrent que Mazarin en profiteroit pour venger les attentats portés à l'autorité royale. Mais leurs inquiétudes se calmèrent, quand ils virent que la cour sembloit au contraire préparer des mesures de conciliation. Le coadjuteur, qui avoit partagé leurs craintes, résolut de monter en chaire le 25 août, et de prêcher devant le Roi et sa mère le panégyrique de saint Louis. Cette solennité eut lieu dans l'église des Jésuites de la rue Saint-Antoine : l'affluence fut immense ; et l'orateur trouva le moyen d'entretenir son auditoire des objets qui occupoient tous les esprits, sans cependant se permettre aucune application directe contre le cardinal Mazarin.

Les ennemis de ce ministre soutenoient que, dans les conférences de Munster, il avoit donné aux plénipotentiaires français des instructions qui rendoient impossible la paix avec l'Espagne. Ils l'accusoient d'entretenir la guerre pour se maintenir dans le pouvoir, et ils lui imputoient tous les désastres que cette guerre entraînoit. Le coadjuteur, en parlant de la victoire de Lens, insiste donc pour que la paix soit promptement conclue ; et à cette occasion il prend avec le Roi le ton d'autorité que nous avons déjà remarqué dans les remontrances de 1645.

« Cette importante victoire, dit-il, remportée si
« fraîchement et si glorieusement dessus vos ennemis,
« est une marque visible de la constante bénédiction
« que Dieu donne à vos armes : en naissant, vous vous
« les êtes trouvées entre les mains. Dieu veuille, par
« sa miséricorde, qu'elles aient bientôt une heureuse
« fin ! Dieu veuille que vos victoires soient bientôt
« arrêtées par une bonne paix ! Je vous la demande,
« sire, au nom de tous vos peuples affligés, et, pour
« parler plus véritablement, consommés par les né-
« cessités inséparables d'une si longue guerre ; et je
« vous la demande avec liberté, parce que je parle à
« Votre Majesté d'un lieu où je suis obligé par ma
« conscience de vous dire, et de vous dire avec au-
« torité, que vous nous la devez. »

L'orateur, après avoir assez bien résumé les principales actions de Louis IX, termine en expliquant au jeune Louis XIV les dernières paroles du saint roi à son fils Philippe. La tournure qu'il emploie pour amener ces leçons, dont il tire un grand avantage pour son parti, est digne des meilleurs orateurs.

« Je m'arrête, dit-il, je m'arrête contre mes senti-
« mens, pour voir mourir ce grand personnage, mais
« non pas pour parler de sa mort. On peut exagérer
« la mort des hommes ordinaires, parce qu'assez
« souvent on n'en est ému qu'après de longues ré-
« flexions ; mais celle des grands rois touche par la
« seule vue de leurs tombeaux. Saint Louis, étendu
« sans sentiment dans un pays ennemi, sur une terre

« étrangère, marque plus fortement la vanité du monde
« que tous les discours qu'on pourroit faire sur ce
« sujet ; et, à ce triste spectacle, je me contente de
« m'écrier avec le prophète : *Ubi gloria, Israël?* Où
« est la gloire d'Israël? où est la grandeur de la
« France? où est cette florissante noblesse? où est
« cette puissante armée? où est ce grand monarque
« qui commandoit à tant de légions? Et au moment
« où je fais ces demandes, il me semble que j'entends
« les voix confuses et ramassées de tous les hommes
« qui ont vécu dans les quatre siècles écoulés depuis
« sa mort, qui me répondent qu'il règne dans les
« cieux. Ah! que ce dernier moment qui l'y a porté
« avec tant de gloire nous fournit d'exemples de
« constance, de fermeté, de générosité, de magna-
« nimité vraiment chrétienne ! Toutes les paroles
« par lesquelles il a fini sa belle vie, et par lesquelles
« je prétends finir ce discours, sont autant de carac-
« tères illustres d'une mort toute grande, tout hé-
« roïque, toute sainte. Ce grand monarque adressa
« ces paroles au Roi son fils, et son successeur sur la
« terre, dans le lit de la mort; et je dois croire qu'il
« les adresse présentement à Votre Majesté, encore
« avec plus de force, du ciel où il est dans sa gloire.
« *Audi, fili mi, disciplinam patris tui!* Ecoutez,
« sire, mais écoutez attentivement; voici les paroles
« originales du Roi votre père. »

L'orateur applique fort habilement aux circonstances les sages avis que saint Louis avoit donnés à
son fils dans des temps tout différens; voici comment
il le fait parler : « Soulagez votre peuple, conservez sa
« franchise, écoutez ses plaintes, et inclinez d'ordinaire

« du côté le moins riche, parce qu'il y a apparence qu'il
« est le plus oppressé ; faites-vous justice à vous-même
« dans vos intérêts, afin que vos officiers n'aient pas lieu
« de se persuader qu'ils vous puissent plaire en fai-
« sant des injustices pour votre service. » Au premier
coup d'œil, ces conseils paroissent mesurés ; mais on
doit remarquer que dans ce moment le parlement
de Paris étoit en pleine révolte contre la cour ; qu'il
tenoit des assemblées malgré les ordres précis du Roi ;
qu'au lieu de rendre la justice, il ne s'occupoit que
d'affaires politiques ; qu'il annonçoit hautement la prétention de réformer l'Etat ; et qu'enfin il se servoit,
dans ses remontrances, à peu près des mêmes expressions que le coadjuteur mettoit dans la bouche de
saint Louis. Cette observation si naturelle n'échappa
point à ceux qui vouloient que l'autorité royale fût
maintenue : car Joly, après avoir dit que ce discours
obtint de grands applaudissemens de la part des mécontens, remarque qu'à la cour il fut trouvé emporté
et séditieux.

Le lendemain du jour où ce panégyrique fut prononcé, le Roi alla en grande pompe à Notre-Dame,
entendre un *Te Deum* qui fut chanté à l'occasion
de la victoire de Lens. Après cette cérémonie, deux
des magistrats les plus opposés au ministre furent
arrêtés. Le peuple, depuis long-temps agité par le
coadjuteur, se souleva au même instant ; des barricades furent placées dans les rues, et la foule en armes
se porta au Palais-Royal, pour demander la liberté des
prisonniers. Anne d'Autriche étoit décidée à soutenir
avec vigueur une mesure dont la nécessité lui étoit
démontrée ; et ni les clameurs de la populace, ni la

frayeur qui s'étoit emparée des dames de la cour, ne paroissoient l'ébranler.

Le coadjuteur, suivant toujours le plan qu'il s'étoit prescrit, se rendit auprès d'elle, eut l'air d'être effrayé du danger que couroit la famille royale, et prétendit que l'unique moyen de le détourner étoit de rendre sur-le-champ la liberté aux deux magistrats. Cette proposition révolta d'abord la Reine, qui, obligée enfin de céder aux supplications des personnes dont elle étoit entourée, annonça qu'elle exauceroit les vœux du peuple s'il se calmoit; et chargea le coadjuteur d'aller annoncer cette grâce. Celui-ci auroit réussi avec assez de facilité à dissiper les attroupemens, sans l'impétuosité du maréchal de La Meilleraye, qui avoit voulu l'accompagner. Au milieu du tumulte, il fut maltraité par quelques hommes qui n'étoient pas dans son secret; et il revint au Palais-Royal, convaincu qu'il avoit les droits les plus évidens à la reconnoissance et à la faveur de la Régente. Mais Anne d'Autriche, piquée de ce qu'il l'avoit forcée à une condescendance qui lui sembloit dégrader la dignité royale, ne lui fit que des remercîmens ironiques. Il rentra chez lui plein de rage, et il prétend qu'au même moment on vint l'avertir qu'il étoit question au cercle de la Reine de l'arrêter pour le conduire à Quimper-Corentin. Alors il prit le parti de lever entièrement le masque.

« Comme la manière dont j'étois poussé, dit-il, et
« celle dont le public étoit menacé, eurent dissipé
« mon scrupule, et que je crus pouvoir entreprendre
« avec honneur et sans être blâmé, je m'abandonnai
« à toutes mes pensées; je rappelai tout ce que mon

« imagination m'avoit jamais fourni de plus éclatant,
« et de plus proportionné aux vastes desseins; je
« permis à mes sens de se laisser chatouiller par le
« titre de chef de parti, que j'avois toujours honoré
« dans les Vies de Plutarque. Mais ce qui acheva d'é-
« touffer tous mes scrupules fut l'avantage que je
« m'imaginai à me distinguer de ceux de ma profes-
« sion, par un état de vie qui les confond toutes. Le
« déréglement des mœurs, très-peu convenable à la
« mienne, me faisoit peur : je me soutenois par la
« Sorbonne, par des sermons, par la faveur des peu-
« ples; mais enfin cet appui n'a qu'un temps, et ce
« temps même n'est pas fort long, par mille accidens
« qui peuvent arriver dans le désordre. Les affaires
« brouillent les espèces, elles honorent même ce
« qu'elles ne justifient pas; et les vices d'un arche-
« vêque peuvent être, dans une infinité de rencon-
« tres, les vertus d'un chef de parti. » Ainsi le coadjuteur n'excitoit le désordre que pour répandre de
l'éclat sur des vices dont il auroit dû rougir; et parce
qu'il avoit de mauvaises mœurs, il falloit que l'Etat
fût plongé dans les plus affreuses calamités.

Il n'eut besoin que de quelques heures pour donner
à ses partisans les ordres nécessaires ; et le lendemain,
dès la pointe du jour, on vit éclater une sédition beaucoup plus terrible que celle de la veille. Le chancelier
Seguier fut sur le point d'être massacré, et la Reine se
trouva obligée de souscrire à toutes les volontés du
peuple. Cependant le parlement, à la tête duquel étoit
Matthieu Molé, fidèle au Roi, entama des négociations
avec le ministre; et un arrangement peu solide fut
conclu le 4 octobre. Pendant ces négociations, le

coadjuteur essaya d'entraîner dans ses desseins le prince de Condé, qui, appelé par la cour, avoit quitté son armée. N'ayant pu réussir, il fit plus heureusement la même tentative près de son frère et de sa sœur, le prince de Conti et la duchesse de Longueville. Comptant sur leur appui, il ne douta plus qu'il ne fût en état de soutenir la guerre civile contre le Roi; et, pour assurer mieux le succès de ses entreprises, il forma le projet d'accepter les secours du roi d'Espagne. En même temps il continua d'entretenir la fermentation qui régnoit parmi les magistrats. Son parti prit de la consistance, et ceux qui le composoient s'honorèrent du nom de *frondeurs,* qui leur fut d'abord donné par plaisanterie, et qui est resté dans notre langue, en conservant la même acception.

Les prétentions continuelles du parlement, et l'agitation toujours croissante du peuple, forcèrent enfin la cour à sortir secrètement de Paris, dans la nuit du jour des Rois de 1649. Des troupes avoient été mandées pour faire le blocus de la capitale, et le prince de Condé se mit à leur tête. De son côté, le coadjuteur fit toutes les dispositions pour assurer la défense de cette grande ville : il alla prendre place au parlement, où il eut voix délibérative en l'absence de son oncle. Il entraîna cette compagnie à ordonner des contributions considérables, et à lever des gens de guerre ; le prince de Conti fut déclaré généralissime de l'armée parisienne ; et peu de temps après les magistrats donnèrent publiquement audience à un envoyé de l'archiduc Léopold, gouverneur des Pays-Bas, après avoir refusé d'entendre un héraut qui venoit de la part du Roi.

L'esprit turbulent du coadjuteur le portoit à influer, non-seulement sur les opérations militaires, mais sur les divers mouvemens auxquels il lui convenoit de pousser la populace. Cependant les convenances ne lui permettant pas d'entrer ostensiblement dans des détails qui répugnoient trop à son état, il résolut de se servir du duc de Beaufort, autrefois chef de la faction des *importans*, qui depuis peu s'étoit échappé du château de Vincennes ; et voici comment il parle de ce prince, pour lequel il professoit en apparence l'amitié la plus respectueuse et la plus dévouée. « Cette
« union, dit-il, m'étoit comme nécessaire, parce que
« ma profession pouvant m'embarrasser en mille ren-
« contres, j'avois besoin d'un homme que je pusse,
« dans les conjonctures, mettre devant moi... Il me
« falloit un fantôme, mais il ne me falloit qu'un
« fantôme ; et, par bonheur pour moi, il se trouva
« que ce fantôme étoit petit-fils de Henri-le-Grand ;
« qu'il parloit comme on parle aux halles (ce qui
« n'est pas ordinaire aux enfans de Henri-le-Grand) ;
« et qu'il avoit de grands cheveux bien longs et bien
« blonds. Vous ne pouvez vous imaginer le poids de
« ces circonstances, et vous ne pouvez concevoir
« l'effet qu'elles firent sur le peuple. »

Le coadjuteur leva un corps de troupes qu'on appela le régiment de Corinthe, du nom de son évêché *in partibus*, et dont il donna le commandement au chevalier de Sévigné son parent, très-ardent pour la cause du jansénisme. Tout le monde sait que ce régiment ayant été battu par les royalistes, on plaisanta beaucoup sur cet échec, et qu'on dit que *c'étoit la première aux Corinthiens*. Il enrôla aussi dans son parti le marquis Henri de Sévigné, neveu du chevalier, qui avoit épousé depuis peu une jeune personne dont le nom est devenu depuis si célèbre. Madame de Sévigné étoit alors âgée de vingt-deux ans : le coadjuteur témoignoit pour elle autant d'admiration que de respect; et ce fut de cette époque de trouble que data leur liaison, sur laquelle nous aurons par la suite occasion de nous étendre.

Cette guerre, qui n'eut point de résultat décisif, ne dura que quelques mois. D'affreux désordres eurent lieu dans la capitale ; on voulut massacrer le premier président Molé, et l'on entendit même prononcer le nom de *république :* mot qui devoit faire frémir d'horreur, à l'époque où la faction qui dominoit en Angleterre cimentoit par le sang de son roi l'établissement d'un gouvernement de ce genre (1). Ce rapprochement ne toucha point le coadjuteur, qui persista dans ses projets gigantesques ; et lorsqu'il vit qu'il ne pouvoit s'opposer à ce que le parlement fît sa paix avec la cour (11 mars 1649), il refusa d'y être compris, dans l'espoir que son ascendant sur le peuple ne tarderoit pas à lui ouvrir des chances plus favorables. Mais cette attente fut trompée. Il ne joua plus qu'un rôle subalterne dans les désordres qui suivirent, et les vues ambitieuses qui le portèrent à changer souvent de parti lui firent perdre l'estime qu'il avoit acquise : de sorte que sa chute, amenée par des fautes sans nombre, fut, contre toute apparence, sans honneur et sans gloire.

Il continua d'entretenir des relations avec l'Espagne; et l'archiduc lui fit offrir par don Antonio Pimentel

(1) Charles premier perdit la vie sur l'échafaud le 9 février 1649.

une somme de cent mille écus. Il la refusa, mais en observant qu'*il n'éloignoit point du tout les vues pour l'avenir;* et il déclara que « s'il avoit besoin
« d'une protection, il n'en pourroit jamais trouver
« une si puissante et si glorieuse que celle de Sa Ma-
« jesté Catholique, à laquelle il tiendroit toujours à
« gloire de recourir. » L'archiduc lui répondit que, sur un mot de sa main, il marcheroit *con todas las fuerças del Rei el señor.*

La foiblesse du gouvernement assura l'impunité du coadjuteur. Cependant le prince de Condé, dont la protection avoit puissamment contribué à maintenir Mazarin dans le ministère, abusa de son crédit, voulut être le maître absolu de la cour, et exerça sur la Reine même un despotisme dont elle ne tarda pas à être fatiguée. Ses prétentions étoient dans toute leur force, lorsque, au mois de décembre, le coadjuteur fut accusé d'avoir voulu le faire assassiner. Cette accusation étoit fausse, et rien n'étoit plus facile au prélat que de se justifier. Il dit, dans ses Mémoires, qu'il se décida sur-le-champ à braver l'orage; mais Joly, qui lui étoit alors fort attaché, assure qu'il vouloit, ainsi que Beaufort son coaccusé, se réfugier à Peronne, où il espéroit être reçu par d'Hocquincourt; et que Montrésor lui fit abandonner ce parti, qui l'auroit couvert de honte.

Il resta donc à Paris, parut avec hardiesse dans le parlement, et confondit ses accusateurs par un discours éloquent et énergique. Pendant que cette affaire se discutoit, et que les diverses factions y prenoient part avec une chaleur qui compromettoit chaque jour la tranquillité publique, le coadjuteur, pour donner une preuve de sa sécurité, alla le jour de Noël prêcher dans l'église de Saint-Germain-l'Auxerrois, paroisse de la cour. Il affecta de ne parler que de la charité chrétienne, et de ne faire aucune allusion aux circonstances. L'effet de ce sermon passa les espérances qu'il avoit conçues : jusqu'alors ses discours n'avoient tendu qu'à exciter des passions violentes ; et c'étoit une singularité digne de remarque que, dans la position où il se trouvoit, il semblât avoir étouffé tous ses ressentimens. « Les femmes « pleuroient, dit-il, sur l'injustice qu'on faisoit à « leur archevêque, qui n'avoit que de la tendresse « pour ses ennemis. » On ignoroit que dans ce moment, où il étoit obligé de déployer tant d'activité, et de faire des démarches en apparence si opposées, il se trouvoit tourmenté par une maladie secrète, fruit déplorable de ses débauches.

Il avoit la certitude, sinon de l'emporter sur ses ennemis, du moins de se laver entièrement de l'accusation qu'ils lui avoient intentée, lorsqu'il reçut de la Reine un message qui changea la face des affaires. Cette princesse, outrée des prétentions excessives du prince de Condé, avoit résolu de traiter avec les frondeurs. Le coadjuteur eut avec elle, pendant la nuit, des conférences secrètes dans son oratoire ; le cardinal Mazarin y prit part ; et il fut résolu qu'on arrêteroit, non-seulement Condé, mais son rère le prince de Conti, et son beau-frère le duc de Longueville. Le ministre offrit alors au coadjuteur le chapeau de cardinal, de riches abbayes, et le paiement de ses dettes : il refusa tout, et ne parut s'occuper que des intérêts de ses amis. Le chapeau de cardinal étoit cependant l'objet de son ambition; mais craignant, peut-être avec raison, que l'offre qu'on lui en faisoit ne fût pas sincère, il ajournoit ses prétentions jusqu'à ce qu'il se fût assuré des dispositions du Pape. Conformément à ce traité, qui donnoit à l'autorité l'assistance d'un parti puissant, les princes furent arrêtés au Palais-Royal le 18 janvier 1650.

Cette arrestation entraîna la disgrâce de l'abbé de La Rivière, qui avoit beaucoup d'empire sur Gaston oncle du Roi, et qui étoit accusé de favoriser les desseins du prince de Condé. Gaston, sous le dernier règne, s'étoit trouvé souvent compromis dans des intrigues politiques: il avoit, à diverses reprises, été obligé de sortir du royaume, et son caractère foible et indécis avoit presque toujours entraîné la perte des hommes assez imprudens pour servir ses projets ambitieux. Depuis la régence, sa conduite paroissoit beaucoup plus sage; il demeuroit fidèle à la Reine, mais il étoit assez fréquemment tenté de profiter des désordres pour s'emparer du pouvoir. Le coadjuteur fut alors admis dans son intimité, et succéda bientôt à la faveur de l'abbé de La Rivière. Dès cette époque la fidélité du prince fut douteuse, et il ne tarda pas à s'embarquer dans des entreprises qui devoient par la suite causer sa ruine.

Cependant le coadjuteur s'étoit placé dans une situation fausse, soit à l'égard de la cour, soit à l'égard des frondeurs. Il servoit Mazarin, quoiqu'il affectât en public de le décrier; et ne pouvant ni acquérir la confiance de ce ministre, ni conserver celle du parti qui vouloit le renverser, il perdoit chaque jour de son influence. Instruit que le Pape étoit disposé à lui donner la pourpre, il fit des démarches pour obtenir la nomination du Roi : cette demande ayant éprouvé des difficultés, il prit un ton menaçant, et déclara que si l'on n'adhéroit pas à ses désirs, il se joindroit au parti des princes, qui s'augmentoit chaque jour de tous les ennemis de Mazarin (décembre 1650). Il dit même à Le Tellier, qui conféroit avec lui de la part de la Reine : « Qu'on l'avoit mis dans « une condition telle, qu'il ne pouvoit plus être que « chef de parti ou cardinal. » Ce ton étoit fait pour révolter la Reine, qui repoussa ses importunes sollicitations. Alors il traita avec les princes, prit l'engagement de les faire sortir de prison, et leur livra l'oncle du Roi, ainsi que tous les amis qui lui restoient parmi les frondeurs.

Cet arrangement produisit un soulèvement général, et beaucoup plus redoutable que celui qui avoit éclaté en 1648. Le ministre fut obligé de sortir furtivement de Paris dans la nuit du 7 janvier 1651 ; et Gondy, craignant que la Régente n'allât le joindre, prit sur lui, malgré les ordres positifs de Gaston, de la tenir prisonnière dans son palais, prétendant que cet attentat étoit *rectifié* et même *sanctifié* par les circonstances. Mazarin, jugeant qu'il lui seroit impossible de résister à un si violent orage, alla lui-même délivrer les princes, qui depuis quelque temps avoient été transférés au Havre ; et n'ayant pu traiter avec eux, il se réfugia momentanément dans l'électorat de Cologne, d'où il continua de diriger le cabinet de la Reine.

Le prince de Condé, qui feignit d'abord de regarder Gondy comme son libérateur, ne tarda pas à se brouiller avec lui; et voulant être le seul maître, il tomba dans les mêmes fautes qui, l'année précédente, avoient donné lieu à son arrestation. La Reine, ne pouvant supporter le joug qu'il vouloit lui imposer, résolut, d'après les conseils de Mazarin, de traiter de nouveau avec le coadjuteur, persuadé qu'il pourroit seul réprimer l'audace du prince de Condé, avec qui elle pensoit qu'il devoit être irréconciliable. Il fut donc mandé la nuit dans l'oratoire de la princesse: elle lui promit la nomination au cardinalat, et de son côté il prit l'engagement de forcer le prince, soit à fléchir devant elle, soit à quitter la capitale, exigeant néanmoins qu'on lui laissât la liberté de continuer ses déclamations contre Mazarin, comme l'unique moyen de conserver sa popularité. Il ne lui fut pas difficile de noircir le prince dans l'esprit de Gaston; et bientôt, avec l'assistance de la cour, il fut en état de disputer le pavé de Paris au vainqueur de Rocroy et de Lens. Cette rivalité, qui pouvoit passer pour insensée et même ridicule de la part du coadjuteur, donna lieu à des scènes violentes dans le parlement: chaque parti y conduisoit une multitude d'hommes armés; et les menaces qu'on s'adressoit pouvoient être suivies d'une lutte sanglante. Enfin le 21 août, Gondy ayant voulu développer toutes ses forces, manqua de périr dans la salle qui précédoit celle de l'assemblée des chambres. Effrayé du danger qu'il avoit couru, il cessa momentanément d'aller au Palais; et le prince, quoique maître du champ de bataille, résolut de quitter Paris pour aller allumer la guerre civile en

Guyenne, où il comptoit un grand nombre de partisans.

La cour, ayant envoyé contre lui une armée composée de vieilles troupes, se rendit à Poitiers pour mieux diriger cette guerre; et le coadjuteur resta dans Paris avec Gaston, qui fut chargé de contenir cette grande ville. Sa situation devint encore plus fausse et plus difficile qu'à l'époque de la prison des princes : destin inévitable des hommes qui ne prennent part aux affaires publiques qu'avec un esprit d'intrigue et de faction. Condé ne faisoit la guerre que pour s'opposer au retour de Mazarin, qui, du lieu de son exil, continuoit de diriger le gouvernement; et le coadjuteur, obligé de se déclarer contre ce prince, ne pouvoit concilier une telle conduite avec l'opinion qu'il vouloit qu'on eût, que sa haine contre le ministre étoit à l'abri de toutes les espèces de séductions. Il en résultoit que ses discours au parlement étoient vagues et embarrassés, que son éloquence sembloit l'avoir abandonné, et qu'il ne pouvoit échapper aux défiances trop fondées des hommes de toutes les opinions.

Fatigué d'une inaction si contraire à son génie, il conçut l'idée de former un tiers parti, dans lequel il se flattoit de pouvoir entraîner tous les parlemens, et qui, sans prendre les armes, seroit également opposé à Condé et à Mazarin. Ce plan, plus spécieux que solide, dernière ressource d'un esprit inquiet et remuant, ne fut point accueilli par Gaston.

Cependant les troupes du prince de Condé, presque toutes formées de nouvelles levées, ayant été constamment battues par l'armée royale, Mazarin crut le moment favorable pour reprendre le timon des affaires. Il rentra donc en France dans les premiers jours de janvier 1652, à la tête d'une petite armée levée à ses frais; et il se rendit à Poitiers, où il fut reçu avec une grande satisfaction par la Reine et par le jeune Roi. Ce retour, auquel tout le monde devoit s'attendre, ranima la fougue du parlement de Paris, qui rendit contre le ministre les arrêts les plus violens; mais qui, n'étant plus dirigé par le coadjuteur, s'abstint de lever de l'argent et des troupes. Gaston en avoit quelques-unes à sa solde, et se trouvoit fort embarrassé sur l'usage qu'il en devoit faire : le coadjuteur n'osoit lui donner des conseils énergiques, dans la crainte que la cour ne révoquât sa nomination au cardinalat. Ainsi cet homme, qui avoit figuré d'une manière si imposante dans le commencement des troubles, se trouvoit, par sa faute, réduit à une sorte de nullité.

Les partis étoient dans cette position qui préparoit le triomphe de Mazarin, lorsqu'une petite armée fournie par l'archiduc au prince de Condé s'approcha de Paris, sous les ordres du duc de Nemours. C'étoit pour le coadjuteur une occasion de susciter au ministre de nouveaux obstacles : aussi, quoiqu'il continuât de faire assurer à la Reine qu'il se tenoit dans la plus exacte neutralité, il poussa Gaston à joindre ses troupes à celles de Nemours : elles furent confiées au duc de Beaufort; et les deux généraux marchèrent vers Orléans, dont Mademoiselle, fille aînée de Gaston, s'empara au nom de son père.

Alors le coadjuteur eut la nouvelle certaine qu'Innocent x l'avoit enfin nommé cardinal : il prit aussitôt le nom de cardinal de Retz; et voulant se ménager encore à la cour, afin de ne pas empêcher le Roi de lui donner le chapeau, il prit le prétexte du cérémonial attaché à sa nouvelle dignité, pour ne plus paroître au parlement. Il convient lui-même qu'il eut une *joie sensible* d'avoir trouvé cet expédient pour cesser d'assister à ces assemblées. « Elles étoient de-« venues, dit-il, non-seulement ennuyeuses, mais « insupportables. » Il n'est pas besoin d'observer que le nouveau cardinal ne les jugeoit ainsi que parce qu'il y avoit perdu toute son influence, et qu'elles ne lui avoient pas inspiré ce dégoût lorsqu'elles étoient le théâtre de ses triomphes.

En affectant de se tenir à l'écart, il continuoit cependant d'être fort assidu auprès de Gaston; et sa conduite équivoque donnoit de grandes défiances au peuple, qui le soupçonnoit d'être d'intelligence avec Mazarin. Un jour, au moment où il sortoit du Luxembourg, la multitude se souleva contre lui; et cet homme, jadis si populaire, manqua d'être assommé par ceux dont il avoit allumé les passions. Sa présence d'esprit le déroba heureusement à ce danger.

Le prince de Condé, qui ne pouvoit tenir en Guyenne contre les troupes royales, prit le parti de quitter secrètement cette province, et de venir se mettre à la tête de l'armée que commandoient les ducs de Nemours et de Beaufort. Il espéroit surprendre et enlever la cour, qui étoit alors à Gien: il battit en effet le maréchal d'Hocquincourt, mais il fut repoussé par Turenne près de Bleneau. Ayant manqué ce coup, qui auroit assuré son triomphe, il laissa son armée, et vint à Paris le 11 avril, dans l'espoir de décider Gaston à se déclarer franchement pour lui. Mais comme le cardinal de Retz ne trouvoit pas son intérêt à cette union, il fit échouer les projets du prince.

Ces manœuvres, qui ne pouvoient être ignorées, soulevèrent contre lui tous les ennemis de Mazarin. Peu sensible à leurs clameurs, il ne leur opposa d'abord qu'une force d'inertie ; et il répondit au président de Bellièvre, qui s'étonnoit de cette conduite : « Nous sommes dans une grande tempête où il me « semble que nous voguons tous contre le vent. J'ai « deux bonnes rames en main, dont l'une est la « masse de cardinal, et l'autre la crosse de Paris ; je « ne les veux pas rompre, et n'ai présentement qu'à « me soutenir. » Cependant, se voyant harcelé par une multitude d'écrits satiriques, il employa ses loisirs à y répondre ; et il composa plusieurs pamphlets, tous remarquables par un style énergique et piquant, mais qui servirent puissamment Mazarin, parce qu'ils ne laissèrent aucun doute sur la division qui régnoit parmi ses ennemis. Ces opuscules, qui offrent aujourd'hui peu d'intérêt, portent les titres suivans : *le Vraisemblable sur la conduite de M. le cardinal de Retz, les Intérêts du temps, le Solitaire, Avis aux malheureux, Manifeste de M. de Beaufort, l'Esprit de paix, Lettre d'un bourgeois désintéressé, les Contre-temps du sieur de Chavigny, premier ministre de M. le prince ; le Vrai et le Faux de M. le prince et de M. le cardinal de Retz.*

Les deux derniers pamphlets furent ceux qui produisirent le plus de sensation. Chavigny, autrefois ministre sous Richelieu, avoit en vain cherché à rentrer dans les affaires depuis la régence ; ses intrigues avoient été déconcertées, ses tentatives avoient échoué ; et sa vie, depuis plusieurs années, n'étoit qu'une suite de contre-temps. « Ce pamphlet, dit le « cardinal de Retz, toucha tellement cet esprit altier « et superbe, qu'il ne put s'empêcher d'en verser des « larmes en présence de douze ou quinze personnes. » L'écrit contre Condé fit un effet tout différent sur ce prince : il le lut avec beaucoup d'attention ; et le poète Marigny lui ayant dit qu'il falloit que ce fût un bel ouvrage, puisqu'il y prenoit tant de plaisir : « Il « est vrai, répliqua-t-il, que j'y en prends beaucoup, « car il me fait connoître mes fautes, que personne « n'ose me dire. »

La présence du prince de Condé fit naître à Paris beaucoup de désordres. Chaque jour les magistrats risquoient d'être massacrés par la populace en fureur, et bientôt les affaires tombèrent dans la crise la plus effrayante. La cour et l'armée du prince de Condé s'étoient rapprochées de la capitale ; et ce dernier, voulant prendre une position avantageuse près de Charenton, fut attaqué dans le faubourg Saint-Antoine par Turenne qui l'auroit accablé, si Mademoiselle, qui s'étoit rendue à la Bastille, n'eût fait ouvrir les portes de la ville, et n'eût ordonné qu'on tirât le canon de la forteresse sur les troupes royales (2 juillet). Le surlendemain, une grande assemblée se tint à l'hôtel-de-ville : Gaston et Condé s'y présentèrent ; et ces deux princes ayant fait apercevoir en sortant qu'ils n'étoient pas satisfaits des dispositions des notables, une horrible révolte éclata au moment même. La populace mit le feu aux portes de l'hôtel-de-ville, se précipita dans l'intérieur, et plusieurs membres de l'assemblée furent massacrés : événement qui rendit le parti de la Fronde odieux à tous les hommes paisibles, et qui accéléra sa ruine.

Pendant tous ces mouvemens, le cardinal de Retz étoit renfermé chez lui avec quelques amis dévoués : il avoit des armes, des munitions, des soldats : son palais et les tours de Notre-Dame étoient garnis de grenades, et le service se faisoit à l'archevêché comme dans une place de guerre. Il eût alors l'idée de se retirer dans le pays de Retz, et d'y attendre la fin des troubles qu'il avoit allumés; mais il ne put exécuter ce projet, qui lui auroit épargné bien des disgrâces, parce que ses amis, espérant qu'il pourroit servir leurs intérêts au moment où la paix seroit conclue, le menacèrent de l'abandonner. Lorsque le calme fut un peu rétabli, il parut en public avec une escorte nombreuse : il affecta de détester les excès auxquels le peuple s'étoit livré, et de faire des vœux pour le retour de la paix. Ces démonstrations lui attirèrent quelques applaudissemens de la part des bons bourgeois; mais comme ces derniers n'ignoroient pas qu'il étoit la principale cause des malheurs publics, ils ne prirent en lui aucune confiance.

Les partisans obstinés de la Fronde résolurent de faire un dernier effort, et d'imiter les exemples qui avoient été donnés par la Ligue. Ils nommèrent Gaston lieutenant général du royaume, et le commandement général des troupes fut confié au prince de Condé. Mais le découragement s'étoit emparé des esprits qui avoient autrefois fait paroître le plus de violence : quelques membres du parlement étoient allés trouver le Roi, et la plupart des présidens ne se rendoient plus aux assemblées des chambres. La cour, de son côté, suivit à peu près le même système dont Henri IV s'étoit servi avec tant de succès contre les ligueurs. Elle établit à Pontoise un parlement formé des magistrats qui s'étoient réunis à elle, et cessa de reconnoître le parlement de la Fronde. En même temps Mazarin, pour ne laisser aucun prétexte aux rebelles, partit pour Bouillon, et eut l'air d'abandonner une seconde fois la direction des affaires.

Ce moment parut favorable au cardinal de Retz pour reparoître avec éclat sur la scène. Espérant se faire attribuer l'honneur de la paix et du retour du Roi, il partit pour Compiègne, où étoit la cour, ayant à sa suite tout le clergé de Paris (9 septembre). Le Roi lui donna le chapeau de cardinal, et lui accorda ensuite une audience pour le clergé. Le discours qu'il prononça dans cette circonstance importante est une de ses productions les plus singulières; il n'est point inséré dans ses Mémoires, mais nous l'avons trouvé dans un recueil du temps (1). On sera probablement satisfait d'en voir ici un extrait détaillé.

Comme dans les remontrances de 1645, le prélat prend avec le Roi un ton d'autorité : il affecte de parler au nom de Dieu ; et, loin de paroître déconcerté par la situation fausse dans laquelle il s'est placé, il s'exprime avec autant d'audace que si son parti eût été encore très-puissant.

« Sire, dit-il au jeune monarque, tous les sujets
« de Votre Majesté lui peuvent représenter leurs be-
« soins ; mais il n'y a que l'Eglise qui ait le droit de
« vous parler de vos devoirs. Nous le devons, sire,

(1) Harangues célèbres. *Paris*, 1655.

« par toutes les obligations que notre caractère nous
« impose ; mais nous le devons particulièrement
« quand il s'agit de la conservation des peuples,
« parce que la même puissance qui nous a établis
« médiateurs entre Dieu et les hommes fait que nous
« sommes naturellement leurs intercesseurs envers
« les rois, qui sont les interprètes de la divinité sur
« la terre. Nous nous présentons donc à Votre Ma-
« jesté en qualité de ministres de la parole, et
« comme les dispensateurs légitimes des oracles éter-
« nels ; nous vous annonçons l'évangile de la paix,
« en vous remerciant des dispositions que vous y
« avez déjà données, et en vous suppliant très-hum-
« blement d'accomplir cet ouvrage si glorieux à Votre
« Majesté, et si nécessaire au repos de vos peuples ;
« nous vous parlons au nom de celui de qui les or-
« dres vous doivent être aussi sacrés qu'ils le sont
« au moindre de vos sujets. »

Il se vante de la conduite qu'il a tenue comme coadjuteur de Paris pendant les troubles. « L'Eglise de
« Paris, dit-il, n'a jamais fait de vœux que pour les
« avantages de votre couronne, et ses oracles n'ont
« parlé que pour votre service. » Il ose ensuite se
plaindre des désastres dont il a été la principale
cause. « Nous voyons, ajoute-t-il, nos campagnes ra-
« vagées, nos villes désertes, nos maisons abandon-
« nées, nos temples violés, nos autels profanés. Nous
« nous contenterions de lever les yeux au ciel, et de
« lui demander justice de ces impiétés et de ces sa-
« criléges, qui ne peuvent être assez punis par la main
« des hommes ; et pour tout ce qui touche nos pro-
« pres misères, le respect que nous avons pour tout

« ce qui porte le caractère de Votre Majesté nous
« obligeroit sans doute, même dans le plus grand
« effort de nos souffrances, à étouffer les gémisse-
« mens et les plaintes que nous causent vos armes,
« si votre intérêt, sire, encore plus pressamment que
« le nôtre, n'animoit nos paroles ; et si nous n'étions
« fortement persuadés que comme votre véritable
« repos consiste dans notre obéissance, votre véri-
« table grandeur consiste dans votre justice et dans
« votre bonté ; et qu'il est même dans la dignité d'un
« grand monarque d'être au dessus de beaucoup de
« formalités qui sont aussi inutiles, et même aussi
« préjudiciables en quelques rencontres, qu'elles peu-
« vent être nécessaires en d'autres occasions. »

Ces formalités auxquelles Retz demandoit qu'on ne s'arrêtât pas étoient l'examen de la conduite des principaux coupables, et les mesures qu'on vouloit prendre pour prévenir le retour des troubles. Afin de justifier cette demande, il cherche à persuader au Roi qu'il n'y a plus de rebelles : qu'ainsi l'amnistie doit être sans exception ; et, dans ses supplications apparentes, il emploie le ton de la menace. L'exemple de Henri IV vient naturellement à l'appui des prétentions qu'il élève en faveur de son parti ; et l'orateur a soin de passer sous silence que, lorsque ce grand prince entra dans Paris le 22 mars 1594, les factieux obstinés furent punis par le bannissement. A cette occasion, Retz ne craint pas de se mettre lui-même en scène ; et il a l'effronterie de se comparer au cardinal de Gondy son grand oncle, alors évêque de Paris, qui dans les troubles de la Ligue s'étoit constamment dis-tingué par sa piété, ses vertus, et sa fidélité au Roi.

« J'ai, sire, un droit tout particulier et domestique
« de vous proposer l'exemple de votre aïeul, dans
« cette fameuse conférence qui fut tenue dans l'ab-
« baye Saint-Antoine, aux faubourgs de Paris. Le roi
« Henri-le-Grand dit au cardinal de Gondy qu'il
« étoit résolu de ne s'arrêter à aucune formalité dans
« une affaire où la paix seule étoit essentielle. Je ne
« connoîtrois nullement le mérite et la valeur de ce
« discours, si je prétendois le vouloir orner par des
« paroles. Je me contente, sire, de le rapporter fidè-
« lement à Votre Majesté, et de le rapporter avec le
« même esprit que le cardinal de Gondy l'a reçu. »

Peu satisfait de demander pour lui et ses partisans une amnistie sans exception, il semble exiger avec autorité que le Roi confie l'administration de l'Etat et le commandement des armées à Gaston et au prince de Condé, qui deux mois auparavant avoient, par leurs intrigues et par des propos imprudens, donné lieu à un massacre dans l'hôtel-de-ville. « Vous au-
« rez, lui dit-il, dans vos conseils et à la tête de vos
« armées, M. le duc d'Orléans, dont l'expérience,
« la modération et les intentions absolument désin-
« téressées peuvent être si utiles et sont si nécessaires
« pour la conduite de votre Etat. Vous aurez M. le
« prince de Condé, si capable de vous seconder dans
« vos conquêtes. »

Après avoir ainsi dicté au monarque les choix qu'il doit faire, il revient sur l'amnistie; et, sans songer à la dépravation notoire de ses mœurs, il pousse l'oubli des convenances jusqu'à se mettre sur la même ligne que saint Ambroise parlant à Théodose. « Quelle ap-
« parence, ajoute-t-il, que la fin de nos maux ne soit

« pas proche, puisqu'ils ne tiennent plus qu'à quel-
« ques formalités légères ? Quelle apparence qu'ils ne
« fussent pas déjà terminés, si la justice de Dieu ne
« vouloit peut-être pas châtier nos péchés et nos
« crimes par des maux que nous endurons, contre
« toutes les règles de la politique même la plus hu-
« maine? Il est, sire, de votre devoir de prévenir les
« châtimens du ciel, qui menacent un royaume dont
« vous êtes le père.... Vous le devez comme chrétien;
« vous le pouvez comme roi. »

Sa péroraison est une imitation de celle du panégyrique de saint Louis, qu'il avoit prononcé la veille
des Barricades. Il rappelle les dernières paroles de ce
monarque, qui recommanda à son fils la conservation
des grandes villes ; et il termine par un éloge assez
bien amené de la reine Anne d'Autriche, que peu de
temps auparavant il avoit cherché à faire décrier
par d'infâmes libelles. « Saint Louis, dit-il au jeune
« roi, devoit ces sentimens si raisonnables et si bien
« fondés à l'éducation de la reine Blanche de Castille,
« sa mère ; et Votre Majesté, sire, devra sans doute
« ces mêmes maximes aux conseils de cette grande
« reine qui vous a donné à vos peuples, et qui anime,
« par des vertus qui sont sans comparaison et sans
« exemple, le sang qui a coulé dans les veines de
« Blanche, et les mêmes avantages qu'elle a autre-
« fois possédés en France. »

Ce discours ne servit qu'à redoubler les justes pré-
ventions du Roi et de la Reine sa mère contre le cardinal de Retz : sa négociation échoua complétement,
on ne lui témoigna aucune confiance, et il n'obtint
rien de ce qu'il désiroit pour lui et pour ses amis.

Alors il crut devoir donner à Gaston les conseils les plus violens ; mais ils ne furent pas suivis : car les frondeurs se trouvoient dans une telle position, qu'ils ne pouvoient plus faire ni la paix ni la guerre. La cour, instruite des vœux ardens que les Parisiens faisoient pour le retour du Roi, vint s'établir à Saint-Germain : elle y reçut bientôt une députation nombreuse de la garde bourgeoise, qui, n'exigeant aucune condition, la supplia vivement de mettre fin aux troubles (13 octobre); et le même jour le prince de Condé, ne se trouvant plus en sûreté dans la capitale, partit pour aller se mettre à la tête des armées espagnoles. Son éloignement privant les mécontens de toute espèce d'appui, le Roi fit son entrée à Paris le 21, et y fut accueilli par les plus éclatans témoignages d'amour et de respect.

Le même jour, dès le matin, Gaston avoit reçu l'ordre de partir sur-le-champ pour Blois. Il sembla hésiter ; et Retz, irrité de voir toutes ses espérances évanouies, lui présenta le plan le plus insensé : il lui conseilla de se rendre aux halles, d'y soulever le peuple dont il étoit encore aimé, et de faire dresser des barricades. Ce projet, dont il paroît que l'exécution n'auroit pu même être commencée, frappa le prince, qui ordonna au cardinal de faire les préparatifs ; mais il partit pour Blois dans la nuit du 22, ne laissant à son conseiller que le tort impardonnable aux yeux de la cour d'avoir encore voulu exciter des troubles.

Cependant la Reine, aimant mieux mettre Retz hors d'état de nuire à la tranquillité de l'Etat que de lui infliger une punition trop méritée, lui fit faire par Servien les propositions les plus séduisantes. On lui offrit l'ambassade de Rome; cinquante mille écus de traitement, cent mille écus pour payer ses dettes, et une somme considérable destinée à son établissement : on lui promit en outre que sa mission ne dureroit que trois ans, au bout desquels il pourroit revenir dans la capitale. Retz, qui vouloit demeurer à la tête d'un parti, exigea que tous ses amis fussent récompensés, soit par des gouvernemens, soit par des dignités, soit par de fortes gratifications. La cour ne pouvoit souscrire à des prétentions qui auroient rendu à la faction toute sa force; aussi la négociation fut-elle rompue, et le prélat perdit pour jamais l'occasion de sortir des troubles avec honneur et avantage.

Le prince de Condé s'étant mis ouvertement au service d'une puissance ennemie, le Roi alla, le 13 novembre, tenir au parlement un lit de justice, pour faire enregistrer une déclaration qui constituoit ce prince criminel de lèse-majesté. La Reine auroit désiré que Retz se trouvât à cette séance; mais il lui fit présenter ses excuses, en disant que la délicatesse ne lui permettoit pas de voter contre un prince dont il avoit été l'ennemi : réponse où l'on crut trouver la preuve qu'il étoit loin d'avoir renoncé à ses projets séditieux. Dès ce moment il fut décidé qu'on l'arrêteroit; l'avis lui en fut donné; et il affecta de ne plus paroître qu'avec une escorte nombreuse. Cette vaine bravade, qui ne l'auroit probablement pas préservé du sort dont il étoit menacé, ne servit qu'à augmenter la juste indignation de la Reine.

Pour se relever aux yeux de la saine partie du public, il résolut de prêcher pendant l'avent dans les principales églises de Paris, et il commença par celle de Saint-Germain-l'Auxerrois, paroisse de la cour, où il prononça le sermon de la Toussaint. Cette solennité attira une grande affluence; mais le prélat dut remarquer que la curiosité, plus que l'intérêt, étoit la cause de cette vogue apparente.

En se tenant sur la défensive, il entretenoit toujours des relations avec quelques femmes de la cour, à qui ses talens et ses aventures extraordinaires inspiroient une sorte d'engouement. Madame de Lesdiguières, sa parente et son amie, crut avoir la certitude que la Reine étoit disposée à lui accorder ce qu'il exigeoit pour ses amis; et elle le pressa, pour aplanir les difficultés, d'aller présenter ses hommages à cette princesse. C'étoit là que l'attendoit le châtiment de ses torts multipliés. S'étant rendu au Louvre le 19 décembre, il y fut arrêté, et conduit ensuite dans le château de Vincennes, où il fut condamné d'abord au secret le plus rigoureux.

Presque tous les amis qu'il avoit eus dans ses temps de prospérité l'abandonnèrent aussitôt; et il ne trouva un dévouement à toute épreuve que parmi les jansénistes, qui, joignant leur cause à la sienne, firent les derniers efforts pour ressusciter une faction que ses fautes accumulées avoient anéantie pour jamais. On peut en voir le détail dans la seconde partie de la Notice sur Port-Royal. Ce parti, qui dominoit alors dans le clergé de Paris, fit faire pour le coadjuteur des prières solennelles, et ne négligea aucun moyen de soulever en sa faveur les dernières classes du peuple.

Messieurs de Port-Royal ne pouvant, dans les premiers temps de sa captivité, avoir avec lui aucune relation, imaginèrent de faire courir en son nom une lettre aux cardinaux, où ils ne craignirent pas de le présenter comme le meilleur citoyen et l'ecclésiastique le plus édifiant. Cette pièce, écrite en latin, est très-curieuse : nous en donnons la traduction.

« Messeigneurs, il est inutile d'entrer avec Vos
« Eminences dans de longs détails sur ma captivité ;
« de vous montrer mes chaînes et les plaies de l'E-
« glise ; d'arrêter vos regards sur ce dernier attentat
« qui attaque directement le sacré collége et la liberté
« publique. La violence qui me retient dans les fers
« vous a sans doute fait sentir le joug du plus dur
« esclavage, et la peine injuste qui m'a accablé pèse
« également sur vos têtes. Votre pourpre auguste est
« devenue le jouet des plus audacieux de tous les
« hommes : ils ne respectent plus rien. Forts du nom
« du Roi, de ce nom qui fut toujours pour moi si
« sacré et si vénérable, ils s'en servent pour couvrir
« leurs odieux efforts ; et ils ne craignent pas d'at-
« tenter contre les princes de l'Eglise romaine : ce
« que la tyrannie la plus injuste oseroit seule se per-
« mettre à l'égard du dernier des hommes.... Mais
« peut-être avois-je mérité mon sort.

« Travailler de tout mon pouvoir à calmer les
« troubles de la France ; sacrifier mes intérêts parti-
« culiers à la tranquillité publique ; rendre le prince
« aux citoyens, et les citoyens au prince ; me retirer
« content d'avoir ramené le roi Très-Chrétien dans
« sa ville de Paris ; vivre loin de la cour et du grand
« monde, solitaire et renfermé dans mon domes-
« tique ; ne paroître en public que pour monter en

4.

« chaire, que pour entretenir mon cher troupeau des
« choses divines : tels ont été les crimes par où j'ai
« mérité la prison et les fers, digne prix d'une fidèle
« obéissance, et de services qui, j'ose le dire, n'ont
« pas été infructueux.

« Voilà, messeigneurs, la plaie profonde de notre
« siècle; voilà l'ordre qui règne en ces temps désas-
« treux; voilà comment se conduisent ceux qui bra-
« vent la haine publique, et qui ne redoutent pas
« même le jugement de la postérité. Je n'exagérerai
« point la persécution dont je suis l'objet, par l'amer-
« tume de mes plaintes. Du fond de ma prison sort
« une voix forte et perçante, et toutes ses pierres
« crient contre l'injustice. Certes, si l'histoire présente
« quelques exemples de cardinaux emprisonnés, les
« circonstances étoient bien différentes; et de plus,
« jamais une pareille atteinte n'avoit été portée à
« l'ordre ecclésiastique par la main de ceux mêmes
« qui ne peuvent être ennemis de notre liberté sacrée
« sans se rendre, par une conséquence nécessaire,
« traîtres à leur propre dignité (1). Les uns par la co-
« lère du prince, les autres par la haine du peuple
« opprimé, quelques-uns par une précaution récla-
« mée en quelque sorte par la sûreté du trône, se
« sont vus jetés en prison; mais je n'en sais aucun
« dont la perte ait été machinée par des gens qui
« s'ils vivent, ne le doivent peut-être qu'à l'Eglise (2).
« Mon ame, qui jusque dans les fers conserve sa
« liberté, s'échappe du fond d'un cachot pour im-

---

(1) Allusion au cardinal Mazarin. — (2) L'auteur fait entendre que le cardinal Mazarin auroit été massacré pendant les troubles, si le peuple n'eût respecté la pourpre romaine.

« plorer votre assistance, attendant tout d'un lieu
« d'où m'a été conférée une si haute dignité, et d'où
« m'est venu un bienfait qui sera toujours présent à
« ma mémoire. Reconnoissez donc, en la personne de
« votre frère, un coup qui vous frappe tous ; qu'un zèle
« proportionné à l'outrage vous anime ; agissez de
« concert près de notre très-saint Pontife et de notre
« maître commun, pour faire cesser un scandale qui
« montre à la fois l'innocence opprimée, la liberté de
« l'Eglise foulée aux pieds, et l'iniquité triomphante.

« De Vos Eminences, le très-humble client et frère
« très-dévoué. Sont les présentes écrites au nom et par
« ordre de Son Eminence monseigneur le cardinal de
« Retz, notre seigneur ; lequel les a fait écrire, mais
« n'a pu les signer, vu l'étroite prison où il est détenu. »

Les auteurs de cette lettre espéroient que le sacré collége prendroit vivement la défense d'un cardinal opprimé ; que le Pape, qui avoit eu à se plaindre de la politique de la France, partageroit leur indignation, et qu'il en résulteroit une brouillerie avec la cour de Rome dont ils pourroient profiter, aussi bien pour les intérêts particuliers de leur secte que pour ceux du prélat dont ils embrassoient la cause.

Cependant Mazarin, qui avoit désiré que ce coup d'Etat fût porté en son absence, afin de pouvoir dire qu'il n'y avoit pris aucune part, avoit quitté le duché de Bouillon, et étoit rentré triomphant à Paris le 3 février 1653. Jouissant désormais d'une autorité que personne n'osoit attaquer, il accueillit avec douceur les amis de Retz, fit cesser quelques-unes des rigueurs dont se plaignoit le prisonnier, mais ne donna aucun espoir pour sa liberté.

Il y avoit plus d'un an que duroit cette détention, lorsqu'on apprit la mort de Jean-François de Gondy, archevêque de Paris (21 mars 1654). A peine le ministère fut-il averti de cet événement, qu'il envoya Le Tellier aux chanoines de Notre-Dame, pour leur donner l'ordre de ne point reconnoître le cardinal de Retz pour archevêque. Mais les jansénistes avoient été plus alertes : ils s'étoient rendus au chapitre deux heures avant le commissaire du Roi, y avoient présenté de faux pouvoirs du coadjuteur; et l'un d'eux avoit pris en son nom possession du siége. Alors la cour, craignant avec raison le crédit que cette nouvelle dignité alloit donner à l'ancien chef de la Fronde, résolut d'entrer en négociation avec lui pour obtenir sa démission. On lui offrit sa liberté et des bénéfices considérables; mais on exigea que douze de ses amis se rendissent caution qu'il ne se rétracteroit pas avant que sa démission eût été agréée à Rome. Fatigué par une longue captivité, il auroit volontiers souscrit à cet arrangement, si ses confidens ne lui eussent fait sentir les conséquences irrémédiables d'une telle démarche. Il consentit donc à donner sa démission; mais il refusa obstinément de livrer des otages, voulant se ménager le moyen de rétracter sans danger un engagement qu'il ne vouloit prendre que pour sortir de prison. Mazarin, pressé de terminer cette affaire, renonça aux otages qu'il avoit exigés; mais au lieu de rendre à Retz sa liberté tout entière, il le fit transférer dans le château de Nantes, où il fut décidé qu'il resteroit sous la surveillance du maréchal de La Meilleraye, jusqu'à ce que le Pape eût accepté sa démission.

La conduite de ce prélat, pendant les quinze mois qu'il fut détenu à Vincennes, ne répondit pas à l'idée qu'on s'étoit faite de son caractère. Il prétend, il est vrai, dans ses Mémoires, qu'il supporta cette longue captivité avec courage; mais ses amis eurent souvent à gémir de sa foiblesse, et il fallut qu'ils employassent les exhortations les plus vives pour l'empêcher de tout sacrifier au désir de recouvrer sa liberté.

Sa position dans le château de Nantes fut beaucoup plus supportable. Il eut la permission de se promener, de voir ses amis; et plusieurs dames s'empressèrent, soit par curiosité, soit par intérêt pour lui, de venir dissiper ses chagrins. Parmi elles il remarqua surtout mademoiselle de La Vergne, depuis si connue sous le nom de madame de La Fayette. Cette jeune personne lui fut amenée par une de ses parentes; et d'abord frappé de sa beauté, qui étoit alors dans tout son éclat, il ne tarda pas à être enchanté de son esprit. Il lui témoigna des sentimens qu'il eut pendant quelque temps la fatuité de croire partagés; mais il s'aperçut bientôt que mademoiselle de La Vergne avoit un autre caractère et d'autres principes que les femmes entre lesquelles il avoit autrefois partagé ses hommages.

Ces distractions ne l'empêchoient pas de concerter avec ses amis les moyens de recouvrer sa liberté. Le maréchal de La Meilleraye avoit pour lui beaucoup d'égards : il ne négligeoit rien pour adoucir sa captivité; mais, fidèle aux devoirs qui lui étoient imposés, il le faisoit garder avec soin. Malgré cette surveillance, les amis du prélat imaginèrent un plan d'évasion dont le succès sembloit assuré; et ils s'occupèrent ensuite de la conduite qu'il tiendroit aussitôt qu'il seroit libre. Il fut décidé que Retz se rendroit sur-le-champ à Paris, au moyen de relais qui seroient disposés sur la route; qu'il révoqueroit publiquement sa démission, et qu'il prendroit en personne possession de l'archevêché. On ne redoutoit aucun obstacle sérieux de la part du gouvernement, parce qu'on croyoit s'être assuré de l'assistance de la populace; et le prélat doutoit si peu de son triomphe, qu'il s'exprime ainsi dans ses Mémoires : « Je me serois, dit-il, rendu maître de la « capitale et du royaume, en brisant mes fers. » Le chevalier de Sévigné, zélé partisan de Port-Royal, étoit chargé de commander l'escorte.

La première partie de ce plan eut le succès qu'on avoit espéré. Le cardinal de Retz sortit heureusement du château (8 août); mais le cheval sur lequel il monta s'étant emporté, il fit une chute, se démit l'épaule, et fut ainsi hors d'état d'aller soulever les Parisiens. Ses amis le transportèrent à Machecoul, où il révoqua sa démission en présence de deux notaires; et il se réfugia ensuite à Belle-Ile, place qui appartenoit à sa famille. Il n'y fut pas long-temps à l'abri des poursuites, parce que la cour fit marcher des troupes de ce côté; et, quoique malade, il fut obligé de s'embarquer précipitamment pour l'Espagne.

Arrivé à Saint-Sébastien au commencement de septembre, il obtint de Philippe IV la permission de traverser le royaume pour se rendre à Rome, où il espéroit trouver des protections puissantes. Il fit lentement ce voyage, déguisé en laïque, et sous le nom du marquis de Saint-Florent. Pendant son séjour dans la petite ville de Tudela, il y eut une émotion populaire où il courut quelque danger. Toujours rempli d'idées orgueilleuses et gigantesques, il dit à Joly qui l'accompagnoit : « Je surpasse Henri IV en un point, « puisque la vie de ce prince n'a été en péril que « onze fois, et que la mienne y a été quinze. » Il s'embarqua enfin à Vivacos, bourg du royaume de Valence; et après avoir essuyé une tempête, et risqué d'être pris par la flotte française, chargée d'une expédition dans le royaume de Naples, il arriva à Rome le 28 novembre.

Ayant trouvé dans cette ville des sommes considérables qui avoient été mises à sa disposition, soit par quelques anciens frondeurs, soit par les jansénistes, il y vécut sur le pied d'un homme qui sembloit tirer vanité de sa disgrâce. Il ne marchoit qu'escorté par une troupe de cent cavaliers, et son équipage se composoit de trois carrosses à six chevaux. Accueilli par le pape Innocent X, qui avoit quelques démêlés avec la France, il reçut le *pallium* des mains de ce pontife, et aussitôt il s'occupa de renouer le fil des intrigues qu'il n'avoit pas cessé d'entretenir à Paris. Une pièce sur laquelle il fondoit de grandes espérances étoit une circulaire aux prélats français, dont la minute lui avoit été envoyée par messieurs de Port-Royal. Son affaire y étoit éloquemment discutée sous le double rapport de la théologie et de la politique. Elle contenoit des maximes hardies et séditieuses; et tout portoit à croire qu'elle produiroit en France le plus grand effet. Cependant il n'osa la faire partir avant de l'avoir communiquée au cardinal Chigi, secrétaire d'Etat; et ce ministre, qui la trouva beaucoup trop forte, lui conseilla de la supprimer.

Au moment où il étoit encore indécis sur l'usage qu'il feroit de cette lettre, Innocent x mourut (7 janvier 1655), et Retz entra dans le conclave, où il espéra que de nouvelles chances pourroient lui être favorables. Cependant, malgré les talens qu'il croyoit avoir pour la politique, il ne joua qu'un rôle peu important dans cette assemblée. Le cardinal Chigi fut élu pape, avec le consentement de la France, et prit le nom d'Alexandre vii. Retz, toujours présomptueux, se vanta d'avoir puissamment contribué à l'élection, « quoique, dit Joly, dans le fond il n'en fût rien; » et les propos qu'il tint à ce sujet indisposèrent contre lui le nouveau Pape, qui, comme secrétaire d'Etat, lui avoit auparavant témoigné quelque intérêt.

D'autres torts rendirent sa position encore moins favorable à la cour de Rome. Sans avoir pris les ordres du Pape, il adressa aux évêques de France la circulaire de messieurs de Port-Royal : on en fit courir à Paris un grand nombre de copies ; elle excita quelque rumeur, et fut brûlée par la main du bourreau. Non content de cette démarche, et malgré les ordres précis du Roi, qui vouloit que le chapitre de Notre-Dame gouvernât le diocèse, il nomma deux grands vicaires, choisis parmi les jansénistes les plus ardens ; et il accompagna cette nomination d'une lettre aux chanoines presque aussi violente que la circulaire destinée aux évêques. Le Pape, éclairé enfin sur ses sentimens et sur ses liaisons, lui témoigna de la froideur, et parut désirer qu'il négociât avec Mazarin. Ce fut ce qui l'empêcha de compléter l'exécution de ses projets séditieux, par la mise en interdit de l'église de Paris : démarche à laquelle il étoit depuis long-temps poussé par messieurs de Port-Royal.

Voyant qu'il ne pouvoit plus compter sur l'appui du Pape, il quitta Rome dans le mois de juillet 1656, et partit pour Besançon, où il se trouva au pouvoir des Espagnols, qui étoient en guerre avec la France. Dans ce moment le jansénisme obtenoit un triomphe aussi brillant que passager par la publication des *Provinciales*, qui excitoient l'admiration de toutes les classes de lecteurs. Messieurs de Port-Royal se flattant de pouvoir tirer un grand parti de la position du cardinal de Retz, lui adressèrent des instructions contenant le plan de conduite qu'il devoit suivre. Sans réfléchir à tous les scandales qu'il avoit donnés, ils lui proposèrent l'exemple des anciens évêques qui, au temps des persécutions, s'étoient cachés dans les déserts et dans les cavernes, et lui firent espérer qu'avec une apparence de sainteté il recouvreroit la popularité dont il avoit joui autrefois.

Ces conseils lui arrivèrent au moment où des mesures étoient prises pour le faire arrêter à Besançon. Il quitta brusquement cette ville, changea de nom, et résolut de se dérober à tous les regards, puisque ses amis pensoient que c'étoit un moyen d'acquérir une grande réputation dans le monde. « Mais dans « son cœur, observe malignement Joly, il ne se pro- « posoit de se tenir caché que d'une manière et dans « un esprit tout différent. » En effet on le vit pendant plusieurs années errer de ville en ville, se plaire à la vie peu décente des hôtelleries, et négliger ses affaires les plus importantes pour se livrer à un libertinage obscur. Ses amis de Paris lui assuroient huit mille écus par an : somme suffisante, s'il eût pu prendre sur lui de mettre de l'ordre et de l'économie dans sa dépense.

Il passa dans la ville de Constance tout l'hiver de 1656 à 1657, puis il fit de courts séjours à Ulm, à Ausbourg et à Francfort. Suivi dans toutes ces villes par les espions de Mazarin, et craignant d'être enlevé et ramené en France, où Louis XIV menaçoit de lui faire faire son procès, il prit le parti d'aller en Hollande. Ce pays lui offrit tous les plaisirs dont il étoit avide depuis qu'il avoit quitté Besançon : on y jouissoit d'une grande liberté, la diversité des religions y avoit apporté beaucoup de relâchement dans les mœurs, et chacun pouvoit, sans craindre aucune censure, adopter le genre de vie qui lui convenoit. Il auroit été fort satisfait d'une existence où ses goûts n'éprouvoient point de contrariété, s'il n'eût été frappé d'une maladie « qu'il ne gagna pas, dit Joly, en li-« sant son bréviaire. » Après son rétablissement, il sortit un moment de sa léthargie pour écrire un pamphlet qui fit beaucoup de bruit en Europe (1658). Mazarin ayant traité avec Cromwell, et s'étant engagé à lui remettre Mardick et Dunkerque, Retz s'éleva d'une manière très-vigoureuse contre cette transaction qui avoit quelque apparence de foiblesse, et publia des *Remontrances adressées au Roi, sur la remise des places maritimes de la France entre les mains des Anglais.* Dans cette circonstance, la conduite de Mazarin paroissoit justifiée par la politique : car l'Espagne faisoit au protecteur de l'Angleterre des offres encore plus avantageuses.

Il se rendit ensuite à Bruxelles pour se concerter avec le prince de Condé, dont il s'étoit montré si long-temps l'ennemi irréconciliable. Ils étoient alors l'un et l'autre à peu près dans la même position : tous deux regrettoient leur patrie; et si Condé, malgré sa valeur et son génie pour la guerre, n'avoit pu retrouver son ancienne gloire sur les champs de bataille, Retz, malgré son éloquence et son esprit fertile en expédiens, n'étoit point parvenu à ranimer les restes d'un parti découragé. Leur entrevue fut cordiale : le prince promit au cardinal de ne point faire sa paix sans lui en donner avis, et Retz prit le même engagement à l'égard de l'archevêché de Paris. Après cette conférence, il repartit pour la Hollande, où il habita successivement les villes d'Amsterdam, de La Haye et d'Utrecht. Ce dernier séjour lui parut surtout fort agréable, parce qu'il y contracta une liaison avec une jolie fille d'hôtellerie. Ayant fait un petit voyage à Naarden, il manqua d'être enlevé par les agens de Mazarin; et la crainte de retomber dans le même péril le fit partir pour Roterdam, où il crut trouver plus de sûreté.

Ce fut là qu'il reçut un émissaire des jansénistes, chargé de lui faire les propositions les plus brillantes. Saint-Gilles lui offrit le crédit et la bourse de ses amis, qui étoient nombreux et puissans; mais à la condition qu'il ne balanceroit plus à éclater, et à fulminer l'interdit sur l'église de Paris. Il lui promettoit, dans ce cas, l'appui de toute la secte. Le cardinal, qui craignoit toujours le procès dont Louis XIV l'avoit menacé, ne voulut prendre aucun engagement. Il flatta Saint-Gilles, fit ses efforts pour ne pas le décourager, et se ménagea ainsi fort habilement une assistance qui pouvoit lui devenir très-utile s'il étoit jamais en position de traiter avec la cour.

L'année suivante (1659), il fit un voyage à Ratisbonne, où il apprit que la paix entre la France et l'Espagne étoit sur le point de se conclure. Cette nouvelle, qui détruisoit presque toutes ses espérances, lui fit adopter la résolution d'aller à Bruxelles se concerter de nouveau avec le prince de Condé, qui devoit prendre à cet événement le même intérêt que lui. Ils s'efforcèrent de mettre des obstacles à la paix, mais leurs tentatives furent inutiles : le traité des Pyrénées fut conclu le 7 novembre 1659; le prince y fut compris, sans qu'aucune de ses prétentions eût été admise; et Retz, auquel on ne fit pas même de propositions, tomba dans la situation la plus fâcheuse. Il retourna en Hollande, où il se livra plus que jamais à la dissipation : la discorde se mit parmi ses domestiques, qui cependant s'unissoient souvent pour lui reprocher leur exil et leur malheur; et il ne trouva, pour s'étourdir, que des distractions peu dignes du caractère sacré qu'il s'obstinoit cependant à faire valoir.

En 1660, il alla deux fois en Angleterre. Charles II étoit rétabli depuis l'année précédente; et Retz, qui avoit été assez heureux pour lui rendre en France quelques services, fut très-bien accueilli par ce prince. Il profita de cette faveur pour tramer une intrigue, sur laquelle il fondoit l'espoir de rentrer dans son pays avec des conditions avantageuses. Pendant les conférences de la paix, le roi d'Angleterre, qui n'avoit point encore la certitude de remonter sur son trône, avoit témoigné, mais vainement, le désir d'épouser l'une des nièces de Mazarin : Retz, instruit que le ministre s'étoit repenti de n'avoir pas prêté l'oreille à cette négociation, essaya de la renouer, se flattant que s'il parvenoit à rendre un si grand service à celui dont son sort dépendoit, rien ne s'opposeroit plus à ce que Louis xiv lui pardonnât. Mais Charles rejeta avec hauteur cette avance imprudente : alors le prélat déclama plus que tout le monde contre les prétentions exorbitantes d'une famille dont il exagéra l'obscurité, et ne négligea rien pour faire croire que c'étoit lui qui avoit mis obstacle à une alliance aussi disproportionnée. Cette conduite fut loin de lui concilier l'estime de la cour d'Angleterre ; cependant il reçut de Charles ii des secours assez considérables.

Revenu en Hollande, il apprit que la santé de Mazarin déclinoit visiblement, et que sa guérison sembloit impossible. Alors il prit un ton entièrement opposé à celui dont il s'étoit servi jusqu'alors : il fit représenter à Mazarin qu'il n'étoit ni juste ni glorieux de laisser le diocèse de Paris dans le trouble où il se trouvoit plongé depuis si long-temps ; et qu'il étoit digne d'un ministre qui avoit rendu la paix à l'Europe, de couronner son ouvrage en la donnant à l'Eglise. Mazarin se montra peu sensible à ce langage, qui, quoique fort radouci, n'annonçoit point dans celui qui le tenoit l'intention de donner sa démission. Le prélat, irrité, résolut d'écrire une nouvelle circulaire aux évêques du royaume ; et le projet lui en fut encore fourni par messieurs de Port-Royal.

On y reprochoit à Mazarin la dureté de son cœur, lorsqu'il étoit sur le point de descendre au tombeau : on imploroit le secours et les prières de tous les prélats de l'Eglise catholique ; on annonçoit que si justice n'étoit pas rendue à un archevêque illégalement proscrit, il n'en demeureroit pas là, et qu'il seroit obligé de faire usage des derniers remèdes, dont jusqu'à présent il n'avoit pas voulu se servir, dans la crainte de troubler l'Etat pendant la guerre. C'étoit une nouvelle menace d'interdit : mais la cour n'en étoit pas effrayée, parce qu'elle savoit que Retz redoutoit toujours qu'on ne procédât contre lui pour sa conduite pendant les troubles, et qu'on ne le condamnât comme rebelle. Les jansénistes se servirent de tous les moyens qui étoient en leur pouvoir, pour donner à cette lettre la plus grande publicité ; mais elle produisit peu d'effet.

Mazarin mourut le 9 mars 1661. Aussitôt que cette nouvelle fut parvenue au cardinal de Retz, qui étoit à Amsterdam, il se crut délivré du seul obstacle qui s'opposoit à ce qu'il allât se mettre en possession de son archevêché. Il prit donc en grande hâte la route de Paris : mais ayant appris à Valenciennes que les ordres les plus sévères étoient donnés contre lui s'il osoit reparoître en France, il revint tristement sur ses pas, s'arrêta quelque temps à Bruxelles, puis alla se fixer à La Haye.

Cependant Louis XIV, qui immédiatement après la mort de Mazarin avoit annoncé l'intention de gouverner par lui-même, voulut mettre fin aux troubles qui désoloient depuis plusieurs années l'Eglise de Paris. Il chargea Le Tellier de négocier avec Retz ; et la première condition qu'on exigea de lui fut sa démission. D'ailleurs des propositions fort avantageuses lui furent faites ; mais on lui déclara que s'il s'y refusoit, tout espoir de revenir en France lui seroit désormais enlevé. Fatigué de mener une vie errante, il rejeta les conseils violens des jansénistes, et les bases de la négociation furent bientôt arrêtées. Il fut convenu que le Roi lui donneroit l'abbaye de Saint-Denis, affermée quarante mille écus; qu'on lui restitueroit le revenu de son archevêché et de ses autres bénéfices, versés à l'épargne depuis qu'il étoit absent; qu'une amnistie générale seroit accordée à tous ses partisans; et que les ecclésiastiques de Paris qui avoient été exilés pour avoir embrassé sa cause seroient rappelés, et réintégrés dans leurs bénéfices. Les articles secrets du traité furent qu'il ne paroîtroit point à Paris avant qu'un nouvel archevêque eût été installé, et qu'il partiroit pour Rome aussitôt que le Roi le lui commanderoit.

Conformément à cet arrangement, Retz se rendit à Commercy qui lui appartenoit, et il y donna sa démission de l'archevêché de Paris, en présence de deux notaires (1662). Marca fut nommé à sa place : mais il mourut le 29 juin, le jour même où ses bulles arrivèrent. Péréfixe lui succéda, et fut deux ans sans pouvoir être installé, parce que l'expédition de ses bulles se trouva suspendue par un démêlé entre Louis XIV et le Pape, à l'occasion d'une insulte que le duc de Créqui, ambassadeur de France, avoit reçue à Rome (20 août). Il fallut donc que Retz demeurât éloigné de la capitale beaucoup plus long-temps qu'il ne l'avoit attendu. Il employa ses loisirs à rendre la justice à ses vassaux, à des parties de plaisir, et à la composition de deux ouvrages auxquels il attachoit une grande importance. Sa tête étant remplie de tous les événemens où il avoit joué un rôle pendant les troubles, il essaya de les retracer dans une production latine, en prenant pour modèle la célèbre histoire du président de Thou. Il en écrivit quelques pages fort éloquentes ; mais bientôt il abandonna ce travail, pour se livrer à une occupation qui flattoit beaucoup plus sa vanité. Il fit dresser la généalogie de sa famille, la corrigea lui-même avec une exactitude minutieuse, ne cessa de s'en occuper pendant plusieurs années ; et quand elle fut finie il l'envoya à d'Hozier, pour la mettre en ordre et la faire dessiner. Cet ouvrage ne fut imprimé qu'après sa mort en 1682, par les soins de madame de Lesdiguières, sa parente.

Enfin en 1664 Péréfixe ayant reçu ses bulles, il fut permis au cardinal de Retz de quitter Commercy pour venir saluer le Roi. Quelques-uns de ses anciens partisans allèrent au devant de lui jusqu'à Joigny, et il partit pour Fontainebleau où étoit la cour. Il y fut reçu avec beaucoup de froideur : cet accueil l'embarrassa ; et la jeunesse, qui ne l'avoit pas vu pendant les troubles, s'étonna que cet homme eût fait autrefois tant de bruit. Il alla ensuite s'établir à Saint-Denis, où il prit quelque connoissance de ses affaires, qui étoient dans le plus grand désordre.

Tout Paris alla l'y voir : il y eut plus d'engouement que de véritable intérêt dans cet empressement, auquel il se prêta de fort bonne grâce. Madame de Sévigné, qui étoit sa parente, et qu'il avoit beaucoup vue pendant la guerre de 1649, ne fut pas des dernières à se rendre auprès de lui. Il lui avoit écrit à l'époque où il s'étoit échappé du château de Nantes, et pendant sa longue absence il n'avoit pas cessé d'être en relation avec elle. Madame de Sévigné, fort étrangère à ses intrigues politiques et à sa conduite privée, avoit conçu la plus haute idée de ses talens : elle fut enchantée de sa conversation, pleine de traits piquans et d'anecdotes curieuses; et le goût qu'elle prit à sa société s'augmenta depuis, parce qu'il parut partager son enthousiasme pour madame de Grignan. Elle avoit alors trente-sept ans, et le cardinal en avoit plus de cinquante. Ce dernier, guéri de beaucoup d'illusions, et disposé à mener une vie plus régulière, étoit devenu moins indigne de l'attachement d'une femme qui mettoit les vertus et les bienséances de son sexe au premier rang de ses devoirs.

Cette première liaison de madame de Sévigné avec le cardinal de Retz dura peu, parce qu'il reçut bientôt l'ordre de retourner à Commercy. Deux ans après, il lui fut prescrit d'aller à Rome; et il fit partie du conclave où Clément IX fut élu, en remplacement d'Alexandre VII (1667).

L'année suivante il revint à Commercy; et il se présenta une occasion où il crut pouvoir faire quelque chose d'agréable pour madame de Sévigné. La fameuse duchesse de Châtillon, devenue duchesse de Meckelbourg, avoit un procès avec le maréchal d'Albret : Retz pouvoit, par son crédit, être utile à l'une des parties, et il offrit ainsi ses services à madame de Sévigné (20 décembre 1668) : « Si les intérêts de
« madame de Meckelbourg et de M. le maréchal d'Al-
« bret vous sont indifférens, je solliciterai pour le
« cavalier, parce que je l'aime quatre fois plus que la
« dame. Si vous voulez que je sollicite pour la dame,
« je le ferai de très-bon cœur, parce que je vous
« aime quatre millions de fois mieux que le cavalier;
« si vous m'ordonnez la neutralité, je la garderai.
« Enfin parlez : vous serez ponctuellement obéie. »

5.

Quatre ans après, Retz ayant eu la permission de faire à Paris un assez long séjour, il y tomba malade, et madame de Sévigné lui prodigua les plus tendres soins. Elle écrivoit à madame de Grignan, le 9 mars 1672 : « Nous tâchons d'amuser notre bon car-
« dinal. Corneille lui a lu une pièce qui sera jouée
« dans quelque temps, et qui fait souvenir des an-
« ciennes (1); Molière lui lira samedi Trissotin (les
« Femmes savantes), qui est une fort plaisante chose;
« Despréaux lui donnera son Lutrin et sa Poétique :
« voilà tout ce qu'on peut faire pour son service. Il
« vous aime de tout son cœur, ce pauvre cardinal : il
« parle souvent de vous, et vos louanges ne finissent
« pas si aisément qu'elles commencent. »

Retz, qui avant d'être arrivé à une grande vieillesse éprouvoit plusieurs infirmités, suites naturelles de la vie qu'il avoit menée, et qui se trouvoit désormais insensible à presque toutes les jouissances, prit la sage résolution d'acquitter les dettes immenses qu'il avoit contractées dans le temps des troubles. Il falloit, pour y parvenir, réduire considérablement sa dépense; et il résolut de se retirer pour long-temps à Saint-Mihel, qui faisoit partie de ses domaines. Cette résolution fut généralement applaudie; et madame de Sévigné, dans diverses lettres à sa fille, témoigna tout le chagrin qu'elle lui causoit, quoiqu'elle ne pût s'empêcher de l'approuver.

« La tendresse qu'il a pour vous, et la vieille amitié
« qu'il a pour moi, m'attachent très-tendrement à lui.
« Je le vois tous les soirs depuis huit heures jusqu'à
« dix : il me semble qu'il est bien aise de m'avoir jus-

(1) Probablement Pulchérie, jouée au mois de novembre 1672.

« qu'à son coucher. Nous causons sans cesse de vous :
« c'est un sujet qui nous mène bien loin, et qui nous
« tient uniquement au cœur (5 juin 1675).

« Je fus hier assez heureuse pour aller me prome-
« ner avec Son Eminence tête à tête au bois de Vin-
« cennes : il trouva que l'air me seroit bon. Il n'étoit
« pas trop accablé d'affaires ; nous fûmes quatre
« heures ensemble : je crois en avoir bien profité ; du
« moins les chapitres que nous traitions n'étoient pas
« indignes de lui. C'est ma véritable consolation que
« je perds en le perdant : et c'est moi que je pleure
« et vous aussi, quand je considère toute la tendresse
« qu'il a pour vous. Son départ achève de m'acca-
« bler (12 juin). »

Madame de Sévigné retrace d'une manière touchante le chagrin qu'elle éprouva en se séparant du
cardinal de Retz : elle alla lui dire adieu dans une
maison de campagne de Caumartin. « J'y fus lundi
« dernier, dit-elle ; je le trouvai au milieu de ses trois
« fidèles amis : leur contenance triste me fit venir les
« larmes aux yeux ; et quand je vis Son Éminence avec
« sa fermeté, mais avec sa bonté et sa tendresse pour
« moi, j'eus peine à soutenir cette vue. Après le dîner,
« nous allâmes causer dans les plus agréables bois du
« monde : nous y fûmes jusqu'à six heures dans plu-
« sieurs sortes de conversations si bonnes, si tendres,
« si aimables, si obligeantes et pour vous et pour moi,
« que j'en fus pénétrée. Madame de Caumartin arriva
« de Paris avec tous les hommes qui étoient restés au
« logis ; elle vint nous trouver dans ce bois. Je voulus
« m'en retourner à Paris : ils m'arrêtèrent à coucher
« sans beaucoup de peine. J'ai mal dormi le matin ;

« j'ai embrassé notre cher cardinal avec beaucoup de
« larmes, et sans pouvoir dire un mot aux autres. Je
« suis revenue tristement ici, où je ne puis me remet-
« tre de cette séparation (mercredi 19 juin). »

Quoique cette lettre et les précédentes annoncent dans celle qui les a écrites l'amitié la plus sincère pour le cardinal, madame de Sévigné ne s'aveugloit pas entièrement sur ses défauts et sur ses anciens torts. Dans le même temps le duc de La Rochefoucauld fit de ce prélat un portrait qui, sans être flatté, respiroit cependant l'indulgence que le monde étoit alors disposé à lui accorder : les personnes choisies, à l'examen desquelles ce morceau fut soumis, y trouvèrent une vérité frappante ; et madame de Sévigné le transmit à sa fille, en en portant le même jugement. « Ce-
« lui qui l'a fait, lui dit-elle, n'est point son ami
« intime : il n'a nul dessein que le cardinal le voie,
« ni que cet écrit coure ; il n'a point prétendu le
« louer. Le portrait m'a paru très-bon, pour toutes
« ces raisons. Je vous l'envoie, et vous prie de n'en
« donner aucune copie : on est si lassé des louanges
« en face, qu'il y a du ragoût à pouvoir être assuré
« que l'on n'a eu nul dessein de faire plaisir, et que
« voilà ce qu'on dit quand on dit la vérité toute
« naïve. »

Voici ce morceau, où l'on reconnoît la touche fine et délicate de l'auteur des Maximes.

« Paul de Gondy, cardinal de Retz, a beaucoup d'é-
« lévation, d'étendue d'esprit, et plus d'ostentation
« que de vraie grandeur de courage. Il a une mémoire
« extraordinaire ; plus de force que de politesse dans
« ses paroles ; l'humeur facile ; de la docilité et de la

« foiblesse à soutenir les plaintes et les reproches de
« ses amis; peu de piété, quelque apparence de reli-
« gion. Il paroît ambitieux sans l'être : la vanité et
« ceux qui l'ont conduit lui ont fait entreprendre de
« grandes choses, toutes opposées à sa profession ; il
« a suscité les plus grands désordres dans l'Etat, sans
« avoir un dessein formé de s'en prévaloir ; et bien
« loin de se déclarer ennemi du cardinal Mazarin pour
« occuper sa place, il n'a pensé qu'à lui paroître re-
« doutable, et à se flatter de la fausse vanité de lui
« être opposé.

« Il a su néanmoins profiter avec habileté des mal-
« heurs publics pour se faire cardinal : il a souffert
« sa prison avec fermeté, et n'a dû sa liberté qu'à sa
« hardiesse. La paresse l'a soutenu avec gloire pen-
« dant plusieurs années dans l'obscurité d'une vie
« errante et cachée : il a conservé l'archevêché de
« Paris contre la puissance du cardinal Mazarin ; mais
« après la mort de ce ministre il s'en est démis sans
« connoître ce qu'il faisoit, et sans prendre cette
« conjoncture pour ménager les intérêts de ses amis
« et les siens propres. Il est entré dans divers con-
« claves, et sa conduite a toujours augmenté sa ré-
« putation. Sa pente naturelle est l'oisiveté : il tra-
« vaille néanmoins avec activité dans les affaires qui
« le pressent, et il se repose avec nonchalance quand
« elles sont finies. Il a une grande présence d'esprit;
« et il sait tellement tourner à son avantage les oc-
« casions que la fortune lui offre, qu'il semble qu'il
« les ait prévues et désirées. Il aime à raconter : il
« veut éblouir indifféremment tous ceux qui l'écou-
« tent par des aventures extraordinaires; et sou-

« vent son imagination lui fournit plus que sa mé-
« moire. Il est faux dans la plupart de ses qualités;
« et ce qui a le plus contribué à sa réputation est
« de savoir donner un beau jour à ses défauts. Il est
« insensible à la haine et à l'amitié, quelque soin qu'il
« ait pris de paroître occupé de l'une et de l'autre. Il
« est incapable d'envie et d'avarice, soit par vertu,
« soit par inapplication. Il a plus emprunté de ses
« amis qu'un particulier ne pouvoit espérer de leur
« pouvoir rendre; il a senti de la vanité à trouver
« tant de crédit, et à entreprendre de s'acquitter. Il
« n'a point de goût ni de délicatesse; il s'amuse à
« tout, et ne se plaît à rien : il évite avec adresse de
« laisser pénétrer qu'il n'a qu'une légère connois-
« sance de toutes choses. La retraite qu'il vient de
« faire est la plus éclatante et la plus fausse action de
« sa vie : c'est un sacrifice qu'il fait à son orgueil
« sous prétexte de dévotion. Il quitte la cour, où il
« ne peut s'attacher; et il s'éloigne du monde, qui
« s'éloigne de lui. »

Ce portrait, comme nous l'avons observé, se ressent un peu de l'indulgence qu'on commençoit à témoigner pour les anciens torts du cardinal de Retz : il annonce dans l'auteur l'intention de garder une grande impartialité à l'égard d'un contemporain dont il n'avoit pas eu à se louer ; mais La Rochefoucauld ignoroit que le prélat n'avoit point supporté sa prison avec fermeté; et que sa conduite dans les pays étrangers, loin d'inspirer de l'estime, n'avoit fait que substituer le mépris à la haute opinion qu'on s'étoit faite d'abord de son caractère.

En partant pour Saint-Mihel, le cardinal laissa

une belle cassolette d'argent destinée à la fille de madame de Sévigné : celle-ci crut devoir la refuser ; mais sa mère lui fit sentir qu'il y auroit de l'inconvenance et même de l'ingratitude à se conduire ainsi à l'égard d'un parent. « Je crois, dit-elle, n'avoir pas
« l'ame trop intéressée, et j'en ai des preuves ; mais
« je pense qu'il y a des occasions où c'est une ru-
« desse et même une ingratitude de refuser. Que
« manque-t-il à M. le cardinal pour être en droit de
« vous faire un tel présent? A qui voulez-vous qu'il
« envoie cette bagatelle? Il a donné sa vaisselle à ses
« créanciers ; s'il y ajoute ce bijou, il en aura bien
« cent écus : c'est une curiosité, c'est un souvenir,
« c'est de quoi parer un cabinet. On reçoit tout sim-
« plement, avec tendresse et respect, ces sortes de
« présens ; et, comme il disoit cet hiver, il est au des-
« sous du *magnanime* de les refuser : c'est les esti-
« mer trop que d'y faire tant d'attention. »

Retz affectoit depuis quelques années une grande dévotion : il s'étoit mis sous la direction d'Arnauld, et les jansénistes ne négligeoient rien pour faire croire que sa conversion étoit aussi sincère qu'elle étoit éclatante. Ce fut à cette réputation de sainteté qu'il dut l'accueil qu'on lui fit à Saint-Mihel. « Il a été
« reçu, dit madame de Sévigné, avec des transports
« de joie : tout le peuple étoit à genoux, et le rece-
« voit comme une sauvegarde que Dieu leur envoie. »
Il y avoit long-temps que ses amis le pressoient d'écrire ses Mémoires ; et il paroît qu'il les commença dès les premiers momens de son séjour à Saint-Mihel. L'esprit dans lequel ils sont composés n'annonce dans l'auteur ni changement de principes, ni repentir des

torts dont il s'étoit autrefois rendu coupable : on y voit au contraire qu'il se plaît à rappeler sans déguisement des actions dont il devroit rougir, et qu'il semble trouver de la satisfaction à mêler dans ses récits les maximes et les doctrines les plus anarchiques.

Cependant, avant de quitter Paris, il avoit témoigné hautement l'intention de se démettre du cardinalat; et cette résolution lui avoit été inspirée tant par le désir de donner plus d'éclat à sa retraite, que par la nécessité où il se trouvoit de modérer ses dépenses, afin de pouvoir exécuter le projet glorieux d'acquitter ses dettes. Peut-être aussi prévoyoit-il que cette démission seroit refusée. Le Pape, avant même d'avoir reçu sa lettre, lui envoya un bref par lequel il lui ordonnoit de garder son chapeau, et lui faisoit observer que cette dignité ne l'empêcheroit pas de faire son salut. Il répondit que la crainte de ne point se sanctifier sous la pourpre ne l'avoit pas porté à faire cette démarche; que sa lettre contenoit ses véritables raisons; et que si Sa Sainteté ne les trouvoit pas bonnes, il se conformeroit à ses ordres. Au mois d'octobre 1675, sa lettre fut lue au consistoire, la démission refusée; et Retz, en conservant la pourpre, eut toute la gloire d'une démarche qui lui fit beaucoup d'honneur auprès des personnes pieuses.

Pendant cette négociation, il avoit trouvé le moyen de concilier ses projets d'économie avec une certaine représentation, et les jouissances auxquelles il n'avoit pas renoncé. « Il ne m'a point dit adieu pour jamais,
« écrivoit madame de Sévigné : il m'a donné toute
« l'espérance du monde de le revoir. Il gardera son
« équipage de chevaux et de carrosses : car *il ne veut*

« *plus avoir la modestie d'un pénitent.* » Quelques jours après, elle disoit à sa fille : « Quand vous lui écri-
« rez, ne vous contraignez point. S'il vous vient quel-
« que folie au bout de votre plume, il en est charmé
« aussi bien que du sérieux. Le fond de religion n'em-
« pêche pas ces petites *chamarrures.* »

A la même époque on apprit la mort de Turenne, tué le 27 juillet, au moment où il alloit livrer à Montecuculli une bataille qu'il étoit sûr de gagner. Cet événement, qui fit perdre tous les fruits d'une des plus savantes campagnes de ce grand général, répandit la consternation à Paris et dans toute la France. On exaltoit les vertus et les talens de Turenne; et ce qui peut paroître singulier, c'est que dans la société de madame de Sévigné on ne trouvoit, parmi les contemporains, que le cardinal de Retz qui pût lui être comparé : enthousiasme d'autant plus étonnant que le grand Condé vivoit encore. « Je vous con-
« seille, disoit-elle à madame de Grignan, d'écrire
« à notre bon cardinal sur cette grande mort : il en
« sera touché. On disoit l'autre jour en bon lieu que
« l'on ne connoissoit que deux hommes au dessus des
« autres hommes : lui et M. de Turenne. Le voilà donc
« seul dans ce point d'élévation ! » Elle donnoit à Turenne le nom de *héros de la guerre,* et au cardinal celui de *héros du bréviaire:* expressions qui, si elles ne sont pas une plaisanterie, montrent qu'une femme si distinguée ordinairement par son excellent esprit n'étoit étrangère, quand il étoit question de ses amis, ni à l'exagération ni à l'engouement.

En 1676, Retz se rendit à Rome pour assister au conclave ouvert après la mort de Clément x, qui fut remplacé par Innocent XI. Ce voyage ruina sa santé, affoiblie déjà par un grand nombre d'infirmités. A son retour en France, il s'établit à Commercy, où il ne traîna plus qu'une existence pénible et douloureuse. « Ce n'est plus une vie, dit madame de Sé- « vigné, c'est une langueur. » Elle ajoute qu'il se *cassoit la tête d'occupations*. Il paroît qu'il mettoit la dernière main à ses Mémoires, et qu'il continuoit sa généalogie, travail dans lequel il étoit aidé par Corbinelli.

Rappelé dans la capitale par un procès, on le vit habiter alternativement l'hôtel de Lesdiguières et l'abbaye de Saint-Denis (1678). Du gain de ce procès dépendoit un arrangement définitif avec ses créanciers. Il avoit déjà payé onze cent dix mille écus de dettes; et pour fournir en un petit nombre d'années une somme aussi considérable, il lui avoit suffi de vendre ses souverainetés de Commercy et d'Euville, et de se réduire à vingt mille livres de rente. Se trouvant alors beaucoup plus à son aise, il étoit en état de donner des pensions à quelques-uns de ses amis.

Au mois d'août 1679, il fut attaqué, à l'hôtel de Lesdiguières, d'une fièvre continue, qui étoit probablement une fièvre pernicieuse : maladie mortelle si le quinquina n'est pas administré à propos. Madame de Sévigné, madame de Grignan et madame de La Fayette allèrent le visiter. Effrayées de son état, elles demandèrent avec instance qu'on appelât un médecin anglais nommé le chevalier Talbot, célèbre alors par des cures extraordinaires, et par l'usage presque toujours heureux qu'il faisoit du quinquina. Mais les médecins du cardinal rejetèrent cette proposition. Plusieurs saignées qu'ils prescrivirent enlevèrent ce qui lui restoit de forces, et il étoit à l'agonie lorsque Talbot fut appelé. Il mourut le 24 août 1679, âgé de soixante-cinq ans; et l'on transporta son corps à Saint-Denis, dont il fut le dernier abbé. Peu de temps après, Louis XIV affecta les revenus de cette riche abbaye à la dotation de Saint-Cyr, l'un des plus beaux et des plus utiles établissemens de son règne.

Quelques personnes ont pensé que le cardinal de Retz avoit avancé ses jours, et elles se sont fondées sur le passage d'une lettre que madame de Sévigné écrivit à sa fille au mois de mai de l'année suivante. Ayant fait un voyage en Bretagne, elle s'arrêta quelques jours à Nantes; et le château d'où Retz s'étoit évadé en 1654 lui rappela cet homme, dont la perte étoit encore récente. « Je ne puis, dit-elle, passer « devant ce château que je ne me souvienne de ce « pauvre cardinal et de sa funeste mort, encore plus « funeste que vous ne le sauriez penser. » Ces dernières expressions ne peuvent se rapporter au genre de mort du cardinal, puisque madame de Grignan avoit été, comme madame de Sévigné, témoin de ses derniers momens. L'explication toute naturelle s'en trouve dans une lettre du 25 août de la même année. En pensant à ce triste anniversaire, elle dit à sa fille : « Il y a bientôt un an que je vous ai quit- « tée; et ce fut comme hier que le petit marquis (de « Grignan) fit une grande perte. » Il est clair que dans sa première lettre madame de Sévigné a voulu dire que la mort du cardinal fut très-funeste à la fortune du jeune marquis, en faveur duquel il avoit l'intention et n'eut pas le temps de tester : circonstance qui sans doute étoit encore ignorée de madame de Grignan.

Après la mort du cardinal de Retz, ses contemporains, qui ne connoissoient pas ses Mémoires, et qui par conséquent n'avoient pas une idée juste de sa conduite secrète pendant les troubles, témoignèrent pour lui une sorte d'indulgence. En blâmant ses fautes, ils admirèrent son génie; et son attitude honorable dans ses dernières années fut presque à leurs yeux une réparation des maux qu'il avoit causés à l'Etat. Cette impression fut confirmée par un des traits les plus profonds et les plus brillans d'une oraison funèbre de Bossuet.

Ce grand orateur, en honorant la mémoire de Le Tellier mort en 1685, six ans après Retz, ne pouvoit oublier que ce ministre avoit, en 1662, obtenu du cardinal une démission long-temps refusée, et nécessaire à la tranquillité du diocèse de Paris. Il parle donc du prélat; et, sans déguiser ses torts, il paie un tribut d'éloges à ses talens et à son repentir, qu'il croit sincère.

Après avoir dit que Le Tellier, en méprisant la haine de ceux dont il lui falloit combattre les prétentions, acquéroit souvent leur estime et leur amitié, il ajoute : « L'histoire en racontera de fameux exem-
« ples : je n'ai pas besoin de les rapporter; et con-
« tent de remarquer des actions de vertu dont les
« sages auditeurs puissent profiter, ma voix n'est pas
« destinée à satisfaire les politiques et les curieux.
« Mais puis-je oublier celui que je vois partout dans
« le récit de nos malheurs? cet homme si fidèle aux

« particuliers, si redoutable à l'Etat, d'un caractère
« si haut qu'on ne pouvoit ni l'estimer, ni le crain-
« dre, ni l'aimer, ni le haïr à demi; ferme génie
« que nous avons vu, en ébranlant l'univers, s'attirer
« une dignité qu'à la fin il voulut quitter comme trop
« chèrement achetée, ainsi qu'il eut le courage de le
« reconnoître dans le lieu le plus éminent de la chré-
« tienté, et enfin comme peu capable de contenter
« ses désirs, tant il connut son erreur et le vide des
« grandeurs humaines? Mais pendant qu'il vouloit
« acquérir ce qu'il devoit un jour mépriser, il remua
« tout par de secrets et puissans ressorts; et après que
« tous les partis furent abattus, il sembla encore se sou-
« tenir seul, et seul encore menacer le favori victo-
« rieux de ses tristes et intrépides regards. » Ce caractère devoit paroître aussi fidèlement qu'éloquemment tracé à des hommes qui n'avoient vu que les
actions publiques du cardinal de Retz, et qui non-
seulement ignoroient ses désordres secrets, mais
étoient loin de soupçonner qu'il avoit employé ses
dernières années, en apparence si régulières, à écrire
des Mémoires où, en même temps qu'il s'étend avec
complaisance sur des détails scandaleux et révoltans,
il continue de professer les doctrines politiques les
plus dangereuses.

Lorsque ces Mémoires parurent au commencement
du dix-huitième siècle, le cardinal de Retz fut jugé
plus sévèrement; et le président Hénault fit ainsi son
portrait dans l'Abrégé chronologique de l'histoire de
France:

« On a de la peine à comprendre comment un
« homme qui passa sa vie à cabaler n'eut jamais de

« véritable objet. Il aimoit l'intrigue pour intriguer :
« esprit hardi, délié, vaste, et un peu romanesque ;
« sachant tirer parti de l'autorité que son état lui don-
« noit sur le peuple, et faisant servir la religion à sa
« politique ; cherchant quelquefois à se faire un mé-
« rite de ce qu'il ne devoit qu'au hasard, et ajustant
« souvent après coup les moyens aux événemens. Il
« fit la guerre au Roi, mais le personnage de rebelle
« étoit ce qui le flattoit le plus dans la rebellion. Ma-
« gnifique, bel esprit, turbulent, ayant plus de sail-
« lies que de suite, plus de chimères que de vues ;
« déplacé dans une monarchie, et n'ayant pas ce qu'il
« falloit pour être républicain, parce qu'il n'étoit ni
« sujet fidèle ni bon citoyen ; aussi vain, plus hardi
« et moins honnête homme que Cicéron ; enfin plus
« d'esprit, moins grand et moins méchant que Cati-
« lina. Ses Mémoires sont très-agréables à lire : mais
« conçoit-on qu'un homme ait le courage ou plutôt
« la folie de dire de lui-même plus de mal que n'en
« eût pu dire son plus grand ennemi ? »

On voit que l'historien emprunte quelques traits à La Rochefoucauld ; mais il est bien moins indulgent à l'égard d'un homme qu'il a été plus à portée d'apprécier.

Les Mémoires du cardinal de Retz commencèrent à circuler manuscrits dans les dernières années du règne de Louis XIV. Lenglet-Dufresnoy tenoit de d'Audiffret, envoyé de France près du duc de Lorraine, que l'auteur avoit chargé des religieuses de les copier, et qu'elles y firent quelques suppressions. Si l'on en croit Brossette, l'original passa ensuite entre les mains de la princesse douairière de Conti, qui le prêta à la jeune princesse du même nom : celle-ci en fit tirer une copie sur laquelle on en prit beaucoup d'autres, où se trouvoient les lacunes qu'on remarque dans toutes les éditions (1). L'ouvrage parut pour la première fois en 1717, Nancy, trois volumes in-12; et l'année suivante il s'en fit deux éditions, l'une à Paris sous le titre d'Amsterdam, quatre volumes in-12, et l'autre à Rouen sous le même titre, cinq volumes in-12. Il eut un succès extraordinaire à cette époque, où le Régent donnoit à la France une impulsion tout opposée à celle qu'elle avoit reçue de Louis XIV.

Ces Mémoires peuvent être considérés comme l'un des écrits dans lesquels la langue française déploie le plus de force, de liberté et de hardiesse. Adressés à une femme aux enfans de laquelle l'auteur ne craint pas de dire qu'ils peuvent être utiles, on y trouve toute l'aisance d'une conversation animée; et cela explique pourquoi on peut leur reprocher de manquer souvent d'ordre et de suite. Le héros s'y peint tel qu'il est, en s'efforçant cependant de donner à ses vices une sorte d'éclat; et loin de rougir de ses égaremens, il semble regretter le rôle important qui lui fournissoit les occasions de s'y livrer. Peu de livres offrent des théories plus complètes de sédition : on y découvre tous les moyens de tromper et de soulever les peuples ; les maximes les plus dangereuses et en même temps les plus séduisantes s'y présentent avec une audace et une énergie dont il n'avoit été

---

(1) Il paroît certain que pendant la révolution ce manuscrit autographe tomba entre les mains du ministre de l'intérieur Bénezec, qui le destinoit à la bibliothèque du Roi : malheureusement il le confia à deux fonctionnaires de cette époque, qui négligèrent de le restituer, et près desquels on ne peut le réclamer, parce qu'il est probable qu'ils n'habitent plus la France.

jusqu'alors donné à personne d'approcher ; et ces doctrines, qui se joignent à un récit vif et intéressant, sont presque toujours soutenues par les ressources de l'imagination la plus forte et la plus brillante. On peut présumer que ce livre ne fut pas inutile à ceux qui, vers la fin du siècle dernier, plongèrent la France dans un abîme de maux : et l'un des membres de la Convention, encore vivant, observe que le fameux Legendre « ne lisoit que les Mémoires du cardinal de « Retz, qu'il appeloit *le Bréviaire des révolution-* « *naires* (1). »

Au reste, ces Mémoires, quoique écrits avec un ton de franchise qui inspire de la confiance, ne sont pas toujours, surtout en ce qui concerne l'auteur, d'une exactitude à l'abri de reproches. Il cherche continuellement à se faire valoir : il veut avoir rempli le premier rôle dans toutes les affaires, tenu seul le fil de toutes les intrigues, entrepris seul les choses les plus hardies; et l'on voit, comme l'observe très-bien La Rochefoucauld, que *son imagination lui fournit plus que sa mémoire*. Il dissimule en même temps avec beaucoup de soin la part que prirent les jansénistes aux troubles de ce temps : mais cette omission se trouve amplement réparée dans les Mémoires de Joly, qui fut l'un de ses agens les plus habiles.

Lorsque l'ouvrage fut publié, Brossette en envoya un exemplaire à Jean-Baptiste Rousseau, qui étoit alors à Vienne (28 février 1718). Cet homme célèbre en porta un jugement qui est aujourd'hui peu connu, et qu'on sera sans doute satisfait de retrouver ici.

« J'ai lu ces Mémoires d'un bout à l'autre avec plus

(1) **Mémoires de Thibaudeau**, tome 1, page 71.

« de curiosité, je vous l'avoue, que de satisfaction.
« C'est un salmigondis de bonnes et de mauvaises
« choses, écrites tantôt bien, tantôt mal, entre-
« mêlées de beaucoup de particularités curieuses,
« mais d'un bien plus grand nombre de détails peu
« intéressans et fort ennuyeux. Le premier tome est
« semé de quantité de traits fort jolis, et de pensées
« très-solides à propos de bagatelles ; et les autres ne
« sont presque rien que du verbiage à propos de
« choses sérieuses. Ce qui m'étonne le plus, c'est de
« voir qu'un cardinal, prêtre, archevêque, homme
« de qualité, et assez âgé, puisse se représenter lui-
« même, comme il le fait dans le premier volume,
« duelliste, concubinaire, et, qui pis est, hypocrite
« de dessein formé : ayant pris la résolution, dans une
« retraite faite au séminaire, d'être méchant devant
« Dieu, et honnête homme devant le monde. C'est ce
« qu'il semble avoir oublié dans le reste du livre, où
« je lui vois des scrupules d'honneur qui gâtent sou-
« vent ses affaires. En un mot, il me paroît que cet
« homme n'étoit ni assez bon pour un citoyen, ni
« assez méchant pour un factieux; on diroit que les
« derniers volumes ne sont pas de la même main que
« le premier. Avec tout cela, je suis persuadé qu'ils
« sont effectivement du cardinal de Retz. M. le prince
« Eugène en a depuis long-temps un exemplaire ma-
« nuscrit. Tels qu'ils sont, c'est un livre à avoir.
« Vienne, 26 mars 1718. »

On peut observer que l'illustre lyrique juge trop sévèrement l'ouvrage sous le rapport du style. On y trouve, il est vrai, quelquefois de l'affectation, des rapprochemens peu naturels, des figures de mauvais goût, et des antithèses forcées; mais il offre presque toujours une rapidité qui entraîne, une abondance d'idées fortes et originales, et un grand nombre de tournures heureuses qui sont restées dans la langue.

Le succès de ces Mémoires ne fit que s'accroître depuis la régence, et les éditions se multiplièrent jusqu'à nos jours. Nous avons suivi, comme la plus exacte, celle de Genève, 1777.

MÉMOIRES

DU

CARDINAL DE RETZ,

ÉCRITS PAR LUI-MÊME

A MADAME DE ***.

LIVRE PREMIER (1).

Madame, quelque répugnance que je puisse avoir à vous donner l'histoire de ma vie, qui a été agitée de tant d'aventures différentes, néanmoins, comme vous me l'avez commandé, je vous obéis, même aux dépens de ma réputation. Le caprice de la fortune m'a fait honneur de beaucoup de fautes, et je doute qu'il soit judicieux de lever le voile qui en cache une partie. Je vais cependant vous instruire nuement et sans détour des plus petites particularités, depuis le moment que j'ai commencé à connoître mon état; et je ne vous célerai aucune des démarches que j'ai faites en tous les temps de ma vie. Je vous supplie très-humblement de ne pas être surprise de trouver si peu d'art et au contraire tant de désordre dans ma narration, et de considérer que si, en récitant les diverses parties

---

(1) Nous avons cru devoir conserver quelques notes des anciennes éditions. On les reconnoîtra par les lettres initiales A. E.

qui la composent, j'interromps quelquefois le fil de l'histoire, néanmoins je ne vous dirai rien qu'avec toute la sincérité que demande l'estime que je sens pour vous. Je mets mon nom à la tête de cet ouvrage, pour m'obliger davantage moi-même à ne diminuer et à ne grossir en rien la vérité. La fausse gloire et la fausse modestie sont les deux écueils que la plupart de ceux qui ont écrit leur propre vie n'ont pu éviter. Le président de Thou l'a fait avec succès dans le dernier siècle ; et dans l'antiquité César n'y a pas échoué. Vous me faites sans doute la justice d'être persuadée que je n'alléguerois pas ces grands noms sur un sujet qui me regarde, si la sincérité n'étoit une vertu dans laquelle il est permis et même commandé de s'égaler aux héros.

Je sors d'une maison illustre en France, et ancienne en Italie. Le jour de ma naissance, on prit un esturgeon monstrueux dans une petite rivière qui passe sur la terre de Montmirel en Brie, où ma mère accoucha de moi. Comme je ne m'estime pas assez pour me croire un homme à augure, je ne rapporterois pas cette circonstance, si les libelles qui ont depuis été faits contre moi, et qui en ont parlé comme d'un prétendu présage de l'agitation dont ils ont voulu me faire l'auteur, ne me donnoient lieu de craindre qu'il n'y eût de l'affectation à l'omettre.

. . . .

Je le communiquai à Artichi, frère de la comtesse de Maure, et je le priai de se servir de moi la première fois qu'il tireroit l'épée. Il la tiroit souvent, et je n'attendis pas long-temps. Il me pria d'appeler pour lui Melbeville, enseigne-colonel des gardes, qui se servit de Bassompierre, celui qui est mort, avec beaucoup de réputation, major général de bataille dans l'armée de l'Empire. Nous nous battîmes à l'épée et au pistolet, derrière les Minimes du bois de Vincennes. Je blessai Bassompierre d'un coup d'épée dans la cuisse, et d'un coup de pistolet dans le bras. Il ne laissa pas de me désarmer, parce qu'il passa sur moi, et qu'il étoit plus âgé et plus fort. Nous allâmes séparer nos amis, qui étoient tous deux fort blessés. Ce combat fit assez de bruit, mais il ne produisit pas l'effet que j'attendois. Le procureur général commença des poursuites; mais il les discontinua, à la prière de nos proches : et ainsi je demeurai là, avec ma soutane et un duel.

....

La mère s'en aperçut; elle avertit mon père, et l'on me ramena à Paris assez brusquement. Il ne tint pas à moi de me consoler de son absence avec madame Du Châtelet : mais comme elle étoit engagée avec le comte d'Harcourt, elle me traita d'écolier, et elle me joua même assez publiquement sous ce titre, en présence de M. le comte d'Harcourt. Je m'en pris à lui ; je lui fis un appel à la comédie. Nous nous battîmes le lendemain au matin, au-delà du faubourg Saint-Marcel. Il passa sur moi, après m'avoir donné un coup d'épée qui ne faisoit qu'effleurer l'estomac. Il me porta par terre ; et il eût eu infailliblement tout l'avantage, si son épée ne lui fût tombée de la main en nous colletant. Je voulus raccourcir la mienne pour lui en donner dans les reins : mais comme il étoit beaucoup plus fort et plus âgé que moi, il me tenoit le bras si serré sous lui que je ne pus exécuter mon dessein. Nous demeurions ainsi sans nous pouvoir faire de mal, quand il me dit : « Levons-nous, il n'est « pas honnête de se gourmer. Vous êtes un joli gar- « çon, je vous estime, et je ne fais aucune difficulté, « dans l'état où nous sommes, de dire que je ne vous « ai donné aucun sujet de me quereller. » Nous convînmes de dire au marquis de Poissy, qui étoit son neveu et mon ami, comment le combat s'étoit passé; mais de le tenir secret à l'égard du monde, à la considération de madame Du Châtelet. Ce n'étoit pas mon compte : mais quel moyen honnête de le refuser? On ne parla que peu de cette affaire, et encore fut-ce par l'indiscrétion de Noirmoutier, qui, l'ayant apprise du marquis de Poissy, la mit un peu dans le monde : mais enfin il n'y eut point de procédures, et je demeurai encore là, avec ma soutane et deux duels.

Permettez-moi, je vous supplie, de faire un peu de réflexion sur la nature de l'esprit de l'homme. Je ne crois pas qu'il y eût au monde un meilleur cœur que celui de mon père (1), et je puis dire que sa trempe étoit celle de la vertu. Cependant et ces duels et ces galanteries ne l'empêchèrent pas de faire tous ses efforts pour attacher à l'Eglise l'ame peut-être la moins ecclésiastique qui fût dans l'univers. La prédilection pour son aîné, et la vue de l'archevêché de Paris, qui étoit dans sa maison, produisirent cet effet. Il ne le crut pas, et ne le sentit pas lui-même. Je jurerois

---

(1) *De mon père :* Philippe-Emmanuel de Gondy. Il fut général des galères, et acquit quelque gloire, soit en combattant les Barbaresques, soit dans une expédition contre les Rochellois. Ayant perdu son épouse en 1625, il se retira dans la maison de Saint-Magloire, et se fit oratorien. Il embrassa depuis assez vivement la cause des jansénistes.

même qu'il eût lui-même juré, dans le plus intérieur de son cœur, qu'il n'avoit en cela d'autre mouvement que celui qui lui étoit inspiré par l'appréhension des périls auxquels la profession contraire exposeroit mon ame : tant il est vrai qu'il n'y a rien qui soit si sujet à l'illusion que la piété. Toutes sortes d'erreurs se glissent et se cachent sous son voile : elle consacre toutes sortes d'imaginations ; et la meilleure intention ne suffit pas pour y faire éviter les travers. Enfin, après tout ce que je viens de vous raconter, je demeurai homme d'Eglise ; mais ce n'eût pas été assurément pour long-temps, sans un incident dont je vais vous rendre compte.

M. le duc de Retz, aîné de notre maison, rompit dans ce temps-là, par le commandement du Roi, le traité de mariage qui avoit été accordé quelques années auparavant entre M. le duc de Mercœur (1) et sa fille. Il vint trouver mon père dès le lendemain, et le surprit très-agréablement, en lui disant qu'il étoit résolu de la donner à son cousin pour réunir la maison. Comme je savois qu'elle avoit une sœur qui possédoit plus de quatre-vingt mille livres de rente, je songeai au même moment à la double alliance. Je n'espérois pas que l'on y pensât pour moi, connoissant le terrain comme je le connoissois ; et je pris le parti de me pourvoir de moi-même. Comme j'eus quelque lumière que mon père n'étoit pas dans le dessein de me mener aux noces, peut-être en vue de ce qui en arriva, je fis semblant de me radoucir à l'égard de ma profession. Je feignis d'être touché de ce que l'on m'avoit

---

(1) Louis, duc de Mercœur, depuis cardinal de Vendôme, père de M. le duc de Vendôme et de M. le grand prieur ; mort en 1669. (A. E.)

représenté tant de fois sur ce sujet; et je jouai si bien mon personnage, que l'on crut que j'étois absolument changé. Mon père se résolut de me mener en Bretagne, d'autant plus facilement que je n'en avois témoigné aucun désir. Nous trouvâmes mademoiselle de Retz à Beaupréau en Anjou. Je ne regardai l'aînée que comme ma sœur; je considérai d'abord mademoiselle de Scepeaux (c'est ainsi qu'on appeloit la cadette) comme ma maîtresse. Je la trouvai très-belle, le teint du plus grand éclat du monde, des lis et des roses en abondance, les yeux admirables, la bouche très-belle, du défaut à la taille, mais peu remarquable, et qui étoit beaucoup couvert par la vue de quatre-vingt mille livres de rente, par l'espérance du duché de Beaupréau, et par mille chimères que je formois sur ces fondemens, qui étoient réels.

Je couvris très-bien mon jeu dans le commencement; j'avois fait l'ecclésiastique et le dévot dans tout le voyage : je continuai dans le séjour. Je soupirois toutefois devant la belle; elle s'en aperçut : je parlai ensuite, elle m'écouta, mais d'un air un peu sévère. Comme j'avois observé qu'elle aimoit extrêmement une vieille fille de chambre qui étoit sœur d'un de mes moines de Buzay, je n'oubliai rien pour la gagner, et j'y réussis par le moyen de cent pistoles, et par des promesses immenses que je lui fis. Elle mit dans l'esprit de sa maîtresse que l'on ne songeoit qu'à la faire religieuse, et je lui disois de mon côté que l'on ne pensoit qu'à me faire moine. Elle haïssoit cruellement sa sœur, parce qu'elle étoit beaucoup plus aimée de son père; et je n'aimois pas trop mon frère [1], pour la

---

[1] Pierre de Gondy, duc de Retz, mort en 1676. (A. E.)

même raison. Cette conformité dans nos fortunes contribua beaucoup à notre liaison. Je me persuadai qu'elle étoit réciproque, et je me résolus de la mener en Hollande. Dans la vérité il n'y avoit rien de si facile, Machecoul, où nous étions venus de Beaupréau, n'étant qu'à une demi-lieue de la mer. Mais il falloit de l'argent pour cette expédition; et mon trésor étant épuisé par le don des cent pistoles, je ne me trouvois pas un sou. J'en trouvai suffisamment, en témoignant à mon père que l'économat de mes abbayes étant censé tenu de la plus grande rigueur des lois, je croyois être obligé en conscience d'en prendre l'administration. La proposition ne plut pas; mais on ne put la refuser, et parce qu'elle étoit dans l'ordre, et parce qu'elle faisoit en quelque façon juger que je voulois au moins retenir mes bénéfices, puisque j'en voulois prendre soin.

Je partis dès le lendemain pour aller affermer Buzay, qui n'est qu'à cinq lieues de Machecoul. Je traitai avec un marchand de Nantes, appelé Jucatières, qui prit avantage de ma précipitation, et qui, moyennant quatre mille écus comptans qu'il me donna, conclut un marché qui a fait sa fortune. Je crus avoir quatre millions. J'étois sur le point de m'assurer d'une de ces flûtes hollandaises qui sont toujours à la rade de Retz, lorsqu'il arriva un accident qui rompit toutes mes mesures.

Mademoiselle de Retz (car elle avoit pris ce nom depuis le mariage de sa sœur) avoit les plus beaux yeux du monde : mais ils n'étoient jamais si beaux que quand ils mouroient, et je n'en ai jamais vu à qui la langueur donnât tant de grâces. Un jour que nous dinions chez une dame du pays, à une lieue de Machecoul, en se regardant dans un miroir qui étoit dans la ruelle, elle montra tout ce que la *morbidezza* des Italiens a de plus tendre, de plus animé et de plus touchant. Mais par malheur elle ne prit pas garde que Palluau(1), qui a depuis été maréchal de Clérambault, étoit au point de vue du miroir. Il le remarqua; et comme il étoit fort attaché à madame de Retz, avec laquelle, étant fille, il avoit eu beaucoup de commerce, il ne manqua pas de lui en rendre un compte fidèle; et il m'assura même, à ce qu'il m'a dit lui-même depuis, que ce qu'il avoit vu ne pouvoit pas être un original.

Madame de Retz, qui haïssoit mortellement sa sœur, en avertit dès le soir même monsieur son père, qui ne manqua pas d'en donner part au mien. Le lendemain l'ordinaire de Paris arriva; l'on feignit d'avoir reçu des lettres bien pressantes : l'on dit un adieu aux dames fort léger et fort public. Mon père me mena coucher à Nantes. Je fus, comme vous le pouvez juger, et fort surpris et fort touché. Je ne savois pas à quoi attribuer la promptitude de ce départ: je ne pouvois me reprocher aucune imprudence; je n'avois pas le moindre doute que Palluau eût pu avoir rien vu. Je fus un peu éclairci à Orléans, où mon frère, appréhendant que je ne m'échappasse (ce que j'avois vainement tenté plusieurs fois dès Tours), se saisit de ma cassette, où étoit mon argent. Je connus par ce procédé que j'avois été pénétré, et j'arrivai à Paris avec la douleur que vous pouvez vous imaginer.

(1) Philippe de Clérambault, comte de Palluau, mort le 24 juillet 1665, âgé de cinquante-neuf ans. (A. E.)

Je trouvai Equilly, oncle de Vassé et mon cousin germain, que j'ose assurer avoir été le plus honnête homme de son siècle. Il avoit vingt ans plus que moi : mais il ne laissoit pas de m'aimer chèrement. Je lui avois communiqué avant mon départ la pensée que j'avois d'enlever mademoiselle de Retz; et il l'avoit fort approuvée, non-seulement parce qu'il la trouvoit très-avantageuse pour moi, mais encore parce qu'il étoit persuadé que la double alliance étoit nécessaire pour assurer l'établissement de la maison. L'événement qui porte aujourd'hui notre nom dans une famille étrangère marque qu'il étoit assez bien fondé. Il me promit de nouveau de me servir de toute chose en cette occasion. Il me prêta douze cents écus, qui étoient tout ce qu'il avoit d'argent comptant. J'en pris trois mille du président Barillon. Equilly manda de Provence le pilote de sa galère, qui étoit homme de main et de sens. Je m'ouvris de mon dessein à madame la comtesse de Saux, qui a été depuis madame de Lesdiguières.

....

Ce nom m'oblige à interrompre le fil de mon discours, et vous en verrez les raisons dans la suite.

Je querellai Praslin à propos de rien : nous nous battîmes dans le bois de Boulogne, après avoir eu des peines incroyables à nous échapper de ceux qui vouloient nous arrêter. Il me donna un fort grand coup d'épée dans la gorge : je lui en donnai un qui n'étoit pas moindre dans le bras. Meillancour, écuyer de mon frère, qui me servoit de second, et qui avoit été blessé dans le petit ventre et désarmé, et le chevalier Du Plessis, second de Praslin, nous vinrent séparer. Je n'oubliai rien pour faire éclater ce combat, jusqu'au point d'avoir aposté des témoins; mais l'on ne peut forcer le destin, et l'on ne songea pas seulement à en informer.

....

« En ce cas-là, croyez-vous, me dit-il, qu'un at-
« tachement à une fille de cette sorte puisse vous em-
« pêcher de tomber dans un inconvénient où M. de
« Paris, votre oncle, est tombé, beaucoup plus par
« la bassesse de ses inclinations que par le dérégle-
« ment de ses mœurs? Il en est des ecclésiastiques
« comme des femmes, qui ne peuvent jamais conser-
« ver de dignité dans la galanterie que par le mé-
« rite de leurs amans. Où est celui de mademoiselle
« de Roche, hors sa beauté? Est-ce une excuse suf-
« fisante pour un abbé dont la première prétention
« est l'archevêché de Paris? Si vous prenez l'épée,
« comme je le crois, à quoi vous exposez-vous? Pou-
« vez-vous répondre de vous-même à l'égard d'une
« fille aussi brillante et aussi belle qu'elle est? Dans
« six semaines elle ne sera plus un enfant: elle sera
« sifflée par Epineville qui est un vieux renard, et
« par sa mère, qui paroît avoir de l'entendement. Que
« savez-vous ce qu'une beauté comme celle-là, qui sera
« bien instruite, vous pourra mettre dans l'esprit? »

....

M. le cardinal de Richelieu haïssoit au dernier point madame la princesse de Guémené, parce qu'il étoit persuadé qu'elle avoit traversé l'inclination qu'il avoit pour la Reine, et qu'elle avoit même été de part à la pièce que madame Du Fargis, dame d'atour, lui fit, quand elle porta à la reine-mère Marie de Médicis une lettre d'amour qu'il avoit écrite à la Reine sa belle-fille. Cette haine de M. le cardinal de Richelieu avoit passé jusqu'au point d'avoir voulu obliger, pour se venger, M. le maréchal de Brezé, son beau-frère et capitaine des gardes du corps, à rendre publiques les lettres de madame de Guémené qui avoient été trouvées dans la cassette de M. de Montmorency (1) lorsqu'il fut pris à Castelnaudary; mais le maréchal de Brezé eut ou l'honnêteté ou la franchise de les rendre à madame de Guémené. Il étoit pourtant fort extravagant : mais comme M. le cardinal de Richelieu s'étoit trouvé autrefois honoré en quelque façon de son alliance, et qu'il craignoit même ses emportemens et ses prôneries auprès du Roi, qui avoit quelque sorte d'inclination pour lui, il le souffroit, dans la vue de se donner à lui-même quelque repos dans sa famille, qu'il souhaitoit avec passion d'établir et d'unir. Il pouvoit tout en France, à la réserve de ce dernier point : car M. le maréchal de Brezé avoit pris une si forte aversion pour M. de La Meilleraye (2), qui étoit grand-maître de l'artillerie en ce temps-là, et qui a été depuis le maréchal de La Meilleraye, qu'il ne le pouvoit souffrir. Il ne pouvoit se mettre dans l'esprit que M. le cardinal de Richelieu dût seulement songer à un homme qui étoit vraiment son cousin germain, mais qui n'avoit apporté dans son alliance qu'une roture fort connue, la plus petite mine du monde, et un mérite, à ce qu'il publioit, fort commun.

(1) Henri, duc de Montmorency, fut pris le premier septembre 1632, et décapité à Toulouse au mois de novembre de la même année. (A. E.)
— (2) Charles de La Porte, maréchal de La Meilleraye, mourut en 1664. (A. E.)

M. le cardinal de Richelieu n'étoit pas de ce sentiment. Il croyoit, et avec raison, beaucoup de cœur à M. de La Meilleraye; il estimoit même sa capacité dans la guerre infiniment au dessus de ce qu'elle méritoit, quoiqu'en effet elle ne fût pas méprisable. Enfin il le destinoit à la place que nous avons vu avoir été tenue depuis si glorieusement par M. de Turenne.

Vous jugez assez, par ce que je viens de vous dire, de la brouillerie du dedans de la maison de M. le cardinal de Richelieu, et de l'intérêt qu'il avoit à la démêler. Il y travailla avec application, et il ne crut pas y pouvoir mieux réussir qu'en réunissant ces deux chefs de cabale dans une confiance qu'il n'eut pour personne, et qu'il eut uniquement pour eux deux. Il les mit pour cet effet, en commun et par indivis, dans la confidence de ses galanteries, qui en vérité ne répondoient en rien à la grandeur de ses actions ni à l'éclat de sa vie : car Marion de Lorme, qui étoit un peu moins qu'une prostituée, fut un des objets de son amour, et elle le sacrifia à des Barreaux. Madame de Fruges, que vous voyez traînante dans les cabinets sous le nom de vieille femme, en fut un autre. La première venoit chez lui la nuit. Il alloit aussi la nuit chez la seconde, qui étoit déjà un reste de Buckingham et de L'Epienne. Ces deux confidens, qui avoient fait entre eux une paix fourrée, l'y menoient en habit de couleur; et madame de Guémené faillit d'être la victime de cette paix fourrée.

M. de La Meilleraye, que l'on appeloit le grand-maître, étoit devenu amoureux d'elle, mais elle ne l'étoit nullement de lui. Comme il étoit, et par son naturel et par sa faveur, l'homme du monde le plus impérieux, il trouva fort mauvais qu'on ne l'aimât pas. Il s'en plaignit, l'on n'en fut point touché; il menaça, l'on s'en moqua. Il crut le pouvoir, parce que M. le cardinal, auquel il avoit dit rage contre madame de Guémené, avoit enfin obligé M. de Brezé à lui mettre entre les mains les lettres écrites à M. de Montmorency, desquelles je vous ai tantôt parlé; et il les avoit données au grand-maître, qui, dans les secondes menaces, en laissa échapper quelque chose à madame de Guémené. Elle ne s'en moqua plus, mais elle faillit à enrager. Elle tomba dans une mélancolie qui n'est pas imaginable, tellement que l'on ne la reconnoissoit point. Elle s'en alla à Couperay, où elle ne voulut voir personne.

....

Dès que j'eus pris la résolution de me mettre à l'étude, j'y pris aussi celle de reprendre les erremens de M. le cardinal de Richelieu; et quoique mes proches même s'y opposassent, dans l'opinion que cette matière n'étoit bonne que pour des pédans, je suivis mon dessein; j'entrepris la carrière, et je l'ouvris avec succès. Elle a été remplie depuis par toutes les personnes de qualité de la même profession; mais comme je fus le premier depuis M. le cardinal de Richelieu, ma pensée lui plut; et cela, joint aux bons offices que M. le grand-maître me rendoit tous les jours auprès de lui, fit qu'il parla avantageusement de moi en deux ou trois occasions; qu'il témoigna un étonnement obligeant de ce que je ne lui avois jamais fait la cour, et qu'il ordonna même à M. de Lingendes [1],

---

(1) *M. de Lingendes*: Jean. Il fut précepteur du comte de Moret, fils

qui a été depuis évêque de Mâcon, de me mener chez lui.

Voilà la source de ma première disgrâce : car au lieu de répondre à ses avances, et aux instances que M. le grand-maître me fit pour m'obliger à lui aller faire ma cour, je ne les payai toutes que de très-mauvaises excuses. Je fis le malade, j'allai à la campagne; enfin j'en fis assez pour laisser voir que je ne voulois point m'attacher à M. le cardinal de Richelieu, qui étoit un très-grand homme, mais qui avoit au souverain degré le foible de ne point mépriser les petites choses. Il le témoigna en ma personne : car l'histoire de la Conjuration de Jean-Louis de Fiesque, que j'avois faite à dix-huit ans, ayant échappé en ce temps-là des mains de Lauzières, à qui je l'avois confiée seulement pour la lire, et ayant été portée à M. le cardinal de Richelieu par Boisrobert[1], il dit tout haut, en présence du maréchal d'Estrées et de Senneterre : « Voilà un dange-« reux esprit. » Le second le dit dès le soir même à mon père, et je me le tins comme dit à moi-même. Je continuai cependant, par ma propre considération, la conduite que je n'avois prise jusque là que par celle de la haine personnelle que madame de Guémené avoit contre M. le cardinal.

Le succès que j'eus dans les actes de Sorbonne me donna du goût pour ce genre de réputation. Je la voulus pousser plus loin, et je m'imaginai que je pourrois

naturel de Henri IV; puis évêque de Sarlat et de Mâcon. Il se distingua dans la chaire, et fit l'oraison funèbre de Victor-Amédée, duc de Savoie, où Fléchier a pris l'idée de l'exorde de l'oraison funèbre de Turenne. Lingendes mourut à Mâcon en 1665.

(1) François Metel de Boisrobert, de l'Académie française, mort en 1662. (A. E.)

réussir dans les sermons. On me conseilloit de commencer par de petits couvens où je m'accoutumerois peu à peu. Je fis tout le contraire : je prêchai l'Ascension, la Pentecôte, la Fête-Dieu dans les petites Carmélites, en présence de la Reine et de toute la cour ; et cette audace m'attira un second éloge de la part de M. le cardinal de Richelieu : car comme on lui eut dit que j'avois bien fait, il répondit : « Il ne faut pas « juger des choses par l'événement : c'est un témé- « raire. » J'étois, comme vous voyez, assez occupé pour un homme de vingt-deux ans.

. . . .

M. le comte (1), qui avoit pris une très-grande amitié pour moi, et pour le service et la personne duquel j'avois pris un très-grand attachement, partit de Paris la nuit pour s'aller jeter dans Sedan, dans la crainte qu'il eut d'être arrêté. Il m'envoya querir sur les dix heures du soir. Il me dit son dessein. Je le suppliai avec instance qu'il me permît d'avoir l'honneur de l'accompagner. Il me le défendit expressément ; mais il me confia Vanbroc, un joueur de luth flamand, et qui étoit l'homme du monde en qui il se confioit le plus. Il me dit qu'il me le donnoit en garde : que je le cachasse chez moi, et que je ne le laissasse sortir que la nuit. J'exécutai fort bien de ma part tout ce qui m'avoit été ordonné : car je mis Vanbroc dans une soupente, où il eût fallu être chat ou diable pour le trouver. Il ne fit pas si bien de son côté : car il fut découvert par le concierge de l'hôtel de Soissons, au moins à ce que j'ai toujours soupçonné ; et je fus bien

(1) Louis de Bourbon, comte de Soissons, tué à la bataille de Marfée près de Sedan, en 1641. (A. E.)

étonné qu'un matin, à six heures, je vis toute ma chambre pleine de gens armés, qui m'éveillèrent en jetant la porte en dedans. Le prévôt de L'Ile s'avança, et il me dit en jurant : « Où est Vanbroc ? — A Sedan, « je crois, lui répondis-je. » Il redoubla ses juremens, et il chercha dans la paillasse de tous les lits. Il menaça tous mes gens de la question. Aucun d'eux, à la réserve d'un seul, ne lui en put dire des nouvelles. Ils ne s'avisèrent pas de la soupente, qui, dans la vérité, n'étoit pas reconnoissable ; et ils sortirent très-peu satisfaits. Vous pouvez croire qu'une note de cette nature se pouvoit appeler pour moi, à l'égard de la cour, une nouvelle confusion : en voici une autre. La licence de Sorbonne expira ; il fut question de donner les lieux, c'est-à-dire de déclarer publiquement, au nom de tout le corps, lesquels ont le mieux fait dans leurs actes ; et cette déclaration se fait avec de grandes cérémonies. J'eus la vanité de prétendre le premier lieu, et je ne crus pas le devoir céder à l'abbé de La Mothe-Houdancourt, qui est présentement l'archevêque d'Auch, et sur lequel il est vrai que j'avois eu quelques avantages dans les disputes.

M. le cardinal de Richelieu, qui faisoit l'honneur à cet abbé de le reconnoître pour son parent, envoya en Sorbonne le grand prieur de La Porte, son oncle, pour le recommander. Je me conduisis dans cette occasion mieux qu'il n'appartenoit à mon âge : car aussitôt que je le sus, j'allai trouver M. de Raconis (1), évê-

---

(1) *M. de Raconis :* Charles-François d'Abra, prédicateur et aumônier de Louis XIII, se fit connoître par un Traité de philosophie, qu'il publia en 1617. Il partageoit avec Boisrobert la confiance du cardinal de Richelieu, qui, connoissant son extrême facilité, s'amusoit quelquefois

que de Lavaur, pour le prier de dire à M. le cardinal que comme je savois le respect que je lui devois, je m'étois désisté de ma prétention aussitôt que j'avois appris qu'il y prenoit part. M. de Lavaur me vint retrouver dès le lendemain matin, pour me dire que M. le cardinal ne prétendoit point que M. l'abbé de La Mothe eût l'obligation du lieu à ma cession. La réponse m'outra : je ne répondis que par un sourire et une profonde révérence. Je suivis ma pointe, et j'emportai le premier lieu de quatre-vingt-quatre voix. M. le cardinal de Richelieu, qui vouloit être maître partout et en toutes choses, s'emporta jusqu'à la puérilité. Il menaça les députés de la Sorbonne de raser ce qu'il avoit commencé d'y bâtir, et il fit mon éloge tout de nouveau avec une aigreur incroyable.

Toute ma famille s'épouvanta. Mon père et ma tante de Maignelay (1), qui se joignoient ensemble, la Sorbonne, Remebroc, M. le comte, mon frère qui étoit parti la même nuit, madame de Guémené, à laquelle ils voyoient bien que j'étois fort attaché, souhaitoient avec passion de m'éloigner, et de m'envoyer en Italie. J'y allai et je demeurai à Venise jusqu'à la mi-août, et il ne tint pas à moi de m'y faire assassiner. Je m'amusai à vouloir faire galanterie à la signora Vendranina,

à lui faire improviser des sermons sur des textes qu'il lui donnoit. S'étant élevé contre les jansénistes, ceux-ci le désignèrent à Boileau comme un mauvais écrivain ; et son nom se trouve dans le quatrième chant du Lutrin :

Qui possède Abely, qui sait tout Raconis.

Ce prélat mourut en 1646.

(1) *Ma tante de Maignelay :* Marguerite-Claude de Gondy, femme de Florimond d'Halluin, marquis de Maignelay. Elle étoit d'une grande piété, et répandoit beaucoup d'aumônes. Morte en 1650.

noble vénitienne, et qui étoit une des personnes du monde les plus jolies. Le président de Maillé, ambassadeur pour le Roi, qui savoit le péril qu'il y a en ce pays-là pour ces sortes d'aventures, me commanda d'en sortir. Je fis le tour de la Lombardie, et je me rendis à Rome sur la fin de septembre. M. le maréchal d'Estrées y étoit ambassadeur. Il me fit des leçons sur la manière dont je devois vivre, et ces leçons me persuadèrent. Quoique je n'eusse aucun dessein d'être d'Eglise; je me résolus à tout hasard d'acquérir de la réputation dans une cour ecclésiastique où l'on me verroit avec la soutane. J'exécutai fort bien ma résolution; je ne laissai pas la moindre ombre de débauche ou de galanterie; je fus modeste au dernier point dans mes habits : et cette modestie qui paroissoit dans ma personne étoit relevée par une très-grande dépense; par de belles livrées, par un équipage fort leste, et par une suite de sept ou huit gentilshommes, dont il y en avoit quatre chevaliers de Malte. Je disputai dans les écoles de sapience, qui ne sont pas à beaucoup près si savantes que celles de Sorbonne; et la fortune contribua encore à me relever. Le prince de Schomberg, ambassadeur d'obédience de l'Empire, m'envoya dire, un jour que je jouois au ballon dans les Thermes de l'empereur Antonin, de lui quitter la place. Je lui fis répondre qu'il n'y avoit rien que je n'eusse rendu à Son Excellence si elle me l'eût demandé par civilité; mais puisque c'étoit un ordre, j'étois obligé de lui dire que je n'en pouvois recevoir d'aucun ambassadeur que de celui du Roi mon maître. Comme il insista, et qu'il m'eut fait dire pour la seconde fois par un de ses estafiers de sortir du jeu, je me mis sur la défensive ; et les Allemands, plus par mépris, à mon sens, du peu de gens que j'avois avec moi que par autre considération, ne poussèrent pas l'affaire. Ce coup porté par un abbé tout modeste à un ambassadeur qui marchoit toujours avec cent mousquetaires à cheval, fit un très-grand éclat à Rome, et si grand que Roze (1), que vous voyez secrétaire du cabinet, et qui étoit ce jour-là dans le jeu du ballon, dit que feu M. le cardinal Mazarin en eut dès ce jour l'imagination saisie, et qu'il lui en a parlé plusieurs fois.

. . . .

La santé de M. le cardinal de Richelieu commençoit à s'affoiblir, et à laisser par conséquent quelques vues de possibilité à prétendre à l'archevêché de Paris. M. le comte, qui avoit pris quelque teinture de dévotion dans la retraite de Sedan, et qui sentoit du scrupule de posséder, sous le nom de *custodi nos*, plus de cent mille livres de rentes en bénéfices, avoit écrit à mon père qu'aussitôt qu'il seroit en état d'en faire agréer à la cour sa démission en ma faveur, il me les remettroit entre les mains. Toutes ces considérations, jointes ensemble, ne me firent pas tout-à-fait perdre la résolution de quitter la soutane; mais elles la suspendirent; elles firent plus : elles me firent prendre celle de ne la quitter qu'à bonnes enseignes, et par quelques grandes actions; et comme je ne les

---

(1) *Roze :* Toussaint Roze, marquis de Caye, président à la chambre des comptes de Paris. Il fut secrétaire du cardinal de Retz, puis du cardinal Mazarin, qui le donna à Louis XIV. Devenu membre de l'Académie française, il obtint que cette compagnie seroit admise à haranguer le Roi avec les autres corps, dans les grandes occasions (Mémoires de Charles Perrault). Roze mourut en 1701, à soixante et onze ans.

voyois ni proches ni certaines, je résolus de me signaler dans ma profession, et de toutes les manières. Je commençai par une très-grande retraite; j'étudiois presque tout le jour, je ne voyois que fort peu de monde, je n'avois presque plus d'habitude avec toutes les femmes, hors madame de Guémené (1).

. . . .

Le diable avoit apparu justement quinze jours avant cette aventure à madame la princesse de Guémené, et il lui apparoissoit souvent, évoqué par les conjurations de M. d'Andilly (2), qui le forçoit, je crois, de faire peur à sa dévote, de laquelle il étoit encore plus amoureux que moi, mais en Dieu, purement et spirituellement. J'évoquai de mon côté un démon qui lui apparut sous une forme plus bénigne et plus agréable. Je la retirai au bout de six semaines de Port-Royal, où elle faisoit de temps en temps des escapades plutôt que des retraites. Je continuai de lui rendre mes respects avec beaucoup d'assiduité, et je charmai par là et par d'autres divertissemens le chagrin que ma profession ne laissoit pas de nourrir toujours dans le fond de mon ame. Il s'en fallut bien peu qu'il ne sortît de cet enchantement une tempête qui eût fait changer de face à l'Europe, pour peu qu'il eût plu à la destinée d'être de mon avis. M. le cardinal de Richelieu aimoit la raillerie, mais il ne pouvoit la souffrir; et toutes les personnes de cette humeur ne sont jamais que fort aigres. Il en fit une

---

(1) La princesse de Guémené étoit Anne de Rohan, fille de Pierre de Rohan, prince de Guémené, et de Madeleine de Rieux de Châteauneuf. (A. E.) — (2) *M. d'Andilly*: Robert Arnauld d'Andilly. (Voyez la Notice qui précède ses Mémoires.)

de cette nature en plein cercle à madame de Guémené, et tout le monde remarqua qu'il vouloit me désigner. Elle en fut outrée, et moi plus qu'elle ; car enfin il s'étoit contracté une espèce de ménage entre elle et moi qui avoit souvent du mauvais ménagement, quoique cependant nos intérêts ne fussent pas séparés.

Au même temps madame de La Meilleraye (1), *de qui, toute sotte qu'elle étoit, j'étois devenu amoureux* (2), plut à M. le cardinal, au point que le maréchal s'en étoit aperçu devant même qu'il partît pour l'armée. Il en avoit fait la guerre à sa femme, et d'un air qui lui fit croire d'abord qu'il étoit encore plus jaloux qu'ambitieux. Elle le craignoit terriblement, et elle n'aimoit pas M. le cardinal, qui, en la mariant avec son cousin, avoit à la vérité dépouillé sa maison, de laquelle il étoit idolâtre. Le cardinal étoit d'ailleurs encore plus vieux par ses incommodités que par son âge ; et il est vrai de plus que n'étant pédant en rien, il l'étoit tout-à-fait en galanterie. On m'avoit dit le détail des avances qu'il lui avoit faites, qui étoient effectivement ridicules ; mais comme il les continua jusqu'au point de lui faire faire des séjours de temps même considérables à Ruel (3), où il faisoit le sien ordinaire, je m'aperçus que la petite cervelle de la dame ne résisteroit pas longtemps au brillant de la faveur ; et que la jalousie du maréchal céderoit bientôt un peu à son intérêt, qui

(1) Madame de La Meilleraye étoit Marie de Cossé, fille de François de Cossé, duc de Brissac. (A. E.) — (2) Cette ligne italique n'est pas écrite de la main du cardinal de Retz. (A. E.) — (3) Maison du cardinal de Richelieu, à trois lieues de Paris. (A. E.)

ne lui étoit pas pleinement indifférent, et à sa foiblesse pour la cour, foiblesse qui n'a jamais eu d'égale.

J'étois dans les premiers feux (1) *de cette nouvelle passion; et je me figurois tant de plaisir à triompher du cardinal de Richelieu en un aussi beau champ de bataille que celui de l'Arsenal, que la rage se coula* dans le plus intérieur de mon ame, aussitôt que je reconnus qu'il y avoit du changement dans toute la famille. Le mari consentoit qu'on allât souvent à Ruel; la femme ne me faisoit plus que des confidences qui me paroissoient assez souvent fausses. Enfin la colère de madame de Guémené, dont je vous ai dit le sujet ci-dessus, la jalousie que j'eus pour madame de La Meilleraye, mon aversion pour ma profession, s'unirent ensemble dans ce moment fatal, et faillirent à produire un des plus grands et des plus fameux événemens de notre siècle.

La Rochepot (2), mon cousin germain et mon ami intime, étoit domestique de M. le duc d'Orléans (3), et extrêmement dans sa confidence. Il haïssoit cordialement M. le cardinal de Richelieu, et parce qu'il étoit fils de madame Du Fargis, persécutée et mise en effigie par le ministre, et parce que tout de nouveau M. le cardinal, qui tenoit encore son père prisonnier à la Bastille, avoit refusé l'agrément du régiment de Champagne pour lui à M. le maréchal de

---

(1) Il y a dans l'original sept lignes effacées, et on y a substitué ce qui est ici en italique. (A. E.) — (2) Fils d'Antoine de Silly, comte de La Rochepot. (A. E.) — (3) *M. le duc d'Orléans*: Gaston, Jean-Baptiste de France, frère de Louis XIII. (Voyez la Notice qui précède ses Mémoires.)

La Meilleraye, qui avoit une estime particulière pour sa valeur. Vous pouvez croire que nous faisions souvent ensemble le panégyrique du cardinal, et des invectives contre la foiblesse de Monsieur, qui, après avoir engagé M. le comte à sortir du royaume et à se retirer à Sedan, sous la parole qu'il lui donna de l'y venir joindre, étoit revenu de Blois honteusement à la cour.

Comme j'étois aussi plein des sentimens que je viens de vous marquer, que La Rochepot l'étoit de ceux que l'état de sa maison et de sa personne lui devoient donner, nous entrâmes aisément dans les mêmes pensées, qui furent de nous servir de la foiblesse de Monsieur pour exécuter ce que la hardiesse de ses domestiques fut sur le point de lui faire exécuter à Corbie, dont il faut, pour plus d'éclaircissement, vous entretenir un moment.

Les ennemis étant entrés en Picardie l'année 1636, sous le commandement de M. le prince Thomas de Savoie (1) et de M. Piccolomini, le Roi y alla en personne, et y mena Monsieur son frère pour général de son armée, et M. le comte pour lieutenant général. Ils étoient l'un et l'autre très-mal avec M. le cardinal de Richelieu, qui ne leur donna cet emploi que par la pure nécessité des affaires, et parce que les Espagnols, qui menaçoient le cœur du royaume, avoient déjà pris Corbie, La Capelle et Le Catelet. Aussitôt qu'ils se furent retirés dans les Pays-Bas et que le Roi eut repris Corbie, l'on ne douta point que l'on ne cherchât les moyens de perdre M. le comte, qui avoit

(1) Thomas-François de Savoie, prince de Carignan, fils de Charles-Emmanuel, duc de Savoie, mort en 1656. (A. E.)

donné beaucoup de jalousie au ministre par son courage, par sa civilité, par sa dépense, et parce qu'il étoit intimement lié avec M. le prince, et qui avoit surtout commis le crime capital de refuser le mariage de madame d'Aiguillon (1). L'Epinai, Montrésor et La Rochepot n'oublièrent rien pour donner à Monsieur, par l'appréhension, le courage de se défaire du cardinal. Saint-Ibal, Varicarville, Bardouville et Beauregard, père de celui qui est à moi, le persuadèrent à M. le comte. La chose fut résolue, mais elle ne fut pas exécutée. Ils eurent le cardinal dans leurs mains à Amiens, et ils ne lui firent rien. Je n'ai jamais su pourquoi : je leur en ai ouï parler à tous, et chacun rejetoit la faute sur son compagnon. Je ne sais dans la vérité ce qui en est. Ce qui est vrai est qu'aussitôt qu'ils furent à Paris, la frayeur les saisit tous. M. le comte (2) . . . . se retira à Sedan, qui étoit en ce temps-là en souveraineté à M. de Bouillon (3); Monsieur alla à Blois; et M. de Retz (4), qui n'étoit pas de l'entreprise d'Amiens, mais qui étoit fort attaché à M. le comte, partit la nuit en poste de Paris, et se jeta dans Belle-Ile. Le Roi envoya à Blois M. le comte de Guiché (5), qui est présentement M. le maréchal de Gramont, et M. de Chavigni (6), secrétaire d'Etat et confidentissime du cardinal. Ils firent peur à Monsieur, et ils le ramenèrent à Paris, où il

---

(1) Marie de Wignerod, morte en 1675. (A. E.) — (2) Il y a ici deux lignes effacées. (A. E.) — (3) Frédéric-Maurice de La Tour d'Auvergne, prince de Sedan, duc de Bouillon, né en 1605, et mort en 1652. (A. E.) — (4) Pierre de Gondy, frère aîné du cardinal de Retz, mort en 1676. (A. E.) — (5) Antoine de Gramont, troisième du nom, né en 1604, mort en 1678. (A. E.) — (6) Léon Bouthilier, fils de Claude Bouthilier et de Marie de Bragelonne, mort en 1652. (A. E.)

avoit encore plus de peur : car ceux qui étoient à lui dans sa maison, c'est-à-dire ceux de ses domestiques qui n'étoient point gagnés par la cour, ne manquoient pas de le prendre par cet endroit, qui étoit son foible, pour l'obliger de penser à sa sûreté, ou plutôt à la leur. Ce fut de ce penchant de la peur que nous crûmes, La Rochepot et moi, que nous le pourrions précipiter dans nos pensées. L'expression est bien irrégulière, mais je n'en trouve point qui marque mieux le caractère d'un esprit comme le sien. Il pensoit tout, et il ne vouloit rien; et quand par hasard il vouloit quelque chose, il falloit l'y pousser en même temps, ou plutôt l'y jeter, pour le lui faire exécuter.

La Rochepot fit tous les efforts possibles; et comme il vit que l'on ne répondoit que par des remises, et par les impossibilités qu'on trouvoit à tous les expédiens qu'il proposoit, il s'avisa d'un moyen qui étoit assurément hasardeux, et qui, par un sort assez commun aux actions extraordinaires, l'étoit beaucoup moins qu'il ne le paroissoit.

M. le cardinal de Richelieu devoit tenir sur les fonts Mademoiselle (1); qui, comme vous pouvez juger, étoit baptisée il y avoit fort long-temps ; mais les cérémonies du baptême n'avoient pas été faites. Il devoit venir pour cet effet au dôme (2), où Mademoiselle logeoit, et le baptême se devoit faire dans sa chapelle. La proposition de La Rochepot fut de con-

---

(1) *Mademoiselle* : Anne-Marie-Louise d'Orléans, fille de Gaston et de Marie de Bourbon, duchesse de Montpensier. Elle étoit née en 1627. Ses Mémoires précèdent immédiatement ceux-ci. — (2) *Au dôme* : On appeloit ainsi le château des Tuileries, parce que le pavillon du milieu étoit surmonté d'un dôme.

tinuer à faire voir à Monsieur, à tous les momens du jour, la nécessité de se défaire du cardinal; de lui parler moins qu'à l'ordinaire du détail de l'action, afin d'en moins hasarder le secret; de se contenter de l'en entretenir en général, et pour l'y accoutumer et pour lui pouvoir dire en temps et lieu que l'on ne la lui avoit pas célée; que l'on avoit plusieurs expériences qu'il ne pouvoit lui-même être servi qu'en cette manière; qu'il l'avoit lui-même avoué maintes fois à lui La Rochepot; qu'il n'y avoit donc qu'à s'associer de braves gens qui fussent capables d'une action déterminée; qu'à poster des relais, sous prétexte d'un enlèvement, sur le chemin de Sedan; qu'à exécuter la chose au nom de Monsieur et en sa présence, dans la chapelle, le jour de la cérémonie; que Monsieur l'avoueroit de tout son cœur dès qu'elle seroit exécutée; et que nous le menerions de ce pas sur nos relais à Sedan, dans un intervalle où l'abattement des sous-ministres, joint à la joie que le Roi auroit d'être délivré de son tyran, auroit laissé la cour en état de songer plutôt à le rechercher qu'à le poursuivre. Voilà la vue de La Rochepot, qui n'étoit nullement impraticable; et je le sentis par l'effet que la possibilité prochaine fit dans mon esprit, tout différent de celui que la simple spéculation y avoit produit.

J'avois blâmé peut-être cent fois avec La Rochepot l'inaction de Monsieur et celle de M. le comte à Amiens. Aussitôt que je me vis sur le point de la pratique, c'est-à-dire sur le point de l'exécution de la même action dont j'avois réveillé l'idée moi-même dans l'esprit de La Rochepot, je sentis je ne sais quoi qui pouvoit être une peur. Je le pris pour un scrupule. Je ne sais si je me trompai : mais enfin l'imagination de l'assassinat d'un prêtre, d'un cardinal, me vint à l'esprit. La Rochepot se moqua de moi, et me dit ces propres paroles : « Quand vous serez à « la guerre, vous n'enlèverez point de quartiers, de « peur d'y assassiner des gens endormis. » J'eus honte de ma réflexion ; j'embrassai le crime, qui me parut consacré par de grands exemples, justifié et honoré par de grands périls. Nous prîmes et nous concertâmes notre résolution. J'engageai dès le soir Launoi, que vous voyez à la cour sous le nom de marquis de Pienne. La Rochepot s'assura de La Frette, du marquis de Boissy, et de L'Etourville qu'il savoit être attaché à Monsieur et enragé contre le cardinal. Nous fîmes nos préparatifs. L'exécution étoit sûre ; le péril étoit grand pour nous, mais nous pouvions raisonnablement en sortir, parce que la garde de Monsieur, qui étoit dans le logis, nous eût infailliblement soutenus contre celle du cardinal, qui ne pouvoit être qu'à la porte. La fortune, plus forte que sa garde, le tira de ce pas. Il tomba malade, ou lui, ou Mademoiselle : je ne m'en souviens pas précisément. La cérémonie fut différée. Il n'y eut plus d'occasion. Monsieur s'en retourna à Blois, et le marquis de Boissy nous déclara qu'il ne nous découvriroit pas ; mais qu'il ne pouvoit plus être de cette partie, parce qu'il venoit de recevoir je ne sais quelle grâce du cardinal.

Je vous confesse que cette entreprise, qui nous eût comblés de gloire si elle nous eût réussi, ne m'a jamais plu. Je n'en ai pas le même scrupule que des deux fautes que je vous ai marqué ci-dessus avoir commises contre la morale ; mais je voudrois de tout mon cœur n'avoir jamais été de cette entreprise. L'ancienne Rome l'auroit estimée ; mais ce n'est pas par cet endroit que j'estime l'ancienne Rome. Je ressens avec tant de reconnoissance et avec tant de tendresse la bonté que vous avez de vouloir bien être informée de mes actions, que je ne me puis empêcher de vous rendre compte de toutes mes pensées ; et je trouve un plaisir incroyable à les aller chercher dans le fond de mon ame, à vous les apporter et à vous les soumettre.

Il y a assez souvent de la folie à conjurer ; mais il n'y a rien de pareil pour faire les gens sages dans la suite, au moins pour quelque temps. Comme le péril, dans ces sortes d'affaires, dure même après les occasions, l'on est prudent et circonspect dans les momens qui le suivent.

Le comte de La Rochepot, voyant que notre coup étoit manqué, se retira à Commercy, qui étoit à lui, pour sept ou huit mois. Le marquis de Boissy alla trouver M. le duc de Rouanez, son père, en Poitou; Pienne, La Frette et L'Etourville prirent le chemin des lieux de leurs maisons. Mes attachemens me retinrent à Paris, mais si serré et si modéré que j'étudiois tout le jour, et que le peu que je paroissois laissoit toutes les apparences d'un bon ecclésiastique. Nous les gardâmes si bien les uns et les autres, que l'on n'eut jamais le moindre vent de cette entreprise pendant le temps de M. le cardinal de Richelieu, qui a été le ministre du monde le mieux averti. L'imprudence de La Frette et de L'Etourville fit qu'elle ne fut pas secrète après sa mort. Je dis leur imprudence : car il n'y a rien de plus mal habile que de se faire croire capable des choses dont les exemples sont à craindre.

La déclaration de M. le comte nous tira quelque temps après hors de nos tanières, et nous nous réveillâmes au bruit de ses trompettes. Il faut reprendre son histoire d'un peu plus loin.

J'ai remarqué ci-dessus qu'il s'étoit retiré à Sedan par la seule raison de sa sûreté, qu'il ne pouvoit trouver à la cour. Il écrivit au Roi en y arrivant : il l'assura de sa fidélité, et il lui promit de ne rien entreprendre, dans le temps de son séjour en ce lieu, contre son service. Il est certain qu'il lui tint très-fidèlement sa parole ; que toutes les offres de l'Espagne et de l'Empire ne le touchèrent point, et qu'il rebuta même avec colère les conseils de Saint-Ibal et de Bardouville, qui le vouloient porter au mouvement. Campion (1), qui étoit son domestique, et qu'il avoit laissé à Paris pour y faire les affaires qu'il pouvoit avoir à la cour, me disoit tout ce détail par son ordre ; et je me souviens, entre autres, d'une lettre qu'il lui écrivoit un jour, dans laquelle je lus ces propres paroles : « Les gens que vous connoissez n'oublient rien « pour m'obliger à traiter avec les ennemis. Ils m'accusent de foiblesse, parce que je redoute les exemples de Charles de Bourbon et de Robert d'Artois. » Campion avoit ordre de me faire voir cette lettre, et de m'en demander mon sentiment. Je pris la plume au même instant, et j'écrivis, à un petit endroit de la réponse qu'il avoit commencée : *Et moi je les accuse de folie.* Ce fut le propre jour que je partis pour aller en Italie. Voici la raison de mon sentiment :

M. le comte avoit toute la hardiesse du cœur, que

---

(1) *Campion*: Alexandre. Son frère a laissé des Mémoires, qui ont été publiés en 1807 par M. le général Grimoard.

l'on appelle communément vaillance, au plus haut point qu'un homme la puisse avoir; et il n'avoit pas, même dans le degré le plus commun, la hardiesse de l'esprit, qui est ce qu'on nomme résolution. La première est ordinaire et même vulgaire; la seconde est même plus rare que l'on ne se le peut imaginer : elle est toutefois encore plus nécessaire que l'autre pour les grandes actions; et y a-t-il une action au monde plus grande que celle d'un parti? Celle d'une armée a sans comparaison moins de ressorts; celle d'un État en a davantage; mais les ressorts n'en sont pas à beaucoup près si fragiles ni si délicats. Enfin je suis persuadé qu'il faut de plus grandes qualités pour former un bon chef de parti que pour faire un bon empereur de l'univers; et que, dans le rang des qualités qui le composent, la résolution marche de pair avec le jugement : je dis avec le jugement héroïque, dont le principal usage est de distinguer l'extraordinaire de l'impossible.

M. le comte n'avoit pas un grain de cette sorte de jugement qui ne se rencontre même que très-rarement dans un grand esprit. Le sien étoit médiocre, et susceptible par conséquent des injustes défiances, qui est de tous les caractères celui qui est le plus opposé à un bon chef de parti, dont la qualité la plus souvent et la plus indispensablement praticable est de supprimer en beaucoup d'occasions, et de cacher en toutes, les soupçons même les plus légitimes.

Voilà ce qui m'obligea à n'être pas de l'avis de ceux qui vouloient que M. le comte fît la guerre civile. Varicarville, qui étoit le plus sensé et le moins emporté de toutes les personnes de qualité qui étoient auprès de M. le comte, m'a dit depuis que quand il vit ce que j'avois écrit dans la lettre de Campion le jour que je partis pour aller en Italie, il ne douta pas des motifs qui m'avoient porté, contre mon inclination, à ce sentiment.

M. le comte se défendit toute cette année et toute la suivante des instances des Espagnols et des importunités des siens, beaucoup plus par les sages conseils de Varicarville que par sa propre force. Mais rien ne le put défendre des inquiétudes de M. le cardinal de Richelieu, qui lui faisoit faire tous les jours, sous le nom du Roi, des éclaircissemens fâcheux. Ce détail seroit trop long à vous déduire, et je me contenterai de vous marquer que le ministre, contre ses intérêts, précipita M. le comte dans la guerre civile, par des chicaneries que ceux qui sont favorisés à un certain point par la fortune ne manquent jamais de faire aux malheureux.

Comme les esprits commencèrent à s'aigrir plus qu'à l'ordinaire, M. le comte me commanda de faire un voyage secret à Sedan. Je le vis la nuit dans le château où il logeoit; je lui parlai en présence de M. de Bouillon, de Saint-Ibal, de Bardouville et de Varicarville; et je trouvai que la véritable raison pour laquelle il m'avoit mandé étoit le désir qu'il avoit d'être éclairci de bouche, et plus en détail que l'on ne le peut être par une lettre, de l'état de Paris. Le compte que je lui en rendis ne put lui être que très-agréable. Je lui dis (et il étoit vrai) qu'il y étoit aimé, honoré, adoré, et que son ennemi y étoit redouté et abhorré. M. de Bouillon, qui vouloit en toutes façons la rupture, prit cette occasion pour en exagérer les avantages ; Saint-Ibal l'appuya avec force, Varicarville les combattit avec vigueur.

Je me sentois trop jeune pour dire mon avis. M. le comte m'y força, et je pris la liberté de lui représenter qu'un prince du sang doit plutôt faire une guerre civile, que de rien remettre de sa réputation ou de sa dignité; mais aussi qu'il n'y avoit que ces deux considérations qui l'y pussent judicieusement obliger, parce qu'il hasarde l'une ou l'autre par le mouvement, toutes les fois que l'une ou l'autre ne le rend pas nécessaire ; qu'il me paroissoit bien éloigné de cette nécessité ; que sa retraite à Sedan le défendoit des bassesses auxquelles la cour avoit prétendu l'obliger : par exemple, à celle de recevoir la main gauche dans la maison même du cardinal ; que la haine que l'on avoit pour le ministre attachoit même à cette retraite la faveur publique, qui est toujours beaucoup plus assurée par l'inaction que par l'action, parce que la gloire de l'action dépend du succès, dont personne ne se peut répondre ; et que celle que l'on rencontre en ces matières dans l'inaction est toujours sûre, étant fondée sur la haine dont le public ne se dément jamais à l'égard du ministre. Qu'il seroit, à mon avis, plus glorieux à M. le comte de se soutenir par son propre poids, c'est-à-dire par celui de sa vertu, à la vue de toute l'Europe, contre l'artifice d'un ministre aussi puissant que le cardinal de Richelieu ; qu'il lui seroit, dis-je, plus glorieux de se soutenir par une conduite sage et réglée, que d'allumer un feu dont les suites étoient fort incertaines ; qu'il étoit vrai que le ministre étoit en exécration, mais que je ne voyois pas encore que l'exécration fût au période qu'il est nécessaire de prendre bien justement pour les grandes résolutions ; que la santé de M. le cardinal commençoit à recevoir beaucoup d'atteintes ; que s'il périssoit d'une maladie, M. le comte auroit l'avantage d'avoir fait voir au Roi et au public qu'étant aussi considérable qu'il étoit et par sa personne et par l'important poste de Sedan, il n'auroit sacrifié qu'au bien et au repos de l'Etat ses propres ressentimens ; et que si la santé de M. le cardinal se rétablissoit, sa puissance deviendroit aussi odieuse de plus en plus, et fourniroit infailliblement, par l'abus qu'il ne manqueroit pas d'en faire, des occasions plus favorables aux mouvemens que celle qui se voyoit présentement.

Voilà à peu près ce que je dis à M. le comte : il en parut touché. M. de Bouillon s'en mit en colère, et me dit même d'un ton de raillerie : « Vous avez le « sang bien froid pour un homme de votre âge ! » A quoi je lui répondis ces propres mots : « Tous les ser- « viteurs de M. le comte vous sont si obligés, mon- « sieur, qu'ils doivent tout souffrir de vous ; mais il « n'y a que cette considération qui m'empêche de pen- « ser, à l'heure qu'il est, que vous pourrez bien n'être « pas toujours entre vos bastions. » M. de Bouillon revint à lui ; il me fit toutes les honnêtetés imaginables, et telles qu'elles furent les commencemens de notre amitié. Je demeurai encore deux jours à Sedan, dans lesquels M. le comte changea cinq fois de résolution ; et Saint-Ibal me confessa, à deux reprises différentes, qu'il étoit difficile de rien espérer d'un homme de cette humeur. M. de Bouillon le détermina à la fin. L'on manda don Miguel de Salamanque, ministre d'Espagne ; l'on me chargea de travailler à gagner des gens dans Paris; l'on me donna un ordre pour toucher de l'argent et pour l'employer à cet effet; et je revins de Sedan, chargé de plus de lettres qu'il n'en falloit pour faire le procès à deux cents hommes.

Comme je ne pouvois pas me reprocher de n'avoir pas parlé à M. le comte dans ses véritables intérêts, qui n'étoient point assurément d'entreprendre une affaire dont il n'étoit pas capable, je crus que j'avois toute la liberté de songer à ce qui étoit des miens, que je trouvois même sensiblement dans cette guerre. Je haïssois ma profession plus que jamais : j'y avois été jeté d'abord par l'entêtement de mes proches ; le destin m'y avoit retenu par toutes les chaînes et du plaisir et du devoir : je m'y trouvois et m'y sentois lié d'une manière à laquelle je ne voyois plus d'issue. J'avois vingt-cinq ans passés, et je concevois aisément que cet âge étoit bien avancé pour commencer à porter le mousquet. Ce qui me faisoit le plus de peine étoit la réflexion que je faisois, qu'il y avoit eu des momens dans lesquels j'avois, par un trop grand attachement à mes plaisirs, serré moi-même les chaînes par lesquelles il sembloit que la fortune eût pris plaisir de m'attacher malgré moi à l'Eglise. Jugez, par l'état où ces pensées me devoient mettre, de la satisfaction que je trouvois dans une occasion qui me donnoit lieu d'espérer que je pourrois trouver dans cet embarras une issue non-seulement honnête, mais illustre ! Je pensai aux moyens de me distinguer : je les imaginai, je les suivis. Vous conviendrez qu'il n'y eut que la destinée qui rompit mes mesures.

Messieurs les maréchaux de Vitry (1) et de Bassom-

(1) Nicolas de L'Hôpital, duc de Vitry, mort en 1644, le 28 sept. (A. E.)

pierre (1), M. le comte de Cramail, M. Du Fargis et
Du Coudray-Montpensier étoient en ce temps-là prisonniers à la Bastille pour différens sujets. Mais comme
la longueur des prisons en adoucit la rigueur, ils y
étoient traités avec beaucoup d'honnêteté, et même
avec beaucoup de liberté. Leurs amis les alloient
voir, et l'on dînoit même quelquefois avec eux. L'occasion de M. Du Fargis, qui avoit épousé une sœur
de ma mère, m'avoit donné habitude avec les autres;
et j'avois reconnu, dans la conversation de quelques-uns d'entre eux, des mouvemens qui m'obligèrent à
y faire réflexion. M. le maréchal de Vitry avoit peu de
sens, mais il étoit hardi jusqu'à la témérité; et l'emploi qu'il avoit eu de tuer le maréchal d'Ancre lui
avoit donné dans le monde, quoique fort injustement, à mon avis, un certain air d'affaires et d'exécution. Il m'avoit paru fort animé contre le cardinal, et
je crus qu'il ne pourroit pas être inutile dans la conjoncture présente. Je ne m'adressai pas néanmoins
directement à lui; et je crus qu'il seroit plus à propos
de sonder M. le comte de Cramail, qui avoit de l'entendement et tout pouvoir sur son esprit. Il m'entendit à demi mot, et il me demanda d'abord si je m'étois
ouvert dans la Bastille à quelqu'un. Je lui répondis
sans balancer : « Non, monsieur, et je vous en dirai
« la raison en peu de mots. M. le maréchal de Bas-
« sompierre est trop causeur; je ne compte rien sur
« M. le maréchal de Vitry que par vous; la fidélité de
« Du Coudray m'est un peu suspecte; et mon bon
« oncle Du Fargis est un bon et brave homme, mais

(1) François de Bassompierre, né en 1579, et mort en 1646. Ses Mémoires font partie de cette série (tomes 19 à 21).

« il a le crâne étroit. — A qui vous fiez-vous dans
« Paris? » me dit d'un même fil M. le comte de Cramail. « A personne, monsieur, lui repartis-je, qu'à
« vous seul. — Bon, reprit-il brusquement, vous
« êtes mon homme. J'ai quatre-vingts ans passés, vous
« n'en avez que vingt-cinq : je vous tempérerai, et
« vous m'échaufferez. » Nous entrâmes en matière,
nous fîmes notre plan; et lorsque je le quittai, il me
dit ces propres paroles : « Laissez-moi huit jours, je
« vous parlerai après plus décisivement; et j'espère
« que je ferai voir au cardinal que je suis bon à autre
« chose qu'à faire *les Jeux de l'inconnu.* » Vous remarquerez, s'il vous plaît, que *les Jeux de l'inconnu* étoit
un livre, à la vérité très-mal fait, que le comte de
Cramail avoit mis au jour, et duquel M. le cardinal
de Richelieu s'étoit fort moqué. Vous vous étonnerez
sans doute de ce que, pour une affaire de cette nature, je jetai les yeux sur des prisonniers; mais je me
justifierai même par la nature de l'affaire, qui ne pouvoit être en de meilleures mains, comme vous l'allez
voir.

J'allai justement dîner le huitième jour avec M. le
maréchal de Bassompierre, qui, s'étant mis au jeu sur
les trois heures avec madame de Gravelle, aussi prisonnière, et avec le bonhomme Du Tremblay, gouverneur de la Bastille, nous laissa très-naturellement
M. de Cramail et moi ensemble. Nous allâmes sur la
terrasse; et là M. le comte de Cramail, après m'avoir
fait mille remercîmens de la confiance que j'avois prise
en lui, et mille protestations de service pour M. le
comte, me tint ce propre discours : « Il n'y a qu'un
« coup d'épée ou Paris qui nous puissent défaire du

« cardinal. Si j'avois été de l'entreprise d'Amiens, je
« n'aurois pas fait, au moins à ce que je crois, comme
« ceux qui ont manqué leur coup. Je suis de celle de
« Paris, elle est immanquable; j'y ai bien pensé.
« Voilà ce que j'ai ajouté à notre plan. » En finissant
ce mot, il me coula dans la main un papier écrit des
deux côtés, dont voici la substance : « Qu'il avoit parlé
« à M. le maréchal de Vitry, qui étoit dans toutes les
« dispositions du monde de servir M. le comte; qu'ils
« répondoient l'un et l'autre de se rendre maîtres de
« la Bastille, où toute la garnison étoit à eux; qu'ils
« répondoient aussi de l'Arsenal; qu'ils se déclare-
« roient aussitôt que M. le comte auroit gagné une
« bataille, à condition que je leur fisse voir au préa-
« lable, comme je l'avois avancé à lui comte de Cra-
« mail, qu'ils seroient soutenus par un nombre con-
« sidérable d'officiers, des colonels de Paris. » Cet
écrit contenoit ensuite beaucoup d'observations sur
le détail de la conduite de l'entreprise, et même beaucoup de conseils qui regardoient celle de M. le comte.
Ce que j'y admirois le plus fut la facilité que ces messieurs eussent trouvée à l'exécution.

Il falloit bien que la connoissance que j'avois du
dedans de la Bastille, par l'habitude que j'avois avec
eux, me l'eût fait croire possible, puisqu'il m'étoit
venu dans l'esprit de la leur proposer. Mais je vous
confesse que quand j'eus examiné le plan de M. le
comte de Cramail, qui étoit un homme d'une grande
expérience et de très-bon sens, je faillis à tomber de
mon haut, en voyant que des prisonniers disposoient
de la Bastille avec la même liberté qu'eût pu prendre
le gouverneur le plus autorisé dans sa place.

Comme toutes les circonstances extraordinaires sont d'un merveilleux poids dans les révolutions populaires, je fis réflexion que celle-ci, qui l'étoit au dernier point, feroit un effet admirable dans la ville aussitôt qu'elle y éclateroit. Et comme rien n'anime et n'appuie plus un mouvement que le ridicule de ceux contre lesquels on le fait, je connus qu'il nous seroit aisé d'y tourner de tout point la conduite d'un ministre capable de souffrir que des prisonniers fussent en état de l'accabler, pour ainsi dire, de leurs propres chaînes. Je ne perdis pas le temps dans les suites, je m'ouvris à feu M. d'Etampes, président du grand conseil, et à M. L'Ecuyer, présentement doyen de la chambre des comptes, tous deux colonels, et fort autorisés parmi les bourgeois; et je les trouvai tels que M. le comte me l'avoit dit : c'est-à-dire passionnés pour ses intérêts, et persuadés que le mouvement n'étoit pas seulement possible, mais qu'il étoit même facile. Vous remarquerez, s'il vous plaît, que ces deux génies, très-médiocres même dans leur profession, étoient d'ailleurs peut-être les plus pacifiques qui fussent dans le royaume. Mais il y a des feux qui embrasent tout : l'importance est d'en connoître et d'en prévoir le moment.

M. le comte m'avoit ordonné de ne me découvrir qu'à ces deux hommes dans Paris. J'y en ajoutai de moi-même deux autres, dont l'un fut Parmentier, substitut du procureur général ; et l'autre, L'Epinai, auditeur de la chambre des comptes. Parmentier étoit capitaine du quartier de Saint-Eustache, qui regarde la rue des Prouvelles, considérable par le voisinage des halles. L'Epinai y commandoit, comme lieutenant, la compagnie qui les joignoit du côté de Montmartre, et y avoit beaucoup plus de crédit que le capitaine, qui d'ailleurs étoit son beau-frère. Parmentier, qui par l'esprit et par le cœur étoit aussi capable d'une grande action qu'homme que j'aie jamais connu, m'assura qu'il disposeroit à coup sûr de Brigalier, conseiller à la cour des aides, capitaine de son quartier, et très-puissant dans le peuple. Mais il m'ajouta en même temps qu'il ne falloit lui parler de rien, parce qu'il étoit léger et sans secret.

M. le comte m'avoit fait toucher douze mille écus par les mains de Duneau, l'un de ses secrétaires, sous je ne sais quel prétexte. Je les portai à ma tante de Maignelay, en lui disant que c'étoit une restitution qui m'avoit été confiée par un de mes amis à sa mort, à condition de l'employer moi-même au soulagement des pauvres qui ne mendioient pas; que comme j'avois fait serment sur l'Évangile de distribuer moi-même cette somme, je m'en trouvois extrêmement embarrassé, parce que je ne connoissois pas les gens; et que je la suppliois de vouloir bien en prendre le soin. Elle en fut ravie : elle me dit qu'elle le feroit très-volontiers; mais que comme j'avois promis de faire moi-même cette distribution, elle vouloit absolument que j'y fusse présent, et pour demeurer fidèlement dans ma parole, et pour m'accoutumer moi-même aux œuvres de charité. C'étoit justement ce que je demandois, pour avoir lieu de me faire connoître à tous les nécessiteux de Paris; ainsi je me laissois tous les jours comme traîner par ma tante dans les faubourgs et dans les greniers, et je voyois très-souvent chez elle des gens bien vêtus, connus même quelquefois, qui venoient à l'aumône secrète. La bonne femme ne manquoit presque jamais de leur dire : « Priez bien Dieu pour mon neveu ; c'est lui « de qui il lui a plu se servir pour cette bonne œu- « vre. » Jugez de l'état où cela me mettoit parmi les gens qui sont sans comparaison plus considérables que tous les autres dans les émotions populaires! Les riches n'y viennent que par force ; les mendians y nuisent plus qu'ils n'y servent, parce que la crainte du pillage les fait appréhender. Ceux qui y peuvent le plus sont les gens qui sont assez pressés dans leurs affaires pour désirer du changement dans le public, et dont la pauvreté ne passe toutefois pas jusqu'à la mendicité publique. Je me fis donc connoître à cette sorte de gens trois ou quatre mois durant, avec une application toute particulière ; et il n'y avoit point d'enfans au coin de leur feu à qui je ne donnasse toujours, en mon particulier, quelques bagatelles. Je connoissois Nanon et Babet. Le voile de madame de Maignelay, qui n'avoit jamais fait d'autre vie, couvroit toutes choses. Je faisois même un peu le dévot, et j'allois aux conférences de Saint-Lazarre (1).

Mes deux correspondans de Sedan, qui étoient Varicarville et Beauregard, me mandoient de temps en temps que M. le comte étoit le mieux intentionné du monde ; qu'il n'avoit plus balancé depuis qu'il avoit pris son parti. Et je me souviens entre autres qu'un jour Varicarville m'écrivit que lui et moi lui avions fait autrefois une horrible injustice ; et que cela étoit si vrai qu'il falloit présentement le retenir,

(1) *Aux conférences de Saint-Lazarre :* Ces conférences étoient faites par Vincent de Paul, ancien précepteur de Gondy.

et qu'il faisoit même paroître trop d'empressement aux conseils de l'Empire et de l'Espagne. Vous observerez, s'il vous plaît, que ces deux cours, qui lui avoient fait des instances incroyables quand il balançoit, commencèrent à tenir bride en main dès qu'elles le virent résolu, par une fatalité que le flegme naturel au climat d'Espagne attache sous le titre de prudence à la politique de la maison d'Autriche. Et vous pouvez remarquer en même temps que M. le comte, qui avoit témoigné une fermeté inébranlable trois mois durant, changea tout d'un coup de sentiment, dès que les ennemis lui eurent accordé ce qu'il leur avoit demandé. Tel est l'état de l'irrésolution : elle n'a jamais plus d'incertitude que dans la conclusion.

Je fus averti de cette *convulsion* par un courrier que Varicarville me dépêcha exprès. Je partis la nuit même, et j'arrivai à Sedan une heure après Autreville, négociateur en titre d'office, que M. de Longueville (1), beau-frère de M. le comte, avoit envoyé. Il y portoit des ouvertures d'accommodement plausibles, mais captieuses. Nous nous joignîmes tous pour les combattre. Ceux qui avoient toujours été avec M. le comte représentèrent avec force tout ce qu'il avoit cru et dit depuis qu'il s'étoit résolu à la guerre. Saint-Ibal, qui avoit négocié pour lui à Bruxelles, le pressoit sur ses engagemens, sur ses avances, sur ses instances; insistoit sur les pas que j'avois faits par son ordre dans Paris; sur les paroles données à messieurs de Vitry et de Cramail; sur le secret confié à deux personnes par son commandement, et à quatre autres pour son service et par son aveu. La

(1) Henri d'Orléans, second du nom, mort en 1663. (A. E.)

matière étoit belle, et depuis ses engagemens n'étoit plus problématique. Nous persuadâmes à la fin, ou plutôt nous emportâmes après quatre jours de conflit. Autreville fut renvoyé avec une réponse très-fière; M. de Guise, qui s'étoit joint avec M. le comte, et qui avoit fort souhaité la rupture, alla à Liége donner ordre à des levées; Saint-Ibal retourna à Bruxelles pour conclure le traité; Varicarville prit la poste pour Vienne; et je revins à Paris, pour dire aux conjurés les irrésolutions de notre chef. Il y en eut encore depuis quelques nuages, mais légers; et comme je sus que du côté des Espagnols tout étoit en état, je fis à Sedan mon dernier voyage; pour y prendre mes dernières mesures.

J'y trouvai Metternich, colonel d'un des plus vieux régimens de l'Empire, envoyé par le général Lamboy qui s'avançoit avec une armée fort leste, et presque toute composée de vieilles troupes. Le colonel assura M. le comte qu'il avoit ordre de faire absolument tout ce que M. le comte lui commanderoit; et même de donner bataille au maréchal de Châtillon (1), qui commandoit les armées de France qui étoient sur la Meuse. Comme toute l'entreprise de Paris dépendoit de ce succès, je fus bien aise de m'éclaircir de ce détail le plus que je pourrois par moi-même. M. le comte trouva bon que j'allasse à Givet avec Metternich. J'y trouvai l'armée belle et en bon état: j'y vis don Miguel de Salamanque, qui me confirma ce que Metternich m'avoit dit; et je revins à Paris avec trente-deux blancs signés de M. le comte. Je rendis compte de

(1) Gaspard de Coligny, troisième du nom, né en 1584, et mort en 1646. (A. E.)

tout à M. le maréchal de Vitry, qui fit l'ordre de l'entreprise, qui l'écrivit de sa main, et qui le porta cinq ou six jours dans sa poche : ce qui est assez rare dans les prisons. Voici la substance de cet ordre :

Aussitôt que nous aurions reçu la nouvelle du gain de la bataille, nous la devions publier dans Paris avec toutes les figures. Messieurs de Vitry et de Cramail devoient s'ouvrir en même temps aux autres prisonniers, se rendre maîtres de la Bastille, arrêter le gouverneur, sortir dans la rue Saint-Antoine avec une troupe de noblesse dont M. le maréchal de Vitry étoit assuré; crier *vive le Roi et M. le comte!* M. d'Etampes devoit, à l'heure donnée, faire battre le tambour par toute sa colonelle, joindre le maréchal de Vitry au cimetière Saint-Jean, et marcher au palais pour rendre des lettres de M. le comte au parlement, et l'obliger de donner arrêt en sa faveur. Je devois, de mon côté, me mettre à la tête des compagnies de Parmentier et de Guerin, desquelles L'Epinai me répondoit, avec vingt-cinq gentilshommes que j'avois engagés sous différens prétextes, sans qu'ils sussent eux-mêmes précisément ce que c'étoit. Mon bonhomme de gouverneur, qui croyoit lui-même que je voulois enlever mademoiselle de Rohan, m'en avoit amené douze de son pays. Je faisois état de me saisir du Pont-Neuf, de donner la main par les quais à ceux qui marcheroient au Palais, et de pousser ensuite les barricades dans les lieux qui nous paroîtroient les plus soulevés. La disposition de Paris nous faisoit croire le succès infaillible. Le secret y fut gardé jusqu'au prodige. M. le comte donna la bataille, et la gagna. Vous croyez sans doute l'affaire bien avancée : rien moins. M. le comte est tué dans le moment de sa victoire ; et il est tué au milieu des siens, sans qu'il y en ait jamais eu un seul qui ait pu dire comment la chose est arrivée. Cela est incroyable, et cela est pourtant vrai (1).

Jugez de l'état où je fus quand j'appris cette nouvelle ! M. le comte de Cramail, le plus sage assurément de toute notre troupe, ne songea plus qu'à couvrir le secret, qui du côté de Paris n'étoit qu'entre six personnes. C'étoit toujours beaucoup ; mais le manquement de secret étoit encore plus à craindre du côté de Sedan, où il y avoit des gens beaucoup moins intéressés à le garder ; parce que, ne revenant point en France, ils avoient moins de lieu d'en appréhender le châtiment. Tout le monde fut cependant également religieux. Messieurs de Vitry et de Cramail, qui avoient au commencement balancé à se sauver, se rassurèrent. Personne du monde ne parla ; et cette réflexion, jointe à une autre dont je vous parlerai dans la suite de ce discours, m'a obligé de penser et de dire souvent que le secret n'est pas si rare qu'on le croit entre des gens qui ont accoutumé de se mêler des grandes affaires.

La mort de M. le comte me fixa dans ma profession, parce que je crus qu'il n'y avoit plus rien de considérable à faire, et que je me croyois trop âgé pour en sortir par quelque chose qui ne fût pas considérable. D'ailleurs la santé de M. le cardinal de Richelieu s'af-

(1) *Cela est incroyable, et cela est pourtant vrai* : « La bataille de « la Marfée, dit le président Hénault, fut donnée le 6 juillet 1641. Le « comte de Soissons la gagna, mais il fut tué sans qu'on ait jamais bien « su par qui, ni comment. »

foiblissoit, et l'archevêché de Paris commençoit à flatter mon ambition. Je ne me résolus donc pas seulement à suivre, mais à faire ma profession. Tout m'y portoit : madame de Guémené s'étoit retirée depuis six semaines dans la maison de Port-Royal : M. d'Andilly me l'avoit enlevée. Elle ne mettoit plus de poudre, elle ne se frisoit plus, et elle m'avoit donné mon congé dans la forme la plus authentique que l'ordre de la pénitence pouvoit demander.

Si Dieu m'avoit ôté la place Royale, le diable ne m'avoit pas laissé l'Arsenal, où j'avois découvert, par le moyen du valet de chambre mon confident, que j'avois absolument gagné, que ***, capitaine des gardes du maréchal, étoit pour le moins aussi bien que moi avec la maréchale de La Meilleraye. Voilà de quoi devenir un saint. La vérité est que j'en devins beaucoup plus réglé, au moins pour l'apparence. Je vécus fort retiré ; je ne laissai plus rien de problématique pour le choix de ma profession. J'étudiai beaucoup, je pris habitude avec tout ce qu'il y avoit de gens de science et de piété. Je fis presque de mon logis une académie ; j'observai avec application de ne pas ériger l'académie en tribunal. Je commençai à ménager sans affectation les chanoines et les curés que je trouvois très-naturellement chez mon oncle. Je ne faisois pas le dévot, parce que je ne me pouvois pas assurer que je pusse durer à le contrefaire ; mais j'estimois beaucoup les dévots : et, à leur égard, c'est un des plus grands points de la piété. J'accommodois même mes plaisirs au reste de ma pratique. Je ne me pouvois passer de galanterie : mais je la fis avec madame de Pommereux, jeune et coquette, de la manière qui me convenoit; parce qu'ayant toute la jeunesse non-seulement chez elle, mais à ses oreilles, les apparentes affaires des autres couvroient la mienne, qui étoit ou du moins qui fut quelque temps après plus effective. Enfin ma conduite me réussit, et au point qu'en vérité je fus fort à la mode parmi les gens de ma profession, et que les dévots même disoient, après M. Vincent, qui m'avoit appliqué ce mot de l'Evangile, que je n'avois pas assez de piété, mais que je n'étois pas trop éloigné du royaume de Dieu.

La fortune me favorisa en cette occasion plus qu'elle n'avoit accoutumé. Je trouvai par hasard Mestresot, fameux ministre de Charenton, chez madame de Rambure, huguenote précieuse et savante. Elle me mit aux mains avec lui par curiosité : la dispute s'engagea, et au point qu'elle eut neuf conférences de suite en neuf jours différens. M. le maréchal de La Force et M. de Turenne (1) se trouvèrent à trois ou quatre. Un gentilhomme de Poitou qui fut présent à toutes se convertit. Comme je n'avois pas encore vingt-six ans, cette conversion fit grand bruit; et, entre autres effets, elle en produisit un qui n'avoit guère de rapport à sa cause. Je vous le raconterai après que j'aurai rendu justice à une honnêteté que je reçus de Mestresot dans une de ces conférences.

J'avois eu quelques avantages sur lui dans la cinquième; la question de la vocation y fut traitée. Il m'embarrassa dans la sixième, où l'on traitoit de l'autorité du pape; parce que, ne me voulant pas brouiller avec Rome, je lui répondois sur des principes qui ne sont pas si aisés à défendre que ceux de Sorbonne.

(1) Henri de La Tour d'Auvergne, né en 1611, et tué en 1675. (A. E.)

Le ministre s'aperçut de ma peine : il m'épargna les endroits qui eussent pu m'obliger à m'expliquer d'une manière qui eût choqué le nonce. Je remarquai son procédé, je l'en remerciai au sortir de la conférence, en présence de M. de Turenne; et il me répondit : « Il n'est pas juste d'empêcher M. l'abbé de Retz « d'être cardinal. » Cette délicatesse, comme vous voyez, n'est pas d'un pédant de Genève. Je vous ai dit ci-dessus que cette conférence produisit un effet bien différent de sa cause. Le voici :

Madame de Vendôme (1), dont vous avez ouï parler, prit une affection pour moi, depuis cette conférence, qui alloit jusqu'à la tendresse d'une mère. Elle y avoit assisté, quoique assurément elle n'y entendît rien; mais ce qui la confirmoit encore plus dans son sentiment fut M. de Lizieux (2), qui étoit son directeur, et qui logeoit toujours chez elle quand il étoit à Paris. Il revint en ce temps-là de son diocèse; et comme il avoit beaucoup d'amitié pour moi, et qu'il me trouva dans les dispositions de m'attacher à ma profession (ce qu'il avoit souhaité passionnément), il prit tous les soins imaginables de faire valoir dans le monde le peu de qualités qu'il pouvoit trouver en moi. Il est constant que ce fut à lui à qui je dus le peu d'éclat que j'eus en ce temps-là, et il n'y avoit personne en France dont l'approbation en pût tant donner. Ses sermons l'avoient élevé d'une naissance

---

(1) Françoise de Lorraine, fille de Philippe-Emmanuel de Lorraine, duc de Mercœur, et de Marie de Luxembourg; morte en 1669. (A. E.)
— (2) *M. de Lizieux :* Philippe Cospéau, mort en 1646. Il avoit alors la confiance d'Anne d'Autriche, qui le renvoya dans son diocèse au commencement de la régence.

fort basse et étrangère (il étoit flamand) à l'épiscopat : il l'avoit soutenu avec une piété sans faste et sans fard. Son désintéressement étoit au-delà de celui des anachorètes : il avoit la vigueur de saint Ambroise, et il conservoit, dans la cour et auprès du Roi, une liberté que M. le cardinal de Richelieu, qui avoit été son écolier en théologie, craignoit et révéroit. Ce bonhomme, qui avoit tant d'amitié pour moi qu'il me faisoit trois fois la semaine des leçons sur les épîtres de saint Paul, se mit en tête de convertir M. de Turenne, et de m'en donner l'honneur.

M. de Turenne avoit beaucoup de respect pour lui : mais il lui en donna encore beaucoup plus de marques par une raison qu'il m'a dite lui-même, mais qu'il ne m'a dite que plus de dix ans après. M. le comte de Brion (1), que vous pouvez, je crois, avoir vu dans votre enfance sous le nom de duc de Damville, étoit fort amoureux de mademoiselle de Vendôme, qui a été depuis madame de Nemours; et il étoit aussi fort ami de M. de Turenne, qui, pour lui faire plaisir et lui donner lieu de voir plus souvent mademoiselle de Vendôme, affectoit d'écouter les exhortations de M. de Lizieux, et de lui rendre même beaucoup de devoirs. Le comte de Brion, qui avoit été deux fois capucin, et qui faisoit un salmigondis perpétuel de dévotion et de péchés, prenoit une sensible part à sa conversion prétendue; et il ne bougeoit des conférences qui se faisoient très-souvent, et qui se tenoient toujours dans la chambre de madame de Vendôme. Brion avoit fort peu d'esprit : mais il avoit beaucoup de routine, qui en beaucoup de choses

(1) François-Christophe de Levi de Ventadour, mort en 1661. (A. E.)

supplée à l'esprit; et cette routine, jointe à la manière que vous connoissez de M. de Turenne, et à la mine indolente de mademoiselle de Vendôme, fit que je pris le tout pour bon, et que je ne m'aperçus jamais de quoi que ce soit. Vous me permettrez, s'il vous plaît, de faire ici une petite digression, avant que j'entre plus avant dans la suite de cette histoire (1).

....

Les conférences dont je vous ai parlé ci-dessus se terminoient assez souvent par des promenades dans les jardins. Feu madame de Choisy en proposa une à Saint-Cloud, et elle dit en badinant à madame de Vendôme qu'il y falloit donner la comédie à M. de Lizieux. Le bonhomme, qui admiroit les pièces de Corneille, répondit qu'il n'en feroit aucune difficulté, pourvu que ce fût à la campagne, et qu'il y eût peu de monde. La partie se fit: l'on convint qu'il n'y auroit que madame et mademoiselle de Vendôme, madame de Choisy, M. de Turenne, M. de Brion, Voiture et moi. Brion se chargea de la comédie et des violons; je me chargeai de la collation. Nous allâmes à Saint-Cloud chez M. l'archevêque; mais les comédiens, qui jouoient le soir à Ruel chez M. le cardinal, n'arrivèrent qu'extrêmement tard. M. de Lizieux prit plaisir aux violons. Madame de Vendôme ne se lassoit point de voir danser mademoiselle sa fille, qui dansoit pourtant toute seule. Enfin l'on s'amusa tant, que la petite pointe du jour (c'étoit dans les plus grands jours de l'été) commençoit à paroître, quand on fut au bas de la des-

(1) Toute la digression, qui contenoit deux feuillets, est arrachée. (A. E.)

cente des Bons-Hommes. Justement au pied, le carrosse arrêta tout court. Comme j'étois à l'une des portières avec mademoiselle de Vendôme, je demandai au cocher pourquoi il arrêtoit ; et il me répondit avec une voix fort étonnée : « Voulez-vous que je passe « par dessus tous les diables qui sont là devant moi ? » Je mis la tête hors de la portière ; et comme j'ai toujours eu la vue fort basse, je ne vis rien. Madame de Choisy, qui étoit à l'autre portière avec M. de Turenne, fut la première du carrosse qui aperçut la cause de la frayeur du cocher : je dis du carrosse, car cinq ou six laquais qui étoient derrière crioient *Jesus Maria*, et trembloient déjà de peur. M. de Turenne se jeta en bas du carrosse, aux cris de madame de Choisy. Je crus que c'étoient des voleurs : je sautai aussitôt hors du carrosse ; je pris l'épée d'un laquais, je la tirai, et j'allai joindre de l'autre côté M. de Turenne, que je trouvai regardant fixement quelque chose que je ne voyois point. Je lui demandai ce qu'il regardoit, et il me répondit en me poussant du bras et, assez bas : « Je vous le dirai, mais il ne faut pas épou- « vanter ces dames, » qui, dans la vérité, hurloient plutôt qu'elles ne crioient. Voiture commença un *oremus*. Vous connoissiez peut-être les cris aigus de madame de Choisy. Mademoiselle de Vendôme disoit son chapelet ; madame de Vendôme vouloit se confesser à M. de Lizieux, qui lui disoit : « Ma fille, n'ayez point « de peur : vous êtes en la main de Dieu. » Le comte de Brion avoit entonné bien dévotement à genoux, avec tous nos laquais, les litanies de la Vierge. Tout cela se passa, comme vous pouvez vous imaginer, en même temps et en moins de rien. M. de Turenne,

qui avoit une petite épée à son côté, l'avoit aussi tirée;
et après avoir regardé un peu, comme je vous ai déjà
dit, il se tourna vers moi d'un air dont il eût demandé
son dîner, et de l'air dont il eût donné une bataille;
et me dit ces paroles : « Allons voir ces gens-là. —
« Quelles gens? lui repartis-je. » Et dans la vérité
je croyois que tout le monde avoit perdu le sens. Il
me répondit : « Effectivement je crois que ce pour-
« roient bien être des diables. » Comme nous avions
déjà fait cinq ou six pas du côté de la Savonnerie, et
que nous étions par conséquent plus proches du spectacle, je commençai à entrevoir quelque chose; et
ce qui m'en parut fut une longue procession de fantômes noirs, qui me donna d'abord plus d'émotion
qu'elle n'en avoit donné à M. de Turenne, mais qui,
par la réflexion que je fis que j'avois long-temps
cherché des esprits, et qu'apparemment j'en trouvois
en ce lieu, me fit faire un mouvement plus vif que
ses manières ne lui permettoient de faire. Je fis deux
ou trois sauts vers la procession. Les gens du carrosse, qui croyoient que nous étions aux mains avec
tous les diables, firent un grand cri; et ce ne furent
pourtant pas eux qui eurent le plus de peur. Les pauvres augustins réformés et déchaussés que l'on appelle capucins noirs, qui étoient nos diables d'imagination, voyant venir à eux deux hommes qui avoient
l'épée à la main, l'eurent très-grande; et l'un d'eux,
se détachant de la troupe, nous cria : « Messieurs,
« nous sommes de pauvres religieux qui ne faisons
« point de mal à personne, et qui venons vous rafraîchir
« un peu dans la rivière pour notre santé. » Nous retour-
nâmes au carrosse, M. de Turenne et moi, avec des

éclats de rire que vous pouvez vous imaginer; et nous fîmes lui et moi dans le moment même deux réfléxions, que nous nous communiquâmes dès le lendemain matin. Il me jura que la première apparition de ces fantômes imaginaires lui avoit donné de la joie, quoiqu'il eût toujours cru auparavant qu'il auroit peur s'il voyoit jamais quelque chose d'extraordinaire; et je lui avouai que la première vue m'avoit ému, quoique j'eusse souhaité toute ma vie de voir des esprits. La seconde observation que nous fîmes fut que tout ce que nous lisons dans la vie de la plupart des hommes est faux. M. de Turenne me jura qu'il n'avoit pas senti la moindre émotion; et il convint que j'avois eu sujet de croire, par son regard fixe et son mouvement si lent, qu'il en avoit eu beaucoup. Je lui confessai que j'en avois eu d'abord; et il me protesta qu'il auroit juré sur son salut que je n'avois eu que du courage et de la gaieté. Qui peut donc écrire la vérité, que ceux qui l'ont sentie? Le président de Thou a eu raison de dire qu'il n'y a de véritables histoires que celles qui ont été écrites par des hommes qui ont été assez sincères pour parler véritablement d'eux-mêmes. Ma morale ne tire aucun mérite de cette sincérité : car je trouve une satisfaction si sensible à vous rendre compte de tous les replis de mon ame et de ceux de mon cœur, que la raison à mon égard a eu beaucoup moins de part que le plaisir dans la religion, et l'exactitude que j'ai pour la vérité.

Mademoiselle de Vendôme conçut un mépris inconcevable pour le pauvre Brion, qui en effet avoit fait voir aussi de son côté, dans cette ridicule aventure, une foiblesse inimaginable. Elle s'en moqua avec moi dès que nous fûmes rentrés en carrosse, et me dit : « Je sens, à l'estime que je fais de la valeur, que « je suis petite-fille de Henri-le-Grand. Il faut que « vous ne craigniez rien, puisque vous n'avez pas eu « peur en cette occasion. — J'ai eu peur, lui répon- « dis-je, mademoiselle ; mais comme je ne suis pas si « dévot que Brion, ma peur n'a pas tourné du côté « des litanies. — Vous n'en avez point eu, me dit- « elle, et je crois que vous ne croyez pas aux diables; « car M. de Turenne, qui est bien brave, a été bien « ému lui-même, et il n'alloit pas si vite que vous. » Je vous confesse que cette distinction qu'elle mit entre M. de Turenne et moi me plut, et me fit naître la pensée de hasarder quelques douceurs. Je lui dis donc : « On peut croire le diable et ne le pas craindre; « il y a des choses au monde plus terribles. — Et « quoi ? reprit-elle. — Elles le sont si fort que l'on « n'oseroit même les nommer, lui répondis-je. » Elle m'entendit bien, à ce qu'elle m'a confessé depuis ; mais elle n'en fit pas semblant. Elle se remit dans la conversation publique. L'on descendit à l'hôtel de Vendôme, et chacun s'en alla chez soi.

Mademoiselle de Vendôme n'étoit pas ce que l'on appelle une grande beauté, mais elle en avoit pourtant beaucoup ; et l'on avoit approuvé ce que j'avois dit d'elle et de mademoiselle de Guise, qu'elles étoient des beautés de qualité ; on n'étoit point étonné, en les voyant, de les trouver princesses. Mademoiselle de Vendôme avoit très-peu d'esprit; mais il est certain qu'au temps dont je vous parle, sa sottise n'étoit pas encore bien développée. Elle avoit un sérieux qui n'étoit pas de sens, mais de langueur, avec un petit grain de hauteur; et cette sorte de sérieux cache bien des défauts. Enfin elle étoit aimable, à tout prendre. Je suivis ma pointe, et je trouvai des commodités merveilleuses : je m'attirois des éloges de tout le monde, en ne bougeant de chez M. de Lizieux, qui logeoit à l'hôtel de Vendôme. Les conférences pour M. de Turenne furent suivies de l'explication des épîtres de saint Paul, que le bonhomme étoit ravi de me faire répéter en français, sous le prétexte de les faire entendre à madame de Vendôme et à ma tante de Maignelay, qui s'y trouvoit presque toujours. L'on fit deux voyages à Anet; l'un fut de quinze jours, et l'autre de six semaines ; et dans le dernier voyage j'allai avec (1)..... à Anet. Je n'allai pourtant pas à tout, et je n'y ai jamais été : l'on s'étoit fait des bornes desquelles on ne voulut jamais sortir. J'allai toutefois très-loin et très-long-temps ; mais je fus arrêté dans ma course par son mariage, qui ne se fit qu'un peu après la mort du feu Roi. Elle se mit dans la dévotion, elle me prêcha, je lui répliquai. Je demeurai son serviteur, et je fus assez heureux pour lui en donner de bonnes marques dans les suites de la guerre civile.

Permettez, je vous prie, à mon scrupule de vous supplier encore très-humblement de vous ressouvenir en ce lieu du commandement que vous m'avez fait l'avant-veille de votre départ de Paris, chez une de vos amies, de ne vous céler dans ce récit quoi que ce soit de tout ce qui m'est jamais arrivé.

Vous voyez, par ce que je viens de vous dire, que mes occupations ecclésiastiques étoient diversifiées, et

(1) Il y a deux mots effacés. (A. E.)

égayées par d'autres qui étoient un peu plus divertissantes : mais elles n'en étoient pas assurément déparées. La bienséance y étoit observée en tout, et le peu qui y manquoit étoit suppléé par mon bonheur, qui fut tel que tous les ecclésiastiques du diocèse me souhaitoient pour successeur de mon oncle, avec une passion qu'ils ne pouvoient cacher. M. le cardinal de Richelieu étoit bien éloigné de cette pensée : ma maison lui étoit fort odieuse, et ma personne ne lui plaisoit pas, par les raisons que je vous ai touchées ci-dessus. Voici deux occasions qui l'aigrirent encore bien davantage.

Je dis à feu M. le président de Mesmes (1), dans la conversation, une chose assez vraisemblable, quoique contraire à ce que je vous ai dit quelquefois, qui est que je connois une personne qui n'a que de petits défauts, mais qu'il n'y a aucun de ces défauts qui ne soit l'effet ou la cause de quelques bonnes qualités. Je disois donc au contraire, à M. le président de Mesmes, que M. le cardinal de Richelieu n'avoit aucune grande qualité qui ne fût l'effet ou la cause de quelques grands défauts. Ce mot, qui avoit été dit tête à tête dans un cabinet, fut redit je ne sais par qui à M. le cardinal, et il fut redit sous mon nom : jugez de l'effet ! L'autre chose qui le fâcha fut que j'allai voir M. le président Barillon (2), qui étoit prisonnier à Amboise, pour des remontrances qui s'étoient faites au parlement, et que j'allai voir dans une circonstance qui fit remarquer mon voyage. Deux misérables

(1) *Le président de Mesmes* : Henri, frère du comte d'Avaux, mort en 1650. — (2) Jean-Jacques Barillon, président aux enquêtes, mort prisonnier à Pignerol en 1645. (A. E.)

ermites et faux-monnoyeurs, qui avoient eu quelque communication secrète avec M. de Vendôme (1), peut-être touchant leur second métier, et qui n'étoient point satisfaits de lui, l'accusèrent très-faussement de leur avoir proposé de tuer M. le cardinal; et pour donner plus de croyance à leurs dépositions, ils nommèrent tous ceux qu'ils crurent notés en ce pays-là. Montrésor et M. Barillon furent du nombre. Je le sus des premiers par Bergeron, commis de M. des Noyers (2); et comme j'aimois extrêmement le président Barillon, je pris la poste le soir même pour l'aller avertir et le tirer d'Amboise : ce qui étoit très-faisable. Comme il étoit tout-à-fait innocent, il ne voulut pas seulement écouter la proposition que je lui en fis, et il demeura dans Amboise, méprisant et les accusateurs et l'accusation. M. le cardinal dit à M. de Lizieux, à propos de ce voyage, que j'étois ami de tous ses ennemis ; et M. de Lizieux lui répondit : « Il est vrai, et vous l'en devez estimer ; vous n'avez « nul sujet de vous en plaindre. J'ai observé que ceux « dont vous entendiez parler étoient tous ses amis « avant que d'être vos ennemis. — Si cela est vrai, « dit M. le cardinal, l'on a tort de me faire les contes « que l'on m'en fait. » M. de Lizieux me rendit en cela tous les bons offices imaginables, et tels qu'il me dit le lendemain, et qu'il me l'a dit encore plusieurs fois depuis, que si M. le cardinal eût vécu, il m'eût rétabli infailliblement dans son esprit. Ce qui y mettoit le plus de disposition étoit que M. de Lizieux l'avoit

---

(1) César de Vendôme, fils de Henri IV et de Gabrielle d'Estrées, est mort en 1667. (A. E.) — (2) *M. des Noyers* : François Sublet, surintendant des finances, mort en 1645.

assuré que, quoique j'eusse lieu de me croire perdu à la cour, je n'avois jamais voulu être des amis de M. le grand (1); et il est vrai que M. de Thou, avec lequel j'avois habitude et amitié particulière, m'en avoit pressé, et que je n'y donnai point, parce que je n'y crus d'abord rien de solide; et l'événement a fait voir que je ne m'y étois pas trompé.

M. le cardinal de Richelieu mourut (2) avant que M. de Lizieux eût pu achever ce qu'il avoit commencé pour mon raccommodement, et je demeurai ainsi dans la foule de ceux qui avoient été notés dans le ministère. Ce caractère ne fut pas favorable les premières semaines qui suivirent la mort de M. le cardinal. Quoique le Roi en eût une joie incroyable, il voulut conserver toutes les apparences : il ratifia les legs que ce ministre avoit faits des charges et des gouvernemens ; il caressa tous ses proches, il maintint dans le ministère toutes ses créatures, et il affecta de recevoir assez mal tous ceux qui avoient été mal avec lui. Je fus le seul privilégié. Lorsque M. l'archevêque de Paris (3) me présenta au Roi, il me traita, je ne dis pas seulement honnêtement, mais avec une distinction qui étonna tout le monde. Il me parla de mes études, de mes sermons ; il me fit même des railleries douces et obligeantes ; il me commanda de lui faire ma cour toutes les semaines. Voici les raisons de ce bon traitement, que nous ne sûmes nous-mêmes que la veille de sa mort. Il les dit à la Reine.

(1) M. de Cinq-Mars, Henri Coëffier d'Effiat, marquis de Cinq-Mars, grand écuyer de France. Il eut la tête tranchée le 12 septembre 1642. (A. E.) — (2) Le 4 décembre 1642. (A. E.) — (3) Jean-François de Gondy, mort en 1654. (A. E.)

Ces deux raisons sont deux aventures qui m'arrivèrent au sortir du collége, et desquelles je ne vous ai pas parlé, parce que je n'ai pas cru que, n'ayant aucun rapport à rien par elles-mêmes, elles méritassent seulement votre réflexion : je suis obligé de les y exposer en ce lieu, parce que je trouve que la fortune leur a donné plus de suite, sans comparaison, qu'elles n'en devoient avoir naturellement. Je vous dois dire de plus, pour la vérité, que je ne m'en suis pas souvenu dans le commencement de ce discours, et qu'il n'y a que leur suite qui les ait remises dans ma mémoire.

Un peu après que je fus sorti du collége, le valet de chambre de mon gouverneur, qui étoit mon *tercero* (1), trouva, chez une misérable épinglière, une nièce de quatorze ans qui étoit d'une beauté surprenante. Il l'acheta pour moi cent cinquante pistoles, après me l'avoir fait voir : il lui loua une petite maison à Issy ; il mit sa sœur auprès d'elle, et j'y allai le lendemain qu'elle y fut logée. Je la trouvai dans un abattement extrême, et je n'en fus pas surpris, parce que je l'attribuai à sa pudeur. J'y trouvai quelque chose de plus le lendemain, qui fut une raison encore plus surprenante et plus extraordinaire que sa beauté : et c'étoit beaucoup dire. Elle me parla sagement, saintement, et toutefois sans emportement. Elle ne pleura qu'autant qu'elle ne put s'en empêcher. Elle craignoit sa tante à un point qui me fit pitié. J'admirai son esprit, et après son mérite et sa vertu. Je la pressai autant qu'il le fallut pour l'éprouver. J'eus honte pour moi-même. J'attendis la nuit pour la mettre dans mon

(1) *Tercero* : Mot espagnol qui signifie le vil complaisant d'un grand seigneur.

carrosse; je la menai à ma tante de Maignelay, qui la mit dans une religion, où elle mourut, huit ou dix ans après, en réputation de sainteté.

Ma tante, à qui cette fille avoua que les menaces de l'épinglière l'avoient si fort intimidée qu'elle auroit fait tout ce que j'aurois voulu, fut si touchée de mon procédé, qu'elle alla le lendemain le conter à M. de Lizieux, qui le dit le jour même au Roi à son dîner. Voilà la première de ces deux aventures. La seconde ne fut pas de même nature, mais elle ne fit pas un moindre effet dans l'esprit du Roi.

Un an avant cette première aventure, j'étois allé courre le cerf à Fontainebleau, avec la meute de M. de Souvré (1); et comme mes chevaux étoient fort las, je pris la poste pour revenir à Paris. Comme j'étois mieux monté que mon gouverneur et qu'un valet de chambre qui couroit avec moi, j'arrivai le premier à Juvisy, et je fis mettre ma selle sur le meilleur cheval que j'y trouvai. Coutenau, capitaine de la petite compagnie des chevau-légers du Roi, brave, mais extravagant, qui venoit de Paris aussi en poste, commanda à un palefrenier d'ôter ma selle et d'y mettre la sienne. Je m'avançai, en lui disant que j'avois retenu le cheval; et comme il me voyoit avec un petit collet uni et un habit noir tout simple, il me prit pour ce que j'étois en effet, c'est-à-dire pour un écolier, et il ne me répondit que par un soufflet qu'il me donna à tour de bras, et qui me mit tout en sang. Je mis l'épée à la main, et lui aussitôt. Dès le premier coup que nous nous portâmes, il tomba, le pied lui

(1) Jean de Souvré, marquis de Courtenvaux, premier gentilhomme de la chambre, etc., mort en 1656. (A. E.)

ayant glissé; et comme il donna de la main, en voulant se soutenir, contre un morceau de bois un peu pointu, son épée s'en alla aussi d'un autre côté. Je me reculai deux pas, et je lui dis de reprendre son épée; il le fit, mais ce fut par la pointe : car il m'en présenta la garde en me demandant un million de pardons. Il les redoubla bien quand mon gouverneur fut arrivé, qui lui dit qui j'étois. Il retourna sur ses pas : il alla conter au Roi, avec lequel il avoit une très-grande liberté, toute cette petite histoire. Elle lui plut, et il s'en souvint en temps et lieu, comme vous le verrez encore plus particulièrement à sa mort. Je reprends le fil de mon discours.

Le bon traitement que je recevois du Roi fit croire à mes proches que l'on pourroit trouver quelque ouverture pour moi à la coadjutorerie de Paris. Ils y trouvèrent d'abord beaucoup de difficultés dans l'esprit de mon oncle, très-petit, et par conséquent jaloux et difficile. Ils le gagnèrent par le moyen de Defita son avocat, et de Couret son aumônier; mais ils firent en même temps une faute, qui rompit au moins pour le coup leurs mesures. Ils firent éclater, contre mon sentiment, le consentement de M. de Paris; et ils souffrirent même que la Sorbonne, les curés et le chapitre lui en fissent des remercîmens. Cette conduite eut beaucoup d'éclat, mais elle en eut trop; et M. le cardinal Mazarin, des Noyers et Chavigny en prirent sujet de me traverser, en disant au Roi qu'il ne falloit point accoutumer les corps à se désigner eux-mêmes des archevêques : de sorte que M. le maréchal de Schomberg [1], qui avoit épousé en

---

[1] Charles de Schomberg, mort en 1656. (A. E.)

premières noces ma cousine germaine, ayant voulu sonder le gué, n'y trouva aucun jour. Le Roi lui répondit, avec beaucoup de bonté pour moi, que j'étois encore trop jeune.

Nous découvrîmes quelque temps après un obstacle plus sourd, mais aussi plus dangereux. M. des Noyers, secrétaire d'Etat, et celui des trois ministres qui paroissoit le mieux à la cour, étoit dévot de profession, et même jésuite secret, à ce que l'on a cru. Il se mit en tête d'être archevêque de Paris: et comme l'on croyoit compter sûrement tous les mois sur la mort de mon oncle, qui étoit dans la vérité fort infirme, il crut qu'il falloit à tout hasard m'éloigner de Paris, où il voyoit que j'étois extrêmement aimé; et me donner une place qui me parût belle et raisonnable pour un homme de mon âge. Il me fit proposer au Roi par le père Sirmond, jésuite et son confesseur, pour l'évêché d'Agde, qui n'a que vingt-deux paroisses, et qui vaut plus de trente mille livres de rente. Le Roi agréa la proposition avec joie, et il m'en envoya le brevet le jour même. Je vous confesse que je fus embarrassé au-delà de tout ce que je puis vous exprimer. Ma dévotion ne me portoit nullement en Languedoc. Vous voyez les inconvéniens d'un refus, si grands que je n'eusse pas trouvé un homme qui eût osé me le conseiller. Je pris mon parti de moi-même: j'allai trouver le Roi. Je lui dis, après l'avoir remercié, que j'appréhendois extrêmement le poids d'un évêché éloigné; que mon âge avoit besoin d'avis et de conseils, qui ne se rencontrent jamais que fort imparfaitement dans les provinces. J'ajoutai à cela tout ce que vous pouvez imaginer. Je fus plus heureux que sage : le Roi ne se fâcha point de mon refus, et il continua à me très-bien traiter. Cette circonstance, jointe à la retraite de M. des Noyers, qui donna dans le panneau que M. de Chavigny lui avoit tendu, réveilla mes espérances de la coadjutorerie de Paris. Comme le Roi avoit pris des engagemens assez publics de n'en point admettre, depuis celles qu'il avoit accordées à M. d'Arles, l'on balançoit et l'on se donnoit du temps, avec d'autant moins de peine que sa santé s'affoiblissoit tous les jours, et que j'avois lieu de tout espérer de la régence. Le Roi mourut (1). M. de Beaufort (2), qui étoit de tout temps à la Reine, et qui en faisoit même le galant, se mit en tête de gouverner, dont il étoit moins capable que son valet de chambre. M. l'évêque de Beauvais (3), plus idiot que tous les idiots de votre connoissance, prit la figure de premier ministre, et il demanda dès le premier jour (4) aux Hollandais qu'ils se convertissent à la religion catholique, s'ils vouloient demeurer dans l'alliance de France. La Reine eut honte de cette momerie du ministre : elle me commanda d'aller offrir de sa part la première place à mon père (5); et voyant qu'il re-

(1) Le 14 mai 1643. (A. E.) — (2) François, fils de César de Vendôme; il fut tué à Candie en 1669. (A. E.) — (3) Augustin Potier, oncle de René Potier, sieur de Blancmesnil, président au parlement. (A. E.) — (4) *Il demanda dès le premier jour :* Cette anecdote est fort suspecte, et porte même tous les caractères de la fausseté. Elle a été cependant répétée par plusieurs historiens. — (5) *La première place à mon père :* De tous les contemporains, le cardinal de Retz est le seul qui prétende que la place de premier ministre fut offerte à Philippe-Emmanuel de Gondy. Si le fait est vrai, il y a lieu de croire que cette

fusoit obstinément de sortir de sa cellule des pères de l'Oratoire, elle se mit entre les mains du cardinal Mazarin.

Vous pouvez juger qu'il ne me fut pas difficile de trouver ma place dans ces momens, dans lesquels d'ailleurs on ne refusoit rien. Et La Feuillade, père de celui que vous voyez à la cour, disoit qu'il n'y avoit plus que quatre petits mots dans la langue française : *La Reine est si bonne!*

Madame de Maignelay et M. de Lizieux demandèrent la coadjutorerie pour moi; et la Reine la leur refusa, en leur disant qu'elle ne l'accorderoit qu'à mon père, qui ne vouloit point du tout paroître au Louvre. Il y vint enfin une unique fois. La Reine lui dit publiquement qu'elle avoit reçu ordre du feu Roi, la veille de sa mort, de me la faire expédier; et qu'il lui avoit dit, en présence de M. de Lizieux, qu'il m'avoit toujours eu dans l'esprit depuis les deux aventures de l'épinglière et de Coutenau. Quel rapport de ces deux bagatelles à l'archevêché de Paris! Et voilà toutefois comme la plupart des choses se font.

Tous les corps vinrent remercier la Reine. Losières, maître des requêtes et mon ami particulier, m'apporta seize mille écus pour mes bulles. Je les envoyai à Rome par un courrier, avec ordre de ne point demander de grâces, pour ne point différer l'expédition, et pour ne laisser aucun temps aux ministres de la traverser. Je la reçus la veille de la Toussaint. Je

offre fut une ruse de Mazarin. *Voyez*, sur Philippe-Emmanuel, la note de la page 88.

montai le lendemain en chaire dans Saint-Jean pour y commencer l'avent, que je prêchai. Mais il est temps de prendre un peu d'haleine.

Il me semble que je n'ai été jusqu'ici que dans le parterre, ou tout au plus dans l'orchestre, à jouer et à badiner avec les violons. A présent je vais monter sur le théâtre, où vous verrez des scènes, non pas dignes de vous, mais un peu moins indignes de votre attention.

LIVRE SECOND.

Je commençai mes sermons de l'avent dans Saint-Jean en Grève le jour de la Toussaint, avec le concours naturel à une ville aussi peu accoutumée que l'étoit Paris à voir ses archevêques en chaire. Le grand secret de ceux qui entrent dans ces emplois est de saisir d'abord l'imagination des hommes par une action que quelques circonstances leur rendent particulière.

Comme j'étois obligé de prendre les ordres, je fis une retraite dans Saint-Lazarre, où je donnai à l'extérieur toutes les apparences ordinaires. L'occupation de mon intérieur fut une grande et profonde réflexion sur la manière que je devois prendre pour ma conduite. Elle étoit très-difficile : je trouvois l'archevêché de Paris dégradé, à l'égard du monde, par les bassesses de mon oncle, et désolé, à l'égard de Dieu, par sa négligence et par son incapacité. Je prévoyois des oppositions infinies à son rétablissement : et je n'étois pas si aveugle que je ne connusse que la plus grande et la plus insurmontable étoit dans moi-même. Je n'ignorois pas de quelle nécessité est la règle des mœurs à un évêque. Je sentois que le désordre scandaleux de celles de mon oncle me l'imposoit encore plus étroite et plus indispensable qu'aux autres ; et je sentois en même temps que je n'en étois pas capable, et que tous les obstacles de conscience et de gloire que j'opposerois au déréglement ne seroient que des digues fort mal assurées. Je pris, après six jours de réflexion, le parti de faire le mal par dessein : ce qui est sans comparaison le plus criminel devant Dieu, mais ce qui est sans doute le plus sage devant le monde ; parce qu'en le faisant ainsi, l'on y met toujours des préalables qui en couvrent une partie, et parce que l'on évite par ce moyen le plus dangereux ridicule qui se puisse rencontrer dans notre profession, qui est celui de mêler à contre-temps le péché avec la dévotion.

Voilà la sainte disposition avec laquelle je sortis de Saint-Lazarre. Elle ne fut pourtant pas de tout point mauvaise : car j'avois pris une ferme résolution de remplir exactement tous les devoirs de ma profession, et d'être aussi homme de bien pour le salut des autres, que je pourrois être méchant pour moi-même.

M. l'archevêque de Paris, qui étoit le plus foible de tous les hommes, étoit, par une suite assez commune, le plus glorieux. Il s'étoit laissé précéder partout par les moindres officiers de la couronne, et il ne donnoit pas la main dans sa propre maison aux gens de qualité qui avoient affaire à lui. Je pris le chemin tout contraire : je donnai la main chez moi à tout le monde jusqu'au carrosse, et j'acquis par ce moyen la réputation de civilité à l'égard de beaucoup de gens, et même d'humilité à l'égard des autres. J'évitai sans affectation de me trouver aux lieux de cérémonie avec les personnes d'une condition fort relevée, jusqu'à ce que je me fusse tout-à-fait confirmé dans cette réputation ; et quand je crus l'avoir établie, je pris l'occasion d'un contrat de mariage pour disputer le rang de la signature à M. de Guise. J'avois bien étudié et bien fait étudier mon droit, qui étoit incontestable dans les limites du diocèse. La préséance me fut adjugée par arrêt du conseil; et j'éprouvai en cette rencontre, par le grand nombre de gens qui se déclarèrent pour moi, que *descendre jusqu'aux petits est le plus sûr moyen pour s'égaler aux grands*. Je faisois ma cour une fois la semaine à la messe de la Reine, après laquelle j'allois presque toujours dîner chez M. le cardinal Mazarin, qui me traitoit fort bien, et qui étoit dans la vérité très-content de moi, parce que je n'avois voulu prendre aucune part dans la cabale que l'on appeloit des *importans*, quoiqu'il y en eût d'entre eux qui fussent extrêmement de mes amis. Peut-être ne serez-vous pas fâchée que je vous explique ce que c'étoit que cette cabale.

M. de Beaufort, qui avoit le sens beaucoup au dessous du médiocre, voyant que la Reine avoit donné sa confiance à M. le cardinal Mazarin, s'emporta de la manière du monde la plus imprudente. Il refusa tous les avantages qu'elle lui offrit avec profusion: il fit vanité de donner au monde toutes les démonstrations d'un amant irrité. Il ne ménagea en rien Monsieur; il brava dès les premiers jours de la régence feu M. le prince(1). Il l'outra ensuite par la déclaration publique qu'il fit contre madame de Longueville (2) en faveur de madame de Montbazon (3), qui véritablement n'a-

---

(1) Henri de Bourbon, second du nom, mort en 1646. (A. E.) —
(2) Anne-Geneviève de Bourbon, fille de Henri de Bourbon, prince de Condé; morte en 1679. (A. E.) — (3) Marie de Bretagne, fille de Claude

voit offensé la première qu'en contrefaisant ou montrant cinq de ses lettres, que l'on prétendoit qu'elle avoit écrites à Coligny (1). M. de Beaufort, pour soutenir ce qu'il faisoit contre la Régente, contre le ministre et contre tous les princes du sang, forma une cabale de gens qui sont tous morts fous, et qui dès ce temps-là ne me paroissoient guère sages : tels que Beaupré, Fontrailles, Fiesque (2). Montrésor qui avoit la mine de Caton, mais qui n'en avoit pas le jeu, s'y joignit avec Béthune. Le premier étoit mon proche parent, et le second étoit assez de mes amis. Ils obligèrent M. de Beaufort à me faire beaucoup d'avances, et je les reçus avec beaucoup de respect ; mais je n'entrai en rien. Je m'en expliquai même à Montrésor, en lui disant que je devois la coadjutorerie de Paris à la Reine, et que la grâce étoit assez considérable pour m'empêcher de prendre aucune liaison qui pût ne lui être pas agréable. Montrésor m'ayant répondu que je n'en avois nulle obligation à la Reine, puisqu'elle n'avoit fait en cela que ce qui lui avoit été ordonné publiquement par le feu Roi, et que d'ailleurs la grâce m'avoit été faite dans un temps où la Reine ne donnoit rien, à force de ne rien refuser, je lui dis ces propres mots : « Vous me permettrez d'ou« blier tout ce qui pourroit diminuer ma reconnois« sance, et de ne me ressouvenir que de ce qui la « peut augmenter. » Ces paroles, qui furent rappor-

---

de Bretagne, comte de Vertus, et de Catherine Fouquet de La Varenne : elle est morte en 1657. (A. E.)

(1) Gaspard de Coligny, duc de Châtillon, mort d'une blessure qu'il reçut à Charenton durant les guerres civiles, le 9 février 1649, à l'âge de vingt-neuf ans. (A. E.) — (2) Charles-Léon, comte de Fiesque. (A. E.)

tées à M. le cardinal Mazarin par Goulas, à ce que lui-même m'a dit depuis, lui plurent; il les dit à la Reine le jour que M. de Beaufort fut arrêté. Cette prison (1) fit beaucoup d'éclat, mais elle n'eut pas celui qu'elle devoit produire. Et comme elle fut le commencement de l'établissement du ministre que vous verrez dans toute la suite de cette histoire jouer le plus considérable rôle de la comédie, il est nécessaire, à mon sens, de vous en parler un peu plus en détail.

Vous avez vu ci-dessus que le parti formé dans la cour par M. de Beaufort n'étoit composé que par quatre ou cinq mélancoliques, qui avoient la mine de penser creux. Cette mine ou fit peur à M. le cardinal Mazarin, ou lui donna lieu de feindre qu'il avoit peur. Il y a eu des raisons de douter de part et d'autre. Ce qui est certain, c'est que La Rivière, qui avoit déjà beaucoup de pouvoir sur l'esprit de Monsieur, essaya de la donner au ministre par toutes sortes d'avis, pour l'obliger de le défaire de Montrésor, qui étoit sa bête; et que M. le prince n'oublia rien aussi pour la lui faire prendre, par l'appréhension qu'il avoit que M. le duc, qui est M. le prince d'aujourd'hui, ne se commît par quelque combat avec M. de Beaufort, comme il avoit été sur le point de le faire dans le démêlé de mesdames de Longueville et de Montbazon. Le palais d'Orléans et l'hôtel de Condé étant unis ensemble par ces intérêts, tournèrent en moins de rien en ridicule la morgue qui avoit donné aux amis de M. de Beaufort

(1) *Cette prison :* Le duc de Beaufort fut arrêté le 2 septembre 1643, et renfermé dans le château de Vincennes, d'où il s'échappa le 31 mai 1648.

le nom d'*importans;* et ils se servirent en même temps très-habilement des grandes apparences que M. de Beaufort, suivant le style de tous ceux qui ont plus de vanité que de sens, ne manqua pas de donner en toutes sortes d'occasions aux moindres bagatelles. On tenoit cabinet mal à propos, l'on donnoit des rendez-vous sans sujet : les chasses même paroissoient mystérieuses. Enfin l'on fit si bien que l'on se fit arrêter au Louvre par Guitaut, capitaine des gardes de la Reine. Ces *importans* furent chassés et dispersés, et l'on publia par tout le royaume qu'ils avoient fait une entreprise contre la vie de M. le cardinal. Ce qui a fait que je ne l'ai jamais cru est que l'on n'en a jamais vu ni dépositions ni indices, quoique la plupart des domestiques de la maison de Vendôme aient été long-temps en prison. Vaumorin et Ganseville, auxquels j'en ai parlé cent fois dans la Fronde, m'ont juré qu'il n'y avoit rien au monde de plus faux : l'un étoit capitaine des gardes, l'autre écuyer de M. de Beaufort. Le marquis de Nangis, mestre de camp du régiment de Navarre ou de Picardie (je ne m'en ressouviens pas précisément), et enragé contre la Reine et contre le cardinal pour un sujet que je vous dirai incontinent, fut fort tenté d'entrer dans la cabale des *importans,* cinq ou six jours avant que M. de Beaufort fût arrêté ; et je le détournai de cette pensée, en lui disant que la mode, qui a du pouvoir en toutes choses, ne l'a si sensible en aucune qu'à être bien ou mal à la cour. Il y a des temps où la disgrâce est une manière de feu qui purifie toutes les mauvaises qualités, et qui illumine toutes les bonnes. Il y a des temps où il ne sied pas bien à un honnête homme d'être disgracié. Je soutins à Nangis que le parti des *importans* étoit de cette nature ; et je vous marque cette circonstance pour avoir lieu de vous faire le plan de l'état où les choses se trouvèrent à la mort du feu Roi. C'est par où je devois commencer, mais le fil de mon discours m'a emporté.

Il faut confesser, à la louange de M. le cardinal de Richelieu, qu'il avoit conçu deux desseins que je trouve presque aussi vastes que ceux des César et des Alexandre. Celui d'abattre le parti de la religion avoit été projeté par M. le cardinal de Retz (1), mon oncle ; celui d'attaquer la formidable maison d'Autriche n'avoit été imaginé de personne. Il a consommé le premier, et à sa mort il avoit bien avancé le second. La valeur de M. le prince, qui étoit M. le duc en ce temps-là, fit que celle du Roi n'altéra pas les choses. La fameuse bataille de Rocroy (2) donna autant de sûreté au royaume qu'elle lui apporta de gloire, et ces lauriers couvrirent le berceau du Roi qui règne aujourd'hui. Le Roi son père, qui n'aimoit ni n'estimoit la Reine sa femme, lui donna en mourant un conseil nécessaire pour limiter l'autorité de sa régence ; et il nomma M. le cardinal Mazarin, M. Seguier (3), M. Bouthillier et M. de Chavigny. Comme tous ces sujets étoient extrêmement odieux au public, parce qu'ils étoient tous créatures de M. le cardinal de Richelieu, ils furent sifflés par tous les laquais dans les cours de Saint-Germain, aussitôt que le Roi fut expiré : et si M. de Beaufort eût eu le sens commun, ou si M. de Beau-

---

(1) Henri de Gondy, mort en 1622. (A. E.) — (2) *La fameuse bataille de Rocroy* : Elle fut livrée le 19 mai 1643, cinq jours après la mort de Louis XIII. — (3) Pierre Seguier, mort en 1672. (A. E.)

vais n'eût pas été une bête mitrée, ou s'il eût plu à mon père d'entrer dans les affaires, ces collatéraux de la régence auroient été infailliblement chassés avec honte, et la mémoire du cardinal de Richelieu auroit été sûrement condamnée par le parlement avec une joie publique.

La Reine étoit adorée beaucoup plus par ses disgrâces que par son mérite. On ne l'avoit vue que persécutée : et la souffrance aux personnes de ce rang tient lieu d'une grande vertu. On se vouloit imaginer qu'elle avoit eu de la patience, qui est très-souvent figurée par l'indolence. Enfin il est constant que l'on en espéroit des merveilles ; et Bautru [1] disoit qu'elle faisoit déjà des miracles, parce que les plus dévots avoient déjà oublié ses coquetteries.

M. le duc d'Orléans fit quelque mine de vouloir disputer la régence ; et La Frette, qui étoit à lui, donna de l'ombrage, parce qu'il arriva une heure après la mort du Roi à Saint-Germain, avec deux cents gentilshommes qu'il avoit amenés de son pays. J'obligeai Nangis dans le moment à offrir à la Reine le régiment qu'il commandoit, qui étoit en garnison à Mantes. Il le fit marcher à Saint-Germain ; tout le régiment des Gardes s'y rendit ; l'on amena le Roi à Paris. Monsieur se contenta d'être lieutenant général de l'Etat ; M. le prince fut déclaré chef du conseil. Le parlement confirma la régence à la Reine, mais sans limitation. Tous les exilés furent rappelés, tous les prisonniers remis en liberté, tous les criminels

---

[1] *Bautru :* Guillaume de Bautru, comte de Serrant, employé par Richelieu dans plusieurs ambassades, et connu par un rare talent pour la plaisanterie. Mort en 1665.

furent justifiés; tous ceux qui avoient perdu des charges y rentrèrent : on donnoit tout, on ne refusoit rien; et madame de Beauvais entre autres eut permission de bâtir dans la place Royale. Je ne me souviens plus du nom de celui à qui on expédia un brevet pour un impôt sur les messes.

La facilité des particuliers paroissoit pleinement assurée par le bonheur public : l'union très-parfaite de la maison royale fixoit le repos en dedans. La bataille de Rocroy avoit anéanti pour des siècles la vigueur de l'infanterie d'Espagne; la cavalerie de l'Empire ne tenoit pas devant les Weymariens. L'on voyoit sur les degrés du trône, d'où l'âpre et redoutable Richelieu avoit foudroyé plutôt que gouverné les humains (1), un successeur doux et benin, qui ne vouloit rien, qui étoit au désespoir de ce que sa dignité de cardinal ne lui permettoit pas de s'humilier autant qu'il l'eût souhaité devant tout le monde; qui marchoit dans les rues avec deux petits laquais derrière son carrosse. N'ai-je pas eu raison de vous dire qu'il ne seyoit pas à un honnête homme d'être mal avec la cour en ce temps-là ? Et n'eus-je pas encore raison de conseiller à Nangis de ne s'y pas brouiller, quoique, nonobstant le service qu'il avoit rendu à Saint-Germain, il fût le premier homme à qui l'on eût refusé une gratification de rien qu'il demanda ? Je la lui fis obtenir.

Vous ne serez pas surprise de ce qu'on le fut de la prison de M. de Beaufort, dans une cour où l'on venoit de les ouvrir à tout le monde sans exception :

---

(1) Jules Mazarin, cardinal, ministre d'Etat, mort à Vincennes en 1661. (A. E.)

mais vous le serez sans doute de ce que personne ne s'aperçut des suites. Ce coup de vigueur, fait dans un temps où l'autorité étoit si douce qu'elle étoit comme imperceptible, fit un très-grand effet. Il n'y avoit rien de si facile par toutes les circonstances que vous avez vues; mais il paroissoit grand, et tout ce qui est de cette nature est heureux, parce qu'il a de la dignité et n'a rien d'odieux. Ce qui attire assez souvent je ne sais quoi d'odieux sur les actions des ministres même les plus nécessaires, c'est que pour les faire ils sont presque toujours obligés de surmonter des obstacles, dont la victoire ne manque jamais de porter avec elle de l'envie et de la haine. Quand il se présente une occasion considérable, dans laquelle il n'y a rien à vaincre parce qu'il n'y a rien à combattre (ce qui est fort rare), elle donne à leur autorité un éclat pur, innocent, non mélangé, qui ne l'établit pas seulement, mais qui leur fait même tirer dans la suite du mérite de tout ce qu'ils ne font pas, presque également que de tout ce qu'ils font.

Quand on vit que le cardinal avoit arrêté celui qui, cinq ou six semaines auparavant, avoit ramené le Roi à Paris avec un faste inconcevable, l'imagination de tous les hommes fut saisie d'un étonnement respectueux; et je me souviens que Chapelain, qui enfin avoit de l'esprit, ne pouvoit se lasser d'admirer ce grand événement. On se croyoit bien obligé au ministre de ce que toutes les semaines il ne faisoit pas mettre quelqu'un en prison, et l'on attribuoit à la douceur de son naturel les occasions qu'il n'avoit pas de mal faire. Il faut avouer qu'il seconda fort habilement son bonheur. Il donna toutes les apparences nécessaires pour faire croire qu'on l'avoit forcé à cette résolution ; que les conseils de Monsieur et de M. le prince l'avoient emporté dans l'esprit de la Reine sur son avis. Il parut encore plus modéré, plus civil et plus ouvert le lendemain de l'action : l'accès étoit tout-à-fait libre, les audiences étoient aisées ; on dînoit avec lui comme avec un particulier ; il relâcha même beaucoup de la morgue des cardinaux les plus ordinaires ; enfin il fit si bien qu'il se trouva sur la tête de tout le monde, dans le temps que tout le monde croyoit l'avoir encore à ses côtés. Ce qui me surprend, c'est que les princes et les grands du royaume, qui pour leurs intérêts doivent être plus clairvoyans que le vulgaire, furent les plus aveugles. Monsieur se crut au dessus de l'exemple ; M. le prince, attaché à la cour par son avarice, voulut aussi s'y croire ; M. le duc (1) étoit d'un âge à s'endormir aisément à l'ombre des lauriers ; M. de Longueville ouvrit les yeux, mais ce ne fut que pour les refermer ; M. de Vendôme étoit trop heureux de n'avoir été que chassé ; M. de Nemours (2) n'étoit qu'un enfant ; M. de Guise (3), revenu tout nouvellement de Bruxelles, étoit gouverné par madame de Pons (4), et croyoit gouverner toute la cour ; M. de Bouillon croyoit qu'on lui rendroit Sedan de jour en

---

(1) *M. le duc :* Louis de Bourbon, duc d'Enghien, prince de Condé en 1646. Il avoit alors vingt-deux ans. — (2) Charles-Amédée de Savoie, tué en duel par M. de Beaufort en 1650. (A. E.) — (3) *M. de Guise :* Henri de Lorraine. Il avoit épousé à Bruxelles la comtesse de Bossu. Ses Mémoires font partie de cette série. — (4) Anne Poussart de Fort Du Vigean, sœur puînée de la belle mademoiselle Du Vigean, veuve de François-Alexandre d'Albret, sire de Pons. Elle épousa en 1649 Armand-Jean de Wignerod, duc de Richelieu. (A. E.)

jour; M. de Turenne étoit plus que satisfait de commander les armées d'Allemagne; M. d'Epernon (1) étoit ravi d'être rentré dans son gouvernement et dans sa charge; M. de Schomberg avoit été toute sa vie inséparable de tout ce qui étoit bien à la cour; M. de Gramont (2) en étoit esclave; et messieurs de Retz, de Vitry et de Bassompierre se croyoient, au pied de la lettre, en faveur, parce qu'ils n'étoient plus ni prisonniers ni exilés. Le parlement, délivré du cardinal de Richelieu qui l'avoit tenu fort bas, s'imaginoit que le siècle d'or seroit celui d'un ministre qui leur disoit tous les jours que la Reine ne se vouloit conduire que par leurs conseils. Le clergé, qui donne toujours l'exemple de la servitude, la prêchoit aux autres sous le titre d'obéissance. Voilà comme tout le monde se trouva en un instant mazarin.

Ce plan vous paroîtra peut-être avoir été bien long; mais je vous prie de considérer qu'il contient les quatre premières années de la régence, dans lesquelles la rapidité du mouvement donné à l'autorité royale par M. le cardinal de Richelieu, soutenue par les circonstances que je viens de vous marquer, et par les avantages continuels remportés sur les ennemis, maintint toutes les choses dans l'état où vous les voyez. Il y eut, la troisième et la quatrième année, quelques petits nuages entre Monsieur et M. le duc pour des bagatelles; il y en eut entre M. le duc et M. le cardinal Mazarin pour la charge d'amiral, que le premier prétendit par la mort de M. le duc de

---

(1) Bernard de Nogaret, mort le 25 juillet 1661. (A. E.) — (2) Antoine de Gramont, troisième du nom, maréchal de France le 22 septembre 1641, mort en 1678. (A. E.)

Brezé (1), son beau-frère. Je ne parle point ici de ce détail, parce qu'il n'altéra en rien la face des affaires, et parce qu'il n'y a point de Mémoires de ce temps-là où vous ne le trouviez imprimé.

M. de Paris partit de Paris deux mois après mon sacre, pour aller passer l'été à Angers, dans une abbaye qu'il y avoit, appelée Saint-Aubin; et il m'ordonna, quoiqu'avec beaucoup de peine, de prendre soin de son diocèse. Ma première fonction fut la visite des religieuses de la Conception, que la Reine me força de faire. Comme je n'ignorois pas qu'il y avoit dans ce monastère plus de quatre-vingts filles, dont il y en avoit plusieurs de belles et quelques-unes de coquettes, j'avois peine à me résoudre à y exposer ma vertu. Il le fallut toutefois, et je la conservai avec l'édification du prochain, parce que je n'en vis jamais une seule au visage. Je ne leur parlai jamais qu'elles n'eussent le voile baissé; et cette conduite, qui dura six semaines, donna un merveilleux lustre à ma chasteté (2).

. . . .

La dame eût été bien fâchée qu'on ne les eût pas sues; mais elle les mêloit, et à ma prière et parce qu'elle-même y étoit assez portée, de tant de diverses apparences, où il n'y avoit pourtant rien de réel, que notre affaire en beaucoup de choses avoit l'air de n'être pas publique, quoiqu'elle ne fût pas cachée. Cela paroît galimatias : mais ce galimatias est de ceux

---

(1) Armand de Maillé, marquis de Brezé, duc de Fronsac, tué sur mer d'un coup de canon, à l'âge de vingt-sept ans et deux mois. Louis de Bourbon, prince de Condé, épousa en 1641 Claire-Clémence de Maillé-Brezé. (A. E.) — (2) Il y a ici huit lignes effacées. (A. E.)

que la pratique fait connoître quelquefois, et que la spéculation ne fait jamais entendre. J'en ai remarqué de cette sorte en tous genres d'affaires.

Je continuai à faire dans le diocèse tout ce que la jalousie de mon oncle me permit d'y entreprendre sans le fâcher; mais comme de l'humeur dont il étoit il y avoit peu de choses qui ne le pussent fâcher, je m'appliquai bien davantage à tirer du mérite de ce que je n'y faisois pas que de ce que j'y faisois; et ainsi je trouvai le moyen de prendre même des avantages de la jalousie de M. de Paris, en ce que je pouvois à jeu sûr faire paroître ma bonne intention en tout : au lieu que si j'eusse été le maître, la bonne conduite m'eût obligé à me réduire purement à ce qui eût été praticable.

M. le cardinal Mazarin m'avoua long-temps après, dans l'intervalle de l'une de ces paix fourrées que nous faisions quelquefois ensemble, que la première cause de l'ombrage qu'il prit de mon pouvoir à Paris fut l'observation qu'il fit de cette manœuvre, qui étoit pourtant à son égard très-innocente. Une autre rencontre lui en donna avec aussi peu de sujet. J'entrepris d'examiner la capacité de tous les prêtres du diocèse : ce qui étoit dans la vérité d'une utilité inconcevable. Je fis pour cet effet trois tribunaux (1) composés de chanoines, de curés et de religieux, qui devoient réduire tous les prêtres en trois classes, dont la première étoit des capables, que l'on laissoit dans l'exercice de leurs fonctions; la seconde, de ceux qui ne

---

(1) *Je fis pour cet effet trois tribunaux :* L'exécution de ce dessein fut principalement confiée aux jansénistes, avec lesquels le coadjuteur avoit dès lors d'étroites liaisons.

l'étoient pas, mais qui le pouvoient devenir; et la troisième, de ceux qui ne l'étoient pas et ne le pouvoient jamais être. On séparoit ceux de ces deux dernières classes, on les interdisoit de leurs fonctions, ou les mettoit dans des maisons distinctes; l'on instruisoit les uns, et l'on se contentoit d'apprendre purement aux autres les règles de la piété. Vous jugez bien que ces établissemens devoient être d'une dépense immense : mais l'on m'apportoit des sommes considérables de tous côtés. Toutes les bourses des gens de bien s'ouvrirent avec profusion. Cet éclat fâcha le ministre; et il fit que la Reine manda, sous un prétexte frivole, M. de Paris, qui, deux jours après qu'il fut arrivé, me commanda, sous un autre encore plus frivole, de ne pas continuer l'exécution de mon dessein. Quoique je fusse très-bien averti par mon ami l'aumônier que le coup me venoit de la cour, je le souffris avec bien plus de flegme qu'il n'appartenoit à ma vivacité. Je n'en témoignai quoi que ce soit, et je demeurai dans ma conduite ordinaire à l'égard de M. le cardinal. Je ne parlai pas si judicieusement sur un autre sujet, quelques jours après, que j'avois agi sur celui-là. Le bonhomme M. de Morangis me disant, dans la cellule du prieur de sa chartreuse, que je faisois trop de dépense (ce qui n'étoit que trop vrai, car je la faisois excessive), je lui répondis fort étourdiment : « J'ai bien supputé; César, à mon âge, de« voit six fois plus que moi. » Cette parole très-imprudente en tous sens fut rapportée, par un malheureux docteur qui se trouva là, à M. Servien (1), qui la dit malicieusement à M. le cardinal : il s'en moqua, et

(1) Abel Servien, marquis de Sablé, mort en 1659. (A. E.)

il avoit raison ; mais il la remarqua, et il n'avoit pas tort.

L'assemblée du clergé se tint ici en 1645. J'y fus invité comme diocésain, et elle se peut dire le véritable écueil de ma médiocre fortune.

M. le cardinal de Richelieu avoit donné une atteinte cruelle à la dignité et à la liberté du clergé dans l'assemblée de Mantes; et il avoit exilé, avec des circonstances atroces, six de ses prélats les plus considérables. On résolut en celle de 1645 de leur faire quelque sorte de réparation, ou plutôt de donner quelques récompenses d'honneur à leur fermeté, en les priant de venir prendre place dans la compagnie, quoiqu'ils n'y fussent pas députés (1). Cette résolu-

(1) L'assemblée de 1645 travailla encore pour le rétablissement de l'évêque de Léon, de la maison de Rieux, qui avoit été privé de son évêché en 1635, pour avoir suivi la Reine mère en Flandre. L'affaire étoit difficile, parce que M. Cupif, qui avoit été mis en sa place, étoit sacré il y avoit long-temps, et en étoit en possession. Mais M. de Léon fut rétabli en 1648, au moyen de l'évêché de Dol, qui fut donné à M. Cupif; et ainsi l'histoire fut finie.

Le jugement donné contre l'évêque de Léon tenoit tant au cœur de messieurs du clergé, qu'ils en parlèrent encore dans l'assemblée de 1650, où l'on résolut un acte de protestation contre cette procédure, qui fut signifié à M. le nonce le 25 novembre dudit an. Ils prétendoient dans cet acte que le jugement des évêques appartient au concile provincial, sauf à appeler les évêques des provinces voisines, si les évêques de la province n'étoient pas en assez grand nombre, sauf l'appel au Pape. Il y a un petit mot, dans l'acte de signification, qu'on pourroit s'être abstenu d'y mettre : car parmi les qualités de M. le nonce, on le qualifie nonce de Sa Sainteté vers le roi et le royaume de France : comme si le royaume de France étoit quelque chose qui fît un corps à part séparé du Roi, au lieu que le Roi et le royaume ne sont point distingués, toute l'autorité résidant dans la personne du Roi. Je sais bien que dans son pouvoir il est ainsi qualifié par le Pape; mais nous ne sommes obligés de reconnoître le nonce que comme ambassadeur du Pape, en qualité de prince temporel, pour résider à la suite de la cour comme les autres ambassadeurs

tion, qui fut prise d'un consentement général dans les conversations particulières, fut portée innocemment et sans aucun mystère dans l'assemblée, où l'on ne songea pas seulement que la cour y pût faire réflexion; et il arriva par hasard que lorsqu'on y délibéra, le tour, qui tomba ce jour-là sur la province de Paris, m'obligea à parler le premier. J'ouvris donc l'avis, suivant que nous l'avions concerté; et il fut suivi de toutes les voix. A mon retour chez moi, je trouvai l'argentier de la Reine qui me portoit ordre de l'aller trouver à l'heure même. Elle étoit sur son lit dans sa petite chambre grise, et elle me dit avec un ton de voix fort aigre, qui lui étoit assez naturel, qu'elle n'eût jamais cru que j'eusse été capable de lui manquer au point que je venois de le faire dans une occasion qui blessoit la mémoire du feu Roi son seigneur. Il ne me fut pas difficile de la mettre en état de ne pouvoir que me dire sur mes raisons. Elle sortit d'embarras, par le commandement qu'elle me fit de les aller faire connoître à M. le cardinal; mais je trouvai qu'il les entendoit aussi peu qu'elle. Il me parla de l'air du monde le plus haut; il ne voulut point écouter mes justifications; et il me déclara qu'il me commandoit de la part du Roi que je me rétractasse le lendemain en pleine assemblée. Vous croyez bien qu'il eût été difficile de m'y résoudre : je ne

---

des princes souverains. Cela est d'autant plus à reprendre en ces messieurs, qu'ils ne pouvoient pas ignorer l'arrêt qui avoit été donné pour ce sujet contre M. le nonce en 1647, le 15 mai. M. Talon s'en souvint bien mieux en une rencontre semblable, le 6 mai 1665, qui est le jour d'un arrêt qu'il fit donner sur la même chose. Le nonce l'ayant encore entrepris six semaines après, nouvel arrêt du 23 juin. *Cette note est tirée des Mémoires manuscrits de Colbert.* (A. E.)

m'emportai toutefois nullement, je ne sortis point du respect; et comme je vis que ma soumission ne gagnoit rien sur son esprit, je pris le parti d'aller trouver M. d'Arles, sage et modéré, et de le prier de vouloir bien se joindre à moi pour faire entendre ensemble nos raisons à M. le cardinal. Nous y allâmes, nous lui parlâmes; et nous conclûmes, en revenant de chez lui, qu'il étoit l'homme du monde le moins entendu dans les affaires du clergé. Je ne me souviens pas précisément de la manière dont cette affaire s'accommoda; je crois de plus que vous n'en avez pas grande curiosité, et je ne vous en ai parlé un peu au long que pour vous faire connoître que je n'ai eu aucun tort dans le premier démêlé que j'ai eu avec la cour, et que le respect que j'eus pour M. le cardinal Mazarin, à la considération de la Reine, alla jusqu'à la patience.

J'en eus encore plus de besoin trois ou quatre mois après, dans une occasion que son ignorance lui fournit d'abord, mais que sa malice envenima. L'évêque de Warmie, l'un des ambassadeurs qui venoient quérir la reine de Pologne (1), prit en gré de vouloir faire la cérémonie du mariage dans Notre-Dame. Vous remarquerez, s'il vous plaît, que les évêques et archevêques de Paris n'ont jamais cédé ces sortes de fonctions dans leurs églises qu'aux cardinaux de la maison royale; et que mon oncle avoit été blâmé au dernier point de tout son clergé, parce qu'il avoit souffert

---

(1) *La reine de Pologne :* Marie de Gonzague, l'une des filles du duc de Mantoue. Elle étoit demandée par Ladislas IV, roi de Pologne. Le mariage fut célébré dans la chapelle du Palais-Royal, le 6 novembre 1645.

que M. le cardinal de La Rochefoucauld mariât la reine d'Angleterre (1). Il étoit parti justement pour son second voyage d'Anjou, la veille de la Saint-Denis ; et le jour de la fête, Sainctot, lieutenant des cérémonies, m'apporta dans Notre-Dame même une lettre de cachet, qui m'ordonnoit de préparer l'église pour M. l'évêque de Warmie, et qui me l'ordonnoit dans les mêmes termes dans lesquels on commande au prévôt des marchands de préparer l'hôtel-de-ville pour un ballet. Je fis voir la lettre de cachet au doyen et aux chanoines qui étoient avec moi, et je leur dis en même temps que je ne doutois pas que ce ne fût une méprise de quelque commis du secrétaire d'Etat ; que je partirois dès le lendemain pour Fontainebleau où étoit la cour, pour éclaircir moi-même ce malentendu. Ils étoient fort émus, et ils vouloient venir avec moi à Fontainebleau : je les en empêchai, en leur promettant de les mander s'il en étoit besoin. J'allai descendre chez M. le cardinal : je lui représentai les raisons et les exemples ; je lui dis qu'étant son serviteur aussi particulièrement que je l'étois, j'espérois qu'il me feroit la grâce de les faire entendre à la Reine ; et j'ajoutai assurément tout ce qui pouvoit l'y obliger. C'est en cette occasion où je connus qu'il affectoit de me brouiller avec elle : car quoique je visse clairement que les raisons que je lui alléguois le touchoient au point d'être certainement fâché d'avoir donné cet ordre avant que d'en savoir la conséquence, il se remit après un peu de réflexion, et il s'opiniâtra de la manière du monde la plus extravagante. Comme je

---

(1) Henriette-Marie de France, fille de Henri IV, mariée à Charles premier, morte en 1669. (A. E.)

parlois au nom de M. l'archevêque et de toute l'Eglise de Paris, il éclata, comme il eût pu faire si un particulier, de son autorité privée, l'eût voulu haranguer à la tête de cinquante séditieux. Je lui en voulus faire voir avec respect la différence; mais il étoit si ignorant de nos manières et de nos mœurs, qu'il prenoit tout de travers le peu qu'on lui en voulut faire entendre. Il finit brusquement et incivilement la conversation, et il me renvoya à la Reine. Je la trouvai fixée et aigrie; et tout ce que j'en pus tirer fut qu'elle donneroit audience au chapitre, sans lequel je déclarai que je ne pouvois ni ne devois rien conclure.

Je le mandai à l'heure même. Le doyen arriva le lendemain avec seize députés. Je les présentai : ils parlèrent, et ils parlèrent très-sagement et très-fortement. La Reine nous renvoya à M. le cardinal, qui, pour vous dire le vrai, ne nous dit que des impertinences; et comme il ne savoit encore que très-imparfaitement la force des mots français, il finit sa réponse en me disant que je lui avois parlé la veille fort insolemment. Vous pouvez juger que cette parole me choqua. Comme toutefois j'avois pris une ferme résolution de faire paroître de la modération, je ne lui répondis qu'en souriant, et je me tournai vers les députés en leur disant : « Messieurs, le mot est gai. » Il se fâcha de mon souris, et il me dit d'un ton très-haut : « A « qui croyez-vous parler? Je vous apprendrai à vi- « vre. » Je vous confesse que ma bile s'échauffa. Je lui répondis que je savois fort bien que j'étois le coadjuteur de Paris, qui parloit à M. le cardinal Mazarin; mais que je croyois que lui pensoit être le cardinal de

Lorraine [1], qui parloit au suffragant de Metz. Cette expression, que la chaleur me mit à la bouche, réjouit les assistans, qui étoient en grand nombre. Je ramenai les députés du chapitre dîner chez moi; et nous nous préparions pour retourner aussitôt à Paris, quand nous vîmes entrer M. le maréchal d'Estrées [2] qui venoit pour m'exhorter de ne point rompre, et pour me dire que les choses pouvoient s'accommoder. Comme il vit que je ne me rendois pas à son conseil, il s'expliqua nettement, et m'avoua qu'il avoit ordre de la Reine de m'obliger à aller chez elle. Je ne balançai point; j'y menai les députés. Nous la trouvâmes radoucie, bonne, changée à un point que je ne puis vous exprimer. Elle me dit, en présence des députés, qu'elle m'avoit voulu voir, non pas pour la substance de l'affaire pour laquelle il seroit aisé de trouver des expédiens, mais pour me faire une réprimande de la manière dont j'avois parlé à ce pauvre M. le cardinal, qui étoit doux comme un agneau, et qui m'aimoit comme son fils. Elle ajouta à cela toutes les bontés possibles, et elle finit par un commandement qu'elle fit au doyen et aux députés de me mener chez M. le cardinal, et d'aviser ensemble ce qu'il y auroit à faire. J'eus un peu de peine à faire ce pas, et je marquai à la Reine qu'il n'y auroit eu qu'elle au monde qui m'y auroit pu obliger.

Nous trouvâmes le ministre encore plus doux que la maîtresse: il me fit un million d'excuses du terme *insolemment*. Il me dit (et il pouvoit être vrai) qu'il

---

[1] Charles de Lorraine, évêque de Metz. (A. E.) — [2] François-Annibal d'Estrées, mort en 1670, âgé de quatre-vingt-dix-huit ans. (A. E.)

avoit cru qu'il signifioit *insolito*. Il me fit toutes les honnêtetés imaginables ; mais il ne conclut rien, et il nous remit à un petit voyage qu'il croyoit faire au premier jour à Paris. Nous y revînmes pour y attendre ses ordres. Quatre ou cinq jours après, Sainctot, lieutenant des cérémonies, entra chez moi à minuit, et il me présenta une lettre de M. l'archevêque, qui m'ordonnoit de ne point m'opposer en rien aux prétentions de M. l'évêque de Warmie, et de lui laisser faire la cérémonie du mariage.

Si j'eusse été bien sage, je me serois contenté de ce que j'avois fait jusque-là, parce qu'il est toujours judicieux de prendre toutes les issues que l'honneur permet, pour sortir des affaires que l'on a avec la cour. Mais j'étois jeune, et j'étois des plus en colère, parce que je voyois que l'on m'avoit joué à Fontainebleau, comme il étoit vrai ; et que l'on ne m'avoit bien traité en apparence que pour se donner le temps de dépêcher à Angers un courrier à mon oncle. Je ne fis toutefois rien connoître de ma disposition à Sainctot : au contraire, je lui témoignai de la joie de ce que M. de Paris m'avoit tiré d'embarras.

J'envoyai querir, un quart-d'heure après, les principaux du chapitre, qui étoient tous dans ma disposition. Je leur expliquai mes intentions ; et Sainctot, qui, le lendemain au matin, les fit assembler pour leur donner aussi, selon la coutume, leur lettre de cachet, s'en retourna à la cour avec cette réponse : Que M. l'archevêque pouvoit disposer comme il lui plairoit de la nef; mais que comme le chœur étoit au chapitre, il ne le céderoit jamais qu'à son archevêque ou à son coadjuteur. Le cardinal entendit bien ce jargon, et il prit le parti de faire faire la cérémonie dans la chapelle du Palais-Royal, dont il disoit que le grand aumônier étoit évêque. Comme cette question étoit encore plus importante que l'autre, je lui écrivis pour lui en représenter les inconvéniens. Il étoit piqué, et il tourna ma lettre en raillerie. Je fis voir à la reine de Pologne que si elle se marioit ainsi, je serois forcé, malgré moi, de déclarer son mariage nul; mais qu'il y avoit un expédient, qui étoit qu'elle se mariât véritablement dans le Palais-Royal; mais que l'évêque de Warmie vînt chez moi en recevoir la permission par écrit. La chose pressoit : il n'y avoit point de temps pour attendre une nouvelle permission d'Angers. La reine de Pologne ne vouloit rien laisser de problématique dans son mariage ; et la cour fut obligée de plier et de consentir à ma proposition, qui fut exécutée.

Voilà un récit bien long, bien sec et bien ennuyeux; mais comme ces trois ou quatre petites brouilleries que j'eus en ce temps-là ont eu beaucoup de rapport aux plus grandes qui sont arrivées dans la suite, je crois qu'il est comme nécessaire de vous en parler; et je vous supplie par cette raison d'avoir la bonté d'essuyer encore deux ou trois historiettes de cette nature, après lesquelles je fais état d'entrer dans des matières et plus importantes et plus agréables.

Quelque temps après le mariage de la reine de Pologne, M. le duc d'Orléans vint le jour de Pâques à Notre-Dame à vêpres; et un officier de ses gardes ayant trouvé, avant qu'il y fût arrivé, mon drap de pied à ma place ordinaire, qui étoit immédiatement au dessous de la chaire de M. l'archevêque, l'ôta, et y mit celui de Monsieur. On m'en avertit aussitôt : et comme la moindre ombre de compétence avec un fils de France a un grand air de ridicule, je répondis, et même assez aigrement, à ceux du chapitre qui m'y vouloient faire faire réflexion. Le théologal, qui étoit homme de doctrine et de sens, me tira à part; il m'apprit là-dessus un détail que je ne savois pas : il me fit voir la conséquence qu'il y avoit à séparer, pour quelque cause que ce pût être, le coadjuteur de l'archevêque. Il me fit honte, et j'attendis Monsieur à la porte de l'église, où je lui représentai ce que, pour vous dire vrai, je ne venois que d'apprendre. Il le reçut fort bien : il commanda que l'on ôtât son drap de pied; il fit mettre le mien; on me donna l'encens avant lui; et comme vêpres furent finies, je me moquai de moi-même avec lui, et je lui dis ces propres paroles : « Je serois honteux, monsieur, de ce qui se « vient de faire, si l'on ne m'avoit assuré que le der- « nier frère des carmes qui adora avant-hier la croix « avant Votre Altesse Royale le fit sans aucune « peine. » Je savois que Monsieur avoit été aux Carmes à l'office du vendredi saint, et il n'ignoroit pas que tous ceux du clergé vont à l'adoration les premiers. Ce mot plut à Monsieur, et il le redit le soir au cercle, comme une politesse.

Il alla le lendemain à Petit-Bourg chercher La Rivière, qui lui tourna la tête, et qui lui fit croire que je lui avois fait un outrage public : de sorte que le jour même qu'il en revint, il demanda tout haut à M. le maréchal d'Estrées, qui avoit passé les fêtes à Cœuvres, si son curé lui avoit disputé la préséance. Vous voyez l'air qui fut donné à la conversation. Les courtisans commencèrent par le ridicule, et Monsieur finit par un serment qu'il m'obligeroit d'aller à Notre-Dame prendre ma place et recevoir l'encens après lui. M. de Rohan-Chabot (1), qui se trouva à ce discours, vint me le raconter tout effaré; et une demi-heure après, un aumônier de la Reine vint me commander de sa part de l'aller trouver. Elle me dit d'abord que Monsieur étoit dans une colère terrible, qu'elle en étoit très-fâchée : mais qu'enfin c'étoit Monsieur, et que l'on ne pouvoit pas n'être point dans ses sentimens; qu'elle vouloit absolument que je le satisfisse, et que j'allasse le dimanche suivant faire dans Notre-Dame la réparation dont je viens de parler. Je lui répondis ce que vous pouvez vous figurer; et elle me renvoya à son ordinaire à M. le cardinal, qui me témoigna d'abord qu'il prenoit une part très-sensible à la peine dans laquelle il me voyoit; qui blâma l'abbé de La Rivière d'avoir engagé Monsieur; et qui, par cette voie douce et obligeante en apparence, n'oublia rien pour me conduire à la dégradation que l'on prétendoit. Comme il vit que je ne donnois pas dans le panneau, il voulut m'y pousser : il prit un ton haut et d'autorité. Il me dit qu'il m'avoit parlé comme mon ami, mais que je le forçois de parler en ministre. Il mêla des menaces indirectes dans ses réflexions; et la conversation s'échauffant, il passa jusqu'à la picoterie tout ouverte, en me disant que quand on affec-

---

(1) Henri Chabot, qui épousa en 1645 Marguerite, duchesse de Rohan, fille et héritière du grand duc de Rohan. Elle porta le duché de Rohan, etc., à Henri Chabot, à condition que les enfans nés de ce mariage porteroient le nom et les armes de la maison de Rohan. Il mourut en 1655. (A. E.)

toit de faire des actions de saint Ambroise, il en falloit faire la vie. Comme il affecta d'élever sa voix en cet endroit, pour se faire entendre de deux ou trois prélats qui étoient au bout de la chambre, j'affectai aussi de ne pas baisser la mienne pour lui repartir. « J'essaierai, monsieur, lui dis-je, de profiter « de l'avis que Votre Eminence me donne; mais je « vous dirai qu'en attendant je fais état d'imiter saint « Ambroise dans l'occasion dont il s'agit, afin qu'il « obtienne pour moi la grâce de le pouvoir imiter en « toutes les autres. » Le discours finit assez aigrement, et je sortis ainsi du Palais-Royal.

M. le maréchal d'Estrées et M. de Senneterre (1) vinrent chez moi au sortir de table, munis de toutes les figures de rhétorique, pour me persuader que la dégradation étoit honorable. Comme ils n'y réussirent pas, ils m'insinuèrent que Monsieur pourroit bien venir aux voies de fait, et me faire enlever par ses gardes pour me faire mettre à Notre-Dame au dessous de lui. La pensée m'en parut si ridicule, que je n'y fis pas d'abord beaucoup de réflexion. L'avis m'en étant donné le soir par M. de Choisy, chancelier de Monsieur, je me mis de mon côté très-ridiculement sur la défensive : car vous pouvez croire qu'elle ne pouvoit être en aucun sens judicieuse contre un fils de France, dans un temps calme, et où il n'y avoit pas seulement apparence de mouvement. Cette sottise est, à mon avis, la plus grande que j'aie faite en ma vie; elle me réussit néanmoins. Mon audace plut à M. le duc, de qui j'avois l'honneur d'être parent, et

(1) Henri de Saint-Nectaire, second du nom, dit Senneterre, duc de La Ferté-Nabert, maréchal de France en 1651, mort en 1681. (A. E.)

qui haïssoit l'abbé de La Rivière, parce qu'il avoit eu l'insolence de trouver mauvais, quelques jours auparavant, que l'on lui eût préféré M. le prince de Conti (1) pour la nomination au cardinalat. De plus, M. le duc étoit très-persuadé de mon bon droit, qui étoit dans la vérité fort clair, et justifié pleinement par un petit écrit que j'avois jeté dans le monde. Il le dit à M. le cardinal, et il ajouta qu'il ne souffriroit, en façon quelconque, que l'on usât de violence; que j'étois son parent et son serviteur; et qu'il ne partiroit point pour l'armée, qu'il ne vît cette affaire finie.

La cour ne craignoit rien tant au monde que la rupture entre Monsieur et M. le duc; M. le prince l'appréhendoit encore davantage. Il faillit à transir de frayeur lorsque la Reine lui dit le discours de monsieur son fils. Il vint tout courant chez moi, et y trouva soixante ou quatre-vingts gentilshommes; il crut qu'il y avoit quelque partie liée avec M. le duc : ce qui n'étoit nullement vrai. Il jura, il menaça, il pria, il caressa; et, dans ses emportemens, il lâcha des mots qui me firent connoître que M. le duc prenoit plus de part à mes intérêts qu'il ne me l'avoit témoigné à moi-même. Je ne balançai pas à me rendre à cet instant; et je dis à M. le prince que je ferois toutes choses sans exception, plutôt que de souffrir que la maison royale se brouillât à mon occasion. M. le prince, qui m'avoit trouvé jusque là si inébranlable, fut si touché de voir que je me radoucissois à la considération de monsieur son fils, précisément dans l'instant qu'il me venoit d'apprendre lui-même que j'en pourrois espérer une puissante protection, qu'il changea aussi de son

(1) Armand de Bourbon, mort en 1666. (A. E.)

côté; et qu'au lieu que dans l'abord il ne trouvoit point de satisfaction assez grande pour Monsieur, il décida nettement en faveur de celle que j'avois toujours offerte, qui étoit d'aller lui dire, en présence de toute la cour, que je n'avois jamais prétendu manquer au respect que je lui devois; et que ce qui m'avoit obligé de faire ce que j'avois fait à Notre-Dame étoit l'ordre de l'Eglise, duquel je lui venois rendre compte. La chose fut ainsi exécutée, quoique M. le cardinal et l'abbé de La Rivière en enrageassent du meilleur de leur cœur. Mais M. le prince leur fit une telle frayeur de M. le duc, qu'il fallut plier. Il me mena chez Monsieur, où toute la cour se trouva par curiosité. Je ne lui dis précisément que ce que je viens de vous marquer. Il trouva mes raisons admirables, il me mena voir ses médailles; et ainsi finit l'histoire, dont le fond étoit très-bon, mais qu'il ne tint pas à moi de gâter par mes manières.

Comme cette affaire et le mariage de la reine de Pologne m'avoient fort brouillé à la cour, vous pouvez bien vous imaginer le tour que les courtisans y voulurent donner; mais j'éprouvai en cette occasion que *toutes les puissances ne peuvent rien contre un homme qui conserve sa réputation dans son corps.* Tout ce qu'il y eut de savans dans le clergé se déclara pour moi; et, au bout de six semaines, je m'aperçus même que la plupart de ceux qui m'avoient blâmé croyoient ne m'avoir que plaint. J'ai fait cette observation en mille autres rencontres.

Je forçai même la cour à se louer de moi quelque temps après. Comme la fin de l'assemblée du clergé approchoit, et que l'on étoit sur le point de délibérer sur le don que l'on a coutume de faire au Roi, je fus bien aise de témoigner à la Reine, par la complaisance que je me résolus d'avoir pour elle en cette rencontre, que la résistance à laquelle ma dignité m'avoit obligé dans les deux précédentes ne venoit d'aucun principe de méconnoissance. Je me séparai de la bande des zélés, à la tête desquels étoit M. de Sens; je me joignis à messieurs d'Arles et de Châlons, qui ne l'étoient pas moins en effet, mais qui étoient aussi plus sages. Je vis même avec le premier M. le cardinal, qui demeura très-satisfait de moi, et qui dit publiquement le lendemain qu'il ne me trouvoit pas moins ferme pour le service du Roi que pour l'honneur de mon caractère. L'on me chargea de la harangue qui se fait toujours à la fin de l'assemblée, et de laquelle je ne vous dis pas le détail (1), parce qu'elle est imprimée. Le clergé en fut content, la cour s'en loua, et M. le cardinal Mazarin me mena au sortir souper tête à tête avec lui. Il me parut pleinement désabusé des impressions que l'on avoit voulu lui donner contre moi; et je crois dans la vérité qu'il croyoit l'être. Mais j'étois trop bien à Paris pour être long-temps bien à la cour. C'étoit là mon crime dans l'esprit d'un Italien politique par livre; et ce crime étoit d'autant plus dangereux, que je n'oubliois rien pour l'aggraver par une dépense naturelle, non affectée, et à laquelle la négligence même donnoit du lustre; par de grandes aumônes et par des libéralités fort souvent sourdes, mais dont l'écho n'en étoit quelquefois que plus résonnant. Ce qui est de vrai, c'est que je ne pris

(1) *Je ne vous dis pas le détail:* Nous en avons placé l'extrait dans la Notice qui précède ces Mémoires.

d'abord cette conduite que par la pente de mon inclination, et par la pure vue de mon devoir. La nécessité de me soutenir contre la cour m'obligea de la suivre, et même de la renforcer. Mais nous n'en sommes pas encore à ce détail, et ce que j'en marque en ce lieu n'est que pour vous faire voir que la cour prit ombrage de moi dans le temps même où je n'avois pas seulement fait réflexion que je lui en pusse donner. Cette considération est une de celles qui m'ont obligé de vous dire quelquefois que l'on est plus souvent dupe par la défiance que par la confiance. Enfin celle que le ministre prit de l'état où il me voyoit à Paris, et qui l'avoit déjà porté à me faire les pièces que vous avez vues ci-dessus, l'obligea encore, après les radoucissemens de Fontainebleau, à m'en faire une nouvelle trois mois après.

M. le cardinal de Richelieu avoit dépossédé M. l'évêque de Léon (1), de la maison de Rieux, avec des formalités tout-à-fait injurieuses à la dignité et à la liberté de l'Eglise de France. L'assemblée de 1645 entreprit de le rétablir; la contestation fut grande: M. le cardinal Mazarin, selon sa coutume, céda, après avoir beaucoup disputé; il vint lui-même dans l'assemblée porter parole de la restitution, et l'on se sépara sur celle qu'il donna publiquement de l'exécuter dans trois mois. Je fus nommé en sa présence pour solliciter l'expédition, comme celui de qui le séjour étoit le plus assuré dans Paris. Il donna dans la suite toutes sortes de démonstrations qu'il tiendroit fidèlement sa parole; il me fit écrire deux ou trois

---

(1) René de Rieux, rétabli dans sa dignité, et mort peu de temps après, le 8 mars 1651. (A. E.)

fois aux provinces qu'il n'y avoit rien de plus assuré. Sur le point de la décision, il changea tout à coup, et il me fit presser par la Reine de tourner l'affaire d'un biais qui m'auroit infailliblement déshonoré. Je n'oubliai rien pour le faire rentrer dans lui-même; je me conduisis avec une patience qui n'étoit pas de mon âge : je la perdis au bout d'un mois, et je me résolus de rendre compte aux provinces de tout le procédé, avec toute la vérité que je devois à ma conscience et à mon honneur. Comme j'étois sur le point de fermer la lettre circulaire que j'écrivois pour cet effet, M. le duc entra chez moi : il la lut, il me l'arracha, et me dit qu'il vouloit finir cette affaire. Il alla trouver à l'heure même M. le cardinal; il lui en fit voir les conséquences, et j'eus mon expédition (1).

. . . .

Il me semble que je vous ai déjà dit, en quelque endroit de ce discours, que les quatre premières années de la régence furent comme emportées par le mouvement de rapidité que M. le cardinal de Richelieu avoit donné à l'autorité royale. M. le cardinal Mazarin son disciple, et de plus né et nourri dans un pays où celle du Pape n'a point de bornes, crut que le mouvement de rapidité étoit le naturel ; et cette méprise fut l'occasion de la guerre civile. Je dis l'occasion : car il en faut, à mon avis, rechercher et reprendre la cause de bien plus loin

Il y a plus de douze cents ans que la France a des rois : mais ces rois n'ont pas toujours été absolus comme ils le sont aujourd'hui. Leur autorité n'a jamais été réglée, comme celle des rois d'Angleterre

(1) Il y a cinq feuillets arrachés. (A. E.)

et d'Arragon, par des lois écrites : elle a été seulement tempérée par des coutumes reçues, et comme mises en dépôt au commencement dans les mains des Etats-généraux, et depuis dans celles des parlemens. Les enregistremens des traités faits entre les couronnes, et les vérifications des édits pour les levées d'argent, sont des images presque effacées de ce sage milieu que nos pères avoient trouvé entre la licence des rois et le libertinage des peuples. Ce milieu a été considéré par les sages et les bons princes comme un assaisonnement de leur pouvoir, très-utile même pour le faire goûter aux sujets : il a été regardé par les malhabiles et les malintentionnés comme un obstacle à leurs déréglemens et à leurs caprices. L'histoire du sire de Joinville nous fait voir clairement que saint Louis l'a connu et estimé ; et les ouvrages d'Oresme, évêque de Lizieux, et du fameux Juvénal des Ursins, nous convainquent que Charles v, qui a mérité le titre de Sage, n'a jamais cru que sa puissance fût au dessus des lois et de son devoir. Louis xi, plus artificieux que prudent, donna sur ce chef, aussi bien que sur tous les autres, atteinte à la bonne foi. Louis xii l'eût rétablie, si l'ambition du cardinal d'Amboise (1), maître absolu de son esprit, ne s'y fût opposée. L'avarice insatiable du connétable de Montmorency (2) lui donna bien plus de mouvement à étendre l'autorité de François 1, qu'à la régler. Les vastes et lointains desseins de messieurs de Guise ne leur permirent pas sous François ii de penser à y don-

(1) Georges d'Amboise, premier du nom, cardinal en 1498, premier ministre d'Etat de Louis xii; mort en 1510. (A. E.) — (2) Anne de Montmorency, connétable en 1538; mort en 1567. (A. E.)

ner des bornes. Sous Charles ix et sous Henri iii, la cour fut si fatiguée des troubles, que l'on y prit pour révolte ce qui n'étoit pas soumission. Henri iv, qui ne se défioit pas des lois parce qu'il se fioit en lui-même, marqua combien il les estimoit, par la considération qu'il eut pour les remontrances très-hardies de Miron, prévôt des marchands, touchant les rentes de l'hôtel-de-ville. M. de Rohan disoit que Louis xiii n'étoit jaloux de son autorité qu'à force de ne pas la connoître. Le maréchal d'Ancre (1) et M. de Luynes (2) n'étoient que des ignorans qui n'étoient pas capables de l'en informer. Le cardinal de Richelieu, qui leur succéda, fit, pour ainsi parler, un fonds de toutes les mauvaises intentions, et de toutes les ignorances des deux derniers siècles, pour s'en servir selon ses intérêts. Il les déguisa en maximes utiles et nécessaires pour établir l'autorité royale; et la fortune secondant ses desseins par le désarmement du parti protestant en France, par les victoires des Suédois, par la foiblesse de l'Empire, par l'incapacité de l'Espagne, il forma dans la plus légitime des monarchies la plus scandaleuse et la plus dangereuse tyrannie qui ait peut-être jamais asservi un Etat. L'habitude, qui a eu la force en quelques pays d'accoutumer les hommes au feu, nous a endurcis à des choses que nos pères ont appréhendées plus que le feu même. Nous ne sentons plus la servitude, qu'ils ont détestée moins pour leur propre intérêt que pour celui de leurs maîtres; et le cardinal de Riche-

(1) Concino Concini, tué au Louvre en 1617. (A. E.) — (2) Charles d'Albert, duc de Luynes, connétable en 1621 ; mort la même année. (A. E.)

lieu a fait des crimes de ce qui faisoit autrefois des vertus. Les Miron, les Harlay, les Marillac, les Pibrac et les Faye, ces martyrs de l'Etat, qui ont plus dissipé de factions par leurs bontés et saines maximes, que l'or d'Espagne et d'Angleterre n'en a fait naître, ont été les défenseurs de la doctrine pour la conservation de laquelle (1) le cardinal de Richelieu confina M. le président de Barillon à Amboise; et c'est lui qui a commencé à punir les magistrats, pour avoir avancé des vérités pour lesquelles leur serment les obligeoit d'exposer leur propre vie.

Les rois qui ont été sages, et qui ont connu leurs véritables intérêts, ont rendu les parlemens dépositaires de leurs ordonnances, particulièrement pour se décharger d'une partie de l'envie et de la haine que l'exécution des plus saintes et même des plus nécessaires produit quelquefois. Ils n'ont pas cru s'abaisser en s'y liant eux-mêmes : semblables à Dieu, qui obéit toujours à ce qu'il a commandé une fois. Les ministres, qui sont toujours assez aveuglés par leur fortune pour ne se pas contenter de ce que les ordonnances permettent, ne s'appliquent qu'à les renverser; et le cardinal de Richelieu, plus qu'aucun autre, y a travaillé avec autant d'imprudence que d'application.

Il n'y a que Dieu qui puisse subsister par lui seul : les monarchies les mieux établies et les monarques les plus autorisés ne se soutiennent que par l'assemblage des armes et des lois; et cet assemblage est si

(1) *Pour la conservation de laquelle :* L'auteur veut dire que Richelieu fit arrêter Barillon, parce qu'il cherchoit à faire prévaloir cette doctrine.

nécessaire, que les unes ne se peuvent maintenir sans les autres. Les lois, sans le secours des armes, tombent dans le mépris : les armes qui ne sont point modérées par les lois tombent bientôt dans l'anarchie. La république romaine ayant été anéantie par Jules César, la puissance dévolue par la force de ses armes à ses successeurs subsista autant de temps qu'ils purent eux-mêmes conserver l'autorité des lois. Aussitôt qu'elles perdirent leurs forces, celle des empereurs s'évanouit par le moyen de ceux mêmes qui, s'étant rendus maîtres de leurs sceaux et de leurs armes par la faveur qu'ils avoient auprès d'eux, convertirent à leur propre substance celles de leurs maîtres, qu'ils sucèrent, pour ainsi parler, à l'abri de ces lois anéanties. L'Empire romain mis à l'encan, et celui des Ottomans exposé tous les jours au cordeau, nous marquent, par des caractères bien sanglans, l'aveuglement de ceux qui ne font consister l'autorité que dans la force.

Mais pourquoi chercher des exemples étrangers? Nous en avons de domestiques. Pepin n'employa pour détrôner les Mérovingiens, et Capet ne se servit pour déposséder les Carlovingiens, que de la même puissance que les ministres prédécesseurs de l'un et de l'autre s'étoient acquise sous le nom de leurs maîtres : et il est à observer que les maires du palais et les comtes de Paris se placèrent dans le trône des rois, justement et également par la même voie par laquelle ils s'étoient insinués dans leurs esprits, c'est-à-dire par l'affoiblissement et par le changement des lois de l'État, qui plaisent toujours aux princes peu éclairés, parce qu'ils s'imaginent y voir l'agrandissement de leur autorité; et qui, dans les suites, servent de prétexte aux grands et de motif aux peuples pour se soulever.

Le cardinal de Richelieu étoit trop habile pour ne pas avoir toutes ces vues ; mais il les sacrifia à son intérêt. Il voulut régner selon son inclination, qui ne se donnoit point de règles, même dans les choses où il ne lui eût rien coûté de s'en donner; et il fit si bien, que si le destin lui eût donné un successeur de son mérite, je ne sais si la qualité de premier ministre, qu'il a prise le premier, n'auroit pas pu être, avec un peu de temps, aussi odieuse en France que l'ont été par l'événement celles de maire du palais et de comte de Paris. La providence de Dieu y pourvut au moins en un sens : le cardinal Mazarin, qui prit sa place, n'ayant donné ni pu donner aucun ombrage à l'Etat du côté de l'usurpation. Comme ces deux ministres ont beaucoup contribué, quoique différemment, à la guerre civile, je crois qu'il est nécessaire que je vous en fasse le portrait et le parallèle.

Le cardinal de Richelieu avoit de la naissance. Sa jeunesse jeta des étincelles de son mérite : il se distingua en Sorbonne : on remarqua de fort bonne heure qu'il avoit de la force et de la vivacité dans l'esprit. Il prenoit d'ordinaire très-bien son parti; il étoit homme de parole où un grand intérêt ne l'obligeoit pas au contraire : et en cela il n'oublioit rien pour sauver les apparences de la bonne foi. Il n'étoit pas libéral, mais il donnoit plus qu'il ne promettoit, et il assaisonnoit admirablement ses bienfaits. Il aimoit la gloire beaucoup plus que la morale ne le permet ; mais il faut avouer qu'il n'abusoit qu'à proportion de son mérite de la dispense qu'il avoit prise sur le point de l'excès de son ambition. Il n'avoit ni l'esprit ni le cœur au-dessus des périls : il n'avoit ni l'un ni l'autre au dessous ; et l'on peut dire qu'il en prévint davantage par sa sagacité, qu'il n'en surmonta par sa fermeté. Il étoit bon ami ; il eût même souhaité d'être aimé du public ; mais quoiqu'il eût la civilité, l'extérieur, et d'autres parties propres à cet effet, il n'en eut jamais ce je ne sais quoi qui est encore en cette matière plus requis qu'en toute autre. Il anéantissoit, par son pouvoir et par son faste royal, la majesté personnelle du Roi ; mais il remplissoit avec tant de dignité les fonctions de la royauté, qu'il falloit n'être pas du vulgaire pour ne pas confondre le bien et le mal en ce fait. Il distinguoit plus judicieusement qu'homme du monde entre le mal et le pis, entre le bien et le mieux : ce qui est une grande qualité à un ministre. Il s'impatientoit trop facilement dans les petites choses, qui étoient les préalables des grandes ; mais ce défaut, qui vient de la sublimité de l'esprit, est toujours joint à des lumières qui le suppléent. Il avoit assez de religion pour ce monde ; il alloit au bien ou par inclination ou par bon sens, toutes les fois que son intérêt ne le portoit point au mal, qu'il connoissoit parfaitement quand il le faisoit. Il ne considéroit l'Etat que pour sa vie ; mais jamais ministre n'a eu plus d'application à faire croire qu'il en ménageoit l'avenir. Enfin il faut confesser que tous ses vices ont été de ceux que la grande fortune rend aisément illustres, parce qu'ils ont été de ceux qui ne peuvent avoir pour instrumens que de grandes vertus.

Vous jugez facilement qu'un homme qui a d'aussi grandes qualités et autant d'apparence de celles même qu'il n'avoit pas, se conserve assez aisément dans le monde cette sorte de respect qui démêle le mépris d'avec la haine, et qui, dans un Etat où il n'y a plus de lois, supplée, au moins pour quelque temps, à leur défaut.

Le cardinal Mazarin étoit d'un caractère tout contraire : sa naissance étoit basse, son enfance honteuse. Au sortir du Colisée (1), il apprit à piper : ce qui lui attira des coups de bâton d'un orfèvre de Rome, appelé Moreto. Il fut capitaine d'infanterie en Valteline; et Bagni, qui étoit son général, m'a dit qu'il ne passa dans sa guerre, qui ne fut que de trois mois, que pour un escroc. Il eut la nonciature extraordinaire en France, par la faveur du cardinal Antoine (2), qui ne s'acquéroit pas en ce temps-là par de bons moyens. Il plut à Chavigny par des contes libertins d'Italie, et par Chavigny à Richelieu, qui le fit cardinal, par le même esprit (à ce qu'on croit) qui obligea Auguste à laisser à Tibère la succession de l'Empire. La pourpre ne l'empêcha pas de demeurer valet sous Richelieu. La Reine l'ayant choisi, faute d'autre (ce qui est vrai, quoi qu'on en dise), il parut d'abord l'original de *Trivelino principe*. La fortune l'ayant ébloui et tous les autres, il s'érigea et on l'érigea en Richelieu; mais il n'en eut que l'imprudence et l'imitation. Il se fit de la honte de tout ce que l'autre s'étoit fait de l'honneur. Il se moqua de la religion : il promit tout

---

(1) *Au sortir du Colisée*: Les détails qui suivent sont puisés dans les libelles publiés contre le cardinal Mazarin. — (2) Antonio Barberini. (A. E.)

ce qu'il ne vouloit pas tenir. Il ne fut ni doux ni cruel, parce qu'il ne se souvenoit ni des bienfaits ni des injures. Il s'aimoit trop : ce qui est le propre des âmes lâches ; il se craignoit trop peu : ce qui est le caractère de ceux qui n'ont pas de soin de leur réputation. Il prévoyoit assez bien le mal, parce qu'il avoit souvent peur ; mais il n'y remédioit pas à proportion, parce qu'il n'avoit pas tant de prudence que de peur. Il avoit de l'esprit, de l'insinuation, de l'enjouement, des manières ; mais le vilain cœur paroissoit toujours au travers, et au point que ces qualités eurent dans l'adversité tout l'air du ridicule, et ne perdirent pas dans la prospérité tout l'air de fourberie. Il porta le filoutage dans le ministère : ce qui n'est jamais arrivé qu'à lui ; et ce filoutage faisoit que le ministère même, heureux et absolu, ne lui seyoit pas bien, et que le mépris s'y glissa : qui est la maladie la plus dangereuse d'un État, et dont la contagion se répand le plus aisément et le plus promptement du chef dans tous les membres.

Il n'est pas mal aisé de concevoir, par ce que je viens de vous dire, qu'il peut et qu'il doit y avoir eu beaucoup de contre-temps fâcheux dans une administration qui suivoit d'aussi près celle du cardinal de Richelieu, et qui en étoit aussi différente.

Vous avez vu ci-devant tout l'extérieur des quatre premières années de la régence, et je vous ai déjà même expliqué l'effet que la prison de M. de Beaufort fit d'abord dans les esprits. Il est certain qu'elle y imprima du respect pour un homme pour qui l'éclat de la pourpre n'en avoit pu donner aux particuliers: Ondedeï (1) m'a dit que le cardinal s'étoit moqué avec lui, à ce propos, de la légèreté des Français; et il m'ajouta en même temps qu'au bout de quatre mois il s'admira lui-même; qu'il s'érigea dans son opinion en Richelieu, et qu'il se crut même plus habile que lui. Il faudroit des volumes pour vous raconter toutes ses fautes, dont les moindres étoient d'une importance extrême, par une considération qui mérite une observation particulière.

Comme il marchoit sur les pas du cardinal de Richelieu, qui avoit achevé de détruire toutes les anciennes maximes de l'Etat, il suivoit son chemin, qui étoit de tous côtés bordé de précipices que le cardinal de Richelieu n'avoit pas ignorés; mais il ne se servoit pas des appuis par lesquels le cardinal de Richelieu avoit assuré sa marche. J'expliquerai ce peu de paroles, qui comprend beaucoup de choses, par un exemple. Le cardinal de Richelieu avoit affecté d'abaisser tous les corps; mais il n'avoit pas oublié de ménager les particuliers. Cette idée suffit pour vous faire concevoir tout le reste: ce qu'il y eut de merveilleux fut que tout contribua à le tromper lui-même. Il y eut toutefois des raisons naturelles de cette illusion; et vous en avez vu quelques-unes dans la disposition où je vous ai marqué ci-dessus qu'il avoit trouvé les affaires, les corps et les particuliers du royaume. Mais il faut avouer que cette illusion fut très-extraordinaire, et qu'elle passa jusqu'à un grand excès.

Le dernier point d'illusion en matière d'Etat est une espèce de léthargie qui n'arrive jamais qu'après de grands symptômes. Le renversement des anciennes

(1) Depuis évêque de Fréjus. (A. E.)

lois, l'anéantissement de ce milieu qu'elles ont posé entre les rois et les peuples, l'établissement de l'autorité purement et absolument despotique, sont ceux qui ont jeté originairement la France dans ces convulsions dans lesquelles nos pères l'ont vue. Le cardinal de Richelieu la traita comme un empirique, avec des remèdes violens qui lui firent paroître de la force, mais une force d'agitation qui en épuisa le corps et les parties. Le cardinal Mazarin, comme un médecin très-inexpérimenté, ne connut point son abattement : il ne la soutint point par les secrets chimiques de son prédécesseur ; il continua de l'affoiblir par des saignées ; elle tomba en léthargie, et il fut assez malhabile pour prendre ce faux repos pour une véritable santé. Les provinces, abandonnées à la rapine des surintendans, demeuroient abattues et assoupies sous la pesanteur de leurs maux, que les secousses qu'elles s'étoient données de temps en temps sous le cardinal de Richelieu n'avoient fait qu'augmenter et aigrir. Les parlemens, qui avoient tout nouvellement gémi sous la tyrannie, étoient comme insensibles aux misères présentes, par la mémoire encore trop vive et trop récente des passées. Les grands, qui pour la plupart avoient été chassés du royaume, s'endormoient paresseusement dans leurs lits, qu'ils avoient été ravis de retrouver. Si cette indolence générale eût été ménagée, l'assoupissement eût peut-être duré plus long-temps : mais comme le médecin ne le prenoit que pour un doux sommeil, il n'y fit aucun remède. Le mal s'aigrit, la tête s'éveilla ; Paris se sentit, il poussa des soupirs ; l'on n'en fit point de cas : il tomba en frénésie. Venons au détail.

Emery, surintendant des finances, et à mon sens l'esprit le plus corrompu de son siècle, ne cherchoit que des noms pour trouver des édits. Je ne puis mieux vous exprimer le fond de l'ame du personnage qui disoit en plein conseil (je l'ai ouï) que la foi n'étoit que pour les marchands; et que les maîtres des requêtes qui l'alléguoient pour raison dans les affaires qui regardoient le Roi méritoient d'être punis. Je ne puis mieux vous exprimer le défaut de son jugement. Cet homme, qui avoit été condamné à Lyon, dans sa jeunesse, à être pendu, gouvernoit même avec empire le cardinal Mazarin en tout ce qui regardoit le dedans du royaume. Je choisis cette remarque entre douze ou quinze que je vous pourrois faire de telle nature, pour vous donner à entendre l'extrémité du mal, qui n'est jamais à son période que quand ceux qui commandent ont perdu la honte, parce que c'est justement le moment dans lequel ceux qui obéissent perdent le respect; et c'est dans ce même moment où l'on revient de la léthargie, mais par des convulsions.

Les Suisses paroissoient, pour ainsi parler, si étouffés sous la pesanteur de leurs chaînes, qu'ils ne respiroient plus, quand la révolte de trois de leurs puissans cantons forma des ligues. Les Hollandais se croyoient subjugués par le duc d'Albe, quand le prince d'Orange, par le sort réservé aux grands génies, qui voient avant tous les autres le point de la possibilité, conçut et enfanta leur liberté. Voilà des exemples: la raison y est. Ce qui cause l'assoupissement dans les Etats qui souffrent est la durée du mal, qui saisit l'imagination des hommes, et qui leur fait croire qu'il ne finira jamais. Aussitôt qu'ils trouvent jour à en sortir (ce qui ne manque jamais lorsqu'il est venu jusqu'à un certain point), ils sont si surpris, si aises et si emportés, qu'ils passent tout d'un coup à l'autre extrémité; et que, bien loin de considérer les révolutions comme impossibles, ils les croient faciles : et cette disposition toute seule est quelquefois capable de les faire. Nous avons éprouvé et senti toutes ces vérités dans notre révolution. Qui eût dit, trois mois avant la petite pointe des troubles, qu'il en eût pu naître dans un Etat où la maison royale étoit parfaitement unie, où la cour étoit esclave du ministre, où les provinces et la capitale lui étoient soumises, où les armées étoient victorieuses, où les compagnies paroissoient de tout point impuissantes? Qui l'eût dit eût passé pour un insensé: je ne dis pas dans l'esprit du vulgaire, mais je dis entre les d'Estrées et les Senneterre. Il paroît un peu de sentiment, une lueur ou plutôt une étincelle de vie; et ce signe de vie, dans le commencement presque imperceptible, ne se donne point par Monsieur, il ne se donne point par M. le prince, il ne se donne point par les grands du royaume, il ne se donne point par les provinces : il se donne par le parlement, qui jusqu'à notre siècle n'avoit jamais commencé de révolution, et qui certainement auroit condamné par des arrêts sanglans celle qu'il faisoit lui-même, si tout autre que lui l'eût commencée. Il gronda sur l'édit du tarif; et aussitôt qu'il eut seulement murmuré, tout le monde s'éveilla. On chercha en s'éveillant, comme à tâtons, les lois; on ne les trouva plus. L'on s'effara, l'on cria, l'on se les demanda; et, dans cette agitation, les questions que les explications firent naître, d'obscures qu'elles étoient, et vénérables par leur antiquité, devinrent problématiques : et de là, à l'égard de la moitié du monde, odieuses. Le peuple entra dans le sanctuaire : il leva le voile qui doit toujours couvrir tout ce que l'on peut dire, tout ce que l'on peut croire du droit des peuples et de celui des rois, qui ne s'accordent jamais si bien ensemble que dans le silence. La salle du Palais profana ces mystères. Venons aux faits particuliers, qui vous feront voir à l'œil ce détail.

Je n'en choisirai d'une infinité que deux, et pour ne vous pas ennuyer, et parce que l'un est le premier qui a ouvert la plaie, et que l'autre l'a beaucoup envenimée : je ne toucherai les autres qu'en courant.

Le parlement, qui avoit souffert et même vérifié une très-grande quantité d'édits ruineux et pour les particuliers et pour le public, éclata enfin au mois d'août de l'année 1647 contre celui du tarif, qui portoit une imposition générale sur toutes les denrées qui entroient dans la ville de Paris. Comme il avoit été vérifié en la cour des aides il y avoit plus d'un an, et exécuté en vertu de cette vérification, messieurs du conseil s'opiniâtrèrent beaucoup à le soutenir. Connoissant que le parlement étoit sur le point de faire défense de l'exécuter, ou plutôt d'en continuer l'exécution, ils souffrirent qu'il fût porté au parlement pour l'examiner, dans l'espérance d'éluder, comme ils avoient fait en tant d'autres rencontres, les résolutions de la compagnie. Ils se trompèrent : la mesure étoit comble, les esprits étoient échauffés, et tout alloit à rejeter l'édit. La Reine manda le parlement; il fut par députés au Palais-Royal. Le chancelier prétendit que la vérification appartenoit à la cour des aides : le premier président (1) la contesta pour le parlement. Le cardinal Mazarin, ignorantissime en toutes ces matières, dit qu'il s'étonnoit qu'un corps aussi considérable s'amusât à des bagatelles; et vous pouvez juger si cette parole fut relevée.

Emery ayant proposé une conférence particulière pour aviser aux moyens d'accommoder l'affaire, elle fut proposée le lendemain dans les chambres assemblées. Après une grande diversité d'avis, dont plusieurs alloient à la refuser, comme inutile et même captieuse, elle fut accordée, mais vainement : l'on ne put convenir. Ce que voyant le conseil, et craignant que le parlement ne donnât arrêt de défense qui auroit infailliblement été exécuté par le peuple, il envoya une déclaration pour supprimer le tarif, afin de sauver au moins l'apparence à l'autorité du Roi. L'on envoya quelques jours après cinq édits encore plus onéreux que celui du tarif, non pas en espérance de les faire recevoir, mais en vue d'obliger le parlement à en revenir à celui du tarif. Il y revint effectivement, en refusant les autres; mais avec tant de modifications que la cour ne crut pas s'en pouvoir accommoder, et qu'elle donna, étant à Fontainebleau au mois de septembre, un arrêt du conseil d'en haut, qui cassa celui du parlement, et qui leva toutes les modifications. La chambre des vacations y répondit par un autre, qui ordonna que celui du parlement seroit exécuté.

Le conseil, voyant qu'il ne pouvoit tirer aucun

---

(1) Matthieu Molé, seigneur de Lassy et de Champlâtreux, né en 1584, et mort en 1656. (A. E.)

argent de ce côté-là, témoigna au parlement que puisqu'il ne vouloit point de nouveaux édits, il ne devoit pas du moins s'opposer à l'exécution de ceux qui avoient été vérifiés autrefois dans la compagnie; et sur ce fondement il remit sur le tapis une déclaration qui avoit été enregistrée, il y avoit deux ans, pour l'établissement de la chambre du domaine, qui étoit d'une charge terrible pour le peuple, et d'une conséquence encore plus grande. Le parlement l'avoit accordée, ou par surprise ou par foiblesse. Le peuple se mutina, alla en troupes au Palais, maltraita de paroles le président de Thoré, fils d'Emery. Le parlement fut obligé de décréter contre les séditieux. La cour, ravie de le commettre avec le peuple, appuya le décret par des régimens des Gardes françaises et suisses. Le bourgeois s'alarma, monta dans les clochers des trois églises de la rue Saint-Denis, où les gardes avoient paru. Le prévôt des marchands avertit le Palais-Royal que tout est sur le point de prendre les armes. L'on fait retirer les gardes, en disant qu'on ne les avoit posées que pour accompagner le Roi, qui devoit aller en cérémonie à Notre-Dame. Il y alla effectivement en grande pompe dès le lendemain, pour couvrir le jeu; et le jour suivant il monta au parlement, sans l'avoir averti que la veille extrêmement tard. Il y porta cinq ou six édits, tous plus ruineux les uns que les autres, qui ne furent communiqués aux gens du Roi qu'à l'audience. Le premier président parla fort hardiment contre cette manière de mener le Roi au Palais, pour surprendre et pour forcer la liberté des suffrages.

Dès le lendemain les maîtres des requêtes, auxquels un de ces édits vérifiés en la présence du Roi avoit donné douze collègues, s'assemblent dans le lieu où ils tiennent la justice, que l'on appelle des requêtes du Palais, et prennent une résolution très-ferme de ne pas souffrir cette création nouvelle. La Reine les mande, les appelle de belles gens pour s'opposer à la volonté du Roi ; elle les interdit des conseils. Ils s'animent au lieu de s'étonner ; ils entrent dans la grand'chambre, et ils demandent qu'ils soient reçus opposans à l'édit de création de leurs confrères. On leur donna acte de leur opposition.

Les chambres s'assemblent le même jour pour examiner les édits que le Roi avoit fait vérifier en sa présence. La Reine commanda à la compagnie de l'aller trouver par députés au Palais-Royal, et elle leur témoigna être surprise de ce qu'ils prétendoient toucher à ce que la présence du Roi avoit consacré : ce furent les propres paroles du chancelier. Le premier président répondit que telle étoit la pratique du parlement, et il en allégua les raisons tirées de la nécessité de la liberté des suffrages. La Reine témoigna être satisfaite des exemples qu'on lui apporta; mais comme elle vit, quelques jours après, que les délibérations alloient à mettre des modifications aux édits qui les rendoient presque infructueux, elle défendit, par la bouche des gens du Roi au parlement, de continuer à prendre connoissance des édits jusqu'à ce qu'il eût déclaré en forme s'il prétendoit donner des bornes à l'autorité royale. Ceux qui étoient pour l'intérêt de la cour dans la compagnie se servirent adroitement de l'embarras où elle se trouva pour répondre à cette question; ils s'en servirent, dis-je, adroitement pour porter les choses à la douceur, et pour faire ajouter, aux arrêts qui portoient les modifications, que le tout seroit exécuté sous le bon plaisir du Roi. La clause plut pour un moment à la Reine; mais quand elle connut qu'elle n'empêcheroit pas que presque tous les édits ne fussent rejetés par le commun suffrage du parlement, elle s'emporta, et elle leur déclara qu'elle vouloit que tous les édits, sans exception, fussent exécutés pleinement et sans aucune modification.

Dès le lendemain, M. le duc d'Orléans alla à la chambre des comptes, où il porta ceux qui la regardoient; et M. le prince de Conti, en l'absence de M. le prince qui étoit déjà parti pour l'armée, alla à la cour des aides, pour y porter ceux qui la concernoient.

J'ai couru jusqu'ici sur ces matières à perte d'haleine, quoique nécessaires à ce récit, pour me trouver plus tôt sur une autre matière sans comparaison plus importante, et qui, comme je vous ai déjà dit ci-dessus, envenima toutes les autres. Ces deux compagnies que je vous viens de nommer ne se contentèrent pas seulement de répondre à Monsieur et à M. le prince de Conti avec beaucoup de vigueur par la bouche de leur premier président : mais aussitôt la cour des aides députa vers la chambre des comptes, pour lui demander union avec elle pour la réformation de l'Etat. La chambre des comptes l'accepta; l'une et l'autre s'assurèrent du grand conseil; et les trois ensemble demandèrent la jonction au parlement, qui leur fut accordée avec joie, et exécutée à l'heure même au Palais, dans la salle que l'on appelle de Saint-Louis.

La vérité est que cette union, qui prenoit pour son motif la réformation de l'Etat, pouvoit avoir fort naturellement celui de l'intérêt particulier des officiers, parce que l'un des édits dont il s'agissoit portoit un retranchement considérable de leurs gages; et la cour, qui se trouva étonnée et embarrassée au dernier point de l'arrêt d'union, affecta de lui donner autant qu'elle put cette couleur, pour le décréditer dans l'esprit des peuples.

La Reine ayant fait dire au parlement, par les gens du Roi, que comme cette union n'étoit faite que pour l'intérêt particulier des compagnies, et non pas pour la réformation de l'Etat, comme on le lui avoit voulu d'abord faire croire, elle n'y trouvoit rien à redire, parce qu'il est toujours permis à tout le monde de représenter au Roi ses intérêts, et qu'il n'est jamais permis à personne de s'ingérer du gouvernement de l'Etat. Le parlement ne donna point dans ce panneau; et parce qu'il étoit aigri par l'enlèvement de Turcan et d'Argouges, conseillers au grand conseil, que la cour fit prendre la nuit de l'avant-veille de la Pentecôte, et par celui de Lotin, Dreux et Guerin que l'on arrêta aussi incontinent après, il ne songea qu'à justifier et à soutenir son arrêt d'union par des exemples. Le président de Novion (1) en trouva dans les registres; et l'on étoit sur le point de délibérer sur l'exécution, quand Le Plessis-Guénégaud (2), secrétaire d'Etat, entra dans le parquet, et mit entre les mains des gens du Roi un arrêt du conseil d'en haut,

---

(1) Nicolas Pothier, sieur de Novion, président à mortier, et puis premier président. (A. E.) — (2) Henri de Guénégaud, mort en 1676. (A. E.)

qui portoit, en termes même injurieux, cassation de celui d'union des quatre compagnies. Le parlement ayant délibéré ne répondit rien à cet arrêt du conseil, que par un avis donné solennellement aux députés des trois autres compagnies de se trouver le lendemain, à deux heures de relevée, dans la salle de Saint-Louis.

La cour, outrée de ce procédé, s'avisa de l'expédient du monde le plus bas et le plus ridicule, qui fut d'avoir la feuille de l'arrêt. Du Tillet, greffier en chef, auquel elle l'avoit demandée, ayant répondu qu'elle étoit entre les mains du greffier commis : Le Plessis-Guénégaud, et Carnavalet, lieutenant des gardes du corps, le mirent dans un carrosse, et l'amenèrent au greffe pour la chercher. Les marchands s'en aperçurent, le peuple se souleva ; et le secrétaire et le lieutenant furent très-heureux de se sauver. Le lendemain, à sept heures du matin, le parlement eut ordre d'aller au Palais-Royal, et d'y porter l'arrêt du jour précédent, qui étoit celui par lequel le parlement avoit ordonné que les autres compagnies seroient priées de se trouver à deux heures dans la chambre de Saint-Louis. Comme ils furent arrivés au Palais-Royal, M. Le Tellier [1] demanda à M. le premier président s'il avoit apporté la feuille ; et le premier président lui ayant répondu que non, et qu'il en diroit les raisons à la Reine, il y eut dans le conseil des avis différens. L'on prétend que la Reine étoit assez portée à arrêter le parlement ; mais personne ne fut de cet avis, qui à la vérité n'étoit pas soutenable, vu la disposition des peuples. L'on prit un parti plus mo-

[1] Michel Le Tellier, mort chancelier de France en 1685. (A. E.)

déré : le chancelier fit à la compagnie une forte réprimande, en présence du Roi et de toute la cour; et il fit lire en même temps un second arrêt du conseil, portant cassation du dernier arrêt, défense de s'assembler, sous peine de rebellion; et ordre d'insérer dans les registres cet arrêt, en la place de celui d'union.

Cela se passa le matin. Dès l'après-dînée, les députés des quatre compagnies se trouvèrent dans la salle de Saint-Louis, au très-grand mépris de l'arrêt du conseil d'en haut. Le parlement s'assembla de son côté à l'heure ordinaire, pour délibérer de ce qui étoit à faire à l'égard de l'arrêt du conseil d'en haut, qui avoit cassé celui d'union, et qui avoit défendu la continuation des assemblées. Vous remarquerez, s'il vous plaît, qu'ils y désobéissoient même en y délibérant, parce qu'il leur avoit été très expressément enjoint de n'y pas délibérer. Comme tout le monde vouloit opiner avec pompe et avec éclat sur une matière de cette importance, quelques jours se passèrent avant que la délibération pût être achevée : ce qui donna lieu à Monsieur, qui connut infailliblement que le parlement n'obéiroit pas, de proposer un accommodement.

Les présidens à mortier et le doyen de la grand'-chambre se trouvèrent au palais d'Orléans avec le cardinal Mazarin et le chancelier. L'on y fit quelques propositions qui furent rapportées au parlement, et rejetées avec d'autant plus d'emportement, que la première, qui concernoit le droit annuel, accordoit aux compagnies tout ce qu'elles pouvoient souhaiter pour leur intérêt particulier. Le parlement affecta de marquer qu'il ne songeoit qu'au public ; et il donna enfin un arrêt par lequel il fut dit que la compagnie demeureroit assemblée, et que très-humbles remontrances seroient faites au Roi, pour lui demander la cassation des arrêts du conseil.

Les gens du Roi demandèrent audience à la Reine pour le parlement dès le soir même. Elle les manda le lendemain par une lettre de cachet. Le premier président parla avec une grande force : il exagéra la nécessité de ne point ébranler le milieu qui est entre les peuples et les rois. Il justifia par des exemples illustres et fameux la possession où les compagnies avoient été depuis si long-temps et de s'unir et de s'assembler. Il se plaignit hautement de la cassation de l'arrêt d'union, et il conclut, par une instance très-ferme et très-vigoureuse, à ce que les ordres contraires donnés par le conseil d'en haut fussent supprimés.

La cour, beaucoup plus émue par la disposition des peuples que par les remontrances du parlement, plia tout d'un coup, et fit dire par les gens du Roi, à la compagnie, que le Roi lui permettoit d'exécuter l'arrêt d'union, de s'assembler, de travailler avec les autres compagnies à ce qu'elles jugeroient à propos pour le bien de l'Etat.

Jugez de l'abattement du cabinet ! Mais vous n'en jugerez pas assurément comme le vulgaire, qui crut que la foiblesse du cardinal Mazarin en cette occasion donnoit le dernier coup à l'autorité royale. Il ne pouvoit en cette rencontre faire que ce qu'il fit ; mais il est juste de rejeter sur son imprudence ce que nous n'attribuons pas à sa foiblesse, et il est inexcusable de n'avoir pas prévu et prévenu les conjonctures dans lesquelles l'on ne peut plus faire que des fautes. J'ai observé que la fortune ne met jamais les hommes en cet état, qui est de tous le plus malheureux; et que personne n'y tombe, que ceux qui s'y précipitent par leur faute. J'en ai recherché la raison, et je ne l'ai point trouvée; mais j'en suis convaincu par les exemples. Si le cardinal Mazarin eût tenu ferme dans l'occasion dont je viens de vous parler, il se seroit sûrement attiré des barricades, et la réputation d'un téméraire et d'un forcené. Il a cédé au torrent : j'ai vu peu de gens qui ne l'aient accusé de foiblesse. Ce qui est constant est que l'on en conçut beaucoup de mépris pour le ministre, et que, bien qu'il eût essayé d'adoucir les esprits par l'exil d'Emery, à qui il ôta la surintendance, le parlement, aussi persuadé de sa propre force que de l'impuissance de la cour, la poussa par toutes les voies qui peuvent anéantir le gouvernement d'un favori.

La chambre de Saint-Louis fit sept propositions, dont la moins forte étoit de cette nature. La première, sur laquelle le parlement délibéra, fut la révocation des intendans. La cour, qui se sentit touchée à la prunelle de l'œil, obligea M. le duc d'Orléans d'aller au Palais, pour en représenter à la compagnie les conséquences, et la prier de surseoir seulement pour trois jours à l'exécution de son arrêt, pendant lesquels il avoit des propositions à faire qui seroient très-avantageuses au public. On lui accorda trois jours de délai, à condition qu'il n'en fût rien écrit dans le registre, et que la conférence se fît incessamment. Les députés des quatre compagnies se trouvèrent au palais d'Orléans. Le chancelier insista fort sur la nécessité de conserver les intendans dans les provinces, et sur l'inconvénient qu'il y auroit de faire le procès, comme l'arrêt le portoit, à ceux d'entre eux qui auroient malversé, parce qu'il seroit impossible que les partisans ne se trouvassent engagés dans les procédures : ce qui seroit ruiner les affaires du Roi, en obligeant à des banqueroutes ceux qui les soutenoient par leurs avances et leur crédit. Le parlement ne se rendant point à cette raison, le chancelier se réduisit à demander que les intendans ne fussent pas révoqués par arrêt du parlement, mais par une déclaration du Roi, afin que les peuples eussent au moins l'obligation de leurs soulagemens à Sa Majesté. L'on eut peine à consentir à cette proposition : elle passa toutefois à la pluralité des voix. Mais lorsque la déclaration fut portée au parlement, elle fut trouvée défectueuse, en ce que, révoquant les intendans, elle n'ajoutoit pas que l'on recherchât leur gestion.

M. le duc d'Orléans, qui l'étoit venue porter au parlement, n'ayant pu la faire passer, la cour s'avisa d'un expédient, qui fut d'en envoyer une autre, qui portoit l'établissement d'une chambre de justice pour faire le procès aux délinquans. La compagnie s'aperçut bien facilement que la proposition de cette chambre de justice, dont les officiers et l'exécution seroient toujours à la disposition des ministres, ne tendoit qu'à tirer les voleurs des mains du parlement. Elle passa toutefois encore à la pluralité des voix, en présence de M. d'Orléans, qui en fit vérifier une autre le même jour, par laquelle le peuple étoit déchargé du huitième des tailles, quoique l'on eût promis au parlement de le décharger du quart.

M. d'Orléans y vint encore quelques jours après porter une troisième déclaration, par laquelle le Roi vouloit qu'il ne se fît plus aucunes levées d'argent qu'en vertu des déclarations vérifiées au parlement. Rien ne paroissoit plus spécieux; mais comme la compagnie savoit qu'on ne pensoit qu'à l'amuser et qu'à autoriser par le passé toutes celles qui n'y avoient pas été vérifiées, elle ajouta la clause de défense que l'on ne leveroit rien en vertu de celles qui se trouveroient de cette nature. Le ministre, désespéré du peu de succès de ses artifices, de l'inutilité des efforts qu'il avoit faits pour semer de la jalousie entre les quatre compagnies, et d'une proposition sur laquelle on étoit près de délibérer, qui alloit à la radiation de tous les prêts faits au Roi sous des usures immenses; le ministre, dis-je, outré de rage et de douleur, et poussé par tous les courtisans, qui avoient mis presque tous leurs biens dans ces prêts, se résolut à un expédient qu'il crut décisif, et qui lui réussit aussi peu que les autres. Il fit monter le Roi à cheval, pour aller au parlement en grande pompe; et il y porta une déclaration remplie des plus belles paroles du monde, de quelques articles utiles au public, et de beaucoup d'autres très-obscurs et très-ambigus. La défiance que le peuple avoit de toutes les démarches de la cour fit que cette entrée ne fut pas accompagnée de l'applaudissement ni même des cris accoutumés : les suites n'en furent pas plus heureuses. La compagnie commença dès le lendemain à examiner la déclaration, et à la contrôler presque en tous ses points, mais particulièrement en celui qui défendoit aux compagnies de continuer leurs assemblées de la chambre de Saint-Louis. Elle n'eut pas plus de succès dans la chambre des comptes et dans la cour des aides, dont les premiers présidens firent des harangues très-fortes à Monsieur et à M. le prince de Conti. Le premier vint quelques jours de suite au parlement, pour l'exhorter à ne point toucher à la déclaration. Il menaça, il pria ; enfin, après des efforts incroyables, il obtint que l'on surseoiroit à délibérer jusqu'au 17 du mois : après quoi l'on continueroit incessamment à le faire, tant sur la déclaration que sur les propositions de la chambre de Saint-Louis. L'on n'y manqua pas : on examina article par article ; et l'arrêt donné par le parlement sur le troisième désespéra la cour. Il portoit, en modifiant la déclaration, que toutes les levées d'argent, ordonnées par déclarations non vérifiées, n'auroient point de lieu. M. le duc d'Orléans ayant encore été au parlement pour l'obliger à adoucir cette clause, et n'y ayant rien gagné, la cour se résolut à en venir aux extrémités, et à se servir de l'éclat que la bataille de Lens fit justement dans ce temps-là pour éblouir les peuples, et pour les obliger de consentir à l'oppression du parlement.

Voilà un crayon très-léger d'un portrait bien sombre et bien désagréable, qui vous a représenté dans un nuage, et comme en raccourci, les figures si différentes et les postures bizarres des principaux corps de l'Etat. Ce que vous allez voir est d'une peinture plus égayée : les factions et les intrigues y donneront du coloris.

[1648] La nouvelle de la victoire de M. le prince à Lens arriva à la cour le 24 août 1648. Châtillon l'apporta ; et il me dit, un quart-d'heure après qu'il fut sorti du Palais-Royal, que M. le cardinal lui avoit témoigné beaucoup moins de joie de la victoire, qu'il ne lui avoit fait paroître de chagrin de ce qu'une partie de la cavalerie espagnole s'étoit sauvée. Vous remarquerez, s'il vous plaît, qu'il parloit à un homme qui étoit entièrement à M. le prince, et qu'il lui parloit d'une des plus belles actions qui se soient jamais faites dans la guerre. Elle est imprimée en tant de lieux, qu'il seroit inutile de vous en rapporter ici le détail. Je ne puis m'empêcher de vous dire que le combat étant presque perdu, M. le prince le rétablit et le gagna, par un seul coup de cet œil d'aigle que vous lui connoissez, qui voit tout dans la guerre et qui ne s'éblouit jamais.

Le jour que la nouvelle en arriva à Paris, je trouvai M. de Chavigny à l'hôtel de Lesdiguières, qui me l'apprit, et qui me demanda si je ne gagerois pas que le cardinal seroit assez innocent pour ne se pas servir de cette occasion pour remonter sur sa bête. Ce furent ses propres paroles; elles me touchèrent, parce que connoissant, comme je faisois, l'humeur et les maximes violentes de Chavigny, et sachant d'ailleurs qu'il étoit très-mal satisfait du cardinal, ingrat au dernier point envers son premier bienfaiteur, je ne doutai pas qu'il ne fût très-capable d'aigrir les choses par de mauvais conseils. Je le dis à madame de Lesdiguières, et je lui ajoutai que j'allois de ce pas au Palais-Royal, dans la résolution d'y continuer ce que j'y avois commencé. Il est nécessaire, pour l'intelligence de ces deux dernières paroles, que je vous rende compte d'un petit détail qui me regarde en mon particulier.

Dans le cours de cette année d'agitation que je viens de toucher, je me trouvai moi-même dans un mouvement intérieur qui n'étoit connu que de fort peu de personnes. Toutes les humeurs de l'Etat étoient si émues par la chaleur de Paris, qui en est le chef, que je jugeois bien que l'ignorance du médecin ne préviendroit pas la fièvre qui en étoit comme la suite nécessaire. Je ne pouvois ignorer que je ne fusse très-mal dans l'esprit du cardinal. Je voyois la carrière ouverte, même pour la pratique, aux grandes choses dont la spéculation m'avoit touché beaucoup dès mon enfance : mon imagination me fournissoit toutes les idées du possible ; mon esprit ne les désavouoit pas, et je me reprochois à moi-même la contrariété que je trouvois dans mon cœur à les entreprendre. Je m'en remerciai, après en avoir examiné à fond l'intérieur ; et je connus que cette opposition ne venoit que d'un bon principe.

Je tenois la coadjutorerie de la Reine. Je ne savois pas diminuer mes obligations par les circonstances. Je crus que je devois sacrifier à la reconnoissance mes ressentimens, et même les apparences de ma gloire ; et, quelques instances que me fissent Montrésor et Laigues, je me résolus de m'attacher purement à mon devoir, et de n'entrer en rien de tout ce qui se disoit ou se faisoit dans ce temps-là contre la cour. Le premier de ces deux hommes, que je viens de vous nommer, avoit été toute sa vie nourri dans les factions de Monsieur ; et il étoit d'autant plus dangereux pour conseiller les grandes choses, qu'il les avoit beaucoup plus dans l'esprit que dans le cœur. Les gens de ce caractère n'exécutent rien, et par cette raison ils conseillent tout. Laigues n'avoit qu'un fort petit sens; mais il étoit très-brave et très-présomptueux. Les esprits de cette nature osent tout ce que ceux en qui ils ont confiance leur persuadent. Ce dernier, qui étoit absolument entre les mains de Montrésor, s'échauffa, comme il arrive toujours, après en avoir été persuadé; et ces deux hommes joints ensemble ne me laissoient pas un jour de repos pour me faire voir, s'imaginoient-ils, ce que, sans vanité, j'avois vu six mois et plus avant eux.

Je demeurai ferme dans ma résolution; mais comme je n'ignorois pas que l'innocence et la droiture me brouilleroient dans les suites presque autant avec la cour qu'auroit pu faire le contraire, je pris en même temps celle de me précautionner contre les mauvaises intentions du ministre : et du côté de la cour même, en y agissant avec autant de sincérité et de zèle que de liberté, et du côté de la ville, en y ménageant avec soin tous mes amis, et en n'oubliant rien de tout ce qui pouvoit être nécessaire pour m'attirer ou plutôt pour me conserver l'amitié des peuples. Je ne puis mieux vous exprimer le second, qu'en vous disant que, depuis le 28 mars jusqu'au 25 août, je dépensai trente-six mille écus en aumônes et en libéralités. Je ne crus pas mieux exécuter le premier qu'en disant à la Reine et au cardinal la vérité des dispositions que je voyois dans Paris, dans lesquelles la flatterie et la préoccupation ne leur permirent jamais de pénétrer. Comme un troisième voyage de M. l'archevêque en Anjou m'avoit remis en fonctions, je pris cette occasion pour leur témoigner que je me croyois obligé de leur en rendre compte : ce qu'ils reçurent l'un et l'autre avec assez de mépris; et je leur en rendis compte effectivement : ce qu'ils reçurent l'un et l'autre avec beaucoup de colère. Celle du cardinal s'adoucit au bout de quelques jours, mais ce ne fut qu'en apparence : elle ne fit que se déguiser. J'en connus l'art, et j'y remédiai; car comme je vis qu'il ne se servoit des avis que je lui donnois que pour faire croire dans le monde que j'étois intimement avec lui pour lui rapporter ce que je découvrois, même au préjudice des particuliers, je ne lui parlois plus de rien que je ne disse publiquement à table, en revenant chez moi. Je me plaignis même à la Reine de l'artifice du cardinal, que je lui démontrai par deux circonstances particulières. Et ainsi, sans discontinuer ce que le poste où j'étois m'obligeoit de faire pour le service du Roi, je me servis des mêmes avis que je donnois à la cour, pour faire voir au parlement que je n'oubliois rien pour éclairer le ministère, et pour dissiper les nuages dont les intérêts des subalternes et la flatterie des courtisans ne manquent jamais de l'offusquer.

Comme le cardinal eut aperçu que j'avois tourné son art contre lui-même, il ne garda presque plus de mesures avec moi; et un jour entre autres que je disois à la Reine, devant lui, que la chaleur des esprits étoit telle qu'il n'y avoit plus que la douceur qui les pût ramener, il ne me répondit que par un apologue italien, qui porte qu'au temps que les bêtes parloient, le loup assura avec serment à un troupeau de brebis qu'il les protégeroit contre tous ses camarades, pourvu qu'une d'entre elles allât tous les matins lécher une blessure qu'il avoit reçue d'un chien. Voilà le moins désobligeant des apophthegmes dont il m'honora trois ou quatre mois durant : ce qui m'obligea de dire un jour en sortant du Palais-Royal, à M. le maréchal de Villeroy (1), que j'avois fait deux réflexions : l'une, qu'il sied plus mal à un ministre de dire des sottises que d'en faire ; et l'autre, que les avis qu'on lui donne passent pour des crimes toutes les fois qu'on ne lui est point agréable.

Voilà l'état où j'étois à la cour, quand je sortis de l'hôtel de Lesdiguières pour remédier, autant que je pourrois, au mauvais effet que la nouvelle de la victoire de Lens et la réflexion de M. de Chavigny m'avoient fait appréhender. Je trouvai la Reine dans un emportement de joie inconcevable ; le cardinal me parut plus modéré. L'un et l'autre affectèrent une douceur extraordinaire ; et le cardinal particulièrement me dit qu'il vouloit se servir de l'occasion présente pour faire connoître aux compagnies qu'il étoit bien éloigné des sentimens de vengeance qu'on lui attribuoit, et qu'il prétendoit que tout le monde confessât, dans peu de jours, que les avantages remportés par les armes du Roi avoient bien plus adouci qu'élevé l'esprit de la cour. J'avoue que je fus dupé ; je le crus, j'en eus de la joie. Je prêchai le lendemain (2) à Saint-Louis des Jésuites devant le Roi et la Reine. Le cardinal, qui y étoit, me remercia (3), au sortir du sermon, de ce qu'en expliquant au Roi le

---

(1) Nicolas de Neufville, gouverneur de Louis XIV, mort en 1685. (A. E.) — (2) *Je prêchai le lendemain* : Nous avons donné l'extrait de ce sermon dans la Notice sur le cardinal de Retz. — (3) *Me remercia* : Joly dit dans ses Mémoires que ce sermon fut trouvé par les courtisans emporté et séditieux.

testament de saint Louis (c'étoit le jour de sa fête), je lui avois recommandé, comme il est porté par le même testament, le soin de ses grandes villes. Vous allez voir la sincérité de toutes ces confidences.

Le lendemain de la fête, c'est-à-dire le 26 août 1648, le Roi alla au *Te Deum*. L'on borda, selon la coutume, depuis le Palais-Royal jusqu'à Notre-Dame, toutes les rues de soldats du régiment des Gardes. Aussitôt que le Roi fut revenu au Palais-Royal, l'on forma de tous ces soldats trois bataillons, qui demeurèrent sur le Pont-Neuf et à la place Dauphine. Comminges, lieutenant des gardes de la Reine, enleva dans un carrosse fermé le bonhomme Broussel (1), conseiller de la grand'chambre, et le mena à Saint-Germain. Blancménil (2), président aux enquêtes, fut pris en même temps aussi chez lui, et conduit au bois de Vincennes. Vous vous étonnerez du choix de ce dernier; et si vous aviez connu le bonhomme Broussel, vous ne seriez pas moins surprise du sien. Je vous expliquerai ce détail en temps et lieu; mais je ne puis vous exprimer la consternation qui parut dans Paris le premier quart d'heure de l'enlèvement de Broussel, et le mouvement qui s'y fit dès le second. La tristesse ou plutôt l'abattement saisit jusqu'aux enfans : l'on se regardoit, et l'on ne se disoit rien. On éclata tout d'un coup, on s'émut, on courut, on cria, et l'on ferma les boutiques. J'en fus averti; et quoique je ne fusse pas insensible à la manière dont j'avois été joué la veille au Palais-Royal, où l'on m'avoit même prié de faire savoir, à ceux qui étoient de mes amis dans le

---

(1) Pierre Broussel. (A. E.) — (2) René Potier, sieur de Blancménil. (A. E.)

parlement, que la bataille de Lens n'y avoit causé que des sentimens de modération et de douceur; quoique, dis-je, je fusse très-piqué, je ne laissai pas de prendre le parti, sans balancer, d'aller trouver la Reine, et de m'attacher à mon devoir préférablement à toutes choses. Je le dis en ces propres termes à Chapelain, à Gomberville, et à Plot, chanoine de Notre-Dame et présentement chartreux, qui avoient dîné chez moi. Je sortis en rochet et en camail; et je ne fus pas arrivé au Marché-Neuf, que je fus accablé d'une foule de peuple qui hurloit plutôt qu'il ne crioit. Je m'en démêlai en leur disant que la Reine leur feroit justice. Je trouvai sur le Pont-Neuf le maréchal de La Meilleraye à la tête des gardes, qui, bien qu'il n'eût encore en tête que quelques enfans qui disoient des injures et qui jetoient des pierres aux soldats, ne laissoit pas d'être fort embarrassé, parce qu'il voyoit que les nuages commençoient à se grossir de tous côtés. Il fut très-aise de me voir : il m'exhorta de dire à la Reine la vérité; il s'offrit d'en venir lui-même rendre témoignage. J'en fus très-aise à mon tour; et nous allâmes ensemble au Palais-Royal, suivis d'un nombre infini de peuple qui crioit *Broussel! Broussel!* Nous trouvâmes la Reine dans le grand cabinet, accompagnée de Monsieur, du cardinal Mazarin, de M. de Longueville, du maréchal de Villeroy, de l'abbé de La Rivière, de Bautru, de Guitaut, capitaine des gardes, et de Nogent (1). Elle ne me reçut ni bien ni mal. Elle étoit trop fière et trop aigrie pour avoir de la honte de ce qu'elle m'avoit dit la veille, et le cardinal n'étoit pas assez honnête homme pour en avoir.

(1) Nicolas, comte de Bautru-Nogent. (A. E.)

Il me parut toutefois un peu embarrassé; et il me fit une espèce de galimatias, par lequel, sans me l'oser toutefois dire, il eût été bien aise que j'eusse conçu qu'il y avoit eu des raisons toutes nouvelles qui avoient obligé la Reine à se porter à la résolution que l'on avoit prise. Je feignis de prendre pour bon tout ce qu'il lui plut de me dire; et je lui répondis simplement que j'étois venu là pour me rendre à mon devoir, pour recevoir les commandemens de la Reine, et pour contribuer de tout ce qui seroit en mon pouvoir au repos et à la tranquillité. La Reine me fit un petit signe de la tête, comme pour me remercier; mais je sus depuis qu'elle avoit remarqué, et remarqué en mal, cette dernière parole, qui étoit pourtant fort innocente, et même fort dans l'ordre d'un coadjuteur de Paris. Mais il est vrai de dire qu'*auprès des princes il est aussi dangereux et presque aussi criminel de pouvoir le bien que de vouloir le mal.* Le maréchal de La Meilleraye, qui vit que La Rivière, Bautru et Nogent traitoient l'émotion de bagatelle, et qu'ils la tournoient même en ridicule, s'emporta beaucoup. Il parla avec force; il s'en rapporta à mon témoignage. Je le rendis avec liberté, et je confirmai ce qu'il avoit dit et prédit du mouvement. Le cardinal sourit malignement, et la Reine se mit en colère, proférant de son ton de fausset aigre et élevé ces propres mots : « Il y a de la révolte à imaginer que l'on « puisse se révolter. Voilà les contes ridicules de ceux « qui la veulent: l'autorité du Roi y donnera bon or- « dre. » Le cardinal, qui s'aperçut à mon visage que j'étois un peu ému de ce discours, prit la parole, et avec un ton doux il répondit à la Reine: « Plût à Dieu,

« madame, que tout le monde parlât avec autant de
« sincérité que M. le coadjuteur ! Il craint pour son
« troupeau, il craint pour la ville, il craint pour l'au-
« torité de Votre Majesté. Je suis persuadé que le
« péril n'est pas au point qu'il se l'imagine ; mais le
« scrupule sur cette matière est en lui une religion
« louable. » La Reine, qui entendit le jargon du cardinal, se remit tout d'un coup : elle me fit des honnêtetés ; et je répondis par un profond respect et par une mine si niaise, que La Rivière dit à l'oreille à Bautru, de qui je le sus quatre jours après : « Voyez
« ce que c'est que de n'être pas jour et nuit en ce
« pays-ci ! Le coadjuteur est homme du monde, il a
« de l'esprit : il prend pour bon ce que la Reine vient
« de lui dire. » La vérité est que tout ce qui étoit dans ce cabinet jouoit la comédie. Je faisois l'innocent, et je ne l'étois pas, au moins en ce fait. Le cardinal faisoit l'assuré, et il ne l'étoit pas autant qu'il le paroissoit. Il y eut quelques momens où la Reine contrefit la douce, et elle ne fut jamais plus aigre. M. de Longueville témoignoit de la tristesse, et il étoit dans une joie sensible, parce que c'étoit l'homme du monde qui aimoit le plus le commencement de toutes les affaires. M. d'Orléans faisoit l'empressé et le passionné en parlant à la Reine. Je ne l'ai jamais vu siffler avec plus d'indolence qu'il fit une demi-heure après, en entretenant Guerchi dans la petite chambre grise. Le maréchal de Villeroy faisoit le gai, pour faire sa cour au ministre ; et il m'avouoit en particulier, les larmes aux yeux, que l'Etat étoit sur le bord du précipice. Bautru et Nogent bouffonnoient, et représentoient, pour plaire à la Reine, la nourrice du vieux

Broussel (remarquez, je vous prie, qu'il avoit quatre-vingts ans), qui animoit le peuple à la sédition: quoiqu'ils connussent très-bien l'un et l'autre que la tragédie ne seroit peut-être pas fort éloignée de la farce. Le seul et unique abbé de La Rivière étoit convaincu que l'émotion du peuple n'étoit qu'une fumée; il le soutenoit à la Reine, qui l'eût voulu croire, quand même elle auroit été persuadée du contraire: et je remarquai dans un même instant, et par la disposition de la Reine qui étoit la personne du monde la plus hardie, et par celle de La Rivière qui étoit le poltron le plus signalé de son siècle, que *l'aveugle témérité et la peur outrée produisent les mêmes effets lorsque le péril n'est pas connu.* Afin qu'il ne manquât aucun personnage au théâtre, le maréchal de La Meilleraye, qui jusque-là étoit demeuré très-ferme avec moi à représenter la conséquence du tumulte, prit celui de capitan. Il changea tout d'un coup et de ton et de sentiment, sur ce que le bonhomme Vannes, lieutenant colonel aux gardes, vint dire à la Reine que les bourgeois menaçoient de forcer les gardes. Comme il étoit tout pétri de bile et de contre-temps, il se mit en colère jusqu'à l'emportement, et même jusqu'à la fureur. Il s'écria qu'il falloit plutôt périr que de souffrir cette insolence; et il pressa qu'on lui permît de prendre les gardes, les officiers de la maison, et tous les courtisans qui étoient dans les antichambres, en assurant qu'il terrasseroit toute cette canaille.

La Reine même donna avec ardeur dans son sens, mais ce sens ne fut appuyé de personne; et vous verrez par l'événement qu'il n'y en a jamais eu de plus réprouvé. Le chancelier entra dans le cabinet en ce moment. Il étoit si foible de son naturel, qu'il n'y avoit jamais dit, jusqu'à cette occasion, aucune parole de vérité ; mais, en celle-là, la complaisance céda à la peur : il parla, et il parla selon ce que lui dictoit ce qu'il avoit vu dans les rues. J'observai que le cardinal parut fort touché de la liberté d'un homme en qui il n'en avoit jamais vu. Mais Senneterre, qui entra presque en même temps, effaça en moins de rien les premières idées, en assurant que la chaleur du peuple commençoit à se ralentir : qu'on ne prenoit point les armes, et qu'avec un peu de patience tout iroit bien.

Il n'y a rien de si dangereux que la flatterie, dans les conjonctures où celui que l'on flatte peut avoir peur. L'envie qu'il a de ne la pas prendre fait qu'il croit tout ce qui l'empêche d'y remédier. Les avis qui arrivoient de moment à autre faisoient perdre inutilement ceux dans lesquels on peut dire que le salut de l'Etat étoit renfermé. Le vieux Guitaut[1], homme de peu de sens, mais très-affectionné, s'en impatienta plus que les autres ; et il dit, d'un ton de voix encore plus rauque qu'à son ordinaire, qu'il ne comprenoit pas comment il étoit possible de s'endormir en l'état où étoient les choses. Il ajouta je ne sais quoi entre les dents que je n'entendis pas, mais qui apparemment piqua le cardinal, qui d'ailleurs ne l'aimoit pas. Le cardinal lui répondit : « Eh bien ! M. de Guitaut, quel « est votre avis ? — Mon avis est, lui répondit brusque-« ment Guitaut, *de rendre ce vieux coquin de Brous-*

---

(1) *Le vieux Guitaut* : François de Comminges, mort en 1663, à l'âge de quatre-vingt-deux ans.

« *sel mort ou vif.* » Je pris la parole, et je lui dis : « Le « premier ne seroit ni de la piété ni de la prudence « de la Reine : le second pourroit faire cesser le tu- « multe. » La Reine rougit à ce mot, et s'écria : « Je « vous entends, M. le coadjuteur ! vous voudriez que « je donnasse la liberté à Broussel. Je l'étranglerois « plutôt avec les deux mains. » Et achevant cette dernière syllabe, elle me les porta presque au visage, en ajoutant : « Et ceux qui..... » Le cardinal, qui ne douta point qu'elle ne m'allât dire tout ce que la rage peut inspirer, s'avança, et lui parla à l'oreille. Elle se composa à un point que, si je ne l'eusse connue, elle m'eût paru bien radoucie.

Le lieutenant civil entra en ce moment dans le cabinet, avec une pâleur mortelle sur le visage. Je n'ai jamais vu à la Comédie italienne de peur si naïvement et si ridiculement représentée que celle qu'il fit voir à la Reine, en lui racontant des aventures de rien qui lui étoient arrivées depuis son logis jusqu'au Palais-Royal. Admirez, je vous prie, la sympathie des ames timides ! Le cardinal Mazarin n'avoit été jusque là que médiocrement touché de ce que M. de La Meilleraye et moi lui avions dit avec assez de vigueur, et la Reine n'en avoit pas seulement été émue. La frayeur du lieutenant se glissa, je crois, par contagion dans leur imagination, dans leur esprit et dans leur cœur. Ils me parurent tout à coup métamorphosés : ils ne me traitèrent plus de ridicule ; ils avouèrent que l'affaire méritoit de la réflexion. Ils consultèrent, et souffrirent que Monsieur, M. de Longueville, le chancelier, le maréchal de Villeroy, celui de La Meilleraye et le coadjuteur prouvassent par bonnes raisons

qu'il falloit rendre Broussel avant que les peuples, qui menaçoient de prendre les armes, les eussent prises effectivement. Nous éprouvâmes en cette rencontre qu'*il est bien plus naturel à la peur de consulter que de décider*. Le cardinal, après une douzaine de galimatias qui se contredisoient les uns les autres, conclut à se donner encore du temps jusqu'au lendemain, et à faire connoître en attendant, au peuple, que la Reine lui accordoit la liberté de Broussel, pourvu qu'il se séparât, et qu'il ne continuât pas à la demander en foule. Le cardinal ajouta que personne ne pouvoit plus agréablement et plus efficacement que moi porter cette parole. Je vis le piége, mais je ne pus m'en défendre ; et d'autant moins que le maréchal de La Meilleraye, qui n'avoit point de vue, y donna même avec impétuosité, et m'y entraîna, pour ainsi parler, avec lui. Il dit à la Reine qu'il sortiroit avec moi dans les rues, et que nous y ferions des merveilles. « Je n'en doute point, lui répondis-je,
« pourvu qu'il plaise à la Reine de nous faire expédier
« en bonne forme la promesse de la liberté des prison-
« niers : car je n'ai pas assez de crédit parmi le peuple
« pour m'en faire croire sans cela. » On me loua de ma modestie : le maréchal ne se douta de rien ; la parole de la Reine valoit mieux que tous les écrits. En un mot l'on se moqua de moi, et je me trouvai tout d'un coup dans la cruelle nécessité de jouer le plus méchant personnage que jamais peut-être particulier ait rencontré. Je voulus répliquer : mais la Reine entra brusquement dans sa chambre grise. Monsieur me poussa, mais tendrement, avec ses deux mains, en me disant : « Rendez le repos à l'Etat. » Le maréchal

m'entraîna, et tous les gardes du corps me portoient amoureusement sur leurs bras, en me criant : « Il « n'y a que vous qui puissiez remédier au mal. » Je sortis ainsi avec mon rochet et mon camail, en donnant des bénédictions à droite et à gauche : et vous croyez bien que cette occupation ne m'empêchoit pas de faire toutes les réflexions convenables à l'embarras dans lequel je me trouvois. Je pris toutefois sans balancer le parti d'aller purement à mon devoir, de prêcher l'obéissance, et de faire mes efforts pour empêcher le tumulte. La seule mesure que je me résolus de garder fut celle de ne rien promettre en mon nom au peuple, et de lui dire simplement que la Reine m'avoit assuré qu'elle rendroit Broussel, pourvu que l'on fît cesser l'émotion.

L'impétuosité du maréchal de La Meilleraye ne me laissa pas lieu de mesurer mes expressions : car au lieu de venir avec moi, comme il m'avoit dit, il se mit à la tête des chevau-légers de la garde, et il s'avança l'épée à la main, en criant de toute sa force : « *Vive le Roi! liberté à Broussel!* » Comme il étoit vu de beaucoup plus de gens qu'il n'y en avoit qui l'entendissent, il échauffa beaucoup plus de monde par son épée qu'il n'en apaisa par sa voix. On cria aux armes; un crocheteur mit le sabre à la main vis-à-vis des Quinze-Vingts : le maréchal le tua d'un coup de pistolet. Les cris redoublèrent, on courut de tous côtés aux armes; une foule de peuple, qui m'avoit suivi depuis le Palais-Royal, me porta plutôt qu'elle ne me poussa jusqu'à la Croix-du-Tiroir, et j'y trouvai le maréchal de La Meilleraye aux mains, avec une foule de bourgeois qui avoient pris les armes dans la rue de l'Arbre-Sec. Je me jetai dans la foule pour essayer de les séparer, et je crus que les uns et les autres porteroient au moins quelque respect à mon habit et à ma dignité. Je ne me trompai pas absolument : car le maréchal, qui étoit fort embarrassé, prit avec joie ce prétexte pour commander aux chevau-légers de ne plus tirer. Les bourgeois s'arrêtèrent, et se contentèrent de tenir ferme dans le carrefour. Mais il y en eut vingt ou trente qui sortirent avec des hallebardes et avec des mousquetons de la rue des Prouvelles, qui ne furent pas si modérés, et qui, ne me voyant pas ou ne me voulant pas voir, firent une décharge fort brusque sur les chevau-légers, cassèrent d'un coup de pistolet le bras à Fontrailles qui étoit auprès du maréchal l'épée à la main, blessèrent un de mes pages qui portoit le bas de ma soutane, et me donnèrent à moi-même un coup de pierre au dessous de l'oreille, qui me porta par terre. Je ne fus pas plutôt relevé, qu'un bourgeois m'appuyant un mousqueton sur la tête, quoique je ne le connusse point du tout, je crus qu'il étoit bon de ne le lui pas témoigner dans ce moment; et je lui dis au contraire : « Ah, malheureux ! si ton père te voyoit..... » Il s'imagina que j'étois le meilleur ami de son père, que je n'avois pourtant jamais vu. Je crois que cette pensée lui donna celle de me regarder plus attentivement; mon habit lui frappa les yeux : il me demanda si j'étois M. le coadjuteur. Tout le monde fit le même cri; l'on courut à moi; et le maréchal de La Meilleraye se retira avec plus de liberté au Palais-Royal, parce que j'affectai, pour lui en donner le temps, de marcher du côté des Halles. Tout le monde m'y suivit, et j'en eus besoin : car je trouvai une fourmilière de fripiers toute en armes. Je les flattai, je les caressai, je les conjurai, je les menaçai, enfin je les persuadai. Ils quittèrent les armes : ce qui fut le salut de Paris, parce que s'ils les eussent encore eues à la main à l'entrée de la nuit qui s'approchoit, la ville eût été infailliblement pillée. Je n'ai guère eu en ma vie de satisfaction plus sensible que celle-là ; et elle fut si grande que je ne fis pas seulement de réflexion sur l'effet que le service que je venois de rendre devoit produire au Palais-Royal. Je dis devoit : car vous allez voir qu'il y en produisit un tout contraire.

J'y allai avec trente ou quarante mille hommes qui m'y suivirent, mais sans armes ; et je trouvai à la barrière le maréchal de La Meilleraye, qui, transporté de la manière dont j'en avois usé à son égard, m'embrassa presque jusqu'à m'étouffer ; et il me dit ces propres paroles : « Je suis un fou et un brutal ;
« j'ai failli à perdre l'Etat, et vous l'avez sauvé. Venez,
« parlons à la Reine en véritables Français et en gens
« de bien ; et prenons des dates, pour faire pendre
« à notre témoignage, à la majorité du Roi, ces pestes
« d'Etat, ces flatteurs infâmes qui font accroire à la
« Reine que cette affaire n'est rien. » Il fit une apostrophe aux officiers des gardes, en achevant cette dernière parole, la plus touchante, la plus pathétique et la plus éloquente qui soit peut-être jamais sortie de la bouche d'un homme de guerre ; et il me porta plutôt qu'il ne me mena chez la Reine. Il lui dit en entrant, et en me montrant de la main : « Voilà celui,
« madame, à qui je dois la vie, mais à qui Votre Majesté doit le salut de sa garde, et peut-être celui du

« Palais-Royal. » La Reine se mit à sourire, mais d'une sorte de souris ambigu. J'y pris garde, mais je n'en fis pas semblant; et, pour empêcher M. le maréchal de La Meilleraye de continuer mon éloge, je pris la parole : « Non, madame, il ne s'agit pas de
« moi, mais de Paris soumis et désarmé, qui se vient
« jeter aux pieds de Votre Majesté. — Il est bien
« coupable et peu soumis, repartit la Reine avec un
« visage plein de feu; s'il a été aussi furieux que l'on
« a voulu me le faire croire, comment se seroit-il pu
« radoucir en si peu de temps? » Le maréchal, qui remarqua aussi bien que moi le ton de la Reine, se mit en colère, et lui dit en jurant : « Madame, un
« homme de bien ne peut vous flatter en l'extrémité
« où sont les choses. Si vous ne mettez aujourd'hui
« Broussel en liberté, il n'y aura pas demain pierre
« sur pierre dans Paris. » Je voulus prendre la parole pour appuyer ce que disoit le maréchal; la Reine me la ferma, en me disant d'un air de moquerie : « Allez
« vous reposer, monsieur, vous avez bien travaillé. »

Je sortis ainsi du Palais-Royal; et quoique je fusse ce que l'on appelle enragé, je ne dis pas un mot de là jusqu'à mon logis qui pût aigrir le peuple. J'en trouvai une foule innombrable qui m'attendoit, et qui me força de monter sur l'impériale de mon carrosse, pour lui rendre compte de ce que j'avois fait au Palais-Royal. Je lui dis que j'avois témoigné à la Reine l'obéissance que l'on avoit rendue à sa volonté, en posant les armes dans les lieux où on les avoit prises, et en ne les prenant point dans ceux où on étoit sur le point de les prendre; que la Reine m'avoit fait paroître de la satisfaction de cette soumission, et qu'elle m'avoit dit que c'étoit l'unique voie par laquelle on pouvoit obtenir d'elle la liberté des prisonniers. J'ajoutai tout ce que je crus pouvoir adoucir cette commune; et je n'y eus pas beaucoup de peine, parce que l'heure du souper s'approchoit. Cette circonstance vous paroîtra ridicule, mais elle est fondée : et j'ai observé qu'à Paris, dans les émotions populaires, les plus échauffés ne veulent pas ce qu'ils appellent se désheurer.

Je me fis saigner en arrivant chez moi : car la contusion que j'avois eue au dessous de l'oreille étoit fort augmentée; mais vous croyez bien que ce n'étoit pas là mon plus grand mal. J'avois fort hasardé mon crédit dans le peuple, en lui donnant des espérances de la liberté de Broussel, quoique j'eusse observé fort soigneusement de ne lui en pas donner ma parole. Mais avois-je lieu moi-même d'espérer qu'un peuple pût distinguer entre les paroles et les espérances? D'ailleurs avois-je lieu de croire, après ce que j'avois connu du passé, après ce que je venois de voir du présent, que la cour fît seulement réflexion à ce qu'elle nous avoit fait dire à M. de La Meilleraye et à moi? Ou plutôt n'avois-je pas tout sujet d'être persuadé qu'elle ne manqueroit pas cette occasion de me perdre absolument dans le public, en lui faisant croire que je m'étois entendu avec elle pour l'amuser et pour le jouer? Ces vues, que j'eus dans toute leur étendue, m'affligèrent, mais elles ne me tentèrent point. Je ne me repentis pas un moment de ce que j'avois fait, parce que j'étois persuadé que le devoir et la bonne conduite m'y avoient obligé. Je m'enveloppai, pour ainsi dire, dans mon devoir; j'eus honte d'avoir fait

réflexion sur l'événement; et Montrésor étant entré là-dessus, et m'ayant dit que je me trompois si je croyois avoir beaucoup gagné à mon expédition, je lui répondis ces propres paroles : « J'y ai beaucoup
« gagné, en ce qu'au moins je me suis épargné une
« apologie en explication de bienfaits, qui est tou-
« jours une chose insupportable à un homme de bien.
« Si je fusse demeuré chez moi dans une conjoncture
« comme celle-ci, la Reine, dont enfin je tiens ma
« dignité, auroit-elle sujet d'être contente de moi?
« — Elle ne l'est nullement, reprit Montrésor : ma-
« dame de Noailles et madame de Motteville viennent
« de dire au prince de Guémené que l'on étoit per-
« suadé, au Palais-Royal, qu'il n'avoit pas tenu à vous
« d'émouvoir le peuple. »

J'avoue que je n'ajoutai aucune foi à ce discours de Montrésor: car quoique j'eusse vu dans le cabinet de la Reine que l'on s'y moquoit de moi, je m'étois imaginé que cette malignité n'alloit pas à diminuer le mérite du service que j'avois rendu, et je ne pouvois me figurer que l'on fût capable de me le tourner à crime. Montrésor persistant à me tourmenter, et me disant que mon ami Jean-Louis de Fiesque (1) n'auroit pas été de mon avis, je lui répondis que j'avois toute ma vie estimé les hommes, plus par ce qu'ils ne faisoient pas en de certaines occasions, que par tout ce qu'ils y eussent pu faire. J'étois sur le point de m'endormir sur ces pensées, lorsque Laigues arriva, qui venoit du souper de la Reine, et qui me dit que l'on m'avoit tourné publiquement en ridicule; que l'on

---

(1) *Jean-Louis de Fiesque :* Celui dont le coadjuteur avoit écrit l'histoire dans sa première jeunesse. (Voyez la Notice.)

m'y avoit traité d'homme qui n'avoit rien oublié pour soulever le peuple, sous prétexte de l'apaiser; que l'on avoit sifflé dans les rues; que j'avois fait semblant d'être blessé, quoique je ne le fusse point; enfin que j'avois été exposé deux heures entières à la raillerie fine de Bautru, à la bouffonnerie de Nogent, à l'enjouement de La Rivière, à la fausse compassion du cardinal, et aux éclats de rire de la Reine. Vous ne doutez pas que je ne fusse un peu ému; mais, à la vérité, je ne le fus pas au point que vous devez croire. Je me sentis plutôt de la tentation légère que de l'emportement; tout me vint dans l'esprit, mais rien n'y demeura, et je sacrifiai à mon devoir, presque sans balancer, les idées les plus douces et les plus brillantes que les conjurations passées présentèrent à mon esprit en foule, aussitôt que le mauvais traitement que je voyois public et connu me donna lieu de croire que je pourrois entrer avec honneur dans les nouvelles. Je rejetai, par le principe de l'obligation que j'avois à la Reine, toutes ces pensées, quoique, à vous dire le vrai, je m'y fusse nourri dès mon enfance; et Laigues et Montrésor n'eussent certainement rien gagné sur mon esprit, ni par leurs exhortations ni par leurs reproches, si Argenteuil, qui depuis la mort de M. le comte, dont il avoit été premier gentilhomme de la chambre, qui s'étoit fort attaché à moi, ne fût venu. Il entra dans ma chambre avec un visage fort effaré, et il me dit : « Vous êtes perdu; le maréchal
« de La Meilleraye m'a chargé de vous dire que le
« diable possède le Palais-Royal; qu'il leur a mis dans
« l'esprit que vous avez fait ce que vous avez pu pour
« exciter la sédition; que lui, le maréchal de La Meil-

« leraye, n'a rien oublié pour témoigner à la Reine
« et au cardinal la vérité, mais que l'un et l'autre se
« sont moqués de lui; qu'il ne les peut excuser dans
« cette injustice, mais qu'aussi il ne les peut assez
« admirer du mépris qu'ils ont toujours eu pour le
« tumulte; qu'ils en ont vu la suite comme des pro-
« phètes; qu'ils ont toujours dit que la nuit feroit
« évanouir cette fumée; que lui, maréchal, ne l'avoit
« pas cru, mais que présentement il en étoit con-
« vaincu, parce qu'il s'étoit promené dans les rues,
« où il n'avoit pas seulement trouvé un homme; que
« ces feux ne se rallumoient plus quand ils s'étoient
« éteints aussi subitement que celui-là; qu'il me con-
« juroit de penser à ma sûreté; que l'autorité du Roi
« paroîtroit le lendemain avec tout l'éclat imaginable;
« qu'il voyoit la cour très-disposée à ne pas perdre le
« moment fatal; que je serois le premier sur qui l'on
« feroit un grand exemple; que l'on avoit même déjà
« parlé de m'envoyer à Quimpercorentin; que Brous-
« sel seroit envoyé au Hâvre-de-Grâce; et que l'on
« avoit résolu d'envoyer, à la pointe du jour, le chan-
« celier au palais, pour interdire le parlement, et
« pour lui commander de se retirer à Montargis. »
Argenteuil finit son discours par ces paroles: « Voilà
« ce que le maréchal de La Meilleraye vous mande.
« Celui de Villeroy n'en dit pas tant, car il n'ose;
« mais il m'a serré la main, en passant, d'une manière
« qui me fait juger qu'il en sait peut-être encore da-
« vantage; et moi je vous dis, ajouta Argenteuil,
« qu'ils ont tous deux raison : car il n'y a pas une ame
« dans les rues, tout y est calme, et l'on prendra de-
« main qui l'on voudra. » Montrésor, qui est de ces

gens qui veulent toujours avoir tout deviné, s'écria qu'il n'en doutoit point, et qu'il l'avoit bien prédit. Laigues se mit sur les lamentations de ma conduite, qui faisoit pitié à mes amis, quoiqu'elle les perdît. Je leur répondis que s'il leur plaisoit de me laisser un petit quart-d'heure (1) en repos, je leur ferois voir que nous n'étions pas réduits à la pitié; et il étoit vrai. Comme ils m'eurent laissé tout seul le quart-d'heure que je leur avois demandé, je ne fis pas seulement réflexion sur ce que je pouvois : car j'en étois très-assuré; je pensai seulement à ce que je devois, et je fus embarrassé. Comme la manière dont j'étois poussé, et celle dont le public étoit menacé, eurent dissipé mon scrupule, et que je crus pouvoir entreprendre avec honneur et sans être blâmé, je m'abandonnai à toutes mes pensées; je rappelai tout ce que mon imagination m'avoit jamais fourni de plus éclatant et de plus proportionné aux vastes desseins; je permis à mes sens de se laisser chatouiller par le titre de chef de parti, que j'avois toujours honoré dans les Vies de Plutarque. Mais ce qui acheva d'étouffer tous mes scrupules, fut l'avantage que je m'imaginai à me distinguer de ceux de ma profession par un état de vie qui les confond toutes. Le déréglement des mœurs, très-peu convenable à la mienne, me faisoit peur. J'appréhendois le ridicule de M. de Sens. Je me soutenois par la Sorbonne, par des sermons, par la faveur des peuples; mais enfin cet appui n'a qu'un temps, et ce temps même n'est pas fort long, par mille accidens

---

(1). *De me laisser un petit quart-d'heure :* Peut-on présumer, en réfléchissant à toutes ces ressources ménagées depuis long-temps par le coadjuteur, que son intention avoit été de rester fidèle à ses devoirs?

qui peuvent arriver. Dans le désordre, les affaires brouillent les espèces : elles honorent même ce qu'elles ne justifient pas ; et les vices d'un archevêque peuvent être dans une infinité de rencontres les vertus d'un chef de parti. J'avois eu mille fois cette vue, mais elle avoit toujours cédé à ce que je croyois devoir à la Reine. Le souper du Palais-Royal, et la résolution de me perdre avec le public, l'ayant purifiée, je la pris avec joie, et j'abandonnai mon destin à tous les mouvemens de la gloire.

Minuit sonnant, je fis rentrer dans ma chambre Laigues et Montrésor, et je leur dis : « Vous savez que je « crains les apologies, mais vous allez voir que je ne « crains pas les manifestes. Toute la cour me sera té- « moin de la manière dont on m'a traité depuis plus « d'un an au Palais-Royal : c'est au public à défendre « mon honneur ; mais on veut perdre le public, et « c'est à moi à le défendre de l'oppression. Nous ne « sommes pas si mal que vous vous le persuadez, « messieurs, et je serai demain, avant qu'il soit midi, « maître de Paris. » Mes deux amis crurent que j'avois perdu l'esprit ; et eux, qui m'avoient persécuté, je crois, cinquante fois en leur vie pour entreprendre, me firent en cet instant des leçons de modération. Je ne les écoutai pas, et j'envoyai quérir à l'heure même Miron, maître des comptes, colonel du quartier de Saint-Germain de l'Auxerrois, homme de bien et de cœur, et qui avoit beaucoup de crédit parmi le peuple. Je lui exposai l'état des choses ; il entra dans mon sentiment ; il me promit d'exécuter tout ce que je désirerois. Nous convînmes de ce qu'il y auroit à faire, et il sortit de chez moi en résolution de faire battre le tambour, et de faire reprendre les armes au premier ordre qu'il recevroit de moi.

Il trouva, en descendant mon degré, un frère de son cuisinier, qui ayant été condamné à être pendu, et n'osant marcher de jour par la ville, y rôdoit assez souvent la nuit. Cet homme venoit de rencontrer par hasard auprès du logis de Miron deux espèces d'officiers qui parloient ensemble, et qui nommoient souvent le maître de son frère. Il les écouta, caché derrière une porte, et il ouït que ces gens-là (nous sûmes depuis que c'étoit Vannes, lieutenant colonel des gardes, et Rubantel, lieutenant au même régiment) discouroient de la manière dont il faudroit entrer chez Miron pour le surprendre, et des postes où il seroit bon de mettre les gardes, les Suisses, les gendarmes, les chevau-légers, pour s'assurer de tout ce qui étoit depuis le Pont-Neuf jusqu'au Palais-Royal. Cet avis, joint à celui que nous avions par le maréchal de La Meilleraye, nous obligea à prévenir le mal; mais d'une façon toutefois qui ne parût pas offensive, n'y ayant rien de si grande conséquence dans les peuples que de leur faire paroître, même quand on attaque, que l'on ne songe qu'à se défendre. Nous exécutâmes notre projet en ne postant que des manteaux noirs (1) sans armes, c'est-à-dire des bourgeois considérables, dans les lieux où nous avions appris que l'on se disposoit à mettre des gens de guerre; parce que ainsi l'on se pouvoit assurer que l'on ne prendroit les armes que quand on l'ordonneroit. Miron s'acquitta si généreusement et

---

(1) *Des manteaux noirs :* Les gens du peuple et la petite bourgeoisie portoient alors des manteaux gris.

si heureusement de cette commission, qu'il y eut plus de quatre cents gros bourgeois assemblés par pelotons, avec aussi peu de bruit et aussi peu d'émotion qu'il y en eût pu avoir si les novices des Chartreux y fussent venus pour y faire leurs méditations.

Je donnai ordre à L'Epinai, dont je vous ai déjà parlé à propos des affaires de feu M. le comte, de se tenir prêt pour se saisir au premier ordre de la barrière des Sergens, qui est vis-à-vis de Saint-Honoré, et pour y faire une barricade contre les gardes qui étoient au Palais-Royal. Et comme Miron nous dit que le frère de son cuisinier avoit ouï nommer plusieurs fois la porte de Nesle (1) à ces deux officiers dont je vous ai déjà parlé, nous crûmes qu'il ne seroit pas mal à propos d'y prendre garde, dans la pensée que nous eûmes que l'on pensoit peut-être à enlever quelqu'un par cette porte. Argenteuil, brave et déterminé autant qu'homme fût au monde, en prit le soin, et il se mit chez un sculpteur qui étoit tout proche, avec vingt bons soldats que le chevalier d'Humières (2), qui faisoit une recrue à Paris, lui prêta. Je m'endormis après avoir donné cet ordre, et je ne fus réveillé qu'à six heures par le secrétaire de Miron, qui me vint dire que les gens de guerre n'avoient point paru pendant la nuit; que l'on avoit vu seulement quelques cavaliers qui sembloient être venus pour reconnoître les pelotons des bourgeois, et qu'ils s'en étoient retournés au galop après les avoir un peu

---

(1) *La porte de Nesle :* Elle étoit à l'extrémité de la rue de Seine, près du quai. — (2) *Le chevalier d'Humières :* Louis de Crévant. Il fut depuis maréchal de France, et mourut en 1694.

considérés; que ce mouvement lui faisoit juger que la précaution que nous avions prise avoit été utile pour prévenir l'insulte que l'on pourroit avoir projetée contre des particuliers; mais que le mouvement qui commençoit à paroître chez M. le chancelier marquoit que l'on méditoit quelque chose contre le public; que l'on voyoit aller et venir des hoquetons, et que Ondedei y étoit allé quatre fois en deux heures.

Quelque temps après, l'enseigne de la colonelle de Miron me vint avertir que le chancelier marchoit avec toute la pompe de la magistrature droit au Palais; et Argenteuil m'envoya dire que deux compagnies des gardes suisses s'avançoient du côté du faubourg, vers la porte de Nesle. Voilà le moment fatal. Je donnai mes ordres en deux paroles, et ils furent exécutés en deux momens. Miron fit prendre les armes. Argenteuil, habillé en maçon, et une règle à la main, chargea les Suisses en flanc, en tua vingt ou trente, prit un des drapeaux, et dissipa le reste. Le chancelier, poussé de tous côtés, se sauva à peine dans l'hôtel d'O, qui étoit au bout du quai des Augustins, du côté du pont Saint-Michel. Le peuple rompit les portes, et y entra avec fureur; et il n'y eut que Dieu qui sauva le chancelier et l'évêque de Meaux son frère à qui il se confessa, en empêchant que cette canaille, qui s'avisa de bonne fortune pour lui à piller, ne s'avisât pas de forcer une petite chambre dans laquelle il s'étoit caché.

Ce mouvement fut comme un incendie subit et violent qui se prit du Pont-Neuf à toute la ville. Tout le monde sans exception prit les armes. L'on voyoit les enfans de cinq et six ans le poignard à la main;

on voyoit les mères qui les leur apportoient elles-mêmes. Il y eut dans Paris plus de deux cents barricades en moins de deux heures, bordées de drapeaux, et de toutes les armes que la ligue avoit laissées entières. Comme je fus obligé de sortir un moment pour apaiser un tumulte qui étoit arrivé, par le malentendu de deux officiers du quartier, dans la rue Neuve Notre-Dame, je vis entre autres une lance traînée plutôt que portée par un petit garçon de huit ans, qui étoit assurément de l'ancienne guerre des Anglais(1). Mais j'y vis encore quelque chose de plus curieux : M. de Brissac (2) me fit remarquer un hausse-col sur lequel la figure du jacobin qui tua Henri III étoit gravée; il étoit de vermeil doré, avec cette inscription : *Saint Jacques-Clément.* Je fis une réprimande à l'officier qui le portoit, et je fis rompre le hausse-col publiquement à coups de marteau sur l'enclume d'un maréchal. Tout le monde cria : *vive le Roi!* mais l'écho répondoit : *point de Mazarin!*

Un moment après que je fus rentré chez moi, l'argentier de la Reine y entra, qui me commanda et me conjura de sa part d'employer mon crédit pour apaiser la sédition, que la cour, comme vous voyez, ne traitoit plus de bagatelle. Je répondis froidement et respectueusement que les efforts que j'avois faits la veille pour cet effet m'avoient rendu si odieux parmi le peuple, que j'avois même couru fortune pour avoir voulu seulement me montrer un moment; que j'avois été obligé de me retirer chez moi, même fort brusquement. A quoi j'ajoutai ce que vous pou-

---

(1) *L'ancienne guerre des Anglais :* Du temps de Charles VII. —
(2) Louis de Cossé, mort en 1661. (A. E.)

vez vous imaginer de respect, de douleur, de regret et de soumission. L'argentier, qui étoit au bout de la rue quand on crioit *vive le Roi!* et qui avoit ouï que l'on y ajoutoit presque à toutes les reprises *vive le coadjuteur!* fit ce qu'il put pour me persuader de mon pouvoir; et quoique j'eusse été très-fâché qu'il l'eût été de mon impuissance, je ne laissai pas de feindre que je la lui voulois toujours persuader. Les favoris des deux derniers siècles n'ont su ce qu'ils ont fait quand ils ont réduit en style l'égard effectif que les rois doivent avoir pour leurs sujets. Il y a, comme vous voyez, des conjonctures dans lesquelles, par une conséquence nécessaire, l'on réduit en style l'obéissance réelle que l'on doit aux rois.

Le parlement s'étant assemblé ce jour-là de très-bon matin, et devant même que l'on eût pris les armes, apprit les mouvemens par les cris d'une multitude immense, qui hurloit dans la salle du Palais *Broussel! Broussel!* et il donna arrêt par lequel il fut ordonné qu'on iroit en corps et en habit au Palais-Royal redemander les prisonniers; qu'il seroit décrété contre Comminges, lieutenant des gardes de la Reine; qu'il seroit défendu à tous gens de guerre, sur peine de la vie, de prendre des commissions pareilles; et qu'il seroit informé contre ceux qui avoient donné le conseil, comme contre des perturbateurs du repos public.

L'arrêt fut exécuté à l'heure même. Le parlement sortit au nombre de cent soixante officiers : il fut reçu et accompagné dans toutes les rues avec des acclamations et des applaudissemens incroyables; toutes les barricades tomboient devant lui. Le premier président parla à la Reine avec toute la liberté que l'état des choses lui donnoit : il lui représenta au naturel le jeu que l'on avoit fait en toutes occasions de la parole royale ; les illusions honteuses et même puériles par lesquelles on avoit éludé mille et mille fois les résolutions les plus utiles et même les plus nécessaires à l'Etat. Il exagéra avec force le péril où le public se trouvoit par la prise tumultuaire et générale des armes. La Reine, qui ne craignoit rien parce qu'elle connoissoit peu, s'emporta, et elle lui répondit avec un ton de fureur plutôt que de colère : « Je sais bien qu'il y « a du bruit dans la ville ; mais vous m'en répondrez, « messieurs du parlement, vous, vos femmes et vos « enfans. » En prononçant cette dernière syllabe, elle rentra dans sa petite chambre grise, et elle en ferma la porte avec force.

Le parlement s'en retournoit, et il étoit déjà sur les degrés, quand le président de Mesmes, qui est extrêmement timide, faisant réflexion sur le péril auquel la compagnie s'alloit exposer parmi le peuple, l'exhorta à remonter, et à faire encore un effort sur l'esprit de la Reine. M. le duc d'Orléans, qu'ils trouvèrent dans le grand cabinet, et qu'ils exhortèrent pathétiquement, les fit entrer au nombre de vingt dans la chambre grise. Le premier président fit voir à la Reine toute l'horreur de Paris armé et enragé, c'est-à-dire qu'il essaya de lui faire voir : car elle ne voulut rien écouter, et elle se jeta de colère dans la petite galerie.

Le cardinal s'avança, et proposa de rendre les prisonniers, pourvu que le parlement promît de ne plus tenir ses assemblées. Le premier président répondit qu'il falloit délibérer sur la proposition. On fut sur le point de le faire sur-le-champ; mais beaucoup de ceux de la compagnie, ayant représenté que les peuples croiroient qu'elle avoit été violentée si l'on opinoit au Palais-Royal, l'on résolut de s'assembler l'après-dînée au Palais, et l'on pria M. le duc d'Orléans de s'y trouver.

Le parlement étant sorti du Palais-Royal, et ne disant rien de la liberté de Broussel, ne trouva d'abord qu'un morne silence au lieu des acclamations passées. Comme il fut à la barrière des Sergens, où étoit la première barricade, il y rencontra du murmure, qu'il apaisa, en assurant que la Reine lui avoit promis satisfaction. Les menaces de la seconde furent éludées par le même moyen. La troisième, qui étoit à la Croix-du-Tiroir, ne se voulut pas payer de cette monnoie; et un garçon rôtisseur s'avançant avec deux cents hommes, et mettant la hallebarde dans le ventre du premier président, lui dit: « Tourne, traître; et si tu « ne veux être massacré toi-même, ramène-nous « Broussel, ou le Mazarin et le chancelier en otage. » Vous ne doutez pas, à mon opinion, ni de la confusion ni de la terreur qui saisit presque tous les assistans. Cinq présidens au mortier et plus de vingt conseillers se jetèrent dans la foule pour s'échapper. Le seul premier président, le plus intrépide homme, à mon sens, qui ait paru dans son siècle, demeura ferme et inébranlable. Il se donna le temps de rallier ce qu'il put de la compagnie : il conserva toujours la dignité de la magistrature et dans ses paroles et dans ses démarches, et il revint au Palais-Royal au petit pas, dans le feu des injures, des menaces, des exécrations et des blasphèmes.

Cet homme avoit une sorte d'éloquence qui lui étoit particulière. Il ne connoissoit point d'interjections, il n'étoit pas congru dans sa langue : mais il parloit avec une force qui suppléoit à tout cela ; et il étoit naturellement si hardi qu'il ne parloit jamais si bien que dans le péril. Il se passa lui-même lorsqu'il revint au Palais-Royal ; et il est constant qu'il toucha tout le monde, à la réserve de la Reine, qui demeura inflexible.

Monsieur fit mine de se jeter à genoux devant elle ; quatre ou cinq princesses, qui trembloient de peur, s'y jetèrent effectivement. Le cardinal, à qui un jeune conseiller des enquêtes avoit dit en raillant qu'il seroit assez à propos qu'il allât lui-même dans les rues voir l'état des choses ; le cardinal, dis-je, se joignit au gros de la cour, et l'on tira enfin à toute peine cette parole de la bouche de la Reine : « Hé bien ! mes-
« sieurs du parlement, voyez donc ce qu'il est à pro-
« pos de faire. » On s'assembla dans la grande galerie ; on délibéra, et l'on donna arrêt par lequel il fut ordonné que la Reine seroit remerciée de la liberté accordée aux prisonniers.

Aussitôt que l'arrêt fut rendu, on expédia des lettres de cachet. Le premier président montra au peuple les copies qu'il avoit prises en forme de l'un et de l'autre ; mais l'on ne voulut pas quitter les armes que l'effet ne s'en fût ensuivi. Le parlement même ne donna point d'arrêt de les faire poser qu'il n'eût vu Broussel dans sa place. Il y revint le lendemain, ou plutôt il y fut porté sur la tête des peuples avec des acclamations incroyables ; l'on rompit les barricades, l'on ouvrit les boutiques, et en moins de deux heures

Paris parut plus tranquille que je ne l'ai jamais vu le vendredi saint.

Comme je n'ai pas cru devoir interrompre le fil d'une narration qui contient le préalable le plus important de la guerre civile, j'ai remis à vous rendre compte en ce lieu d'un certain détail sur lequel vous vous êtes certainement fait des questions à vous-même, parce qu'il y a des circonstances qui ne se peuvent presque concevoir avant que d'être particulièrement expliquées. Je suis assuré, par exemple, que vous avez de la curiosité de savoir quels ont été les ressorts qui ont donné les mouvemens à tous ces corps qui se sont presque ébranlés tous ensemble; quelle a été la machine qui, malgré toutes les tentatives de la cour, tous les artifices des ministres, toute la foiblesse du public, toute la corruption des particuliers, a entretenu et maintenu ce mouvement dans une espèce d'équilibre. Vous y soupçonnez apparemment bien du mystère, bien de la cabale et bien de l'intrigue. Je conviens que l'apparence y est, et à un point que je crois qu'on doit excuser les historiens qui ont pris le vraisemblable pour le vrai en ce fait. Je puis toutefois et je dois même vous assurer que, jusqu'à la nuit qui a précédé les barricades, il n'y a pas eu un grain de ce qui s'appelle manège d'Etat dans les affaires publiques; et que celui même qui a pu être de l'intrigue du cabinet y a été si léger qu'il ne mérite presque pas d'être pesé. Je m'explique. Longueil, conseiller de la grand'chambre, homme d'un esprit noir, décisif et dangereux, et qui entendoit mieux le détail de la manœuvre du parlement que tout le reste du corps ensemble, pensoit dès ce temps-là à établir le président de Maisons, son frère, dans la surintendance des finances : et comme il s'étoit donné une grande croyance dans l'esprit de Broussel, simple et facile comme un enfant, l'on a cru (et je le crois aussi) qu'il avoit pensé dès les premiers mouvemens du parlement à pousser et à animer son ami, pour se rendre considérable par cet endroit auprès des ministres.

Le président Viole étoit ami intime de Chavigny, qui étoit enragé contre le cardinal, parce qu'ayant été la principale cause de sa fortune auprès du cardinal de Richelieu, il en avoit été cruellement joué dans les premiers jours de la régence. Et comme ce président fut un des premiers qui témoigna de la chaleur dans son corps, on soupçonna qu'elle lui fut inspirée par Chavigny. Mais n'ai-je pas eu raison de vous dire que ce grain étoit bien léger? Car, supposé même qu'il fût aussi bien préparé que toute la défiance se le peut figurer (dont je doute fort), qu'est-ce que pouvoient faire dans une compagnie composée de plus de deux cents officiers, et agissant avec trois autres compagnies où il y en avoit encore presque une fois autant; qu'est-ce que pouvoient faire, dis-je, deux des plus simples et des plus communes têtes de tout le corps? Le président Viole avoit été toute sa vie un homme de plaisir et de nulle agitation, point appliqué à son métier. Le bonhomme Broussel avoit vieilli entre les sacs, dans la poudre de la grand'chambre, avec plus de réputation d'intégrité que de capacité. Les premiers qui se joignirent le plus ouvertement à ces deux hommes furent Charton, président aux requêtes, un peu moins que fou, et Blancménil, président aux enquêtes. Vous le connoissez :

il étoit au parlement comme vous l'avez vu chez vous. Vous jugez bien que s'il y eût eu de la cabale dans la compagnie, l'on n'eût pas été choisir des cervelles de ce caractère au travers de tant d'autres qui avoient, sans comparaison, plus de poids ; et que ce n'est pas sans sujet que je vous ai dit, en plus d'un endroit de ce récit, que l'on ne doit chercher la cause de la révolution que je décris que dans le dérangement des lois, qui a causé insensiblement celui des esprits, et qui fit qu'avant que l'on se fût presque aperçu du changement, il y avoit déjà un parti. Il est constant qu'il n'y en avoit pas un de tous ceux qui opinèrent dans le cours de cette année au parlement et dans les autres compagnies souveraines qui eût la moindre vue, je ne dis pas seulement de ce qui s'en est suivi, mais de ce qui en pouvoit suivre. Tout se disoit et se faisoit dans l'esprit des procès ; et comme il avoit l'air de la chicane, il en avoit la pédanterie, dont le propre essentiel est l'opiniâtreté, directement opposée à la flexibilité, qui de toutes les qualités est la plus nécessaire pour le maniement des grandes affaires. Et ce qu'il y a d'admirable étoit que le concert, qui seul peut remédier aux inconvéniens qu'une cohue de cette nature peut produire, eût passé dans cette sorte d'esprit pour une cabale. Ils la faisoient eux-mêmes, mais ils ne la connoissoient pas. L'aveuglement des bien intentionnés en cette matière est suivi pour l'ordinaire bientôt après de la pénétration de ceux qui mêlent la passion de la faction dans les intérêts publics, et qui voient le futur et le possible, dans les temps que les compagnies réglées ne songent qu'au présent et à l'apparent.

Cette petite réflexion, jointe à ce que vous avez vu ci-devant des délibérations du parlement, vous marque suffisamment la confusion où étoient les choses quand les barricades se firent, et l'erreur de ceux qui prétendent qu'il ne faut point craindre de parti quand il n'y a point de chefs. Ils naissent quelquefois dans une nuit. L'agitation que je viens de vous représenter si violente et de si longue durée n'en produisit point dans le cours d'une année entière, et un moment en fit éclore même beaucoup davantage qu'il n'eût été nécessaire pour le parti.

Comme les barricades furent levées, j'allai chez madame de Guémené, qui me dit qu'elle savoit de science certaine que le cardinal croyoit que j'en avois été l'auteur. La Reine m'envoya querir le lendemain au matin : elle me traita avec toutes les marques possibles de bonté et même de confiance. Elle me dit que si elle m'avoit cru, elle ne seroit pas tombée dans l'inconvénient où elle étoit; qu'il n'avoit pas tenu au pauvre cardinal de l'éviter; qu'il lui avoit toujours dit qu'il s'en falloit rapporter à mon jugement; que Chavigny étoit l'unique cause de ce malheur par ses pernicieux conseils, auxquels elle avoit plus déféré qu'à ceux de M. le cardinal. « Mais, mon Dieu, ajouta-t-elle tout d'un coup, ne « ferez-vous pas donner des coups de bâton à ce co- « quin de Bautru, qui vous a tant manqué de respect? « Je vis l'heure, avant-hier au soir, que le pauvre M. le « cardinal lui en feroit donner. » Je reçus tout cela avec un peu moins de sincérité que de respect. Elle me commanda ensuite d'aller voir le pauvre M. le cardinal, et pour le consoler, et pour aviser avec lui de ce qu'il y auroit à faire pour ramener les esprits.

Je n'en fis, comme vous pouvez croire, aucune difficulté. Il m'embrassa avec des tendresses que je ne puis vous exprimer. Il n'y avoit que moi en France qui fût homme de bien : tous les autres n'étoient que des flatteurs infâmes, et qui avoient emporté la Reine, malgré ses conseils et les miens. Il me déclara qu'il ne vouloit plus rien faire que par mes avis; il me communiqua les dépêches étrangères; enfin il me dit tant de fadaises, que le bonhomme Broussel, qu'il avoit aussi mandé, et qui étoit entré dans sa chambre un peu après moi, éclata de rire en sortant, tout simple qu'il étoit, et même en vérité jusqu'à l'innocence; et qu'il me coula ces paroles dans l'oreille : « Ce n'est là qu'une pantalonnade. »

Je revins chez moi, très-résolu, comme vous pouvez croire, de penser à la sûreté du public et à la mienne en particulier. J'en examinai les moyens, et je n'en imaginai aucun qui ne fût d'une exécution très-difficile. Je connoissois le parlement pour un corps qui pousseroit tout sans mesure. Je voyois qu'au moment que je pensois, il délibéroit sur les rentes de l'hôtel-de-ville, dont la cour avoit fait un commerce honteux, ou plutôt un brigandage public. Je considérois que l'armée, victorieuse à Lens, reviendroit infailliblement prendre ses quartiers d'hiver aux environs de Paris, et que l'on pourroit très-facilement l'investir, et couper les vivres à la ville en un matin. Je ne pouvois pas ignorer que ce même parlement, qui poussoit la cour, ne fût très-capable et de faire le procès à ceux qui le feroient eux-mêmes, et de prendre des précautions pour ne pas être opprimé. Je savois qu'il y avoit très-peu de gens dans cette compagnie qui ne s'effarouchassent seulement de la proposition; et peut-être y en avoit-il aussi peu à qui il y eût sûreté de la confier. J'avois devant les yeux le grand exemple de l'instabilité des peuples, et beaucoup d'aversion naturelle aux moyens violens qui sont souvent nécessaires pour le fixer.

Saint-Ibal (1) mon parent, homme d'esprit et de cœur, mais d'un grand travers, et qui n'estimoit les hommes que selon qu'ils étoient mal à la cour, me pressa de prendre des mesures avec l'Espagne, avec laquelle il avoit de grandes habitudes par le canal du comte de Fuensaldagne, capitaine général aux Pays-Bas, sous l'archiduc (2). Il m'en donna même une lettre pleine d'offres, que je ne reçus pourtant pas. J'y répondis par de simples honnêtetés; et, après de grandes et profondes réflexions, je pris le parti de faire voir par Saint-Ibal aux Espagnols, sans m'engager pourtant avec eux, que j'étois fort résolu de ne pas souffrir l'oppression de Paris; de travailler avec mes amis; de faire que le parlement mesurât un peu plus ses démarches, et d'attendre le retour de M. le prince, avec lequel j'étois très-bien, et auquel j'espérois faire connoître et la grandeur du mal et la nécessité du remède. Ce qui me donnoit le plus lieu de croire que j'en pourrois avoir le temps étoit que les vacations du parlement étoient fort proches; et je me persuadois par cette raison que la compagnie ne s'assemblant, et la cour par conséquent ne se trouvant plus pressée par les délibérations, l'on demeureroit de part et d'autre dans une espèce de repos qui, bien ménagé par M. le

---

(1) Montrésor l'appelle Saint-Ibar dans ses Mémoires. (A. E.) —
(2) Léopold-Guillaume d'Autriche. (A. E.)

prince, que l'on attendoit de semaine en semaine, pourroit fixer celui du public, et la sûreté des particuliers.

L'impétuosité du parlement rompit mes mesures : car aussitôt qu'il eut achevé de faire le réglement pour le paiement des rentes de l'hôtel-de-ville, et des remontrances pour la décharge du quart entier des tailles, et du prêt à tous les officiers subalternes, il demanda, sous prétexte de la nécessité qu'il y avoit de travailler au tarif, la continuation de ses assemblées, même dans le temps des vacations ; et la Reine la lui accorda pour quinze jours, parce qu'elle fut très-bien avertie qu'il l'ordonneroit de lui-même si on la lui refusoit. Je fis tous mes efforts pour empêcher ce coup, et j'avois persuadé Longueil et Broussel ; mais Novion, Blancménil et Viole, chez qui nous nous étions trouvés à onze heures du soir, dirent que la compagnie tiendroit pour des traîtres ceux qui lui feroient cette proposition ; et comme j'insistois, Novion entra en soupçon que je ne fusse moi-même de concert avec la cour. Je ne fis aucun semblant de l'avoir remarqué, mais je me ressouvins du prédicant de Genève, qui soupçonna l'amiral de Coligny (1), chef du parti huguenot, de s'être confessé à un cordelier de Niort. Je le dis en riant, au sortir de la conférence, au président Le Coigneux, père de celui que vous voyez aujourd'hui. Cet homme, qui étoit fou, mais qui avoit beaucoup d'esprit, et qui, ayant été en Flandre ministre de Monsieur, avoit plus de connoissance du monde que les autres ; me répondit : « Vous « ne connoissez pas nos gens : vous en verrez bien

(1) Gaspard de Coligny, deuxième du nom, massacré le jour de la Saint-Barthelemy de l'an 1572, dans sa maison. (A. E.)

« d'autres. Je gage que cet innocent (en me mon-
« trant Blancménil) croit avoir été au sabbat, parce
« qu'il s'est trouvé ici à onze heures du soir. » Il eût
gagné si j'eusse gagé contre lui : car Blancménil,
avant que de sortir, nous déclara qu'il ne vouloit plus
de conférences particulières ; qu'elles sentoient la
faction et le complot, et qu'il falloit qu'un magistrat
dît son avis sur les fleurs de lis, sans en avoir communiqué avec personne ; que les ordonnances l'y obligeoient. Voilà le canevas sur lequel il broda maintes
et maintes impertinences de cette nature, que j'ai dû
toucher en passant pour vous faire connoître que *l'on
a plus de peine dans les partis à vivre avec ceux
qui en sont, qu'à agir contre ceux qui y sont opposés.* C'est tout vous dire qu'ils firent si bien par
leurs journées(1) que la Reine, qui avoit cru que les
vacations pourroient diminuer de quelque degré la
chaleur des esprits, et qui, par cette considération,
venoit d'assurer le prévôt des marchands que le bruit
que l'on avoit fait courir qu'elle vouloit faire sortir le
Roi de Paris étoit faux ; que la Reine, dis-je, s'impatienta, et emmena le Roi à Ruel. Je ne doutai point
qu'elle n'eût pris le dessein de surprendre Paris, qui
parut effectivement étonné de la sortie du Roi(2); et je
trouvai même, le lendemain au matin, de la consternation dans les esprits les plus échauffés du parlement. Mais ce qui l'augmenta fut que l'on eut avis en
même temps qu'Erlac (3) avoit passé la Somme avec

---

(1) *Leurs journées* : Expression empruntée des vieux poëtes français.
— (2) *La sortie du Roi* : Le Roi fut conduit à Ruel le 14 septembre
1648, et la Reine alla le rejoindre dans la même journée. (*Histoire du
Temps*, 1re partie, p. 225.) — (3) Il étoit gouverneur de Brisach, et commanda les troupes du duc de Weymar après la mort de ce duc. (A. E.)

quatre mille Allemands; et comme dans les émotions populaires une mauvaise nouvelle n'est jamais seule, l'on en publia cinq ou six de même nature, qui me firent connoître que j'aurois encore plus de peine à soutenir les esprits que je n'en avois eu à les retenir.

Je ne me suis guère trouvé, dans tout le cours de ma vie, plus embarrassé que dans cette occasion. Je voyois le péril dans toute son étendue, et je n'y voyois rien qui ne me parût affreux. *Les plus grands dangers ont leurs charmes, pour peu que l'on aperçoive de gloire dans la perspective des mauvais succès; les médiocres dangers n'ont que des horreurs, quand la perte de la réputation est attachée à la mauvaise fortune.* Je n'avois rien oublié pour faire que le parlement ne désespérât pas la cour, au moins jusqu'à ce que l'on eût pensé aux expédiens de se défendre de ses insultes. Qui ne l'eût cru, si elle eût su bien prendre son temps, ou plutôt si le retour de M. le prince ne l'eût empêché de le prendre? Comme on le croyoit retardé, au moins pour quelque temps, et justement lorsque le Roi sortit de Paris, je ne crus pas avoir celui de l'attendre, comme je me l'étois proposé; et ainsi je me résolus à un parti qui me fit beaucoup de peine, mais qui étoit bon parce qu'il étoit l'unique. *Les extrêmes sont toujours fâcheux, mais ce sont des moyens sages quand ils sont nécessaires. Ce qu'ils ont de consolant est qu'ils ne sont jamais médiocres, et qu'ils sont décisifs quand ils sont bons.* La fortune favorisa mon projet. La Reine fit arrêter Chavigny, et elle l'envoya au Havre de Grâce. Je me servis de cet instant pour animer Viole, son ami intime, par sa propre timidité, qui étoit grande. Je lui fis voir qu'il étoit perdu lui-même; que Chavigny ne l'étoit que parce que l'on s'étoit imaginé qu'il l'avoit poussé, lui Viole, à ce qu'il avoit fait; qu'il étoit visible que le Roi n'étoit sorti de Paris que pour l'attaque; qu'il voyoit comme moi l'abattement des esprits; que si on les laissoit tout-à-fait tomber, ils ne se releveroient plus; qu'il les falloit soutenir; que j'agissois avec succès dans le peuple; que je m'adressois à lui comme à celui en qui j'avois le plus de confiance et que j'estimois le plus, afin qu'il agît de concert dans le parlement; que mon sentiment étoit que la compagnie ne devoit point mollir dans ce moment; mais que comme il la connoissoit, il savoit qu'elle avoit besoin d'être éveillée dans une conjoncture où il sembloit que la sortie du Roi eût un peu trop frappé et endormi ses sens; qu'une parole portée à propos feroit infailliblement ce bon effet.

Ces raisons, jointes aux instances de Longueil qui s'étoit joint à moi, emportèrent, après de grandes contestations, le président Viole, et l'obligèrent à faire par le seul principe de la peur, qui lui étoit très-naturelle, une des plus hardies actions dont on ait peut-être jamais ouï parler. Il prit le temps où le président de Mesmes présenta au parlement sa commission pour la chambre de justice, pour dire ce dont nous étions convenus, qui étoit qu'il y avoit sans comparaison des affaires plus pressantes que celles de la chambre de justice; que le bruit couroit que l'on vouloit assiéger Paris; que l'on faisoit marcher des troupes; que l'on mettoit en prison les meilleurs serviteurs du feu Roi, que l'on jugeoit devoir être contraires à ce pernicieux dessein; qu'il ne pouvoit s'empêcher de représenter à la compagnie la nécessité qu'il croyoit qu'il y avoit à supplier très-humblement la Reine de ramener le Roi à Paris; et d'autant que l'on ne pouvoit ignorer qui étoit l'auteur de tous ces maux, de prier M. le duc d'Orléans et les officiers de la couronne de se trouver au parlement pour y délibérer sur l'arrêt donné en 1617, à l'occasion du maréchal d'Ancre, par lequel il étoit défendu aux étrangers de s'immiscer dans le gouvernement du royaume. Cette corde nous avoit paru à nous-mêmes bien grosse à toucher; mais il ne la falloit pas moindre pour réveiller, ou plutôt pour tenir éveillés, des gens que la peur eût très-facilement jetés dans l'assoupissement. Cette passion ne fait pas pour l'ordinaire cet effet sur les particuliers; mais j'ai observé qu'elle le fait sur les compagnies très-souvent. Il y a même raison pour cela; mais il ne seroit pas juste d'interrompre, pour la déduire, le fil de cette histoire.

Le mouvement que la proposition de Viole fit dans les esprits est inconcevable. Elle fit peur d'abord, elle réjouit ensuite; elle anima après. L'on n'envisagea plus le Roi hors de Paris que pour l'y ramener: l'on ne regarda plus les troupes que pour les prévenir. Blancménil, qui m'avoit paru le matin comme un homme mort, nomma en propres termes le cardinal, qui n'avoit jusque là été désigné que sous le titre de ministre. Le président de Novion éclata contre lui en termes fort injurieux; et le parlement donna même avec gaieté un arrêt par lequel il étoit ordonné que très-humbles remontrances seroient faites à la Reine, pour la supplier de ramener le Roi à Paris, et de faire retirer les gens de guerre du voisinage; que l'on prieroit les princes, ducs et pairs d'entrer en parlement pour y délibérer sur les affaires nécessaires au bien de l'Etat; et que le prévôt des marchands et les échevins seroient mandés pour recevoir les ordres touchant la sûreté de la ville.

Le premier président, qui parloit presque toujours avec vigueur pour les intérêts de sa compagnie, mais qui étoit dans le fond pour celui de la cour, me dit, un moment après qu'il fut sorti du Palais : « N'admirez-vous pas ces gens-ci? Ils viennent de donner un arrêt qui peut fort bien produire la guerre civile; et parce qu'ils n'y ont pas nommé le cardinal, comme Novion, Viole et Blancménil le vouloient, ils croient que la Reine leur en doit de reste. » Je vous rends compte de ces minuties, parce qu'elles vous font mieux connoître l'état et le génie de cette compagnie, que des circonstances plus importantes.

Le président Le Coigneux, que je trouvai chez M. le premier président, me dit tout bas : « Je n'ai espérance qu'en vous; nous serons perdus si vous n'agissez sous terre. » J'y agissois effectivement : car j'avois travaillé toute la nuit avec Saint-Ibal à une instruction avec laquelle je faisois état de l'envoyer à Bruxelles pour traiter avec le comte de Fuensaldagne, et l'obliger de marcher à notre secours en cas de besoin, avec l'armée d'Espagne. Je ne pouvois pas l'assurer du parlement; mais je m'engageois, en cas que Paris fût attaqué et que le parlement pliât, de me déclarer, et de faire déclarer le peuple. Le premier coup étoit sûr; mais il eût été très-difficile à soutenir sans le parlement. Je le voyois bien; mais je voyois encore mieux qu'il y a des conjonctures où la prudence même ordonne de ne consulter que le chapitre des accidens.

Saint-Ibal étoit botté pour partir, lorsque M. de Châtillon (1) arriva chez moi, et me dit en entrant que M. le prince, qu'il venoit de quitter, devoit être à Ruel le lendemain. Il ne me fut pas difficile de le faire parler, parce qu'il étoit mon parent et mon ami; il haïssoit de plus extrêmement le cardinal. Il me dit donc que M. le prince étoit enragé contre lui; qu'il étoit persuadé qu'il perdroit l'Etat si on le laissoit faire; qu'il avoit en son particulier de très-grands sujets de se plaindre de lui; qu'il avoit découvert à l'armée que le cardinal lui avoit débauché le marquis de Noirmoutier (2), avec lequel il avoit un commerce de chiffres pour être averti de tout à son préjudice. Enfin je connus, par tout ce que me dit Châtillon, que M. le prince n'avoit nulle mesure particulière avec la cour. Je ne balançai pas, comme vous pouvez imaginer; je fis débotter Saint-Ibal, qui faillit à enrager; et quoique d'abord j'eusse résolu de contrefaire le malade pour n'être point obligé d'aller à Ruel, où je ne croyois pas de sûreté pour moi, je pris le parti de m'y rendre un moment après que M. le prince y seroit arrivé. Je n'appréhendois plus d'y être arrêté, parce que Châtillon m'avoit assuré qu'il étoit fort éloigné de toute pensée d'extrémité, et parce que j'avois tout sujet de prendre confiance en l'honneur de son amitié. Il m'avoit sensiblement obligé, comme vous avez vu, à

(1) *M. de Châtillon*: Gaspard IV de Coligny. Il mourut l'année suivante au siège de Charenton. — (2) Louis de La Trémouille, depuis duc de Noirmoutier; mort en 1666. (A. E.)

propos du drap de pied de Notre-Dame ; et je l'avois servi auparavant avec chaleur dans le démêlé qu'il eut avec Monsieur touchant le chapeau de cardinal, prétendu par monsieur son frère. La Rivière eut l'insolence de s'en plaindre, et le cardinal eut la foiblesse d'y balancer. J'offris à M. le prince l'intervention en corps de l'Eglise de Paris. Je vous marque cette circonstance, que j'avois oubliée dans ce récit, pour vous faire voir que je pouvois judicieusement aller à la cour.

La Reine m'y traita admirablement bien ; elle faisoit collation auprès de la grotte : elle affecta de ne donner qu'à madame la princesse la mère (1), à M. le prince et à moi, des poncires (2) d'Espagne que l'on lui avoit apportés. Le cardinal me fit des honnêtetés extraordinaires ; mais je remarquai qu'il observoit avec application la manière dont M. le prince me traiteroit. Il ne fit que m'embrasser en passant dans le jardin ; mais à un autre tour d'allée il me dit fort bas : « Je serai « demain à sept heures chez vous ; il y aura trop de « monde à l'hôtel de Condé. »

Il n'y manqua pas ; et aussitôt qu'il fut dans le jardin de l'archevêché, il m'ordonna de lui exposer au vrai l'état des choses et toutes mes pensées. Je vous puis et dois dire pour la vérité que j'aurois lieu de souhaiter que le discours que je lui fis, et que je lui fis beaucoup plus de cœur que de bouche, fût imprimé et soumis au jugement des trois Etats assemblés : on trouveroit beaucoup de défauts dans mes expressions ; mais j'ose vous assurer qu'on n'en

---

(1) Charlotte-Marguerite de Montmorency, morte en 1650. (A. E.) —
(2) Gros citrons. (A. E.)

condamneroit pas les sentimens. Nous convînmes que je continuerois à faire pousser le cardinal par le parlement; que je menerois la nuit, dans un carrosse inconnu, M. le prince chez Longueil et Broussel, pour les assurer qu'ils ne seroient pas abandonnés au besoin; que M. le prince donneroit à la Reine toutes les marques de complaisance et d'attachement; et qu'il répareroit même avec soin celles qu'il avoit laissé paroître de son mécontentement du cardinal, afin de s'insinuer dans l'esprit de la Reine, et de la disposer insensiblement à recevoir et à suivre ses conseils; qu'il feindroit dans les commencemens de donner en tout dans son sens, et que peu à peu il essaieroit de l'accoutumer à écouter les vérités auxquelles elle avoit toujours fermé l'oreille; que l'animosité des peuples augmentant, et les délibérations du parlement continuant, il feroit semblant de s'affoiblir contre sa propre inclination et par la pure nécessité; et qu'en laissant ainsi couler le cardinal plutôt que tomber, il se trouveroit maître du cabinet par l'esprit de la Reine, et arbitre du public par l'état des choses, et par le canal des serviteurs qu'il y avoit.

Il est constant que, dans l'agitation où l'on étoit, il n'y avoit que ce remède pour rétablir les affaires, et il n'étoit pas moins facile que nécessaire. Il ne plut pas à la providence de Dieu de le bénir, quoiqu'elle lui eût donné la plus belle ouverture qu'ait jamais pu avoir aucun projet. Vous en verrez la suite, après que je vous aurai dit un mot de ce qui se passa immédiatement auparavant.

Comme la Reine n'étoit sortie de Paris que pour se donner lieu d'attendre avec plus de liberté le retour des troupes, avec lesquelles elle avoit dessein d'insulter ou d'affamer la ville (il est certain qu'elle pensa à l'un et à l'autre); elle ne ménagea pas beaucoup le parlement à l'égard du dernier arrêt dont je vous ai parlé ci-dessus, par lequel elle étoit suppliée de ramener le Roi à Paris. Elle répondit, aux députés qui étoient allés faire les remontrances, qu'elle en étoit fort surprise et fort étonnée; que le Roi avoit accoutumé tous les ans à cette saison de prendre l'air, et que sa santé lui étoit plus chère qu'une vaine frayeur du peuple. M. le prince, qui arriva justement dans ce moment, et qui ne donna pas dans la pensée que l'on avoit à la cour d'attaquer Paris, crut qu'il la falloit au moins satisfaire par les autres marques qu'il pouvoit donner à la Reine de l'attachement à ses volontés. Il dit au président et aux deux conseillers qui l'invitoient à venir prendre sa place, selon la teneur de l'arrêt, qu'il ne s'y trouveroit pas, et qu'il obéiroit à la Reine, en dût-il périr. L'impétuosité de son humeur l'emporta dans la chaleur du discours plus loin qu'il n'eût été par réflexion, comme vous le jugez aisément par ce que je viens de vous dire de la disposition où il étoit, même avant que je lui eusse parlé. M. le duc d'Orléans répondit qu'il n'iroit point, et que l'on avoit fait dans la compagnie des propositions trop hardies et insoutenables. M. le prince de Conti parla du même sens.

Le lendemain les gens du Roi apportèrent au parlement un arrêt du conseil, qui portoit cassation de celui du parlement, et défenses de délibérer sur la proposition de 1617 contre le ministère des étrangers. La compagnie opina avec une chaleur inconcevable, ordonna des remontrances par écrit, manda le prévôt des marchands pour pourvoir à la sûreté de la ville, commanda à tous les gouverneurs de laisser tous les passages libres, et que le lendemain, toute affaire cessante, on délibéreroit sur la proposition de 1617. Je fis l'impossible toute la nuit pour rompre ce coup, parce que j'avois lieu de craindre qu'il ne précipitât les choses au point d'engager M. le prince malgré lui-même dans les intérêts de la cour. Longueil courut de son côté pour le même effet; Broussel lui promit d'ouvrir l'avis modéré : les autres ou m'en assurèrent ou me le firent espérer. Ce ne fut plus cela le lendemain : ils s'échauffèrent les uns les autres avant que de s'asseoir. Le maudit esprit de classe dont je vous ai déjà parlé les saisit; et ces mêmes gens qui deux jours auparavant trembloient de frayeur, et que j'avois eu tant de peine à rassurer, passèrent tout d'un coup, et sans savoir pourquoi, à l'aveugle fureur; et telle, qu'ils ne firent pas seulement réflexion que le général de cette même armée, dont le nom seul leur avoit fait peur, et qu'ils devoient plus appréhender que son armée, parce qu'ils avoient sujet de le croire malintentionné pour eux, comme ayant toujours été très-attaché à la cour; ils ne firent pas seulement, dis-je, réflexion que ce général venoit d'y arriver : et ils donnèrent cet arrêt que je vous ai marqué ci-dessus, qui obligea la Reine de faire sortir de Paris M. d'Anjou(1), tout rouge encore de sa petite vérole, et madame la duchesse d'Orléans même, malade, et qui eût commencé la guerre civile dès le lendemain, si

---

(1) Philippe de France, frère unique du roi Louis XIV, depuis duc d'Orléans; mort subitement à Saint-Cloud en 1701. (A. E.)

M. le prince, avec lequel j'eus sur ce sujet une seconde conférence de trois heures, n'eût pris le parti du monde le plus sain et le plus sage, quoiqu'il fût très-mal persuadé du cardinal et à l'égard du public et au sien particulier, et qu'il ne fût guère plus satisfait de la conduite du parlement, avec lequel on ne pouvoit prendre aucunes mesures en corps, ni de bien sûres avec les particuliers. Il ne balança pas un moment à prendre la résolution qu'il crut la plus utile au bien de l'Etat ; il marcha sans hésiter et d'un pas égal entre le cabinet et le public, entre la faction et la cour ; et il me dit ces propres paroles, qui me sont toujours demeurées dans l'esprit, même en la plus grande chaleur de nos démêlés : « Le Mazarin ne sait
« ce qu'il fait, et il perdroit l'Etat si l'on n'y prenoit
« garde. Le parlement va trop vite : vous me l'aviez
« bien dit, et je le vois. S'il se ménageoit comme
« nous l'avions concerté, nous ferions nos affaires
« ensemble, et celles du public. Il se précipite : et
« si je me précipitois avec lui, j'y ferois peut-être
« mieux mes affaires que lui ; mais je m'appelle Louis
« de Bourbon, et je ne veux pas ébranler la couronne.
« Ces diables de bonnets carrés sont-ils enragés
« de m'engager ou à faire demain la guerre civile,
« ou à les étrangler eux-mêmes, et à mettre sur leurs
« têtes et sur la mienne un gredin de Sicile qui nous
« perdra tous à la fin ! »

M. le prince avoit raison, à la vérité, d'être embarrassé et fâché : car vous remarquerez que ce même Broussel, avec lequel il avoit lui-même pris des mesures, et qui m'avoit positivement promis d'être modéré dans cette délibération, fut celui qui ouvrit l'avis de l'arrêt, et qui ne m'en donna d'autres excuses que l'emportement général qu'il avoit vu dans tous les esprits. Enfin la conclusion de notre conférence fut qu'il partiroit au même moment pour Ruel; qu'il s'opposeroit, comme il avoit déjà commencé, au projet concerté et résolu d'attaquer Paris; et qu'il proposeroit à la Reine que M. le duc d'Orléans et lui écrivissent au parlement, et le priassent d'envoyer des députés, pour conférer et pour essayer de remédier aux nécessités de l'Etat.

Je suis obligé de dire pour la vérité que ce fut lui qui me proposa cet expédient, qui ne m'étoit point venu dans l'esprit. Il est vrai qu'il me charma et me toucha à un tel point, que M. le prince s'aperçut de mon transport, et qu'il me dit avec tendresse : « Que « vous êtes éloigné des pensées où l'on vous croit à « la cour! Plût à Dieu que tous ces coquins de minis- « tres eussent d'aussi bonnes intentions que vous! » J'avois fort assuré M. le prince que le parlement ne pouvoit qu'agréer extrêmement l'honneur que M. le duc d'Orléans et lui lui feroient de lui écrire; mais j'avois ajouté que, vu l'aigreur des esprits, je doutois qu'il voulût conférer avec le cardinal; que j'étois persuadé que si lui, M. le prince, pouvoit faire en sorte d'obliger la cour à ne point se faire une affaire ni une condition de la présence de ce ministre, il se donneroit à lui-même un avantage très-considérable, en ce que tout l'honneur de l'accommodement où Monsieur, à son ordinaire, ne serviroit que de figure, lui reviendroit; et en ce que l'exclusion du cardinal décréditeroit au dernier point son ministère, et seroit un préalable très-utile au coup que M. le prince faisoit état de lui donner dans le cabinet. Il comprit très-bien son intérêt; et le parlement ayant répondu à Choisy, chancelier de Monsieur, et au chevalier de La Rivière, gentilhomme de la chambre de M. le prince, qui y avoient porté les lettres de leurs maîtres; ayant, dis-je, répondu que le lendemain les députés iroient à Saint-Germain pour conférer avec messieurs les princes seulement, M. le prince se servit très-habilement de cette parole, pour faire croire au cardinal qu'il ne devoit pas se commettre, et qu'il étoit de sa prudence de se faire honneur de la nécessité. Cette atteinte fut cruelle à la personne d'un cardinal reconnu, depuis la mort du feu Roi, pour premier ministre; et la suite ne lui en fut pas moins honteuse. Le président Viole, qui avoit ouvert l'avis au parlement de renouveler l'arrêt de 1617 contre les étrangers, vint à Saint-Germain où le Roi étoit allé de Ruel, sur la parole de M. le prince [et il fut admis sans contestation à la conférence qui fut tenue chez M. le duc d'Orléans, accompagné de M. le prince, de M. le prince] de Conti et de M. de Longueville (1). On y traita presque tous les articles qui avoient été proposés à la chambre de Saint-Louis, et messieurs les princes en accordèrent beaucoup avec facilité. Le premier président s'étant plaint de l'emprisonnement de M. de Chavigny, donna lieu à une contestation considérable, parce que, sur la réponse que l'on lui fit que Chavigny n'étant pas du corps du parlement, cette action ne regardoit en rien la compagnie, il répondit que les ordonnances obligeoient à ne laisser personne en prison plus de

---

(1) Le passage entre crochets que l'on vient de lire a été tiré d'un manuscrit appartenant à M. Demay, vice-président du tribunal de Melun.

vingt-quatre heures sans l'interroger. Monsieur se leva avec chaleur à ce mot, qu'il prétendoit donner des bornes trop étroites à l'autorité royale. Viole le soutint avec vigueur : les députés tout d'une voix y demeurèrent fermes; et en ayant le lendemain fait leur rapport au parlement, ils en furent loués. La chose fut même poussée avec tant de force et soutenue avec tant de fermeté, que la Reine fut obligée de consentir que la déclaration portât que l'on ne pourroit plus tenir aucun, même particulier du royaume, en prison plus de trois jours sans l'interroger. Cette clause obligea la cour de donner aussitôt la liberté à Chavigny, qu'il n'y avoit pas lieu d'interroger en forme. Cette question, que l'on appeloit celle de la sûreté publique, fut presque la seule qui reçut beaucoup de contradiction (1). Le ministère ne pouvoit se résoudre de s'astreindre à une condition aussi contraire à sa pratique; et le parlement n'eut pas moins de peine à se relâcher d'une ancienne ordonnance accordée par nos rois à la réquisition des Etats. Les vingt-trois autres propositions de la chambre de Saint-Louis passèrent, avec plus de chaleur entre les particuliers que de contestation pour leur substance. Il y eut cinq conférences à Saint-Germain : il n'entra dans la première que messieurs les princes. Le chancelier et le maréchal de La Meilleraye, qui avoit été fait surintendant à la place d'Emery, furent admis dans les qua-

(1) *Qui reçut beaucoup de contradiction :* On peut voir dans l'*Histoire du Temps* (première partie, page 240) les détails de la discussion qui eut lieu dans la conférence des princes sur l'emprisonnement de M. de Chavigny. Si le parlement s'étoit borné à soutenir que l'on ne pouvoit arrêter un particulier sans l'interroger et lui faire son procès, s'il y avoit lieu, il n'y auroit eu que des éloges à donner à sa conduite.

tre autres. Le premier y eut de grandes prises avec le premier président, qui avoit un mépris pour lui qui alloit jusqu'à la brutalité. Le lendemain de chaque conférence, l'on opinoit sur le rapport des députés au parlement. Il seroit infini et ennuyeux de vous rendre compte de toutes les scènes qui y furent données au public; et je me contenterai de vous dire en général que le parlement, ayant obtenu ou plutôt emporté sans exception tout ce qu'il demandoit, c'est-à-dire le rétablissement des anciennes ordonnances, par une déclaration conçue sous le nom du Roi, mais dressée et dictée par la compagnie, crut encore qu'il se relâchoit beaucoup en promettant qu'il ne continueroit plus ses assemblées. Vous verrez cette déclaration tout d'une vue, s'il vous plaît de vous ressouvenir des propositions que je vous ai marquées de temps en temps dans la suite de cette histoire, comme ayant été faites dans le parlement et dans la chambre de Saint-Louis. Le lendemain qu'elle fut publiée et enregistrée, qui fut le 24 octobre 1648, le parlement prit ses vacations, et la Reine revint avec le Roi à Paris bientôt après. J'en rapporterai les suites après que je vous aurai rendu compte de deux ou trois incidens qui survinrent dans le temps de ces conférences.

Madame de Vendôme présenta requête au parlement pour lui demander la justification de monsieur son fils, qui s'étoit sauvé, le jour de la Pentecôte précédente, de la prison du bois de Vincennes, avec résolution et bonheur. Je n'oubliai rien pour la servir en cette occasion; et madame de Nemours sa fille avoua que je n'étois pas méconnoissant.

Je ne me conduisis pas si raisonnablement dans une

autre rencontre qui m'arriva. Le cardinal, qui eût souhaité avec passion de me perdre dans le public, avoit engagé le maréchal de La Meilleraye, surintendant des finances et mon ami, à m'apporter chez moi quarante mille écus que la Reine m'envoyoit pour le paiement de mes dettes, en reconnoissance, disoit-elle, des services que j'avois essayé de lui rendre le jour des barricades. Observez, je vous prie, que lui, qui m'avoit donné les avis les plus particuliers des sentimens de la cour sur ce sujet, les croyoit de la meilleure foi du monde changés pour moi, parce que le cardinal lui avoit témoigné une douleur sensible de l'injustice qu'il m'avoit faite, et qu'il avoit reconnue clairement depuis. Je ne vous marque cette circonstance que parce qu'elle sert à faire connoître que *les gens qui sont naturellement foibles à la cour ne peuvent jamais s'empêcher de croire tout ce qu'elle prend la peine de leur vouloir faire croire.* Je l'ai observé mille et mille fois; et que quand ils ne sont pas dupes, c'est la faute des ministres. Comme la foiblesse à la cour n'étoit pas mon défaut, je ne me laissai pas persuader par le maréchal de La Meilleraye, comme lui-même s'étoit laissé persuader par le Mazarin; et je refusai les offres de la Reine, avec toutes les paroles requises en cette occasion, mais sincères à proportion de la sincérité avec laquelle elles m'étoient faites.

Voici le point où je donnai dans le panneau. Le maréchal d'Estrées traitoit du gouvernement de Paris avec M. de Montbazon(1) : le cardinal l'obligea de faire semblant d'en avoir perdu la pensée, et d'essayer de me l'inspirer comme une chose qui me concernoit

---

(1) Hercule de Rohan, mort en 1664. (A. E.)

fort, et dans laquelle je donnerois d'autant plus facilement, que le prince de Guémené, à qui cet emploi n'étoit propre, en ayant la survivance et devant par conséquent toucher une partie du prix, les intérêts de la princesse, que l'on savoit ne m'être pas indifférens, s'y trouveroient. Si j'eusse eu du bon sens, je n'aurois pas seulement écouté une proposition de cette nature, laquelle m'eût jeté, si elle eût réussi, dans la nécessité de me servir de la qualité de gouverneur de Paris contre l'intérêt de la cour : ce qui n'eût pas été assurément de la bienséance; ou de préférer les devoirs d'un gouverneur à ceux d'un archevêque : ce qui étoit réellement contre mon intérêt et contre ma réputation. Voilà ce que j'eusse prévu, si j'eusse eu du bon sens; mais si j'en eusse eu un grain en cette occasion, je n'aurois pas au moins fait voir que j'avois de la pente à en recevoir l'ouverture, que je n'y eusse vu moi-même plus de jour. Je m'éblouis d'abord à la vue du bâton, qui me parut devoir être d'une figure plus agréable quand il seroit croisé avec la crosse. Le cardinal ayant fait son effet, qui étoit de m'entamer dans le public sur l'intérêt particulier, sur lequel il n'avoit pu jusque là prendre sur moi le moindre avantage, rompit l'affaire par le moyen des difficultés que le maréchal d'Estrées, de concert avec lui, y fit naître. Je fis à ce même moment une seconde faute presque aussi grande que la première : car au lieu d'en profiter, comme je pouvois, en deux ou trois manières, je m'emportai, et je dis tout ce que la rage me fit dire contre le ministre à Brancas (1), neveu

---

(1) Charles, comte de Brancas, chevalier d'honneur de la Reine; mort à Paris en 1681. (A. E.)

du maréchal, et dont le défaut dès ce temps-là n'étoit pas de taire aux plus forts ce que les plus foibles disoient d'eux. Je ne pourrois pas vous dire encore, à l'heure qu'il est, les raisons ou plutôt les déraisons qui me purent obliger à une aussi méchante conduite. Je cherche dans les replis de mon cœur le principe qui fait que je trouve une satisfaction plus sensible à vous faire une confession sincère de mes fautes, que je n'en trouverois assurément dans le plus juste panégyrique. Je reviens aux affaires publiques.

La déclaration, à la publication de laquelle j'étois demeuré, et le retour du Roi à Paris, joints à l'inaction du parlement qui étoit en vacations, apaisèrent pour un moment le peuple, qui étoit si échauffé, que deux ou trois jours avant que l'on eût enregistré la déclaration, il avoit été sur le point de massacrer le premier président et le président de Nesmond, parce que la compagnie ne délibéroit pas aussi vite que les marchands le prétendoient sur un impôt établi sur l'entrée du vin (1). Cette chaleur revint avec la Saint-Martin. Il sembloit que tous les esprits étoient surpris et enivrés de la fumée des vendanges. Vous allez voir des scènes, au prix desquelles les passées n'ont été que des verdures et des pastourilles.

(1) *Impôt établi sur l'entrée du vin :* On trouve le détail des droits qui étoient alors perçus sur chaque muid de vin, dans un arrêt du parlement de Paris, du 14 octobre 1648, imprimé dans l'*Histoire du Temps*, première partie, page 288. Ils s'élevoient, en y comprenant divers péages dus sur la route, à quatorze livres dix-sept sous six deniers : ce qui, au prix de vingt-six livres dix sous où étoit alors le marc d'argent, feroit aujourd'hui vingt-neuf livres cinq sous de notre monnoie. Par un autre arrêt du même jour, le parlement diminua ces droits de cinquante-huit sous six deniers par muid. (*Histoire du Temps,* première partie, page 292.)

Il n'y a rien dans le monde qui n'ait son moment décisif, et le chef-d'œuvre de la bonne conduite est de connoître et de prendre ce moment : si on le manque, surtout dans la révolution des États, on court fortune ou de ne pas le retrouver, ou de ne le pas apercevoir. Il y en a mille et mille exemples. Les six ou sept semaines qui s'écoulèrent depuis la publication de la déclaration, jusqu'à la Saint-Martin de l'année 1648, nous en présentent un qui ne nous a été que trop sensible. Chacun trouvoit son compte dans la déclaration, c'est-à-dire chacun l'y eût trouvé si chacun l'eût bien entendue. Le parlement avoit l'honneur du rétablissement de l'ordre; les princes le partageoient et en avoient le premier fruit, qui étoit la considération et la sûreté; le peuple, déchargé de plus de soixante millions, y trouvoit un soulagement considérable; et si le cardinal Mazarin eût été d'un génie propre à se faire honneur de la nécessité (ce qui est une des qualités les plus nécessaires à un ministre), il se fût, par un avantage qui est toujours inséparable de la faveur; il se fût, dis-je, approprié dans la suite la plus grande partie du mérite des choses mêmes auxquelles il s'étoit le plus opposé.

Voilà des avantages signalés pour tout le monde : et tout le monde manqua ces avantages signalés par des considérations si légères, qu'elles n'eussent pas dû, dans les véritables règles du bon sens, en faire même perdre de médiocres. Le peuple, qui s'étoit animé par les assemblées du parlement, s'effaroucha dès qu'il les vit cesser, sur l'approche de quelques troupes, desquelles, dans la vérité, il étoit ridicule de prendre ombrage, et par la considération de leur petit nombre, et par beaucoup d'autres circonstances. Le parlement prit à son retour toutes les bagatelles qui sentoient le moins du monde l'inexécution de la déclaration, avec la même rigueur et les mêmes formalités qu'il auroit traité à un défaut ou à une forclusion. M. le duc d'Orléans vit tout le bien qu'il pouvoit faire, et une partie du mal qu'il pouvoit empêcher; mais comme l'endroit par lequel il fut touché de l'un et de l'autre ne fut pas celui de la peur, qui étoit sa passion dominante, il ne sentit pas assez le coup pour en être ému. M. le prince connut le mal dans toute son étendue; mais comme son courage étoit sa vertu la plus naturelle, il ne le craignit pas assez : il voulut le bien, mais il ne le voulut qu'à sa mode : son âge, son humeur et ses victoires ne lui permirent point de joindre la patience à l'activité; et il ne conçut pas d'assez bonne heure cette maxime si nécessaire aux princes, *de ne considérer les petits incidens que comme des victimes que l'on doit toujours sacrifier aux grandes affaires*. Le cardinal, qui ne connoissoit en aucune façon nos manières, confondoit journellement les plus importantes avec les plus légères; et dès le lendemain que la déclaration fut publiée (cette déclaration qui passoit dans la chaleur des esprits pour une loi fondamentale de l'Etat); dès le lendemain, dis-je, qu'elle fut publiée, elle fut entamée et altérée sur des articles de rien, que le cardinal devoit même observer avec ostentation, pour colorer les contraventions qu'il pouvoit être obligé de faire aux plus considérables. Ce qui lui arriva de cette conduite fut que le parlement, aussitôt après son ouverture, recommença à s'assembler, et que la chambre des comptes et la cour des aides même, auxquelles on porta dans le même mois de novembre la déclaration à vérifier, prirent la liberté d'y ajouter encore plus de modifications et de clauses que le parlement.

La cour des aides entre autres fit défense, sur peine de la vie, de mettre les tailles en parti (1). Comme elle eut été mandée pour ce sujet au Palais-Royal, et qu'elle se fut relâchée en quelque façon de ce premier arrêt, en permettant de faire des prêts sur les tailles pour six mois, le parlement le trouva très-mauvais, et s'assembla le 30 de décembre, tant sur ce fait que sur ce que l'on savoit qu'il y avoit une autre déclaration à la chambre des comptes, qui autorisoit pour toujours les mêmes prêts. Vous remarquerez, s'il vous plaît, que dès le 16 du mois de décembre M. le duc d'Orléans et M. le prince avoient été au parlement pour empêcher les assemblées, et pour obliger la compagnie à travailler seulement par députés à la recherche des articles de la déclaration, auxquels on prétendoit que le ministre avoit contrevenu : ce qui leur fut accordé. Mais après une contestation fort aigre, M. le prince parla avec beaucoup de colère, et l'on prétendit même qu'il avoit fait un signe du petit doigt, par lequel il parut menacer. Il m'a dit souvent depuis qu'il n'en avoit pas eu la pensée. Ce qui est constant, c'est que la plupart des conseillers le crurent ; que le murmure s'éleva ; et que si l'heure

---

(1) *Mettre les tailles en parti :* On entendoit par cette expression affermer cet impôt à des partisans qui faisoient des avances au Roi, et fouloient ensuite le peuple, en exerçant les droits du prince avec la dernière rigueur. (Voyez *Histoire du Temps*, seconde partie, pages 12 et suivantes.)

n'eût sonné, les choses se fussent encore plus aigries.

[1649] Elles parurent le lendemain plus douces, parce que la compagnie se relâcha, comme je vous ai déjà dit ci-dessus, à examiner les contraventions faites à la déclaration, par députés seulement, et chez M. le premier président : mais cette apparence de calme ne dura guère. Le parlement résolut, le 2 janvier, de s'assembler pour pourvoir à l'exécution de la déclaration que l'on prétendoit avoir été blessée, particulièrement dans les huit ou dix derniers jours, en tous ses articles; et la Reine prit le parti de faire sortir le Roi de Paris, à quatre heures du matin, le jour des Rois, avec toute la cour. Les ressorts particuliers de ce grand mouvement sont assez curieux, quoiqu'ils soient fort simples.

Vous jugez suffisamment, par ce que je vous ai déjà dit, quels motifs faisoient agir la Reine conduite par le cardinal, et M. le duc d'Orléans gouverné par La Rivière, qui étoit l'esprit le plus bas et le plus intéressé de son siècle. Voici ce qui m'a paru des motifs de M. le prince. Les contre-temps du parlement, desquels je vous ai déjà parlé, commencèrent à le dégoûter presque aussitôt qu'il eut pris des mesures avec Broussel et avec Longueil; et ce dégoût, joint aux caresses que la Reine lui fit à son retour, aux soumissions apparentes du cardinal, et à la pente naturelle qu'il tenoit de père et de mère de n'aimer pas à se brouiller avec la cour, affoiblirent avec assez de facilité dans son esprit les raisons que son grand cœur y avoit fait naître. Je m'aperçus d'abord du changement : je m'en affligeai pour moi, je m'en affligeai pour le public; mais je m'en affligeai à la vérité beaucoup plus pour lui-même. Je l'aimois autant que je l'honorois, et je vis d'un coup d'œil le précipice. Je vous ennuierois si je vous rendois compte de toutes les conversations que j'eus avec lui sur cette matière. Vous jugerez, s'il vous plaît, des autres par celle dont je vais vous rapporter le détail ; elle se passa justement l'après-dînée du jour où l'on prétendit qu'il avoit menacé le parlement.

Je trouvai dans ce moment que le dégoût que j'avois déjà remarqué dans son esprit étoit changé en colère et même en indignation. Il me dit, en jurant, qu'il n'y avoit plus moyen de souffrir l'insolence et l'impertinence de ces bourgeois, qui en vouloient à l'autorité royale; que tant qu'il avoit cru qu'ils n'avoient eu pour but que le Mazarin, il avoit été pour eux; que je lui avois moi-même confessé plus de trente fois qu'il n'y avoit aucunes mesures bien sûres à prendre avec des gens qui ne peuvent jamais se répondre d'eux-mêmes d'un quart-d'heure à l'autre, parce qu'ils ne peuvent jamais se répondre un instant de leurs compagnies ; qu'il ne se pouvoit résoudre à devenir le général d'une armée de fous, n'y ayant pas un homme sage qui pût s'engager dans une cohue de cette nature; qu'il étoit prince du sang; qu'il ne vouloit pas ébranler l'Etat ; que si le parlement eût pris la conduite dont on étoit demeuré d'accord, on l'eût redressé; mais qu'agissant comme il faisoit, il prenoit le chemin de le renverser. M. le prince ajouta à cela tout ce que vous pouvez vous figurer de réflexions publiques et particulières. Voici en propres paroles ce que je lui répondis :

« Je conviens, monsieur, de toutes les maximes

« générales; permettez-moi, s'il vous plaît, de les
« appliquer au fait particulier. Si le parlement tra-
« vaille à la ruine de l'Etat, ce n'est pas qu'il ait in-
« tention de le ruiner. Nul n'a plus d'intérêt au
« maintien de l'autorité royale que les officiers : tout
« le monde en convient. Il faut donc reconnoître de
« bonne foi que lorsque les compagnies souveraines
« font du mal, ce n'est que parce qu'elles ne savent
« pas bien faire le bien même qu'elles veulent. La
« capacité d'un ministre qui sait ménager les particu-
« liers et les corps les tient dans l'équilibre où elles
« doivent être naturellement, et dans lequel elles
« réussissent, par un mouvement qui balance ce qui est
« de l'autorité des princes et de l'obéissance des peu-
« ples. L'ignorance de celui qui gouverne aujourd'hui
« ne lui laisse ni assez de vue ni assez de force pour
« régler les poids de cette horloge. Les ressorts en
« sont mêlés : ce qui n'étoit que pour modérer le
« mouvement veut le faire, et je conviens qu'il le
« fait mal, parce qu'il n'est pas lui-même fait pour
« cela : voilà où gît le défaut de notre machine.
« Votre Altesse veut la redresser, et avec d'autant
« plus de raison qu'il n'y a qu'elle qui en soit capa-
« ble ; mais, pour la redresser, faut-il se joindre à
« ceux qui la veulent rompre? Vous convenez des
« disparates du cardinal, vous convenez qu'il ne
« pense qu'à établir en France l'autorité qu'il n'a ja-
« mais connue qu'en Italie. S'il y pouvoit réussir,
« seroit-ce le compte de l'Etat, selon ses bonnes et
« véritables maximes ? Seroit-ce celui des princes du
« sang en tout sens ? Mais de plus est-il en état d'y
« réussir ? N'est-il pas accablé de la haine et du mé-

« pris public? Le parlement n'est-il pas l'idole du
« peuple? Je sais que vous les comptez pour rien,
« parce que la cour est armée ; mais je vous supplie
« de me permettre de vous dire qu'on les doit comp-
« ter pour beaucoup, toutes les fois qu'ils se comp-
« tent eux-mêmes pour tout. Ils en sont là : ils com-
« mencent eux-mêmes à compter vos armées pour
« rien ; et le malheur est que leurs forces consistent
« dans leur imagination : car on peut dire avec vé-
« rité qu'à la différence de toutes les autres sortes
« de puissance, ils peuvent, quand ils sont arrivés
« à un certain point, tout ce qu'ils croient pouvoir.
« Votre Altesse me disoit dernièrement que cette dis-
« position du peuple n'étoit qu'une fumée ; mais cette
« fumée si noire et si épaisse est entretenue par un
« feu qui est bien vif et bien allumé. Le parlement
« le souffle ; et le parlement, avec les meilleures et
« même les plus simples intentions du monde, est
« capable de l'enflammer à un point qui l'embrasera
« et le consumera lui-même, mais qui hasardera dans
« ces intervalles plus d'une fois l'Etat. *Les corps*
« *poussent toujours avec trop de vigueur les fautes*
« *des ministres, quand ils ont tant fait que de s'y*
« *acharner; et ils ne ménagent presque jamais*
« *leurs imprudences : ce qui est en de certaines oc-*
« *casions capable de perdre un royaume.* Si le par-
« lement eût répondu, quelque temps avant que
« vous revinssiez de l'armée, à la ridicule et perni-
« cieuse proposition que le cardinal lui fit, de dé-
« clarer s'il prétendoit mettre des bornes à l'autorité
« royale ; si, dis-je, les plus sages du corps n'eussent
« éludé la réponse, la France, à mon opinion, cou-

« roit fortune, parce que la compagnie se déclarant
« pour l'affirmative, comme elle fut sur le point de
« le faire, elle déchiroit le voile qui couvre le mys-
« tère de l'Etat. Chaque monarchie a le sien : celui
« de la France consiste dans une espèce de silence
« religieux et sacré dans lequel on ensevelit, en
« obéissant presque toujours aveuglément aux rois,
« le droit que l'on ne veut croire avoir de s'en dis-
« penser, que dans les occasions où il ne seroit pas
« même de leur service de plaire à leurs rois. Ce fut
« un miracle que le parlement ne levât pas dernière-
« ment ce voile, et ne le levât pas en forme et par
« arrêt : ce qui seroit bien d'une conséquence plus
« dangereuse et plus funeste que la liberté que les
« peuples ont prise depuis quelque temps de voir à
« travers. Si cette liberté, qui est déjà dans la salle
« du Palais, étoit passée jusque dans la grand'cham-
« bre, elle feroit des lois révérées de ce qui n'est
« encore que question problématique, et de ce qui
« n'étoit il n'y a pas long-temps qu'un secret, ou in-
« connu, ou du moins respecté. Votre Altesse n'em-
« pêchera pas, par la force des armes, les suites du
« malheureux état que je vous marque, et dont nous
« ne sommes peut-être que trop proches. Elle voit
« que le parlement même a peine de retenir les peu-
« ples qu'il a éveillés : elle voit que la contagion se
« glisse dans les provinces, et que la Guienne et
« la Provence donnent déjà très-dangereusement
« l'exemple qu'elles ont reçu de Paris. Tout branle ;
« et Votre Altesse seule est capable de fixer ce mou-
« vement par l'éclat de sa naissance, par celui de sa
« réputation, et par la persuasion générale où on est

« qu'il n'y a qu'elle qui y puisse remédier. L'on peut
« dire que la Reine partage la haine que l'on a pour
« le cardinal, et que Monsieur partage le mépris que
« l'on a pour La Rivière. Si vous entrez par complai-
« sance dans leurs pensées, vous entrerez en part de
« la haine publique. Vous êtes au dessus du mépris;
« mais la crainte que l'on aura de vous prendra sa
« place; et cette crainte empoisonnera si cruellement
« et la haine que l'on aura pour vous et le mépris que
« l'on a déjà pour les autres, que ce qui n'est présen-
« tement qu'une plaie dangereuse à l'État lui de-
« viendra peut-être mortelle, et pourra mêler dans
« la suite de la révolution le désespoir du retour,
« qui est toujours en ces matières le dernier et le
« plus dangereux symptôme de la maladie. Je n'i-
« gnore pas les justes raisons qu'a Votre Altesse d'ap-
« préhender les manières d'un corps composé de plus
« de deux cents têtes, et qui n'est capable ni de gou-
« verner ni d'être gouverné. Cet embarras est grand;
« mais j'ose soutenir qu'il n'est pas insurmontable,
« et qu'il n'est pas même difficile à démêler dans la
« conjoncture présente par des circonstances particu-
« lières. Quand le parti seroit formé, quand vous se-
« riez à la tête de l'armée, quand les manifestes au-
« roient été publiés, quand enfin vous seriez déclaré
« général d'un parti dans lequel le parlement seroit
« entré; auriez-vous, monsieur, plus de peine à sou-
« tenir ce poids, que messieurs votre aïeul et bisaïeul
« n'en ont eu à s'accommoder au caprice des minis-
« tres de La Rochelle, et des maires de Nîmes et de
« Montauban? Et Votre Altesse trouveroit-elle plus
« de difficulté à ménager le parlement de Paris, que

« M. de Mayenne n'y en a trouvé dans le temps de la
« Ligue, c'est-à-dire dans le temps de la faction du
« monde la plus opposée à toutes les maximes du par-
« lement? Votre naissance et votre mérite vous élèvent
« autant au dessus de ce dernier exemple, que la cause
« dont il s'agit est au dessus de celle de la Ligue : et
« les manières n'en sont pas moins différentes. La Ligue
« fit une guerre, où le chef du parti commença sa dé-
« claration par une jonction ouverte et publique avec
« l'Espagne contre la couronne et la personne d'un
« des plus braves et des meilleurs rois que la France
« ait jamais eus ; et ce chef de parti, sorti d'une mai-
« son étrangère et suspecte, ne laissa pas de mainte-
« nir très-long-temps dans ses intérêts ce même par-
« lement dont la seule idée vous fait peine, dans
« une occasion où vous êtes si éloigné de le vouloir
« porter à la guerre, que vous n'y entrez que pour
« lui procurer la sûreté et la paix. Vous ne vous êtes
« ouvert qu'à deux hommes de tout le parlement ; et
« encore vous ne vous y êtes ouvert que sur la pa-
« role qu'ils vous ont donnée l'un et l'autre de ne
« laisser pénétrer à personne du monde, sans excep-
« tion, vos intentions. Comment est-il possible que
« Votre Altesse prétende que ces deux hommes puis-
« sent, par le moyen de cette connoissance intérieure
« et cachée, régler les mouvemens de leur corps ?
« J'ose, monsieur, vous répondre que si vous vou-
« lez vous déclarer publiquement comme protecteur
« du public et des compagnies souveraines, vous en
« disposerez au moins pour très-long-temps, absolu-
« ment et presque souverainement. Mais ce n'est pas
« votre vue : vous ne voulez pas vous brouiller à la

« cour, vous aimez mieux le cabinet que la faction :
« ne trouvez donc pas mauvais que des gens, qui ne
« vous voient que dans ce jour, ne mesurent pas
« toutes leurs démarches selon qu'il vous convien-
« droit. C'est à vous à mesurer les vôtres avec les
« leurs, parce qu'elles sont publiques ; et vous le
« pouvez, parce que le cardinal, accablé par la haine
« publique, est trop foible pour vous obliger malgré
« vous à l'éclat et aux ruptures prématurées. La Ri-
« vière, qui gouverne Monsieur, est l'homme du
« monde le plus timide. Continuez à témoigner que
« vous cherchez à adoucir les choses, et laissez-les
« agir selon votre premier plan : un peu plus ou un
« peu moins de chaleur dans le parlement doit-il être
« capable de vous le faire changer? De quoi y va-t-il
« enfin en ce plus et en ce moins ? Le pis est que la
« Reine croie que vous n'embrassez pas avec assez
« de chaleur ses intérêts : n'y a-t-il pas des moyens
« pour suppléer à cet inconvénient? n'y a-t-il pas des
« apparences à donner ? n'y a-t-il pas même de l'ef-
« fectif? Enfin, monsieur, je supplie très-humble-
« ment Votre Altesse de me permettre de lui dire que
« jamais projet n'a été si beau, si innocent, si saint,
« si nécessaire que celui qu'elle a fait ; et que jamais
« raisons n'ont été, au moins à mon opinion, si foi-
« bles que celles qui l'empêchent de l'exécuter. La
« moins forte de celles qui vous y portent, ou plutôt
« qui vous y devroient porter, est que si le cardinal
« Mazarin ne réussit pas dans les siens, il vous peut
« entraîner dans sa ruine ; et que s'il y réussit, il se
« servira pour vous perdre de tout ce que vous au-
« rez fait pour l'élever. »

Vous voyez, par le peu d'arrangement de ce discours, qu'il fut fait sans méditation et sur-le-champ. Je le dictai à Laigues, étant revenu chez moi de chez M. le prince; et Laigues me le fit voir à mon dernier voyage de Paris. Il ne persuada pas M. le prince, qui étoit déjà préoccupé; il ne répondit à mes raisons particulières que par les générales : ce qui est assez de son caractère. Les héros ont leurs défauts; celui de M. le prince est de n'avoir pas assez de suite dans l'un des plus beaux esprits du monde. Ceux qui ont voulu croire qu'il avoit tâché dans le commencement d'aigrir les affaires par Longueil, par Broussel et par moi, pour se rendre plus nécessaire à la cour, et dans la vue de faire pour le cardinal ce qu'il fit depuis, font autant d'injustice et à sa vertu et à la vérité, qu'ils prétendent faire d'honneur à son habileté. Ceux qui croient que les petits intérêts, c'est-à-dire les intérêts de pension, de gouvernement, d'établissement, furent l'unique cause de son changement, ne se trompent guère moins. La vue d'être l'arbitre du cabinet y entra assurément, mais elle ne l'eût pas emporté sur les autres considérations; et le véritable principe fut qu'ayant tout vu d'abord également, il ne sentit pas tout également. La gloire de restaurateur du public fut sa première idée : celle de conservateur de l'autorité royale fut la seconde. Voilà le caractère de tous ceux qui ont dans l'esprit le défaut que je vous ai marqué ci-dessus. Quoiqu'ils voient très-bien les inconvéniens et les avantages des deux partis sur lesquels ils balancent à prendre leurs résolutions, et quoiqu'ils les voient même ensemble, ils ne les pèsent pas ensemble : ainsi ce qui leur paroît aujourd'hui plus léger leur paroît demain plus pesant. Voilà justement ce qui fit le changement de M. le prince, sur lequel il faut confesser que ce qui n'a pas honoré sa vue, ou plutôt sa résolution, a bien justifié son intention. L'on ne peut nier que s'il eût conduit aussi prudemment la bonne intention qu'il avoit, certainement il n'eût redressé l'Etat, et peut-être pour des siècles ; mais l'on doit convenir que s'il l'eût eu mauvaise, il eût pu aller à tout dans un temps où l'enfance du Roi, l'opiniâtreté de la Reine, la foiblesse de Monsieur, l'incapacité du ministre, la licence du peuple, la chaleur du parlement, ouvroient à un jeune prince, plein de mérite et couvert de lauriers, une carrière plus belle et plus vaste que celle que messieurs de Guise avoient courue.

Dans la conversation que j'eus avec M. le prince, il me dit deux ou trois fois avec colère qu'il feroit bien voir au parlement, s'il continuoit à agir comme il avoit accoutumé, qu'il n'en étoit pas où il pensoit, et que ce ne seroit pas une affaire de le mettre à la raison. Pour vous dire le vrai, je ne fus pas fâché de trouver cette ouverture à en tirer ce que je pourrois des pensées de la cour. Il ne s'en expliqua pas toutefois ouvertement ; mais j'en compris assez pour me confirmer dans la pensée que j'avois, qu'elle commençoit à reprendre ses premiers projets d'attaquer Paris. Pour m'en éclaircir encore davantage, je dis à M. le prince que M. le cardinal pourroit fort facilement se tromper dans ses mesures, et que Paris seroit un morceau de dure digestion. A quoi il me répondit de colère : « On ne le prendra pas comme « Dunkerque, par des mines et par des attaques ; mais

« si le pain de Gonesse leur manquoit huit jours.... »
Je me le tins pour dit, et je lui repartis, beaucoup
moins pour en savoir davantage que pour avoir lieu
de me dégager d'avec lui, que l'entreprise de fermer les passages du pain de Gonesse pourroit recevoir des difficultés. « Quelles ? reprit-il brusque-
« ment. Les bourgeois sortiront-ils pour donner
« bataille ? — Elle ne seroit pas rude, monsieur, s'il
« n'y avoit qu'eux, lui répondis-je. — Qui sera avec
« eux, reprit-il ? Y serez-vous, vous qui parlez ? —
« Ce seroit un mauvais signe, lui répondis-je; cela
« sentiroit fort la procession de la Ligue. » Il pensa
un peu, et puis il me dit : « Ne raillons point; seriez-
« vous assez fou pour vous embarquer avec ces gens-
« là ? — Je ne le suis que trop, lui répondis-je ; vous
« le savez, monsieur, et que je suis de plus coadju-
« teur de Paris, et par conséquent engagé par hon-
« neur et par intérêt à sa conservation. Je servirai
« toute ma vie Votre Altesse en ce qui ne regardera
« pas ce point. » Je vis que M. le prince s'émut à
cette déclaration; mais il se contint, et il me dit ces
propres mots : « Quand vous vous engagerez dans
« une mauvaise affaire, je vous plaindrai ; mais je
« n'aurai pas sujet de me plaindre de vous. Ne vous
« plaignez pas aussi de moi, et rendez-moi le témoi-
« gnage que vous me devez, qui est que je n'ai rien
« promis à Longueil et à Broussel, dont le parlement
« ne m'ait dispensé par sa conduite. » Il me fit ensuite beaucoup d'honnêtetés personnelles ; il m'offrit
de me raccommoder avec la cour. Je l'assurai de mon
obéissance et de mon zèle, en tout ce qui ne seroit
pas contraire aux engagemens qu'il savoit que j'avois

pris. Je le fis convenir de l'impossibilité d'en sortir; et je sortis moi-même de l'hôtel de Condé, avec toute l'agitation d'esprit que vous vous pouvez imaginer.

Montrésor et Saint-Ibal arrivèrent chez moi justement dans le temps que j'achevois de dicter à Laigues la conversation que j'avois eue avec M. le prince; et ils n'oublièrent rien pour m'obliger à envoyer dès le moment à Bruxelles. Quoique je sentisse en moi-même beaucoup de peine (1) à être le premier qui eût mis dans nos affaires le grain de catholicon d'Espagne, je m'y résolus par la nécessité, et je commençai à en dicter l'instruction, qui devoit contenir plusieurs chefs, et dont la conclusion fut remise par cette raison au lendemain matin.

La fortune me présenta l'après-dînée un moyen plus agréable et plus innocent. J'allai par hasard chez madame de Longueville, que je voyois fort peu, parce que j'étois extrêmement ami de monsieur son mari, qui n'étoit pas l'homme de la cour le mieux avec elle. Je la trouvai seule : elle tomba dans la conversation sur les affaires publiques, qui étoient à la mode; elle me parut enragée contre la cour. Je savois par le bruit public qu'elle l'étoit au dernier point contre M. le prince. Je joignis ce que l'on en disoit dans le monde à ce que j'en tirois de certains mots qu'elle laissoit échapper. Je n'ignorois pas que M. le prince de Conti

---

(1) *Beaucoup de peine :* Il ne paroît pas que le coadjuteur ait eu le scrupule dont il se vante, puisque peu de temps auparavant il avoit chargé Saint-Ibal d'aller traiter avec Fuensaldagne : mission qui ne fut révoquée que parce qu'on espéra entraîner le prince de Condé dans la révolte.

étoit absolument entre ses mains. Toutes ces idées me frappèrent tout d'un coup l'imagination, et y firent naître celle dont je vous rendrai compte, après que je vous aurai un peu éclairci le détail de ce que je viens de vous toucher.

Mademoiselle de Bourbon avoit eu l'amitié du monde la plus tendre pour monsieur son frère aîné ; et madame de Longueville, quelque temps après son mariage, prit une rage et une fureur contre lui, qui passa jusques à un excès incroyable. Vous croyez aisément qu'il n'en falloit pas davantage dans le monde pour faire faire des commentaires fâcheux sur une histoire de laquelle on ne voyoit pas les motifs. Je ne les ai jamais pu pénétrer ; mais j'ai toujours été persuadé que ce qui s'en disoit dans la cour n'étoit pas véritable, parce que s'il eût été vrai qu'il y eût eu de la passion dans leur amitié, M. le prince n'auroit pas conservé pour elle la tendresse qu'il conserva toujours, dans la chaleur même de l'affaire de Coligny. J'ai observé qu'ils ne se brouillèrent qu'après sa mort ; et je sais de science certaine que M. le prince savoit que madame sa sœur aimoit véritablement Coligny. L'amour passionné du prince de Conti pour elle donna à cette maison un certain air d'inceste, quoique fort injustement, que la raison au contraire que je viens de vous alléguer, quoique à mon sens décisive, ne put dissiper. Je vous ai marqué ci-dessus que la disposition où je trouvai madame de Longueville me donna lieu à préparer une défense pour Paris plus proche, plus naturelle et moins odieuse que celle d'Espagne. Je connoissois bien la foiblesse de M. le prince de Conti, presque encore enfant ;

mais je savois en même temps que cet enfant étoit prince du sang. Je ne voulois qu'un nom pour animer ce qui sans nom n'étoit qu'un fantôme. Je me répondois de M. de Longueville, qui étoit l'homme du monde qui aimoit le mieux le commencement de toutes les affaires. J'étois d'ailleurs fort assuré que le maréchal de La Mothe (1), enragé contre la cour, ne se détacheroit point de M. de Longueville, à qui il avoit été attaché vingt ans durant par une pension qu'il avoit voulu lui-même retenir par reconnoissance, encore qu'il eût été fait maréchal de France. Je voyois M. de Bouillon très-mécontent, et presque réduit à la nécessité, par le mauvais état de ses affaires domestiques, et par les injustices que la cour lui faisoit. J'avois considéré tous ces gens-là, mais je ne les avois considérés que dans une perspective éloignée, parce qu'il n'y en avoit aucun de tous ceux-là qui fût capable d'ouvrir la scène. M. de Longueville n'étoit bon que pour le second acte; le maréchal de La Mothe, bon soldat, mais de très-petit sens, ne pouvoit jamais jouer le premier personnage. M. de Bouillon l'eût pu soutenir, mais sa probité étoit plus problématique que son talent; et j'étois bien averti de plus que madame sa femme (2), qui avoit un pouvoir absolu sur son esprit, n'agissoit en quoi que ce soit que par les mouvemens d'Espagne. Vous ne vous étonnez pas sans doute de ce que je n'avois pas fixé des vues aussi vagues et aussi brouillées que celles-là, et de ce

---

(1) Philippe de La Mothe-Houdancourt, mort en 1657. (A. E.) —
(2) Léonore-Catherine-Féronie de Berg, fille de Frédéric, comte de Berg, gouverneur de Frise. Elle mourut à Paris en 1657. (A. E.)

que je les réunis ensuite, pour ainsi dire, en la personne de M. le prince de Conti, prince du sang, qui par sa qualité concilioit et rapprochoit tout ce qui paroissoit le plus éloigné à l'égard des uns et des autres.

Dès que j'eus ouvert à madame de Longueville le moindre jour du poste qu'elle pouvoit tenir en l'état où les affaires alloient tomber, elle y entra avec des emportemens de joie que je ne puis vous exprimer. Je ménageai avec soin ces dispositions; j'échauffai M. de Longueville et par moi-même et par Varicarville, qui étoit son pensionnaire, et auquel il avoit avec raison une parfaite confiance. Je me résolus de ne lier aucun commerce avec l'Espagne, et d'attendre que les occasions, que je jugeois bien n'être que trop proches, donnassent lieu à une conjoncture où celui que nous y prendrions infailliblement parût plutôt venir des autres que de moi. Ce parti, quoique fortement contredit par Saint-Ibal et par Montrésor, fut le plus judicieux; et vous verrez par les suites que je jugeai sainement, en jugeant qu'il n'y avoit plus lieu de précipiter ce remède, qui est doublement dangereux, et qui, quand il est le premier appliqué, a toujours besoin de lénitifs qui y préparent (1).

....

Pour ce qui regarde madame de Longueville, la petite vérole lui avoit ôté la première fleur de sa beauté, mais elle lui en avoit laissé presque tout l'éclat; et cet éclat, joint à sa qualité, à son esprit et à sa langueur, qui avoit en elle un charme particulier,

(1) Il y a ici six lignes effacées. (A. E.)

la rendoit une des plus aimables personnes de France. J'avois le cœur du monde le plus propre pour l'y placer entre madame de Guémené et madame de Pommereux. Je ne vous dirai pas qu'elle l'eût agréé; mais je vous dirai bien que ce ne fut pas la vue de l'impossibilité qui m'en fit rejeter la pensée, qui fut même assez vive dans les commencemens. Le bénéfice n'étoit pas vacant, mais il n'étoit pas desservi. M. de La Rochefoucauld (1) étoit en possession, mais il étoit en Poitou. J'écrivois tous les jours trois ou quatre billets, et j'en recevois bien autant. Je me trouvois très-souvent à l'heure du réveil, pour parler plus librement d'affaires : j'y concevois beaucoup d'avantages, et je n'ignorois pas que c'étoit l'unique moyen de m'assurer de M. le prince de Conti pour les suites. Je crus, pour ne vous rien céler, y entrevoir de la possibilité (2). La seule vue de l'amitié étroite que je professois avec le mari l'emporta sur le plaisir et sur la politique (3).

. . . .

Je ne laissai pas de prendre une grande liaison d'affaires avec madame de Longueville, et par elle un commerce avec M. de La Rochefoucauld, qui revint trois semaines ou un mois après cet engagement. Il faisoit croire à M. le prince de Conti qu'il le servoit dans sa passion qu'il avoit pour madame sa sœur; et lui et elle de concert l'avoient tellement aveuglé,

(1) François de La Rochefoucauld, quatrième du nom, mort en 1680 (A. E.) — (2) *Entrevoir de la possibilité :* D'autres Mémoires disent que le coadjuteur, qui étoit fort laid, déplaisoit au contraire à *madame de Longueville*. Du reste, ce ton de fatuité n'étonne pas dans un homme toujours disposé à se vanter de ses succès auprès des femmes. — (3) Il y a ici quatre lignes effacées. (A. E.)

que plus de quatre ans encore après il ne se doutoit de quoi que ce soit.

Comme M. de La Rochefoucauld n'avoit pas eu trop bon bruit dans l'affaire des importans, dans laquelle on l'avoit accusé de s'être raccommodé avec la cour à leurs dépens (ce que j'ai su depuis de science certaine n'être pas vrai), je n'étois pas trop content de le trouver en cette société. Il fallut pourtant s'en accommoder. Nous prîmes toutes nos mesures. M. le prince de Conti, madame de Longueville, monsieur son mari, M. le maréchal de La Mothe, s'engagèrent de demeurer à Paris, ou de se déclarer, si on l'attaquoit. Broussel, Longueil et Viole promirent tout au nom du parlement, qui n'en savoit rien. M. de Retz fit les allées et les venues entre eux et madame de Longueville, qui prenoit les eaux à Noisy avec M. le prince de Conti. Il n'y eut que M. de Bouillon qui ne voulut être nommé à personne sans exception : il s'engagea uniquement avec moi. Je le voyois assez souvent la nuit, et madame de Bouillon y étoit toujours présente. Si cette femme eût eu autant de sincérité que d'esprit, de beauté, de douceur et de vertu, elle eût été une merveille accomplie. J'en fus très-piqué, mais je n'y trouvai pas la moindre ouverture : et comme la piqûre ne me fit pas mal fort long-temps, je crois que j'eusse parlé plus proprement si j'eusse dit que je crus en être piqué.

Après que j'eus préparé assez à mon gré la défensive, je pris la pensée de faire, s'il étoit possible, en sorte que la cour ne portât pas les affaires à l'extrémité. Vous concevez facilement l'utilité de ce dessein, et vous en avouerez la possibilité, quand je vous dirai que l'exécution n'en tint qu'à l'opiniâtreté du ministre, qui ne voulut pas agréer une proposition qui m'avoit été suggérée par Launai-Gravai, et qui, de l'agrément même du parlement, eût suppléé, au moins pour beaucoup, aux retranchemens faits par cette compagnie. Cette proposition, dont le détail seroit trop long et trop ennuyeux, fut agitée chez Viole, où se trouvèrent Le Coigneux et beaucoup d'autres gens du parlement. Elle fut approuvée; et si le ministre eût été sage pour la recevoir de bonne foi, je suis persuadé que l'État eût soutenu la dépense nécessaire, et qu'il n'y auroit point eu de guerre civile.

Quand je vis que la cour ne vouloit même son bien qu'à sa mode, qui n'étoit jamais bonne, je ne songeai plus qu'à lui faire du mal, et ce ne fut que dans ce moment que je pris l'entière et ferme résolution d'attaquer personnellement le Mazarin; parce que je crus que ne pouvant l'empêcher de nous attaquer, nous ferions sagement de l'attaquer nous-mêmes par des préalables qui donneroient dans le public un mauvais air à son attaque.

On peut dire avec fondement que les ennemis de ce ministre avoient un avantage contre lui très-rare, et que l'on n'a presque jamais contre les gens qui sont dans sa place. Leur pouvoir fait pour l'ordinaire qu'ils ne sont point susceptibles de la teinture du ridicule; mais elle prévaloit sur le cardinal, parce qu'il disoit des sottises : ce qui n'est pas même ordinaire à ceux qui en font dans ces sortes de postes. Je lui détachai Marigny (1), qui revenoit tout à propos de Suède, et

---

(1) *Marigny* : Jean Carpentier. Il suivit ensuite le prince de Condé, lorsque ce dernier passa au service de l'Espagne. Guy-Patin lui attribue

qui s'étoit comme donné à moi. Le cardinal avoit demandé à Bouqueval, député du grand conseil, s'il ne croiroit pas être obligé d'obéir au Roi, en cas que le Roi lui commandât de ne point porter de glands à son collet : et il s'étoit servi de cette comparaison assez sottement, comme vous voyez, pour prouver l'obéissance aux députés d'une compagnie souveraine. Marigny paraphrasa ce mot en prose et en vers, un mois ou cinq semaines avant que le Roi sortît de Paris ; et l'effet que fit cette paraphrase est inconcevable. Je pris cet instant pour mettre l'abomination dans le ridicule : ce qui fait le plus dangereux et le plus irrémédiable de tous les composés.

Vous avez vu ci-dessus que la cour avoit entrepris d'autoriser les prêts par des déclarations, c'est-à-dire, à proprement parler, qu'elle avoit entrepris d'autoriser les usures par une loi vérifiée au parlement ; parce que les prêts qui se faisoient au Roi, par exemple sur les tailles, n'étoient jamais qu'avec des usures immenses. Ma dignité m'obligeoit à ne pas souffrir un mal et un scandale aussi général et aussi public. Je remplis très-exactement et très-pleinement mon devoir : je fis une assemblée fameuse de curés, de chanoines, de docteurs, de religieux ; et sans avoir seulement prononcé le nom du cardinal dans toutes les conférences, où je faisois au contraire toujours semblant de l'épargner, je le fis passer en huit jours pour le juif le plus convaincu qui fût en Europe. Le Roi sortit de Paris (1) justement à ce moment ; et je

---

un ouvrage où l'auteur essaie de prouver, *par l'exemple de Moïse et autres, que tuer un tyran n'est pas un crime.*

(1) *Le Roi sortit de Paris :* Le 6 janvier, jour des Rois.

l'appris à cinq heures du matin par l'argentier de la Reine, qui me fit éveiller, et qui me donna une lettre écrite de sa main, par laquelle elle me commandoit, en des termes fort honnêtes, de me rendre dans le jour à Saint-Germain. L'argentier ajouta de bouche que le Roi venoit de monter en carrosse pour y aller, et que toute l'armée étoit commandée pour s'avancer. Je lui répondis simplement que je ne manquerois pas d'obéir. Vous me faites bien la justice d'être persuadée que je n'en eus pas la pensée.

Blancménil entra dans ma chambre, pâle comme un mort. Il me dit que le Roi marchoit au Palais avec huit mille chevaux. Je l'assurai qu'il étoit sorti de la ville avec deux cents. Voilà la moindre des impertinences qui me furent dites depuis les cinq heures du matin jusqu'à dix. J'eus toujours une procession de gens effarés qui se croyoient perdus; mais j'y prenois bien plus de divertissement que d'inquiétude, parce que j'étois averti de moment à autre, par les officiers de la colonelle qui étoient à moi, que le premier mouvement du peuple à la première nouvelle n'avoit été que de fureur, à laquelle la peur ne succède jamais que par degrés ; et je croyois avoir de quoi couper, avant qu'il fût nuit, ces degrés. Car, quoique M. le prince, qui se défioit de monsieur son frère, l'eût été prendre dans son lit, et l'eût emmené avec lui à Saint-Germain, je ne doutois point, madame de Longueville étant demeurée à Paris, que nous ne le revissions bientôt ; et d'autant plus que je savois que M. le prince, qui ne le craignoit ni ne l'estimoit, ne pousseroit pas sa défiance jusqu'à l'arrêter. J'avois de plus reçu la veille une lettre de M. de Longueville, datée de Rouen, par laquelle il m'assuroit qu'il arrivoit le soir de ce jour-là à Paris.

Aussitôt que le Roi fut sorti, les bourgeois, d'eux-mêmes et sans ordre, se saisirent de la porte Saint-Honoré; et dès que l'argentier de la Reine fut sorti de chez moi, je mandai à Brigalier d'occuper avec sa compagnie celle de la Conférence. Le parlement s'assembla au même temps avec un tumulte de consternation : et je ne sais ce qu'ils eussent fait, tant ils étoient effarés, si l'on n'eût trouvé le moyen de les animer par leur propre peur. Je l'ai observé mille fois : il y a des espèces de frayeurs qui ne se dissipent que par des frayeurs d'un plus haut degré. Je priai Vedeau, conseiller, que je fis appeler dans le parquet des huissiers, d'avertir la compagnie qu'il y avoit à l'hôtel-de-ville une lettre du Roi (1), par laquelle il donnoit part au prévôt des marchands et aux échevins des raisons qui l'avoient obligé à sortir de sa bonne ville de Paris ; et qui étoient en substance ; que quelques officiers de son parlement avoient intelligence avec les ennemis de l'Etat, et qu'ils avoient même conspiré de se saisir de sa personne. Cette lettre, jointe à la connoissance que l'on avoit que le président Le Féron, prévôt des marchands, étoit tout-à-fait dépendant de la cour, émut toute la compagnie au point qu'elle se la fit apporter sur l'heure même, et qu'elle donna arrêt par lequel il fut ordonné que les bourgeois prendroient les armes ; que l'on garderoit les portes

---

(1) *Une lettre du Roi* : Madame de Motteville donne dans ses Mémoires le texte de la lettre du Roi, adressée, le 5 janvier 1649, au prévôt des marchands et aux échevins de la ville de Paris. (Tome 38, page 144, deuxième série.)

de la ville ; que le prévôt des marchands et le lieutenant civil pourvoiroient au passage des vivres, et que l'on délibéreroit le lendemain au matin sur la lettre du Roi. Vous jugez, par la teneur de cet arrêt interlocutoire (1), que la terreur du parlement n'étoit pas encore bien dissipée. Je ne fus pas touché de son irrésolution, parce que j'étois bien persuadé que j'aurois dans peu de quoi le fortifier.

Comme je croyois que la bonne conduite vouloit que le premier pas, au moins public, de désobéissance vînt de ce corps, pour justifier celle des particuliers, je jugeai à propos de chercher une couleur au peu de soumission que je témoignois à la Reine en n'allant pas à Saint-Germain. Je fis mettre mes chevaux au carrosse, je reçus les adieux de tout le monde, je rejetai avec une fermeté admirable toutes les instances que l'on me fit pour m'obliger à demeurer ; et, par un bonheur signalé, je trouvai au bout de la rue Notre-Dame Du Buisson, marchand de bois, et qui avoit beaucoup de crédit sur les ponts. Il étoit absolument à moi ; mais il se mit ce jour-là de fort mauvaise humeur : il battit mon postillon, il menaça mon cocher. Le peuple accourut en foule, renversa mon carrosse ; et les femmes du Marché-Neuf firent d'un étau une machine sur laquelle elles me rapportèrent, pleurant et hurlant, à mon logis. Vous ne doutez pas de la manière dont cet effet de mon obéissance fut reçu à Saint-Germain. J'écrivis à la Reine et à M. le prince, en leur témoignant la douleur que j'avois d'avoir si mal réussi dans ma tentative. La Reine répondit au chevalier de Sévigné, qui

---

(1) *Arrêt interlocutoire* : C'est-à-dire qui ne décidoit rien.

lui porta ma lettre, avec hauteur et mépris. Le second ne put s'empêcher, en me plaignant, de témoigner de la colère. La Rivière éclata contre moi par des railleries, et le chevalier de Sévigné vit clairement que les uns et les autres étoient persuadés qu'ils nous auroient dès le lendemain, la corde au cou. Je ne fus pas beaucoup ému de leurs menaces ; mais je fus très-touché d'une nouvelle que j'appris le même jour, qui étoit que M. de Longueville, comme je vous l'ai dit, revenant de Rouen, où il avoit fait un voyage de dix ou douze jours, et ayant appris la sortie du Roi à cinq heures de Paris, avoit tourné tout court à Saint-Germain. Madame de Longueville ne douta pas que M. le prince ne l'eût gagné, et qu'ainsi M. le prince de Conti ne fût infailliblement arrêté. Le maréchal de La Mothe lui déclara en ma présence qu'il feroit sans exception tout ce que M. de Longueville voudroit et pour et contre la cour. M. de Bouillon se prenoit à moi de ce que des gens dont je l'avois toujours assuré tenoient une conduite aussi contraire à ce que je lui en avois dit mille fois. Jugez, je vous prie, de mon embarras, qui étoit d'autant plus grand que madame de Longueville me protestoit qu'elle n'avoit eu de tout le jour aucunes nouvelles de M. de La Rochefoucauld, qui étoit toutefois parti deux heures après le Roi pour fortifier et pour ramener M. le prince de Conti.

Saint-Ibal revint encore à la charge pour m'obliger de l'envoyer sans différer au comte de Fuensaldagne. Je ne fus pas de son opinion, et je pris le parti de faire repartir pour Saint-Germain le marquis de Noirmoutier, qui s'étoit lié avec moi depuis quelque temps, pour savoir par son moyen ce que l'on pouvoit attendre de M. le prince de Conti et de M. de Longueville. Madame de Longueville fut de ce sentiment, et Noirmoutier partit sur les six heures du soir.

Le lendemain au matin, qui fut le lendemain de la fête des Rois, c'est-à-dire le 7 janvier, La Sourdière, lieutenant des gardes du corps, entra dans le parquet des gens du Roi, et leur donna une lettre de cachet adressée à eux, par laquelle le Roi leur ordonnoit de dire à la compagnie qu'il lui commandoit de se transporter à Montargis, et d'y attendre ses ordres. Il y avoit aussi entre les mains de La Sourdière un paquet fermé pour le parlement, et une lettre pour le premier président. Comme l'on n'avoit pas lieu de douter du contenu, que l'on devinoit assez par celui de la lettre écrite aux gens du Roi, l'on crut qu'il seroit plus respectueux de ne point ouvrir un paquet auquel on étoit déterminé par avance de ne pas obéir. On le rendit donc tout fermé à La Sourdière, et l'on arrêta d'envoyer les gens du Roi à Saint-Germain pour assurer la Reine de l'obéissance du parlement, et pour la supplier de lui permettre de se justifier de la calomnie qui lui avoit été faite dans cette lettre écrite la veille au prévôt des marchands. Pour soutenir un peu la dignité, l'on ajouta dans l'arrêt que la Reine seroit très-humblement suppliée de vouloir nommer les calomniateurs, pour être procédé contre eux selon la rigueur des ordonnances. La vérité est que l'on eut bien de la peine à y faire insérer cette clause; que toute la compagnie étoit fort consternée, même au point que Broussel, Charton, Viole, Loisel, Amelot, et cinq autres, des noms desquels je ne me souviens pas, et qui ouvrirent l'avis de demander en forme l'éloignement du cardinal Mazarin, ne furent suivis de personne, et même furent traités d'emportés. Vous observerez, s'il vous plaît, qu'il n'y avoit que la vigueur dans cette conjoncture, où l'on pût trouver apparence de sûreté : je n'en ai jamais vu où j'aie trouvé tant de foiblesse. Je courus toute la nuit, et je ne gagnai que ce que je viens de vous dire.

La chambre des comptes eut le même jour une lettre de cachet, par laquelle il lui étoit ordonné d'aller à Orléans ; et le grand conseil reçut commandement d'aller à Mantes. La chambre dépêcha pour faire des remontrances ; le conseil offrit d'obéir, mais la ville lui refusa des passeports. Il est aisé de concevoir l'état où je fus tout ce jour-là, qui effectivement me parut le plus affreux de tous ceux que j'eusse passés jusque là dans ma vie : je dis jusque là, car j'en ai eu dans la suite de plus fâcheux. Je voyois le parlement sur le point de mollir, et je me voyois par conséquent dans la nécessité, ou de subir avec lui le joug du monde le plus honteux et même le plus dangereux pour mon particulier, ou de m'ériger purement ou simplement en tribun du peuple, qui est le parti du monde le moins sûr et même le plus bas, toutes les fois qu'il n'est pas revêtu de force.

La foiblesse de M. le prince de Conti, qui s'étoit laissé emmener comme un enfant par monsieur son frère ; celle de M. de Longueville, qui, au lieu de venir rassurer ceux avec lesquels il étoit engagé, avoit été offrir à la Reine ses services ; et la déclaration de messieurs de Bouillon et de La Mothe, avoient fort dégarni ce tribunat. L'imprudence du

Mazarin le releva. Il fit refuser par la Reine audience aux gens du Roi : ils revinrent dès le soir à Paris, convaincus que la cour vouloit pousser les choses à l'extrémité.

Je vis mes amis toute la nuit : je leur montrai les avis que j'avois reçus de Saint-Germain, qui étoient que M. le prince avoit assuré la Reine qu'il prendroit Paris en quinze jours; et que M. Le Tellier, qui avoit été procureur du Roi au châtelet, et qui par cette raison devoit avoir connoissance de la police, répondoit que la cessation de deux marchés affameroit la ville. Je jetai par là dans les esprits l'opinion de l'impossibilité de l'accommodement, qui n'étoit dans la vérité que trop effective.

Les gens du Roi firent le lendemain au matin leur rapport du refus de l'audience. Le désespoir s'empara alors de tous les esprits, et l'on donna tout d'une voix (à la réserve de Bernay, plus cuisinier que conseiller) ce fameux arrêt du 8 janvier 1649, par lequel le cardinal Mazarin fut déclaré ennemi du Roi et de l'Etat, perturbateur du repos public; et enjoint à tous les sujets du Roi de lui courir sus.

L'après-dînée l'on tint la police générale par les députés du parlement, de la chambre des comptes et de la cour des aides; M. de Montbazon, gouverneur de Paris, le prévôt des marchands, les échevins, et les communautés des six corps des marchands. Il fut arrêté que le prévôt des marchands et les échevins donneroient des commissions pour lever quatre mille chevaux et dix mille hommes de pied. Le même jour la chambre des comptes et la cour des aides députèrent vers la Reine pour la supplier de ramener le

Roi à Paris. La ville députa aussi au même effet. Comme la cour étoit encore persuadée que le parlement molliroit, parce qu'elle n'avoit pas encore reçu la nouvelle de l'arrêt, elle répondit très-fièrement à ces députations. M. le prince s'emporta même beaucoup contre le parlement devant la Reine, en parlant à Amelot, premier président de la cour des aides; et la Reine répondit à tous ces corps qu'elle ne rentreroit jamais à Paris, ni le Roi ni elle, que le parlement n'en fût dehors.

Le lendemain au matin, qui fut le 9 de janvier, la ville reçut une lettre du Roi, par laquelle il lui étoit commandé de faire obéir le parlement, et de l'obliger de se rendre à Montargis. M. de Montbazon, assisté de Fournier, premier échevin, et de quatre conseillers de ville, apportèrent la lettre au parlement; et ils lui protestèrent en même temps de ne recevoir d'autres ordres que ceux de la compagnie, qui fit ce même matin-là le fonds nécessaire pour faire la levée des troupes. L'après-dînée on tint la police générale, dans laquelle tous les corps de la ville, et tous les colonels et capitaines des quartiers, jurèrent une union pour la défense commune. Vous avez sujet de croire que j'en avois moi-même d'être satisfait de l'état des choses, qui ne me permettoient plus de craindre d'être abandonné; et vous en serez peut-être bien plus persuadée quand je vous aurai dit que le marquis de Noirmoutier m'assura, dès le lendemain qu'il fut arrivé à Saint-Germain, que M. le prince de Conti et M. de Longueville étoient très-bien disposés; et qu'ils eussent déjà été à Paris, s'ils n'eussent cru mieux assurer leur sortie de la cour, en s'y montrant durant quelques jours. M. de La Rochefoucauld écrivit au même sens à madame de Longueville.

Vous croyez donc sans doute cette affaire en bon état : vous allez néanmoins avouer que cette même étoile, qui a semé de pierres tous les chemins par où j'ai passé, me fit trouver, dans celui qui paroissoit si ouvert et si aplani, un des plus grands obstacles et un des plus grands embarras que j'aie rencontrés dans tout le cours de ma vie.

L'après-dînée du jour que je viens de vous marquer, qui fut le 9 janvier, M. de Brissac, qui avoit épousé ma cousine, mais avec qui j'avois fort peu d'habitude, entra chez moi, et me dit en riant : « Nous sommes « de même parti ; je viens servir le parlement. » Je crus que M. de Longueville, de qui il étoit proche parent à cause de sa femme, pouvoit l'avoir engagé ; et pour m'en éclaircir j'essayai de le faire parler, sans m'ouvrir toutefois à lui. Je trouvai qu'il ne savoit quoi que ce soit, ni de M. de Longueville ni de M. le prince de Conti ; qu'étant peu satisfait du cardinal, et encore moins du maréchal de La Meilleraye son beau-frère, il venoit chercher aventure dans un parti où il crut que notre alliance pourroit ne lui être pas inutile. Après une conversation d'un demi quart-d'heure, il vit par la fenêtre que l'on mettoit les chevaux à mon carrosse. « Ah, mon Dieu, me dit-il, ne « sortez pas ; voilà M. d'Elbœuf (1) qui sera ici dans « un moment. — Et que faire ? lui répondis-je ; n'est-« il pas à Saint-Germain ? — Il y étoit, répondit froi-« dement M. de Brissac ; mais comme il n'y a pas « trouvé à dîner, il vient voir s'il trouvera à souper

(1) Charles de Lorraine, second du nom, mort en 1657. (A. E.)

« à Paris. Il m'a juré plus de dix fois, depuis le pont
« de Neuilly où je l'ai rencontré, jusqu'à la Croix du
« Tiroir où je l'ai laissé, qu'il feroit bien mieux que
« monsieur son cousin de Mayenne ne fît à la Ligue. »
Jugez, s'il vous plaît, de ma peine! Je n'osois m'ouvrir à qui que ce soit que j'attendois M. le prince de Conti et M. de Longueville, de peur de les faire arrêter à Saint-Germain. Je voyois un prince de la maison de Lorraine, dont le nom est toujours agréable à Paris, prêt à se déclarer et à être déclaré certainement général des troupes, qui n'avoient point de général, et qui en avoient un besoin pressant. Je savois que le maréchal de La Mothe, qui se défioit toujours de l'irrésolution naturelle à M. de Longueville, ne feroit pas un pas qu'il ne le vît; et je ne pouvois douter que M. de Bouillon n'ajoutât encore la présence de M. d'Elbœuf, très-suspecte à tous ceux qui le connoissoient sur le chapitre de la probité, aux motifs qu'il trouvoit pour ne point agir dans l'absence de M. le prince de Conti. De remède, je n'en voyois point : le prévôt des marchands étoit dans le fond du cœur passionné pour la cour, et je ne le pouvois ignorer; le premier président n'en étoit point esclave comme l'autre, mais l'intention certainement y étoit; et de plus, quand j'eusse été aussi assuré d'eux que de moi-même, que leur eussé-je pu proposer dans une conjoncture où les peuples enragés ne pouvoient point ne pas s'attacher au premier objet, et où ils eussent pris pour mensonge et pour trahison tout ce qu'on leur eût dit, au moins publiquement, contre un prince qui n'avoit rien de grand de ses prédécesseurs que les manières de l'affabilité, qui étoient

justement ce que j'avois à craindre à ce moment? Sur le tout, je n'osois me promettre tout-à-fait que M. le prince de Conti et M. de Longueville vinssent sitôt qu'ils me l'assuroient. J'avois écrit la veille au second, comme par un pressentiment, que je le suppliois de considérer que les moindres instans étoient précieux, et que le délai, même fondé, est toujours dangereux dans le commencement des grandes affaires. Mais je connoissois son irrésolution. Supposé qu'ils arrivassent dans demi quart-d'heure, ils arrivoient toujours après un homme qui avoit l'esprit du monde le plus artificieux, et qui ne manqueroit pas de donner toutes les couleurs qui pourroient jeter la défiance dans l'esprit des peuples, assez aisée à prendre dans les circonstances d'un frère et d'un beau-frère de M. le prince. Véritablement, pour me consoler, j'avois pour prendre mon parti sur ces réflexions peut-être deux momens, peut-être un quart-d'heure pour le plus. Il n'étoit pas encore passé, quand M. d'Elbœuf entra, qui me dit tout ce que la cajolerie de la maison de Guise put lui suggérer. Je vis ses trois enfans derrière lui, qui ne furent pas tout-à-fait si éloquens, mais qui me parurent avoir été bien sifflés. Je répondis à leur honnêteté avec beaucoup de respect, et avec toutes les manières qui pouvoient couvrir mon jeu. M. d'Elbœuf me dit qu'il alloit de ce pas à l'hôtel-de-ville lui offrir son service: à quoi lui ayant répondu que je croyois qu'il seroit plus obligeant pour le parlement qu'il s'adressât le lendemain directement aux chambres assemblées, il demeura ferme dans sa première résolution, quoiqu'il me vînt d'assurer qu'il vouloit en tout suivre mes conseils.

Aussitôt qu'il fut monté en carrosse, j'écrivis un mot à Fournier, premier échevin, qui étoit de mes amis, qu'il prît garde que l'hôtel-de-ville renvoyât M. d'Elbœuf au parlement. Je mandai à ceux des curés qui étoient le plus intimement à moi, de jeter la défiance par les ecclésiastiques dans l'esprit des peuples, sur l'union qui avoit paru entre M. d'Elbœuf et l'abbé de La Rivière. Je courus toute la nuit à pied et déguisé, pour faire connoître à ceux du parlement, auxquels je n'osois m'ouvrir touchant M. le prince de Conti et M. de Longueville, qu'ils ne se devoient pas abandonner à la conduite d'un homme aussi décrié sur le chapitre de la bonne foi, et qui leur faisoit bien connoître les intentions qu'il avoit pour leur compagnie, puisqu'il s'étoit d'abord adressé à l'hôtel-de-ville, sans doute en vue de la diviser du parlement. Comme j'avois eu celle de gagner du temps en lui conseillant d'attendre jusqu'au lendemain à lui offrir son service avant que de se présenter à la ville, je me résolus, dès que je vis qu'il ne prenoit point mon conseil, de me servir contre lui-même de celui qu'il suivroit; et je trouvai effectivement que je faisois effet dans beaucoup d'esprits. Mais comme je ne pouvois voir que peu de gens dans le peu de temps que j'avois, et que de plus la nécessité d'un chef qui commandât les troupes ne souffroit presque point de délai, je m'aperçus que mes raisons touchoient beaucoup plus les esprits que les cœurs; et pour vous dire le vrai, j'étois fort embarrassé, et d'autant plus que j'étois bien averti que M. d'Elbœuf ne s'oublioit pas. Le président Le Coigneux, avec qui il avoit été fort brouillé lorsqu'ils étoient tous deux avec Monsieur à Bruxelles, et avec qui il se croyoit raccommodé, me fit voir un billet qu'il lui avoit écrit de la porte Saint-Honoré en entrant dans la ville, où étoient ces propres mots : *Il faut aller faire hommage au coadjuteur; dans trois jours il me rendra ses devoirs.* Le billet étoit signé *L'Ami du cœur.* Je n'avois pas besoin de cette preuve pour savoir qu'il ne m'aimoit pas. J'avois été autrefois brouillé avec lui, et je l'avois prié un peu brusquement de se taire à un bal chez madame de Peroché, dans lequel il me sembloit qu'il vouloit faire une raillerie de M. le comte, qu'il haïssoit fort, parce qu'ils étoient tous deux en ce temps-là amoureux de madame de Montbazon.

Après avoir couru la ville jusqu'à deux heures, je revins chez moi, presque résolu de me déclarer publiquement contre M. d'Elbœuf, de l'accuser d'intelligence avec la cour, de faire prendre les armes, et de le prendre lui-même, ou de l'obliger à sortir de Paris. Je me sentois assez de crédit dans le peuple pour le pouvoir entreprendre judicieusement; mais il faut avouer que l'extrémité étoit grande par une infinité de circonstances, et particulièrement par celle d'un mouvement qui ne pouvoit pas être médiocre dans une ville investie, et investie par un roi.

Comme je roulois toutes ces différentes pensées dans ma tête, qui n'étoit pas, comme vous vous pouvez imaginer, peu agitée, l'on me vint dire que le chevalier de La Chaise, qui étoit à M. de Longueville, étoit à la porte de ma chambre. Il me cria en entrant :
« Levez-vous, monsieur; M. le prince de Conti et M. de
« Longueville sont à la porte Saint-Honoré; et le
« peuple, qui crie et qui dit qu'ils viennent pour trahir

« la ville, ne les veut pas laisser entrer. » Je m'habillai en diligence, j'allai prendre le bonhomme Broussel, je fis allumer huit ou dix flambeaux, et nous allâmes en cet équipage à la porte Saint-Honoré. Nous trouvâmes déjà tant de monde dans la rue, que nous eûmes peine à percer la foule ; et il étoit grand jour quand nous fîmes ouvrir la porte, parce que nous employâmes beaucoup de temps à rassurer les esprits, qui étoient dans une défiance inimaginable. Nous haranguâmes le peuple, et nous amenâmes à l'hôtel de Longueville M. le prince de Conti et monsieur son beau-frère.

J'allai en même temps chez M. d'Elbœuf, lui faire une manière de compliment qui sans doute ne lui eût pas plu : car c'étoit pour lui proposer de ne pas aller au Palais, ou au moins de n'y aller qu'avec les autres, et après avoir conféré ensemble de ce qu'il y auroit à faire pour le bien du parti. La défiance générale de tout ce qui avoit le moins du monde rapport à M. le prince nous obligeoit de ménager avec bien de la douceur ces premiers momens. Ce qui eût peut-être été facile la veille eût été impossible et même ruineux le matin du jour suivant; et ce M. d'Elbœuf, que je croyois pouvoir chasser de Paris le 9, m'en eût apparemment chassé le 10, s'il eût su prendre son parti : tant le nom de Condé étoit suspect au peuple. Dès que je vis qu'il avoit manqué le moment dans lequel nous fîmes entrer M. le prince de Conti, je ne doutai point que comme le fond des cœurs étoit pour nous, je ne les amenasse avec un peu de temps où il me plairoit ; mais il falloit ce peu de temps. C'est pourquoi mon avis fut (et il n'y en avoit point d'autres) de ménager

M. d'Elbœuf, et de lui faire voir qu'il pourroit trouver sa place et son compte en s'unissant avec M. le prince de Conti et avec M. de Longueville. Ce qui me fait croire que cette proposition ne lui auroit pas plu, comme je vous le disois tout-à-l'heure, c'est qu'au lieu de m'attendre chez lui, comme je l'en avois envoyé prier, il alla au Palais. Le premier président, qui ne vouloit pas que le parlement allât à Montargis, mais qui ne vouloit point non plus de guerre civile, reçut M. d'Elbœuf à bras ouverts, précipita l'assemblée des chambres; et quoi que pussent dire Broussel, Longueil, Blancménil, Viole, Novion, Le Coigneux, il fit déclarer général M. d'Elbœuf, dans la vue, à ce que m'a avoué depuis le président de Mesmes, qui se faisoit l'auteur de ce conseil, de faire une division dans le parti, qui n'eût pas été, à son compte, capable d'empêcher la cour de s'adoucir, et qui l'eût été toutefois d'affoiblir assez la faction pour la rendre moins dangereuse et moins durable. Cette pensée m'a toujours paru une de ces visions dont la spéculation est belle, et la pratique impossible : la méprise en ces matières est toujours très-périlleuse.

Comme je ne trouvai point M. d'Elbœuf, que ceux à qui j'avois donné ordre de l'observer me rapportèrent qu'il avoit pris le chemin du Palais, et que j'eus appris que l'assemblée des chambres avoit été avancée, je me le tins pour dit : je ne doutai point de la vérité, et je revins en diligence à l'hôtel de Longueville, pour obliger M. le prince de Conti et M. de Longueville d'aller sur l'heure même au parlement. Le second n'avoit jamais hâte; et le premier, fatigué de sa mauvaise nuit, s'étoit mis au lit. J'eus toutes les peines du monde à le persuader de se relever. Il se trouvoit mal, et il tarda tant, qu'on nous vint dire que le parlement étoit levé, et que M. d'Elbœuf marchoit à l'hôtel-de-ville pour y prêter le serment, et prendre le soin de toutes les commissions qui s'y délivreroient. Vous concevez aisément l'amertume de cette nouvelle : elle eût été plus grande si la première occasion que M. d'Elbœuf avoit manquée ne m'eût donné lieu d'espérer qu'il ne se serviroit pas même de la seconde. Comme j'appréhendai toutefois que le bon succès de cette matinée ne lui élevât le cœur, je crus qu'il ne lui falloit pas laisser trop de temps de se reconnoître, et je proposai à M. le prince de Conti de venir au parlement l'après-dînée, de s'offrir à la compagnie, et d'en demeurer simplement et précisément dans les termes qui se pourroient expliquer plus ou moins favorablement, selon qu'il trouveroit l'air du bureau dans la grand'chambre ; mais encore plus selon que je le trouverois moi-même dans la salle, où, sous prétexte que je n'avois pas encore de place au parlement, je faisois état de demeurer, pour avoir l'œil sur le peuple.

M. le prince de Conti se mit dans mon carrosse, sans aucune suite de livrée que la mienne, qui étoit fort grande, et qui me faisoit par conséquent reconnoître de fort loin : ce qui étoit assez à propos en cette occasion, et qui n'empêchoit pourtant pas que M. le prince de Conti ne fît voir aux bourgeois qu'il prenoit confiance en eux : ce qui n'y étoit pas moins nécessaire. Il n'y a rien où il faille plus de précautions qu'en tout ce qui regarde les peuples, parce qu'il n'y a rien de plus déréglé, et il n'y a rien où il les faille plus cacher, parce qu'il n'y a rien de plus défiant. Nous arrivâmes au Palais avant M. d'Elbœuf; l'on cria sur les degrés de la salle : *vive le coadjuteur!* Mais, à la réserve des gens que j'y avois fait trouver, personne ne cria *vive Conti!* Et comme Paris fournit un monde plutôt qu'un nombre dans les émotions, quoique j'y eusse beaucoup de gens apostés, il me fut aisé de juger que le gros du peuple n'étoit pas guéri de la défiance; et je vous confesse que je fus bien aise quand j'eus tiré le prince de la salle, et que je l'eus mis dans la grand'chambre.

M. d'Elbœuf arriva un moment après, suivi de tous les gardes de la ville, qui l'accompagnoient depuis le matin comme général. Le peuple éclatoit de toutes parts : *vive Son Altesse M. d'Elbœuf!* Et comme on crioit en même temps *vive le coadjuteur!* je l'abordai avec un visage riant, et je lui dis : « Voici « un écho, monsieur, qui m'est bien glorieux. — « Vous êtes trop honnête, me répondit-il; » et en se tournant aux gardes, il leur dit : « Demeurez à la « porte de la grand'chambre. » Je pris cet ordre pour moi, et j'y demeurai pareillement avec ce que j'avois de gens le plus à moi, qui étoient en bon nombre. Comme le parlement fut assis, M. le prince de Conti prit la parole, et dit qu'ayant connu à Saint-Germain les pernicieux conseils que l'on donnoit à la Reine, il avoit cru qu'il étoit obligé, par sa qualité de prince du sang, de s'y opposer. Vous voyez assez la suite de ce discours. M. d'Elbœuf, qui, selon le caractère de tous les gens foibles, étoit rogue et fier parce qu'il se croyoit le plus fort, dit qu'il savoit le respect qu'il devoit à M. le prince de Conti : mais qu'il ne pouvoit s'empêcher de dire que c'étoit lui qui avoit rompu la glace, et qui s'étoit offert le premier à la compagnie; et qu'elle lui ayant fait l'honneur de lui confier le bâton de général, il ne le quitteroit jamais qu'avec la vie. La cohue du parlement, qui étoit, comme le peuple, en défiance de M. le prince de Conti, applaudit à cette déclaration, qui fut ornée de mille périphrases très-naturelles au style de M. d'Elbœuf. Toucheprez, capitaine de ses gardes, homme d'esprit et de cœur, les commenta dans la salle. Le parlement se leva, après avoir donné arrêt par lequel il enjoignoit, sous peine de crime de lèse-majesté, aux troupes de n'approcher Paris de vingt lieues; et je vis bien que je devois me contenter, pour ce jour-là, de ramener M. le prince de Conti sain et sauf à l'hôtel de Longueville. Comme la foule étoit grande, il fallut que je le prisse presque entre mes bras au sortir de la grand'chambre. M. d'Elbœuf, qui croyoit être maître de tout, me dit d'un ton de raillerie, en entendant les cris du peuple, qui par reprise nommoient son nom et le mien ensemble: « Voilà, monsieur, « un écho qui m'est bien glorieux. » A quoi je répondis: « Vous êtes trop honnête; » mais d'un ton un peu plus gai qu'il ne me l'avoit dit: car, quoiqu'il crût ses affaires en fort bon état, je jugeai sans balancer que les miennes seroient bientôt dans une meilleure condition que les siennes, dès que je vis qu'il avoit encore manqué cette seconde occasion. Le crédit parmi les peuples, cultivé et nourri de longue main, ne manque jamais à étouffer, pour peu qu'il ait de temps pour germer, ces fleurs minces et naissantes de la bienveillance publique, que le pur hasard fait quelquefois pousser. Je ne me trompai pas dans ma pensée, comme vous allez voir.

Je trouvai, en arrivant à l'hôtel de Longueville, Vincerot, capitaine de Navarre, et qui avoit été nourri page du marquis de Ragni (1), père de madame de Lesdiguières (2). Elle me l'envoyoit de Saint-Germain où elle étoit, sous prétexte de répéter quelques prisonniers ; mais dans le vrai pour m'avertir que M. d'Elbœuf, une heure après avoir appris l'arrivée de M. le prince de Conti et de M. de Longueville à Paris, avoit écrit à La Rivière ces propres mots : « Dites à la Reine « et à Monsieur que ce diable de coadjuteur perd « tout ici ; que dans deux jours je n'y aurai aucun « pouvoir : mais que s'ils veulent me faire un bon « parti, je leur témoignerai que je ne suis pas venu « à Paris avec une aussi mauvaise intention qu'ils se « le persuadent. » La Rivière montra ce billet au cardinal, qui s'en moqua, et qui le fit voir au maréchal de Villeroy. Je me servis très-utilement de cet avis ; sachant que tout ce qui a façon du mystère est bien mieux reçu dans le peuple, j'en fis un secret à quatre ou cinq cents personnes. Les curés de Saint-Eustache, de Saint-Roch, de Saint-Merry et de Saint-Jean me mandèrent, sur les neuf heures du soir, que la confiance que M. le prince de Conti avoit témoignée au peuple, d'aller tout seul et sans suite dans mon carrosse se mettre entre les mains de ceux mêmes qui crioient contre lui, avoit fait un effet merveilleux. Les officiers des quartiers, sur les dix heures, me firent tenir plus de cinquante billets, pour m'avertir que leur

---

(1) Léonor de La Madelaine. (A. E.) — (2) Anne de La Madelaine, fille de Léonor de La Madelaine et d'Hippolyte de Gondy. (A. E.)

travail avoit réussi, et que les dispositions étoient sensiblement et visiblement changées. Je mis Marigny en œuvre entre dix et onze; et il fit ce fameux couplet, l'original de tous les triolets, *M. d'Elbœuf et ses enfans*, que vous avez tant ouï chanter à Caumartin (1). Nous allâmes entre minuit et une heure, M. de Longueville, le maréchal de La Mothe et moi, chez M. de Bouillon, qui étoit au lit avec la goutte, et qui, dans l'incertitude des choses, faisoit grande difficulté de se déclarer. Nous lui fîmes voir notre plan, et la facilité de l'exécution. Il le comprit; il y entra. Nous prîmes toutes nos mesures: je donnai moi-même les ordres aux colonels et aux capitaines, qui étoient de mes amis. Vous concevrez mieux notre projet par le récit de son exécution, sur laquelle je m'étendrai après que j'aurai encore fait cette remarque: que le coup le plus dangereux que je portai à M. d'Elbœuf dans tous ses mouvemens fut l'impression que je donnai par les habitués des paroisses, qui le croyoient eux-mêmes; que je donnai, dis-je, au peuple, qu'il avoit intelligence avec les troupes du Roi, qui, le soir du 9, s'étoient saisies du poste de Charenton. Je le trouvai, au moment que ce bruit se répandoit, sur les degrés de l'hôtel-de-ville, et il me dit: « Que di-
« riez-vous qu'il y ait des gens assez méchans pour
« dire que j'ai fait prendre Charenton? » Je lui répondis: « Que diriez-vous qu'il y ait des gens assez
« scélérats pour dire que M. le prince de Conti est
« venu ici de concert avec M. le prince? » Je reviens à l'exécution du projet que j'ai déjà touché ci-dessus.

Comme je vis l'esprit du peuple assez disposé et

(1) Louis-François Le Fèvre, mort en 1685. (A. E.)

assez revenu de la défiance pour ne pas s'intéresser pour M. d'Elbœuf, je crus qu'il n'y avoit plus de mesures à garder, et que l'ostentation seroit aussi à propos ce jour-là, que la modestie avoit été de saison la veille.

M. le prince de Conti et M. de Longueville prirent un grand et magnifique carrosse de madame de Longueville, suivis d'une grande quantité de livrées. Je me mis auprès du premier à la portière, et l'on marcha ainsi au Palais à petit pas. M. de Longueville n'y étoit pas venu la veille, parce que je croyois qu'en cas d'émotion l'on auroit plus de respect pour la tendre jeunesse et pour la qualité de prince du sang de M. le prince de Conti, que pour la personne de M. de Longueville, qui étoit proprement la bête de M. d'Elbœuf; et parce que M. de Longueville, n'étant point pair, n'avoit point de séance au parlement, et qu'ainsi il avoit été de nécessité de convenir au préalable de sa place, qu'on lui donna au dessus du doyen, de l'autre côté des ducs et pairs. Il offrit d'abord à la compagnie ses services, Rouen, Caen, Dieppe et toute la Normandie; et il la supplia de trouver bon que, pour engagement de sa parole, il fît loger à l'hôtel-de-ville madame sa femme, monsieur son fils et mademoiselle sa fille. Jugez, s'il vous plaît, de l'effet que fit cette proposition! Elle fut soutenue fortement et agréablement par M. de Bouillon, qui entra appuyé, à cause de sa goutte, sur deux gentilshommes. Il prit place au dessous de M. de Longueville, et il coula, selon que nous l'avions concerté la nuit, dans son discours, qu'il serviroit le parlement avec beaucoup de joie sous les ordres d'un aussi grand prince que

M. le prince de Conti. M. d'Elbœuf s'échauffa à ce mot, et il répéta ce qu'il avoit dit la veille, qu'il ne quitteroit qu'avec la vie le bâton de général. Le murmure s'éleva sur ce commencement de contestation, dans lequel M. d'Elbœuf fit voir qu'il avoit plus d'esprit que de jugement. Il ne parla pas à propos : il n'étoit plus temps de contester, il falloit plier. Mais j'ai observé que les *gens foibles ne plient jamais quand ils le doivent*. Nous lui donnâmes à cet instant le troisième relais, qui fut l'apparition du maréchal de La Mothe, qui se mit au dessous de M. de Bouillon, et qui fit à la compagnie le même compliment que lui. Nous avions concerté de ne faire paroître ces personnages sur le théâtre que l'un après l'autre, parce que *rien ne touche et n'émeut tant les peuples, et même les compagnies, qui tiennent beaucoup du peuple, que la variété des spectacles*. Nous ne nous y trompâmes pas; et ces trois apparitions, qui se suivirent, firent un effet sans comparaison plus prompt et plus grand qu'elles ne l'eussent fait si elles se fussent unies. M. de Bouillon, qui n'avoit pas été de ce sentiment, me l'avoua le lendemain, avant même que de sortir du Palais.

M. le premier président, qui étoit tout d'une pièce, demeura dans la pensée de se servir de cette brouillerie pour affoiblir la faction, et proposa de laisser la chose indécise jusqu'à l'après-dînée, pour donner le temps à ces messieurs de s'accommoder. Le président de Mesmes, qui étoit pour le moins aussi bien intentionné pour la cour que lui, mais qui avoit plus de vues et plus de jointures, lui répondit à l'oreille, et je l'entendis : « Vous vous moquez, monsieur; ils

« s'accommoderoient peut-être aux dépens de notre
« autorité ; mais nous en sommes plus loin que vous
« ne pensez. Ne voyez-vous pas que M. d'Elbœuf est
« pris pour dupe, et que ces gens-ci sont les maî-
« tres ? » Le président Le Coigneux, à qui je m'étois
ouvert la nuit, éleva sa voix, et dit : « Il faut finir
« avant que de dîner, dussions-nous dîner à minuit.
« Parlons en particulier à ces messieurs. » Il pria en
même temps M. le prince de Conti et M. de Longueville d'entrer dans la quatrième chambre des enquêtes, dans laquelle on entre de la grand'chambre ; et
messieurs de Novion et Bellièvre (1), qui étoient de
notre correspondance, menèrent M. d'Elbœuf, qui se
faisoit encore tenir à quatre dans la seconde. Comme
je vis les affaires en pourparler, et la salle du Palais
en état de n'en rien appréhender, j'allai en diligence
prendre madame de Longueville et madame de Bouillon avec leurs enfans, et je les menai, avec une espèce de triomphe, à l'hôtel-de-ville. La petite vérole
avoit laissé à madame de Longueville, comme je vous
l'ai déjà dit en un autre lieu, tout l'éclat de sa beauté, quoiqu'elle l'eût un peu diminuée ; et celle de madame de Bouillon, bien qu'un peu effacée, étoit toujours très-brillante. Imaginez-vous, je vous prie, ces
deux personnes sur le perron de l'hôtel-de-ville, plus
belles en ce qu'elles paroissoient négligées, quoiqu'elles ne le fussent pas. Elles tenoient chacune entre leurs bras un de leurs enfans, beau comme leur
mère. La Grève étoit pleine de peuple jusques au
dessus des toits ; tous les hommes jetoient des cris

---

(1) Pomponne de Bellièvre, second du nom, mort premier président
du parlement de Paris en 1657. (A. E.)

de joie, toutes les femmes pleuroient de tendresse. Je jetai cinq cents pistoles par les fenêtres de l'hôtel-de-ville; et après avoir laissé Noirmoutier et Miron auprès des dames, je retournai au Palais, et j'y arrivai avec une foule innombrable de gens armés et non armés. Toucheprez, capitaine des gardes de M. d'Elbœuf, qui m'avoit fait suivre, étoit entré dans la seconde (chambre des enquêtes) un peu avant que je fusse dans la cour du Palais, pour avertir son maître, qui y étoit toujours demeuré, qu'il étoit perdu s'il ne s'accommodoit : ce qui fut cause que je le trouvai fort embarrassé et même fort abattu. Il le fut bien davantage quand M. de Bellièvre, qui l'avoit amusé à dessein, dit qu'est-ce que c'étoient des tambours qui battoient? Je lui répondis qu'il en alloit bien entendre d'autres, et que les gens de bien étoient las de la division que l'on essayoit de faire dans la ville. Je connus à cet instant que *l'esprit dans les grandes affaires n'est rien sans le cœur.* M. d'Elbœuf ne garda plus même les apparences : il expliqua ridiculement ce qu'il avoit dit, il se rendit à plus qu'on ne voulut; et il n'y eut que l'honnêteté et le bon sens de M. de Bouillon qui lui conservèrent la qualité de général, et le premier rang avec messieurs de Bouillon et de La Mothe, également généraux avec lui, sous l'autorité de M. le prince de Conti, déclaré dès le même instant généralissime des armées du Roi, sous les ordres du parlement.

Voilà ce qui se passa le matin du 11 janvier. L'après-dînée, M. d'Elbœuf, à qui l'on avoit donné cette commission pour le consoler, somma la Bastille; et le soir il y eut une scène à l'hôtel-de-ville, de laquelle il est à propos de vous rendre compte, parce qu'elle eut beaucoup plus de suites qu'elle ne méritoit. Noirmoutier, qui avoit été fait la veille lieutenant général, sortit avec cinq cents chevaux de Paris, pour pousser des escarmoucheurs des troupes, que nous appelions des mazarins, qui venoient faire le coup de pistolet dans le faubourg. Comme il revint descendre à l'hôtel-de-ville, il entra avec Matha, Laigues et La Boulaye (1), encore tout cuirassé, dans la chambre de madame de Longueville, qui étoit toute pleine de dames. Ce mélange d'écharpes bleues, de dames, de cuirasses, de violons qui étoient dans la salle, et de trompettes qui étoient dans la place, donnoit un spectacle qui se voit plus souvent dans les romans qu'ailleurs. Noirmoutier, qui étoit grand amateur de l'Astrée, me dit : « Je m'imagine que nous « sommes assiégés dans Marcilly. — Vous avez rai- « son, lui répondis-je : madame de Longueville est « aussi belle que Galatée; mais Marsillac (M. de La « Rochefoucauld le père n'étoit pas encore mort) « n'est pas si honnête homme que Lindamor. » Je m'aperçus en me retournant que le petit Courtin, qui étoit dans une croisée, pouvoit m'avoir entendu : c'est ce que je n'ai jamais su au vrai; mais je n'ai pu aussi jamais deviner d'autres causes de la première haine que M. de La Rochefoucauld a eue pour moi.

Je sais que vous aimez les portraits, et j'ai été fâché par cette raison de n'avoir pu vous en faire voir jusqu'ici presque aucun qui n'ait été de profil, et qui n'ait par conséquent été fort imparfait. Il me sembloit que je n'avois pas assez de grand jour dans le vesti-

(1) Maximilien Echabart, marquis de La Boulaye. (A. E.)

bule dont vous venez de sortir, et où vous n'avez vu que les peintures légères des préliminaires de la guerre civile. Voici la galerie où les figures vous paroîtront dans leur étendue, et où je vous représenterai les personnages que vous verrez plus avant dans l'action. Vous jugerez, par les tableaux et les traits particuliers que vous pourrez remarquer dans la suite, si j'en ai bien pris l'idée. Voici le portrait de la Reine, par lequel il est juste de commencer :

La Reine avoit, plus que personne que j'aie jamais vue, de cette sorte d'esprit qui lui étoit nécessaire pour ne pas paroître sotte à ceux qui ne la connoissoient pas. Elle avoit plus d'aigreur que de hauteur, plus de hauteur que de grandeur, plus de manière que de fond, plus d'application à l'argent que de libéralité, plus de libéralité que d'intérêt, plus d'intérêt que de désintéressement, plus d'attachement que de passion, plus de dureté que de fierté, plus de mémoire des injures que des bienfaits, plus d'intention de piété que de piété, plus d'opiniâtreté que de fermeté, et plus d'incapacité que de tout ce que j'ai dit ci-dessus.

M. le duc d'Orléans avoit, à l'exception du courage, tout ce qui étoit nécessaire à un honnête homme : mais comme il n'avoit rien, sans exception, de tout ce qui peut distinguer un grand homme, il ne trouvoit rien dans lui-même qui pût suppléer ni même soutenir sa foiblesse. Comme elle régnoit dans son cœur par la frayeur, et dans son esprit par l'irrésolution, elle salit tout le cours de sa vie. Il entra dans toutes les affaires, parce qu'il n'avoit pas la force de résister à ceux mêmes qui l'y entraînoient pour leur intérêt; mais il n'en sortit jamais qu'avec honte, parce qu'il n'avoit pas le courage de les soutenir. Cet ombrage amortit dès sa jeunesse en lui les couleurs même les plus vives et les plus gaies qui devoient briller naturellement dans un esprit beau et éclairé, dans un enjouement aimable, dans une intention très-bonne, dans un désintéressement complet, et dans une facilité de mœurs incroyable.

M. le prince est né capitaine : ce qui n'est jamais arrivé qu'à lui, à César et à Spinola. Il a égalé le premier, il a passé le second. L'intrépidité est l'un des moindres traits de son caractère. La nature lui avoit fait l'esprit aussi grand que le cœur; la fortune, en le donnant à un siècle de guerre, a laissé au second toute son étendue; la naissance, ou plutôt l'éducation dans une maison attachée et soumise au cabinet, a donné des bornes trop étroites au premier. On ne lui a pas inspiré de bonne heure les grandes et générales maximes, qui sont celles qui font et qui forment ce que l'on appelle l'esprit de suite. Il n'a pas eu le temps de les prendre par lui-même, parce qu'il a été prévenu dès sa jeunesse par la chute imprévue des grandes affaires, et par l'habitude au bonheur. Ce défaut a fait qu'avec l'ame du monde la moins méchante, il a fait des injustices; qu'avec le cœur d'Alexandre, il n'a pas été exempt, non plus que lui, de foiblesses; qu'avec un esprit merveilleux, il est tombé dans des imprudences; qu'ayant toutes les qualités de François de Guise, il n'a pas servi l'Etat en de certaines occasions aussi bien qu'il le devoit; et qu'ayant toutes celles de Henri du même nom, il n'a pas poussé la faction où il le pouvoit. Il n'a pu remplir son mérite, c'est un défaut; mais il est rare, mais il est beau.

M. de Longueville avoit, avec le beau nom d'Orléans, de la vivacité, de l'agrément, de la dépense, de la libéralité, de la justice, de la valeur, de la grandeur; et il ne fut jamais qu'un homme médiocre, parce qu'il eut toujours des idées qui furent infiniment au dessus de sa capacité. Avec la capacité et les grands desseins, l'on n'est jamais compté pour rien : quand on ne les soutient pas, l'on n'est pas compté pour beaucoup, et c'est ce qui fait le médiocre.

M. de Beaufort n'en étoit pas jusqu'à l'idée des grandes affaires : il n'en avoit que l'intention. Il en avoit ouï parler aux importans, et il avoit un peu retenu de leur jargon; et cela, mêlé avec les expressions qu'il avoit tirées très-fidèlement de madame de Vendôme, formoit une langue qui auroit déparé le bon sens de Caton. Le sien étoit court et lourd, et d'autant plus qu'il étoit obscurci par la présomption. Il se croyoit habile, et c'est ce qui le faisoit paroître artificieux, parce que l'on connoissoit d'abord qu'il n'avoit pas assez d'esprit pour cette fin. Il étoit brave de sa personne, et plus qu'il n'appartient à un fanfaron; il l'étoit en tout sans exception, et jamais plus faussement qu'en galanterie. Il parloit, il pensoit comme le peuple, dont il fut l'idole quelque temps. Vous en verrez les raisons.

M. d'Elbœuf n'avoit du cœur que parce qu'il est impossible qu'un prince de la maison de Lorraine n'en ait point. Il avoit tout l'esprit qu'un homme qui a beaucoup plus d'art que de bon sens peut avoir : c'étoit le galimatias du monde le plus fleuri. Il a été le premier prince que sa pauvreté a avili ; et peut-être jamais homme n'a eu moins que lui l'art de se faire plaindre dans sa misère. La commodité ne le releva pas ; et s'il fût parvenu jusqu'à la richesse, on l'eût envié comme un partisan, tant la gueuserie lui paroissoit propre et faite pour lui.

M. de Bouillon étoit d'une valeur éprouvée et d'un sens profond. Je suis persuadé, par ce que j'ai vu de sa conduite, que l'on a fait tort à sa réputation quand on l'a décriée. Je ne sais si l'on n'a pas fait quelque faveur à son mérite, en le croyant capable de toutes les grandes choses qu'il n'a point faites.

M. de Turenne a eu dès sa jeunesse toutes les bonnes qualités, et il a acquis les grandes d'assez bonne heure. Il ne lui en a manqué aucune, que celles dont il ne s'est point avisé. Il avoit presque toutes les vertus comme naturelles ; il n'a jamais eu le brillant d'aucune. On l'a cru plus capable d'être à la tête d'une armée que d'un parti, et je le crois aussi, parce qu'il n'étoit pas naturellement entreprenant : mais toutefois qui le sait ? Il a toujours eu en tout, comme en son parler, de certaines obscurités qui ne se sont développées que dans les occasions, mais qui ne s'y sont jamais développées qu'à sa gloire.

Le maréchal de La Mothe avoit beaucoup de cœur. Il étoit capitaine de la seconde classe ; il n'étoit pas homme de beaucoup de sens ; il avoit assez de douceur et de facilité dans la vie civile ; il étoit très-utile dans un parti, parce qu'il y étoit très-commode.

J'oubliois presque M. le prince de Conti : ce qui est un bon signe pour un chef de parti. Je ne crois pas vous le pouvoir mieux dépeindre qu'en vous disant que (1).................................

Ce chef de parti étoit un zéro qui ne multiplioit que parce qu'il étoit prince du sang : voilà pour le public. Pour ce qui est du particulier, la méchanceté faisoit en lui ce que la foiblesse faisoit en M. le duc d'Orléans : elle inondoit toutes les autres qualités, qui n'étoient d'ailleurs que médiocres, et toutes semées de foiblesses.

Il y a eu toujours du je ne sais quoi en M. de La Rochefoucauld. Il a voulu se mêler d'intrigues dès son enfance, et en un temps où il ne sentoit pas les petits intérêts, qui n'ont jamais été son foible; et où il ne connoissoit pas les grands, qui d'un autre sens n'ont pas été son fort. Il n'a jamais été capable d'aucunes affaires, et je ne sais pourquoi : car il avoit des qualités qui eussent suppléé en tout autre celles qu'il n'avoit pas (2)................................

Sa vue n'étoit pas assez étendue, et il ne voyoit pas même tout ensemble ce qui étoit à sa portée; mais son bon sens, très-bon dans la spéculation, joint à sa douceur, à son insinuation et à sa facilité de mœurs, qui est admirable, devoit récompenser plus qu'il n'a fait le défaut de sa pénétration. Il a toujours eu une irrésolution habituelle; mais je ne sais même à quoi attribuer cette irrésolution : elle n'a pu venir en lui de la fécondité de son imagination, qui n'est rien moins que vive. Je ne la puis donner à la stérilité de son jugement : car quoiqu'il ne l'ait pas exquis dans l'action, il a un bon fonds de raison. Nous voyons

---

(1) Il y a ici cinq lignes effacées. (A. E.) — (2) Il y a deux lignes effacées. (A. E.)

les effets de cette irrésolution, quoique nous n'en connoissions pas la cause. Il n'a jamais été guerrier, quoiqu'il fût très soldat. Il n'a jamais été par lui-même bon courtisan, quoiqu'il ait eu toujours bonne intention de l'être. Il n'a jamais été bon homme de parti, quoique toute sa vie il y ait été engagé. Cet air de honte et de timidité que vous lui voyez dans la vie civile s'étoit tourné dans les affaires en air d'apologie. Il croyoit toujours en avoir besoin : ce qui, joint à ses maximes, qui ne marquent pas assez de foi à la vertu et à sa pratique, qui a toujours été à sortir des affaires avec autant d'impatience qu'il y étoit entré, me fait conclure qu'il eût beaucoup mieux fait de se connoître, et de se réduire à passer, comme il eût pu, pour le courtisan le plus poli, et pour le plus honnête homme, à l'égard de la vie commune, qui eût paru dans son siècle.

Madame de Longueville a naturellement bien du fonds d'esprit; mais elle en a encore plus le fin et le tour. Sa capacité, qui n'a pas été aidée par sa paresse (1), n'est pas allée jusqu'aux affaires dans lesquelles la haine contre M. le prince l'a portée, et dans lesquelles la galanterie l'a maintenue. Elle avoit une langueur dans ses manières, qui touchoit plus que le brillant de celles mêmes qui étoient plus belles. Elle en avoit une même dans l'esprit qui avoit ses charmes, parce qu'elle avoit, si l'on peut le dire, des réveils lumineux et surprenans. Elle eût eu peu de défauts, si la galanterie ne lui en eût donné beaucoup. Comme sa passion l'obligea de ne mettre la politique qu'en second dans sa conduite, d'héroïne d'un

(1) C'est-à-dire *à cause de sa paresse*. (A. E.)

grand parti elle en devint l'aventurière. La grâce a rétabli ce que le monde ne lui pouvoit rendre.

Madame de Chevreuse (1) n'avoit plus même de reste de beauté, quand je l'ai connue. Je n'ai jamais vu qu'elle en qui la vivacité suppléât au jugement : elle lui donnoit même assez souvent des ouvertures si brillantes qu'elles paroissoient comme des éclairs, et si sages qu'elles n'eussent pas été désavouées par les plus grands hommes de tous les siècles. Ce mérite toutefois ne fut que d'occasion. Si elle fût venue dans un siècle où il n'y eût point eu d'affaire, elle n'eût pas seulement imaginé qu'il y en pût avoir. Si le prieur des chartreux lui eût plu, elle eût été solitaire de bonne foi. M. de Lorraine (2), qui s'attacha à elle, la jeta dans les affaires ; le duc de Buckingham (3) et le comte de Holland (4) l'y entretinrent ; M. de Châteauneuf l'y amusa. Elle s'y abandonna, parcequ'elle s'abandonnoit à tout ce qui plaisoit à celui qu'elle aimoit ; elle aimoit sans choix, et purement parce qu'il falloit qu'elle aimât quelqu'un. Il n'étoit pas même difficile de lui donner un amant de partie faite ; mais dès qu'elle l'avoit pris, elle l'aimoit uniquement et fidèlement ; et elle nous a avoué, à madame de Rhodes et à moi, que, par un caprice, disoit-elle, de

---

(1) Marie de Rohan, fille d'Hercule de Rohan, duc de Montbazon, et de Madeleine de Lenoncourt. Elle naquit en 1600 ; elle épousa en 1617 Charles d'Albert, duc de Luynes, et prit en 1621 une seconde alliance avec Claude de Lorraine, duc de Chevreuse. Elle est morte au mois d'août 1679. (A. E.) — (2) Charles IV, duc de Lorraine, mort en 1675. (A. E.) — (3) Georges Villiers, duc de Buckingham, assassiné comme il alloit au secours de La Rochelle. (A. E.) — (4) Lord Anglais, de la maison de Rich, cadet d'un comte de Warwick, et ambassadeur en France. (A. E.)

la fortune, elle n'avoit jamais aimé le mieux ce qu'elle avoit estimé le plus, à la réserve toutefois, ajouta-t-elle, du pauvre Buckingham. Son dévouement à la passion, que l'on pouvoit dire éternelle, quoiqu'elle changeât d'objet, n'empêchoit pas qu'une mouche ne lui donnât des distractions; mais elle en revenoit toujours avec des emportemens qui les faisoient trouver agréables. Jamais personne n'a moins fait d'attention sur les périls, et jamais femme n'a eu plus de mépris pour les scrupules et pour les devoirs : elle ne se connoissoit que celui de plaire à son amant.

Mademoiselle de Chevreuse (1), qui avoit plus de beauté que d'agrément, étoit sotte jusqu'au ridicule par son naturel. La passion lui donnoit de l'esprit, et même du sérieux et de l'agréable, uniquement pour celui qu'elle aimoit; mais elle le traitoit bientôt comme ses jupes, qu'elle mettoit dans son lit quand elles lui plaisoient; et qu'elle brûloit, par une pure aversion, deux jours après.

Madame la princesse palatine (2) estimoit autant la galanterie qu'elle en aimoit le solide. Je ne crois pas que la reine Elisabeth d'Angleterre ait eu plus de capacité pour conduire un Etat. Je l'ai vue dans la faction, je l'ai vue dans le cabinet, et je lui ai trouvé partout également de la sincérité.

Madame de Montbazon étoit d'une très-grande beauté : la modestie manquoit à son air. Sa morgue, si l'on peut le dire, et son jargon eussent suppléé

---

(1) Charlotte-Marie, dite mademoiselle de Chevreuse. (A. E.) —
(2) Anne de Gonzague-Clèves, mariée en 1645 avec Edouard de Bavière, prince palatin du Rhin. Elle étoit fille de Charles, duc de Mantoue-Nevers. (A. E.)

dans un temps calme à son peu d'esprit. Elle eut peu de foi dans la galanterie, nulle dans les affaires. Elle n'aimoit rien que son plaisir ; et au dessus de son plaisir, son intérêt. Je n'ai jamais vu une personne qui ait conservé dans le vice si peu de respect pour la vertu.

Si ce n'étoit pas une espèce de blasphême de dire qu'il y a quelqu'un dans notre siècle plus intrépide que le grand Gustave et M. le prince, je dirois que c'a été M. Molé, premier président. Il s'en est fallu de beaucoup que son esprit n'ait été aussi grand que son cœur : il ne laissoit pas d'y avoir quelques rapports, par une ressemblance qui n'y étoit toutefois qu'en laid. Je vous ai déjà dit qu'il n'étoit point congru dans sa langue, et il est vrai ; mais il avoit une sorte d'éloquence qui, en choquant l'oreille, saisissoit l'imagination. Il vouloit le bien de l'Etat préférablement à toutes choses, même à celui de sa famille, quoiqu'il parût l'aimer trop pour un magistrat : mais il n'eut pas le génie assez élevé pour connoître d'assez bonne heure le bien qu'il eût pu faire. Il présuma trop de son pouvoir : il s'imagina qu'il modéreroit la cour et sa compagnie. Il ne réussit à l'un ni à l'autre : il se rendit suspect à tous les deux, et ainsi il fit du mal avec de bonnes intentions. La préoccupation y contribua beaucoup. Il étoit extrême en tout, et j'ai même observé qu'il jugeoit toujours des actions par les hommes, mais presque jamais des hommes par les actions. Comme il avoit été nourri dans les formes du Palais, tout ce qui étoit extraordinaire lui étoit suspect. Il n'y a guère de disposition plus dangereuse en ceux qui se rencontrent dans les affaires où les règles ordinaires n'ont plus de lieu.

Le peu de part que j'ai eu dans celles dont il s'agit en ce lieu me pourroit peut-être donner la liberté d'ajouter ici mon portrait: mais, outre que l'on ne se connoît jamais assez bien pour se peindre naturellement soi-même, je vous confesse que je trouve une satisfaction si sensible à vous soumettre uniquement et absolument le jugement de tout ce qui me regarde, que je ne puis seulement me résoudre à m'en former dans le plus intérieur de mon esprit la moindre idée. Je reprends le fil de mon histoire.

Le commandement des armées ayant été réglé comme je vous l'ai dit ci-dessus, l'on continua à travailler aux fonds nécessaires pour la levée et pour la subsistance des troupes. Toutes les compagnies et tous les corps s'unirent, et Paris enfanta sans douleur une armée complète en huit jours. La Bastille se rendit, après avoir essuyé pour la forme cinq ou six coups de canon. Ce fut un assez plaisant spectacle de voir les femmes à ce fameux siége porter leurs chaises dans le jardin de l'Arsenal où étoit la batterie, comme elles les portent au sermon.

M. de Beaufort, qui depuis qu'il se fut sauvé du bois de Vincennes s'étoit caché dans le Vendômois, de maison en maison, arriva ce jour-là à Paris; et il vint descendre chez Prudhomme. Montrésor, qu'il avoit envoyé quérir dès la porte de la ville, vint me trouver en même temps, pour me faire compliment de sa part, et pour me dire qu'il seroit dans un quart-d'heure en mon logis. Je le prévins; j'allai chez Prudhomme, et je ne trouvai pas que sa prison lui eût donné plus de sens. Il est toutefois vrai qu'elle lui avoit donné plus de réputation. Il l'avoit soutenue avec fermeté, et il en étoit sorti avec courage. Ce lui étoit même un mérite de n'avoir pas quitté les bords de la Loire, dans un temps où il est vrai qu'il falloit et de l'adresse et de la fermeté pour s'y tenir. Il n'est pas difficile de faire valoir, dans les commencemens d'une guerre civile, le mérite de tous ceux qui font mal à la cour. C'en est un grand que de n'y être pas bien. Comme il y avoit déjà quelque temps qu'il m'avoit fait assurer par Montrésor qu'il seroit très-aise de prendre liaison avec moi, et que je prévoyois bien l'usage auquel je le pourrois mettre, j'avois jeté par intervalle et sans affectation dans l'esprit du peuple des bruits avantageux pour lui. J'avois orné de mille et mille couleurs une entreprise que le cardinal avoit fait faire sur lui par Du Hamel. Montrésor, qui l'informoit avec exactitude des obligations qu'il m'avoit, avoit mis toutes les dispositions nécessaires pour une grande union entre nous. Vous croyez aisément qu'elle ne lui étoit pas désavantageuse en l'état où j'étois dans le parti; et elle m'étoit comme nécessaire, parce que ma profession pouvant m'embarrasser en mille rencontres, j'avois besoin d'un homme que je pusse dans les conjonctures mettre devant moi. Le maréchal de La Mothe étoit si dépendant de M. de Longueville, que je ne m'en pouvois pas répondre. M. de Bouillon n'étoit pas un sujet à être gouverné. Il me falloit un fantôme, mais il ne me falloit qu'un fantôme; et par bonheur pour moi il se trouva que ce fantôme étoit petit-fils de Henri-le-Grand; qu'il parla comme on parle aux halles (ce qui n'est pas ordinaire aux enfans de Henri-le-Grand), et qu'il eut de grands cheveux bien longs et bien blonds. Vous ne pouvez vous imaginer le poids de ces circonstances, et vous ne pouvez concevoir l'effet qu'elles firent dans le peuple.

Nous sortîmes ensemble de chez Prudhomme pour aller voir M. le prince de Conti. Nous nous mîmes en même portière; nous nous arrêtâmes dans la rue Saint-Denis et dans la rue Saint-Martin. Je nommai, je louai et je montrai M. de Beaufort. Le feu prit en moins d'un instant. Toutes les femmes le baisèrent, et nous eûmes sans exagération, à cause de la foule, peine de passer jusqu'à l'hôtel-de-ville. Il présenta le lendemain requête au parlement, par laquelle il demandoit d'être reçu à se justifier de l'accusation intentée contre lui d'avoir entrepris contre la personne du cardinal : ce qui fut accordé et exécuté le jour d'après.

Messieurs de Luynes et de Vitry arrivèrent dans le même temps à Paris pour entrer dans le parti; et le parlement donna ce fameux arrêt, par lequel il ordonna que tous les deniers royaux étant dans toutes les recettes générales et particulières du royaume, seroient saisis et employés à la défense commune.

M. le prince établit de sa part ses quartiers : il posta le maréchal Du Plessis à Saint-Denis, le maréchal de Gramont à Saint-Cloud, et Palluau, qui a été depuis le maréchal de Clérambault, à Sèvres. L'activité naturelle à M. le prince fut encore merveilleusement allumée par la colère qu'il eut de la déclaration de M. le prince de Conti et de M. de Longueville, qui avoient jeté la cour dans une défiance si grande de ses intérêts, que le cardinal ne doutant point d'abord qu'il ne fût de concert avec eux, fut sur le point de quitter la cour; et ne se rassura pas qu'il ne l'eût vu de retour à Saint-Germain, des quartiers où il étoit allé donner ses ordres. En arrivant, il y éclata avec fureur, contre madame de Longueville particulièrement, à qui madame la princesse sa mère, qui étoit aussi à Saint-Germain, en écrivit le lendemain tout le détail. Je lus ces mots qui étoient dans la même lettre: « L'on « est ici si déchaîné contre le coadjuteur, qu'il faut « que j'en parle comme les autres. Je ne puis toute- « fois m'empêcher de le remercier de ce qu'il a fait « pour la pauvre reine d'Angleterre. » Cette circonstance est curieuse pour la rareté du fait. Cinq ou six jours avant que le Roi sortît de Paris, j'allai chez la reine d'Angleterre, que je trouvai dans la chambre de mademoiselle sa fille, qui a été depuis madame d'Orléans. Elle me dit d'abord: « Vous voyez, je viens « tenir compagnie à Henriette; la pauvre enfant n'a « pu se lever aujourd'hui, faute de feu. » Le vrai étoit qu'il y avoit six mois que le cardinal n'avoit fait payer la Reine de sa pension; que les marchands ne lui vouloient plus rien fournir, et qu'il n'y avoit pas un morceau de bois dans la maison. Vous me faites bien la justice d'être persuadée que madame la princesse d'Angleterre ne demeura pas le lendemain au lit, faute d'un fagot: mais vous croyez bien aussi que ce n'étoit pas ce que madame la princesse vouloit dire dans son billet. Je m'en ressouvins au bout de quelques jours, j'exagérai la honte de cet abandonnement; et le parlement envoya quarante mille livres à la reine d'Angleterre. La postérité aura peine à croire qu'une fille d'Angleterre, petite-fille de Henri-le-Grand, ait manqué d'un fagot pour se lever au mois de janvier, dans le Louvre, et sous les yeux d'une cour de France. Nous avons horreur, en lisant les histoires, de lâchetés moins monstrueuses que celle-là; et le peu de sentiment que je trouvai dans la plupart des esprits sur ce fait m'a obligé de faire, je crois, plus de mille fois cette réflexion, que *les exemples du passé touchent sans comparaison plus les hommes que ceux de leur siècle.* Nous nous accoutumons à tout ce que nous voyons; et je vous ai dit quelquefois que je ne sais si le consulat du cheval de Caligula nous auroit autant surpris que nous nous l'imaginons.

Le parti ayant pris sa forme, il ne manquoit plus que l'établissement du cartel, qui se fit sans négociation. Un cornette de mon régiment (1) ayant été pris prisonnier par un parti de celui de La Villette, fut mené à Saint-Germain, et la Reine commanda sur l'heure que l'on lui tranchât la tête. Le grand prévôt, qui ne douta point de la conséquence, et qui étoit assez de mes amis, m'en avertit, et j'envoyai en même temps un trompette à Palluau, qui commandoit dans le quartier de Sèvres, avec une lettre très-ecclésiastique, mais qui faisoit entendre les inconvéniens de la suite, d'autant plus proches que nous avions aussi des prisonniers, et entre autres M. d'Olonne (2), qui avoit été arrêté comme il vouloit se sauver habillé en laquais.

Palluau alla sur l'heure à Saint-Germain, où il représenta les conséquences de cette exécution. On obtint de la Reine à toute peine qu'elle fût différée

---

(1) *De mon régiment :* Il s'appeloit *régiment de Corinthe*, du nom de l'évêché *in partibus* dont le coadjuteur étoit titulaire. — (2) Louis de La Trémouille, marquis de Royan, comte d'Olonne, mort en 1686. (A. E.)

jusqu'au lendemain, et on lui fit comprendre après l'importance de la chose. On échangea mon cornette, et ainsi le cartel s'établit insensiblement.

Je ne m'étendrai pas à vous rendre compte du détail de ce qui se passa dans le siége de Paris, qui commença le 9 de janvier 1649, et qui fut levé le premier avril de la même année. Je me contenterai de vous en dater seulement les jours les plus considérables. Mais, avant que de descendre à ce particulier, je crois qu'il est à propos de faire deux ou trois remarques qui méritent de la réflexion.

La première est qu'il n'y eut jamais ombre de mouvement dans la ville, quoique tous les passages des rivières fussent fermés et occupés par les ennemis, et que leurs partis courussent continuellement du côté de la terre. On peut dire même que l'on ne reçut aucune incommodité; et l'on doit ajouter qu'il ne parut pas que l'on y eût eu seulement peur, que le 23 de janvier, le 9 et le 10 de mars, où l'on vit dans les marchés une petite étincelle d'émotion, plutôt causée par la malice et par l'intérêt des boulangers, que par le manquement de pain.

La seconde est qu'aussitôt que Paris se fut déclaré, tout le royaume s'ébranla. Le parlement d'Aix, qui arrêta le comte d'Alais, gouverneur de Provence, s'unit à celui de Paris. Celui de Rouen, où M. de Longueville étoit allé dès le 20 janvier, fit la même chose. Celui de Toulouse fut sur le penchant, et ne fut retenu que par la nouvelle de la conférence de Ruel, dont je vous parlerai dans la suite. Le prince d'Harcourt (1), qui est M. le duc d'Elbœuf d'aujour-

(1) Charles de Lorraine, troisième du nom, mort en 1692. (A. E.)

d'hui, se jeta dans Montreuil dont il étoit gouverneur, et prit le parti du parlement. Reims, Tours et Poitiers prirent les armes en sa faveur. Le duc de La Trémouille (1) fit publiquement des levées pour lui : le duc de Retz lui offrit ses services, et Belle-Ile. Le Mans chassa son évêque (2) et toute la maison de Lavardin, qui étoit attachée à la cour ; et Bordeaux n'attendoit pour se déclarer que les lettres que le parlement de Paris avoit écrites à toutes les compagnies souveraines et à toutes les villes du royaume, pour les exhorter à s'unir avec lui contre l'ennemi commun. Ces lettres furent interceptées du côté de Guienne.

La troisième remarque est que durant le cours de ces trois mois de blocus, pendant lesquels le parlement s'assembloit réglément tous les matins, et quelquefois même les après-dînées, l'on n'y traita, au moins pour l'ordinaire, que de matières si légères et si frivoles, qu'elles eussent pu être terminées par deux commissaires en un quart-d'heure à chaque matin. Les plus ordinaires étoient les avis que l'on recevoit à tous les instans, des meubles ou de l'argent que l'on prétendoit être cachés chez les partisans et chez les gens de la cour. De mille, il ne s'y en trouva pas dix de fondés ; et cet entêtement, joint à l'acharnement que l'on avoit à ne se point départir des formes en des affaires qui y étoient directement opposées, me fit connoître de très-bonne heure que *les compagnies, qui sont établies pour le repos, ne peuvent jamais*

---

(1) Henri de La Trémouille, duc de Thouars, mort en 1674. (A. E.)
— (2) Philibert-Emmanuel de Beaumanois de Lavardin, mort en 1671. (A. E.)

être propres au mouvement. Je reviens au détail.

Le 18 janvier 1649, je fus reçu au parlement pour y avoir place et voix délibérative en l'absence de mon oncle; et l'après-dînée nous signâmes chez M. de Bouillon un engagement, que les principales personnes prirent ensemble. En voici les noms : Messieurs de Beaufort, de Bouillon, de La Mothe, de Noirmoutier, de Vitry, de Brissac, de Maure, de Matha, de Cugnac (1), de Barrière, de Sillery, de La Rochefoucauld, de Laigues, de Sévigné, de Béthune, de Luynes, de Chaumont, de Saint-Germain, d'Achon, et de Fiesque.

Le 21 du même mois, on lut, on examina et on publia ensuite les remontrances par écrit que le parlement avoit ordonné, en donnant l'arrêt contre le cardinal Mazarin, devoir être faites au Roi. Elles étoient sanglantes contre le ministre, et elles ne servirent proprement que de manifeste, parce qu'on ne voulut pas les recevoir à la cour, où l'on prétendoit que le parlement, qu'on y avoit supprimé comme rebelle, ne pouvoit plus parler en corps.

Le 24, messieurs de Beaufort et de La Mothe sortirent pour une entreprise qu'ils avoient formée sur Corbeil. Elle fut prévenue par M. le prince, qui y jeta des troupes.

Le 29, M. de Vitry étant sorti avec un parti de cavalerie pour amener madame sa femme, qui venoit de Coubert à Paris, trouva dans la vallée de Fescamp des Allemands du bois de Vincennes, qu'il poussa jusque dans les barrières du château. Tancrède, le prétendu fils de M. de Rohan, qui s'étoit déclaré pour nous la

(1) Antoine de Cugnac, marquis de Dampierre. (A. E.)

veille, fut tué malheureusement en cette petite occasion.

Le premier février, M. d'Elbœuf mit garnison dans Brie-Comte-Robert, pour favoriser le passage des vivres qui venoient de la Brie.

Le 8 du même mois, Talon, l'un des avocats généraux, proposa au parlement de faire quelques pas de respect et de soumission envers la Reine, et sa proposition fut appuyée par monsieur le premier président et par M. le président de Mesmes. Mais elle fut rejetée de toute la compagnie, même avec un fort grand bruit, parce qu'on la crut avoir été faite de concert avec la cour. Je ne le crois pas ; mais j'avoue que le temps de la faire n'étoit pas pris dans les règles de la bienséance. Aucun des généraux n'y étoit présent, et je m'y opposai fortement par cette raison.

Le soir du même jour, Clanleu, que nous avions mis dans Charenton avec trois mille hommes, eut avis que M. d'Orléans et M. le prince marchoient à lui avec sept mille hommes de pied, quatre mille chevaux et du canon. Je reçus en même temps un billet de Saint-Germain qui portoit la même nouvelle.

M. de Bouillon, qui étoit au lit attaqué de la goutte, ne croyant pas la place tenable, fut d'avis d'en retirer les troupes, et de garder seulement le milieu du pont. M. d'Elbœuf qui aimoit Clanleu, et qui croyoit qu'il lui feroit acquérir de l'honneur à bon marché, parce qu'il ne se persuadoit pas que l'avis fût véritable, ne fut pas de ce sentiment. M. de Beaufort se piqua de bravoure ; le maréchal de La Mothe crut, à ce qu'il m'avoua depuis, que M. le prince ne hasarderoit pas cette attaque à la vue de nos troupes, qui se pouvoient poster trop avantageusement. M. le prince de Conti se laissa aller au plus grand bruit, comme tous les hommes foibles ont accoutumé de faire. On manda à Clanleu de tenir, et on lui promit d'être à lui à la pointe du jour : mais on ne lui tint pas parole. Il fallut un temps infini pour faire sortir des troupes hors de Paris. On ne fut en bataille sur la hauteur de Fescamp qu'à sept heures du matin, quoiqu'on eût commencé à défiler dès les onze heures du soir. M. le prince attaqua Charenton à la pointe du jour : il l'emporta après y avoir perdu M. de Châtillon, qui étoit lieutenant général dans son armée. Clanleu se fit tuer, ayant refusé quartier. Nous y perdîmes quatre-vingts officiers ; il n'y en eut que douze ou quinze de tués de l'armée de M. le prince. Comme la nôtre commençoit à marcher, elle vit la sienne sur deux lignes de l'autre côté de la hauteur : aucun des partis ne se pouvoit attaquer, parce qu'aucun ne se vouloit exposer à l'autre à la descente du vallon. On se regarda et on s'escarmoucha tout le jour. Noirmoutier, à la faveur de ces escarmouches, détacha mille chevaux sans que M. le prince s'en aperçût, et il alla du côté d'Etampes pour escorter un grand convoi de toutes sortes de bétail qui s'y étoit assemblé. Il est à remarquer que toutes les provinces accouroient à Paris, parce que l'argent y étoit en abondance, et que tous les peuples étoient presque également passionnés pour sa défense.

Le 10, M. de Beaufort et M. de La Mothe sortirent pour favoriser le retour de Noirmoutier, et ils trouvèrent le maréchal de Gramont dans la plaine de Villejuif, qui avoit deux mille hommes de pied des gardes suisses et françaises, et deux mille chevaux. Nerlieu (1), cadet de Beauvau, bon officier, qui commandoit la cavalerie de Mazarin, étant venu à la charge, fut tué par les gardes de M. de Beaufort dans la porte de Vitry. Brionne, père de celui que vous connoissez, arracha l'épée à M. de Beaufort. Les ennemis plièrent, leur infanterie même s'étonna; et il est constant que les piques des bataillons commençoient à se toucher et à faire un cliquetis, qui est toujours marque de confusion, quand le maréchal de La Mothe fit faire halte. Il ne voulut pas exposer le convoi, qui commençoit à paroître, à l'incertitude d'un combat. Le maréchal de Gramont se retira, et le convoi entra dans Paris, accompagné, je crois, de plus de cent mille hommes, qui étoient sortis au bruit qui avoit couru que M. de Beaufort étoit engagé.

Le 11, Brillac, conseiller des enquêtes, homme de réputation dans le parlement, dit en pleine assemblée des chambres qu'il falloit penser à la paix; que les bourgeois se lassoient de fournir à la subsistance des troupes; que tout retomberoit à la fin sur la compagnie; qu'il savoit de science certaine que la proposition d'un accommodement seroit très-agréée à la cour. Aubry, président de la chambre des comptes, avoit parlé la veille de même sens dans le conseil de l'hôtel-de-ville; et vous allez voir que l'on se servoit à Saint-Germain de la crédulité de ces deux hommes, dont le premier n'avoit de capacité que pour le Palais, et l'autre n'en avoit pour rien; vous allez voir, dis-je, que l'on s'en servoit à Saint-Germain pour couvrir une entreprise que l'on avoit formée sur Paris. Le par-

---

(1) *Nerlieu :* Charles de Beauvau, seigneur de Nerlieu.

lement s'échauffa beaucoup touchant la proposition : l'on contesta de part et d'autre assez long-temps, et il fut enfin conclu que l'on en délibéreroit le lendemain matin.

Le lendemain, qui fut le 12 février, Michel, qui commandoit la garde de la porte Saint-Honoré, vint avertir le parlement qu'il s'y étoit présenté un héraut revêtu de sa cotte d'armes et accompagné de deux trompettes, qui demandoit à parler à la compagnie, et avoit trois paquets, l'un pour elle, l'autre pour M. le prince de Conti, et l'autre pour l'hôtel-de-ville. On étoit alors sur le point de s'asseoir : tout le monde s'y entretenoit de ce qui étoit arrivé la veille à onze heures du soir dans les halles, où le chevalier de La Valette avoit été pris semant des billets injurieux pour le parlement, et encore plus pour moi. Il fut amené à l'hôtel-de-ville, où je le trouvai sur les degrés, comme je descendois de la chambre de madame de Longueville. Comme je le connoissois extrêmement, je lui fis civilité, et je fis même retirer une foule de peuple qui le maltraitoit. Mais je fus bien surpris quand, au lieu de répondre à mes honnêtetés, il me dit d'un ton fier : « Je ne crains rien, je sers mon roi. » Je fus moins étonné de sa manière d'agir quand on me fit voir les placards, qui ne se fussent pas à la vérité accordés avec des complimens. Les bourgeois m'en mirent à la main cinq ou six cents copies trouvées dans son carrosse. Il continua à me parler hautement : je ne changeai pas pour cela de ton avec lui ; je lui témoignai la douleur que j'avois de le voir dans le malheur, et le prévôt des marchands l'envoya prisonnier à la Conciergerie. Cette aventure, qui n'avoit pas déjà beaucoup de rapport avec les bonnes dispositions de la cour à la paix, dont Brillac et le président Aubry s'étoient vantés d'être si bien informés : cette aventure, dis-je, jointe à l'apparition d'un héraut qui sembloit comme sorti à point nommé d'une machine, ne marquoit que trop visiblement un dessein formé. Tout le parlement le voyoit, comme tout le reste du monde : mais tout le parlement étoit propre à s'aveugler dans la pratique, parce qu'il est si accoutumé, par les règles de la justice ordinaire, à s'attacher aux formalités, que dans les extraordinaires il ne les peut jamais démêler de la substance. Il faut prendre garde à ce héraut, il ne vient pas pour rien ; voilà trop de circonstances ensemble ; on amuse par des propositions, on envoie des semeurs de billets pour soulever le peuple : un héraut paroît le lendemain ; il y a du mystère. Voilà ce que la compagnie disoit, qui ajoutoit : *Mais que faire ? Un parlement refuser d'entendre un héraut de son roi ! un héraut, qu'on ne refuse même jamais de la part de son ennemi !* Tous parloient sur ce ton, et il n'y avoit de différence que le plus haut et le plus bas. Ceux qui étoient dévoués à la cour éclatoient, ceux qui étoient bien intentionnés pour le parti ne prononçoient pas si fermement les dernières syllabes. On envoya prier M. le prince de Conti et messieurs les généraux de venir prendre leurs places : et pendant que l'on attendoit les uns dans la grand'chambre, les autres dans la seconde, les autres dans la quatrième, je pris le bonhomme Broussel à part, et je lui ouvris un expédient qui ne me vint dans l'esprit qu'un quart-d'heure avant que l'on eût pris séance.

Ma première vue, quand je connus que le parlement se disposoit à donner entrée au héraut, fut de faire prendre les armes à toutes les troupes, de le faire passer dans les files en grande cérémonie, et de l'environner tellement, sous prétexte d'honneur, qu'il ne fût presque point vu et nullement entendu du peuple. La seconde fut meilleure : je proposai à Broussel, qui, comme des plus anciens de la grand'chambre, opinoit des premiers, de dire qu'il ne concevoit pas l'embarras où l'on témoignoit d'être dans cette rencontre ; qu'il n'y avoit qu'un parti, qui étoit de refuser toute audience et même toute entrée au héraut, sur ce que ces sortes de gens n'étoient jamais envoyés qu'à des ennemis, ou à des égaux ; que cet envoi n'étoit qu'un artifice grossier du cardinal Mazarin, qui s'imaginoit qu'il aveugleroit assez et le parlement et la ville, pour les obliger à faire le pas du monde le plus irrespectueux et le plus criminel, sous prétexte d'obéissance. Le bonhomme Broussel, qui demeura persuadé de la force de ce raisonnement, quoiqu'il n'eût qu'une apparence très-légère, le poussa jusqu'aux larmes. Toute la compagnie s'en émut ; on comprit que cette réponse étoit la naturelle. Le président de Mesmes, qui vouloit alléguer vingt-cinq ou trente hérauts envoyés par des rois à leurs sujets, fut repoussé et sifflé, comme s'il avoit dit la chose la plus extravagante. On ne voulut pas presque écouter ceux qui opinèrent au contraire ; et il passa à refuser l'entrée de la ville au héraut, et de charger messieurs les gens du Roi d'aller à Saint-Germain rendre raison à la Reine de ce refus. M. le prince de Conti et l'hôtel-de-ville se servirent du même prétexte pour ne pas entendre ce héraut, et pour ne pas recevoir les paquets qu'il laissa le lendemain sur la barrière de la porte Saint-Honoré. Cet incident, joint à la prise du chevalier de La Valette, fit que l'on ne se ressouvint pas seulement de la résolution que l'on avoit faite la veille de délibérer sur la proposition de Brillac. On n'eut que de la défiance pour ces lueurs d'accommodement, et l'on s'aigrit bien davantage quelques jours après, quand on apprit le détail de l'entreprise. Le chevalier de La Valette, esprit noir mais déterminé, et d'une valeur propre à entreprendre, avoit formé le dessein de nous tuer, M. de Beaufort et moi, sur les degrés du Palais, et de se servir, pour cet effet, de la confusion qu'il espéroit qu'un spectacle aussi extraordinaire que celui de ce héraut jetteroit dans la ville. La cour a toujours nié le complot à l'égard de l'entreprise sur nos personnes; mais elle avoua et respecta le chevalier de La Valette à l'égard des placards. Ce que je sais de science certaine est que Cohon, évêque de Dol, dit l'avant-veille, à l'évêque d'Aire, que M. de Beaufort et moi ne serions pas en vie dans trois jours; et il lui parla dans la même conversation de M. le prince comme d'un homme qui n'étoit pas assez décisif, et auquel on ne pouvoit pas dire toutes choses. Cela m'a fait juger que M. le prince ne savoit pas le fond du dessein du chevalier de La Valette. J'ai toujours oublié de lui en parler.

Le 19, M. le prince de Conti dit au parlement qu'il y avoit au parquet des huissiers un gentilhomme envoyé de M. l'archiduc Léopold, gouverneur des Pays-Bas pour le roi d'Espagne, et que ce gentilhomme demandoit audience à la compagnie. Les gens du

Roi entrèrent au dernier mot du discours de M. le prince de Conti, pour rendre compte de ce qu'ils avoient fait à Saint-Germain, où ils avoient été reçus admirablement bien. La Reine avoit extrêmement agréé les raisons pour lesquelles la compagnie avoit refusé l'entrée au héraut ; et elle avoit assuré les gens du Roi que, bien qu'en l'état où étoient les choses elle ne pût pas reconnoître les délibérations du parlement pour des arrêts donnés par une compagnie souveraine, elle ne laissoit pas de recevoir avec joie les assurances que la compagnie lui donnoit de son respect et de sa soumission, et que pour peu que le parlement donnât d'effet à ses assurances, elle lui donneroit toutes les marques de sa bonté, et en général et en particulier. Talon, avocat général, qui parloit toujours avec dignité et avec force, fit ce rapport avec tous les ornemens qu'il lui put donner ; et il conclut, par une assurance qu'il donna lui-même en termes fort pathétiques à la compagnie, que si elle vouloit faire une députation à Saint-Germain, elle y seroit très-bien reçue, et que ce pourroit être un grand acheminement à la paix. Le premier président lui ayant dit ensuite qu'il y avoit, à la porte de la grand'chambre, un envoyé de l'archiduc, Talon, qui étoit habile, en prit sujet de fortifier son opinion. Il marqua que la Providence faisoit naître, ce lui sembloit, cette occasion pour avoir plus de lieu de témoigner encore au Roi la fidélité du parlement, en ne donnant point d'audience à l'envoyé, et en rendant simplement compte à la Reine du respect que l'on conservoit pour elle en la refusant. Comme cette apparition d'un député d'Espagne dans le parlement de Paris fait une scène qui n'est pas fort ordinaire dans notre histoire, reprenons-là d'un peu plus loin.

Vous avez déjà vu que Saint-Ibal, qui avoit correspondance avec le comte de Fuensaldagne, m'avoit pressé de temps en temps de lier commerce avec lui, et je vous ai aussi rendu compte des raisons qui m'en avoient empêché. Comme je vis que nous étions assiégés, que le cardinal envoyoit Vautorte en Flandre pour commencer quelques négociations avec les Espagnols, et que je connus que notre parti étoit assez formé pour n'être pas chargé en mon particulier de l'union avec les ennemis de l'Etat, je ne fus plus si scrupuleux. Je fis écrire à Saint-Ibal, qui n'étoit plus en France, et qui tantôt étoit à La Haye, tantôt à Bruxelles, qu'en l'état où étoient les affaires, je croyois pouvoir écouter avec honneur les propositions que l'on me pourroit faire pour le secours de Paris; que je le priois toutefois de faire en sorte que l'on ne s'adressât pas à moi directement, et que je ne parusse en rien de ce qui seroit public. Ce qui m'engagea d'écrire en ce sens à Saint-Ibal fut qu'il m'avoit fait dire lui-même par Montrésor que les Espagnols, qui savoient qu'il n'y avoit que moi à Paris qui fût proprement maître du peuple, et qui voyoient que je ne leur faisois pas parler, commençoient à s'imaginer que je pouvois avoir quelques mesures à garder à la cour qui m'en empêchoient; et qu'ainsi ne comptant rien à l'égard de Paris sur les autres généraux, ils pourroient bien donner dans les offres immenses que le cardinal leur faisoit faire tous les jours. Je connus par un mot que madame de Bouillon laissa échapper, qu'elle en savoit autant que Saint-Ibal; et, de concert avec monsieur son mari et avec elle, je fis le pas dont je viens de vous rendre compte. J'insinuai, de même concert, qu'on nous feroit plaisir de faire ouvrir la scène par M. d'Elbœuf. Comme il avoit été, dans le temps du cardinal de Richelieu, douze ou quinze ans en Flandre, à la pension d'Espagne, la voie paroissoit toute naturelle. Elle fut aussitôt prise que proposée. Le comte de Fuensaldagne fit partir dès le lendemain Arnolfini, moine bernardin, qui se fit habiller en cavalier, sous le nom de don Joseph de Illescas. Il arriva chez M. d'Elbœuf à deux heures après minuit, et il lui donna un petit billet de créance : il la lui expliqua telle que vous vous la pouvez imaginer.

M. d'Elbœuf se crut l'homme le plus considérable du parti; et le lendemain, au sortir du Palais, il nous mena dîner tous chez lui, c'est-à-dire tous les plus considérables, en nous disant qu'il avoit une affaire de conséquence à nous communiquer. M. le prince de Conti, messieurs de Beaufort et de La Mothe, et les présidens Le Coigneux, de Bellièvre, de Nesmond, de Novion et Viole s'y trouvèrent. M. d'Elbœuf, qui étoit grand saltimbanque de son naturel, commença la comédie par la tendresse qu'il avoit pour le nom français, qui ne lui avoit pas permis d'ouvrir seulement un petit billet qu'il avoit reçu d'un lieu suspect. Ce lieu ne fut nommé qu'après deux ou trois circonlocutions toutes pleines de scrupules et de mystères; et le président de Nesmond, qui, avec le feu d'un esprit gascon, étoit l'homme du monde le plus simple, remplit la seconde scène d'aussi bonne foi qu'il y avoit eu d'art à la première. Il regarda ce billet, que M. d'Elbœuf avoit jeté sur la table très-proprement recacheté, comme *l'holocauste du sabbat* : il dit que M. d'Elbœuf avoit un grand tort d'appeler des membres du parlement à une action de cette nature. Enfin le président Le Coigneux, qui s'impatienta de toutes ces niaiseries, prit le billet, qui avoit effectivement plus l'air d'un poulet que d'une lettre de négociation; il l'ouvrit : et après avoir lu ce qu'il contenoit, qui n'étoit qu'une simple créance, et avoir entendu de la bouche de M. d'Elbœuf ce que le porteur de la créance lui avoit dit, il nous fit une *pantalonnade* digne des premières scènes de la pièce. Il tourna en ridicule toutes les façons qui venoient d'être faites ; il alla au devant de celles qui s'alloient faire, et l'on conclut d'une commune voix à ne pas rejeter le secours d'Espagne. La difficulté fut en la manière de le recevoir : elle n'étoit pas, dans la vérité, médiocre pour beaucoup de circonstances particulières. Madame de Bouillon, qui s'étoit ouverte la veille avec moi du commerce qu'elle avoit avec l'Espagne, m'avoit expliqué les intentions de Fuensaldagne, qui étoient de s'engager avec nous, pourvu qu'il fût assuré de son côté que nous nous engagerions avec lui. Cet engagement ne se pouvoit prendre de notre part que par le parlement ou par moi. Il doutoit fort du parlement, dont il voyoit les deux principaux chefs, le premier président et le président de Mesmes, incapables d'aucune proposition. Le peu d'ouverture que je lui avois donnée jusque là à négocier avec moi faisoit qu'il ne se fondoit guère davantage sur ma conduite. Il n'ignoroit ni le peu de pouvoir ni le peu de sûreté de M. d'Elbœuf ; il savoit que M. de Beaufort étoit entre mes mains, et de plus que son crédit, à cause de son incapacité, n'étoit qu'une fumée. Les incertitudes perpétuelles de M. de Longueville et le peu de sens du maréchal de La Mothe ne l'accommodoient pas. Il se fût fié à M. de Bouillon : mais M. de Bouillon ne lui pouvoit pas répondre de Paris, il n'y avoit aucun pouvoir; et même la goutte, qui l'empêchoit d'agir, avoit donné lieu aux gens de la cour à jeter des soupçons contre lui dans les esprits du peuple. Toutes ces considérations, qui embarrassoient Fuensaldagne, et qui le pouvoient aisément obliger à chercher ses avantages du côté de Saint-Germain, où l'on appréhendoit avec raison sa jonction avec nous ; toutes ces considérations, dis-je, ne se pouvoient rectifier pour le bien du parti que par un traité du parlement avec l'Espagne, qui étoit impossible ; ou par un engagement que je prisse moi-même tout-à-fait positif. Saint-Ibal, qui se ressouvenoit qu'il avoit autrefois écrit sous moi une instruction par laquelle je proposois cet engagement positif, ne doutoit pas que je ne fusse encore dans la même disposition, puisque je m'étois résolu à écouter; et quoique Fuensaldagne ne fût pas de son avis, il ne laissa pas de charger l'envoyé de le tenter, et de témoigner même qu'il ne feroit aucun pas pour nous sans ce préalable. Cet envoyé, qui avant que de voir M. d'Elbœuf avoit eu deux ou trois jours de conférence avec M. et madame de Bouillon, s'en étoit clairement expliqué avec eux ; et c'est ce qui avoit obligé la dernière à s'expliquer encore davantage avec moi sur ce détail, qu'elle n'avoit fait jusque là. Ce que la nécessité d'un secours prompt et pressant m'avoit fait résoudre autrefois de proposer, par l'instruction dont je viens de parler, n'étoit plus mon compte. Il ne pouvoit plus y avoir de secret dans un traité qui, de nécessité, devoit être commun avec des généraux dont les uns m'étoient suspects, et les autres redoutables. J'apercevois que M. de La Rochefoucauld avoit fort altéré les bons sentimens de madame de Longueville et la force du maréchal de La Mothe. Je n'ai rien à vous dire de M. d'Elbœuf. Je considérois M. de Bouillon soutenu par l'Espagne, avec laquelle il avoit, à cause de Sedan, les intérêts les plus naturels, et comme un nouveau duc de Mayenne, qui en auroit mille autres au premier jour tout-à-fait séparés de ceux de Paris, et qui pourroit bien avec le temps, assisté de l'intrigue et de l'argent de Castille, chasser le coadjuteur de Paris, comme le vieux M. de Mayenne (1) en avoit chassé à la Ligue le cardinal de Gondy (2), son grand oncle. Dans la conférence que j'eus avec M. et madame de Bouillon touchant l'envoyé, je ne leur cachai rien de mes raisons, sans en excepter même la dernière, que j'assaisonnai, comme vous pouvez juger, de toute la raillerie la plus douce et la plus honnête qu'il me fut possible. Madame de Bouillon, qui ne faisoit ou qui ne disoit jamais de galanterie que de concert avec son mari, n'oublia rien de toute celle qui l'eût rendue l'une des plus aimables personnes du monde, quand même elle eût été aussi laide qu'elle étoit belle, pour me persuader que je ne devois point balancer à traiter ; et que monsieur son

---

(1) Charles de Lorraine, duc de Mayenne, chef de la Ligue, mort à Soissons en 1611. (A. E.) — (2) Pierre de Gondy, cardinal évêque de Paris, mort en 1616. Il étoit frère d'Albert de Gondy, père de Philippe-Emmanuel de Gondy, qui l'étoit de Jean-François-Paul, auteur de ces Mémoires. (A. E.)

mari et moi, joints ensemble, emporterions toujours si fort la balance, que les autres ne nous pourroient faire aucune peine.

M. de Bouillon, qui connoissoit très-bien ce que je pensois, et que je parlois selon mes véritables intérêts, revint tout d'un coup à mon avis, par une manière qui devroit être très-commune, et qui est cependant très-rare. Je n'ai jamais vu que lui *qui ne contestât jamais ce qu'il ne croyoit pas pouvoir obtenir.* Il entra même obligeamment dans mes sentimens. Il dit à madame de Bouillon que je jouois le droit du jeu au poste où j'étois; que la guerre civile pourroit s'éteindre le lendemain; que j'étois archevêque de Paris pour toute ma vie; que j'avois plus d'intérêt que personne à sauver la ville, mais que je n'en avois pas un moindre à ne m'en point détacher dans les suites; et qu'il convenoit, après ce que je venois de lui dire, que tout se pourroit concilier. Il me fit pour cela une ouverture qui ne m'étoit point venue dans l'esprit, et que je n'approuvai pas d'abord, parce qu'elle me parut impraticable; mais à laquelle je me rendis à mon tour, après l'avoir examinée : ce fut d'obliger le parlement à entendre l'envoyé : ce qui feroit presque tous les effets que nous pourrions souhaiter. Les Espagnols, qui ne s'y attendoient point, seroient surpris agréablement; le parlement s'engageroit sans le croire; les généraux auroient lieu de traiter après ce pas, qui pourroit être interprété dans les suites comme une approbation tacite que le corps auroit donnée aux démarches des particuliers. M. de Bouillon n'auroit pas de peine à faire concevoir à l'envoyé l'avantage que ce lui seroit en son particulier de pouvoir mander par son premier courrier, à M. l'archiduc, que le parlement de Paris avoit reçu une lettre et un député d'un général du roi d'Espagne dans les Pays-Bas. On feroit comprendre au comte de Fuensaldagne qu'il étoit de la bonne conduite de laisser quelqu'un dans le parti, qui, de concert même avec lui, parût n'entrer en rien avec l'Espagne, et qui par cette conduite pût parer, à tout événement, aux inconvéniens qu'une liaison avec les ennemis de l'Etat emportoit nécessairement avec soi, dans un parti où la considération du parlement faisoit qu'il falloit prendre des mesures plus justes sur ce point que sur tout autre; que ce personnage me convenoit préférablement et par ma dignité et par ma profession, et qu'il se trouvoit par bonheur autant de l'intérêt commun que du mien propre. La difficulté étoit de persuader au parlement de donner audience au député de l'archiduc, et cette audience étoit toutefois la seule circonstance qui pouvoit suppléer dans l'esprit de ce député au défaut de ma signature, sans laquelle il prétendoit qu'il n'avoit aucun droit de rien faire. Nous nous abandonnâmes en cette occasion, M. de Bouillon et moi, à la fortune; et l'exemple que nous avions tout récent du héraut exclu sous le prétexte du monde le plus frivole, nous fit espérer que l'on ne refuseroit pas à l'envoyé l'entrée, pour laquelle on ne manqueroit pas de raisons très-solides.

Notre bernardin, qui trouvoit beaucoup son compte à cette entrée, que l'on n'avoit pas seulement imaginée à Bruxelles, fut plus que satisfait de notre proposition. Il fit sa dépêche à l'archiduc, telle que nous la pouvions souhaiter; et il nous promit de faire, par avance et sans en attendre la réponse, tout ce que nous lui ordonnerions. Il usa de ces termes, et il avoit raison : car j'ai su depuis que son ordre portoit de suivre en tout et partout, sans exception, les sentimens de M. et de madame de Bouillon.

Voilà où nous en étions, quand M. d'Elbœuf nous montra, comme une grande nouveauté, le billet que le comte de Fuensaldagne lui avoit écrit; et vous jugez que je ne balançai pas à opiner qu'il falloit que l'envoyé présentât la lettre de l'archiduc au parlement. La proposition en fut reçue d'abord comme une hérésie; et, sans exagération, elle fut un peu moins que sifflée par toute la compagnie. Je persistai dans mon avis : j'en alléguai les raisons, qui ne persuadèrent personne. Le vieux président Le Coigneux, qui avoit l'esprit le plus vif, et qui prit garde que je parlois de temps en temps d'une lettre de l'archiduc, de laquelle il ne s'étoit rien dit, revint tout d'un coup à mon avis, sans m'en dire toutefois la véritable raison, qui étoit qu'il ne doutoit point que je n'eusse vu le dessous de quelque carte, qui m'eût obligé à prendre cet avis. Comme la conversation se passoit avec assez de confusion, et que l'on alloit tout debout disputant les uns aux autres, il me dit : « Que ne parlez-vous à « vos amis? L'on feroit ce que vous voudriez. Je vois « bien que vous savez plus de nouvelles que celui « qui croit vous les avoir apprises. » Je fus, pour dire le vrai, terriblement honteux de ma bêtise : car je vis bien qu'il ne me pouvoit parler ainsi que sur ce que j'avois dit de la lettre de l'archiduc au parlement, qui dans le vrai n'étoit qu'un blanc-signé que nous avions rempli chez M. de Bouillon. Je serrai la main au président Le Coigneux, je fis signe à messieurs de Beaufort et de La Mothe. Les présidens de Novion et de Bellièvre se rendirent à mon sentiment, qui étoit fondé sur ce que le secours d'Espagne que nous étions obligés de recevoir comme un remède à nos maux, que nous connoissions être dangereux et empirique, seroit infailliblement mortel à tous les particuliers, s'il n'étoit au moins passé *par l'alambic du parlement*. Nous priâmes tous M. d'Elbœuf de faire trouver bon au bernardin de conférer avec nous, sur la forme seulement dont il auroit à se conduire. Nous le vîmes la même nuit chez lui, Le Coigneux et moi. Nous lui dîmes, en présence de M. d'Elbœuf, en grand secret, tout ce que nous voulions bien qui fût su; et nous avions concerté dès la veille, chez M. de Bouillon, tout ce qu'il devoit dire au parlement. Il s'en acquitta en homme d'entendement. Je vous ferai un précis du discours qu'il y fit, après que je vous aurai rendu compte de ce qui se passa à ce sujet dans le parlement lorsqu'il demanda audience, ou plutôt lorsque M. le prince de Conti la demanda pour lui.

Le président de Mesmes, homme de capacité, et oncle de celui que vous voyez aujourd'hui, mais attaché jusqu'à la servitude à la cour, et par l'ambition qui le dévoroit, et par sa timidité qui étoit excessive; le président de Mesmes, dis-je, fit au seul nom de l'envoyé de l'archiduc une exclamation éloquente et pathétique, au dessus de tout ce que j'ai lu en ce genre dans l'antiquité; et en se tournant vers M. le prince de Conti : « Est-il possible, dit-il, monsieur,
« qu'un prince du sang de France propose de
« donner séance sur les fleurs de lis à un dé-

« puté du plus cruel ennemi des fleurs de lis? »

Comme nous avions prévu cette tempête, il n'avoit pas tenu à nous d'exposer M. d'Elbœuf à ces premiers coups; mais il s'en étoit tiré assez adroitement, en disant que la même raison qui l'avoit obligé de rendre compte à son général de la lettre qu'il avoit reçue, ne lui permettoit pas d'en porter la parole en sa présence. Il falloit pourtant de nécessité quelqu'un qui préparât les voies, et qui jetât dans une compagnie, où les premières impressions ont un merveilleux pouvoir, les premières idées de la paix générale et particulière que cet envoyé venoit annoncer. La manière dont son nom frapperoit d'abord l'imagination des enquêtes décidoit du refus ou de l'acceptation de son audience; et, tout bien pesé et considéré de part et d'autre, l'on jugea qu'il y avoit moins d'inconvénient à laisser croire un peu de concert avec l'Espagne, qu'à ne pas préparer par un canal ordinaire, non odieux et favorable, *les drogues* que l'envoyé d'Espagne nous alloit débiter. Ce n'est pas que la moindre ombre de concert, dans les compagnies qu'on appelle réglées, ne soit très-capable d'y empoisonner les choses, même les plus justes et les plus nécessaires; et cet inconvénient étoit plus à craindre en cette occasion qu'en toute autre. J'y admirai le discernement de M. de Bouillon, chez qui la résolution se prit de faire faire l'ouverture par M. le prince de Conti. Il ne balança pas un moment. Rien ne marque tant le jugement solide d'un homme, que de savoir choisir entre les grands inconvéniens. Je reviens au président de Mesmes, qui s'attacha à M. le prince de Conti, et qui se tourna ensuite vers moi, en

me disant ces propres paroles : « Quoi! monsieur, vous
« refusez l'entrée au héraut de votre Roi, sous le pré-
« texte le plus frivole!... » Je ne doutai point de la
seconde partie de l'apostrophe ; je la voulus prévenir,
et je lui répondis : « Vous me permettrez, monsieur,
« de ne pas traiter de frivoles des motifs qui ont été
« consacrés par un arrêt. »

La cohue du parlement s'éleva à ce mot, releva celui du président de Mesmes, qui étoit effectivement
très-imprudent ; et il est constant qu'il servit fort,
contre son intention, comme vous pouvez croire, à
faciliter l'audience à l'envoyé. Comme je vis que la
compagnie s'échauffoit et s'ameutoit contre le président de Mesmes, je sortis sous je ne sais quel prétexte, et je dis à Quatresous, jeune conseiller des enquêtes, et le plus impétueux esprit qui fût dans le
corps, d'entretenir l'escarmouche, parce que j'avois
éprouvé plusieurs fois que le moyen le plus sûr et le
plus propre pour faire passer une affaire extraordinaire dans les compagnies est d'échauffer la jeunesse contre les vieux. Quatresous s'acquitta digne-
ment de cette commission ; il s'arrêta au président
de Mesmes et au premier président, sur le sujet d'un
certain La Rablière, partisan fameux, qu'il faisoit entrer dans tous ses avis sur quelque matière où il pût
opiner. Les enquêtes s'échauffèrent pour la défense
de Quatresous : les présidens à la fin s'impatientèrent
de ces impertinences. Il fallut délibérer sur le sujet
de l'envoyé ; et malgré les conclusions des gens du
Roi, et les exclamations des deux présidens, et de
beaucoup d'autres, il passa à l'entendre.

On le fit entrer sur l'heure même ; on lui donna

place au bout du bureau ; on le fit asseoir et couvrir. Il présenta la lettre de l'archiduc au parlement, qui n'étoit qu'une lettre de créance ; et il s'expliqua, en disant « que Son Altesse Impériale son maître lui avoit
« donné charge de faire part à la compagnie d'une né-
« gociation que le cardinal Mazarin avoit essayé de lier
« avec lui depuis le blocus de Paris ; que le roi Catho-
« lique n'avoit pas estimé qu'il fût sûr ni honnête d'ac-
« cepter ses offres dans une saison où, d'un côté, on
« voyoit bien qu'il ne les faisoit que pour pouvoir
« plus aisément opprimer le parlement, qui étoit en
« vénération à toutes les nations du monde ; et où,
« de l'autre, tous les traités que l'on pourroit faire
« avec un ministre condamné seroient nuls de droit,
« d'autant plus qu'ils seroient faits sans le concours
« du parlement, à qui seul il appartient d'enregistrer
« et de vérifier les traités de paix pour les rendre sûrs
« et authentiques ; que le roi Catholique, qui ne vou-
« loit tirer aucun avantage des occasions présentes,
« avoit commandé à M. l'archiduc d'assurer mes-
« sieurs du parlement, qu'il savoit être attachés aux
« véritables intérêts de Sa Majesté Très-Chrétienne,
« qu'il les reconnoissoit de très-bon cœur pour arbitres
« de la paix ; qu'il se soumettoit à leur jugement, et que
« s'ils acceptoient d'en être les juges, il laissoit à leur
« choix de députer de leur corps en tel lieu qu'ils
« voudroient, sans en excepter même Paris ; et que
« le roi Catholique y enverroit incessamment ses dé-
« putés, seulement pour y représenter ses raisons ;
« qu'il avoit fait avancer, en attendant leur réponse,
« dix-huit mille hommes sur la frontière pour les se-
« courir, en cas qu'ils en eussent besoin, avec ordre

« toutefois de ne rien entreprendre sur les places du
« roi Très-Chrétien, quoiqu'elles fussent la plupart
« comme abandonnées; qu'il n'y avoit pas six cents
« hommes dans Peronne, dans Saint-Quentin et dans
« le Catelet : mais qu'il vouloit témoigner dans cette
« rencontre la sincérité de ses intentions pour le
« bien de la paix, et qu'il donnoit sa parole que,
« dans le temps qu'elle se traiteroit, il ne donneroit
« aucun mouvement à ses armées; que si elles pou-
« voient être, en attendant, de quelque utilité au
« parlement, il n'avoit qu'à en disposer par des offi-
« ciers français s'il le jugeoit à propos, et qu'à pren-
« dre toutes les précautions qu'il croiroit nécessaires
« pour lever les ombrages que l'on peut toujours
« prendre avec raison de la conduite des étrangers. »

Avant que l'envoyé fût entré, il y avoit eu beaucoup de contestations tumultuaires dans la compagnie; et le président de Mesmes n'avoit rien oublié pour jeter sur moi toute l'envie de la collusion avec les ennemis de l'Etat, qu'il relevoit de toutes les couleurs qu'il trouvoit assez vives et assez apparentes dans l'opposition du héraut de France et de l'envoyé d'Espagne. Il est vrai que la conjoncture étoit très-fâcheuse; et quand il en arrive quelqu'une de cette nature, il n'y a de remède qu'à planir (1), dans les momens où ce que l'on vous objecte peut faire plus d'impression que ce que vous pouvez répondre, et à se relever dans ceux où ce que vous pouvez répondre peut faire plus d'impression que ce que l'on vous objecte. Je suivis fort justement cette règle dans cette rencontre, qui étoit délicate pour moi : car quoique le président de

(1) *Planir* : Faire le plongeon.

Mesmes me désignât avec application et avec adresse, je ne pris rien pour moi, tant que je n'eus rien pour lui faire tête que ce que M. le prince de Conti avoit dit en général de la paix générale, dont il avoit été résolu qu'il parleroit en demandant audience pour le député; mais qu'il en parleroit peu, pour ne pas marquer trop de concert avec l'Espagne. Quand l'envoyé s'en fut expliqué lui-même aussi obligeamment pour le parlement qu'il le fit, et quand je vis que la compagnie étoit chatouillée du discours qu'il venoit de lui tenir, je pris mon temps pour rembarrer le président de Mesmes, et je lui dis « que le respect que
« j'avois pour la compagnie m'avoit obligé à dissimu-
« ler et à souffrir toutes ses picoteries; que je les
« avois fort bien entendues, mais que je ne les avois
« pas voulu entendre; et que je demeurerois encore
« dans la même disposition, si l'arrêt qu'il n'est jamais
« permis de prévenir, mais qu'il est toujours ordonné
« de suivre, ne m'ouvroit la bouche; que cet arrêt
« avoit réglé, contre son sentiment, l'entrée de l'en-
« voyé d'Espagne : aussi bien que le précédent, qui
« n'avoit pas été non plus selon son avis, avoit porté
« l'exclusion du héraut; que je ne me pouvois imagi-
« ner qu'il voulût assujétir la compagnie à ne suivre
« jamais que ses sentimens; que nul ne les honoroit
« plus que moi, mais que la liberté ne laissoit pas de
« se conserver dans l'estime même et dans le respect;
« que je suppliois Messieurs de me permettre de lui
« donner une marque de celui que j'avois pour lui,
« en lui rendant un compte, qui peut-être le surpren-
« droit, de mes pensées sur les deux arrêts du héraut
« et de l'envoyé, sur lesquels il m'avoit donné tant

« d'attaques ; que, pour le premier, je confessois que
« j'avois été assez innocent pour avoir failli à donner
« dans le panneau ; et que si M. de Broussel n'eût
« ouvert l'avis auquel il avoit passé, je tombois, par
« un excès de bonne intention, dans une imprudence
« qui eût peut-être causé la perte de la ville, et dans
« un crime assez convaincu par l'approbation solen-
« nelle que la Reine venoit de donner à la conduite
« contraire ; que pour ce qui étoit de l'envoyé, j'a-
« vouois que je n'avois été d'avis de lui donner au-
« dience que parce que j'avois connu à l'air du bu-
« reau que le plus de voix de la compagnie alloit à
« la lui donner ; et que, quoique ce ne fût pas mon
« sentiment particulier, j'avois cru que je ferois mieux
« de me conformer par avance à celui des autres, et
« de faire paroître, au moins dans les choses où l'on
« voyoit bien que la contestation seroit inutile, de l'u-
« nion et de l'uniformité dans le corps. » Cette manière humble et modeste de répondre à cent mots
aigres et piquans que j'avois essuyés depuis douze ou
quinze jours, et ce matin-là encore, du premier président et du président de Mesmes, fit un effet que
je ne puis exprimer ; et elle effaça pour assez long-
temps l'impression que l'un et l'autre avoient commencé de jeter dans la compagnie, *que je prétendois
de la gouverner par mes cabales.* Rien n'est si dangereux en toutes sortes de communautés : et si la passion du président de Mesmes ne m'eût donné lieu
de déguiser un peu le manège qui s'étoit fait dans ces
deux scènes assez extraordinaires du héraut et de
l'envoyé, je ne sais si la plupart de ceux qui avoient
donné à la réception de l'un et à l'exclusion de l'au-

tre, ne se fussent pas repentis d'avoir été d'un sentiment qu'ils eussent cru leur avoir été inspiré par un autre. Le président de Mesmes voulut repartir à ce que j'avois dit; mais il fut presque étouffé par la clameur qui s'éleva dans les enquêtes. Cinq heures sonnèrent; personne n'avoit dîné et beaucoup n'avoient pas déjeûné, et messieurs les présidens eurent le dernier : ce qui n'est pas avantageux en cette matière.

L'arrêt qui avoit donné entrée au député d'Espagne portoit qu'on lui demanderoit copie signée de lui de ce qu'il auroit dit au parlement; qu'on la mettroit dans le registre, et qu'on l'enverroit par une députation solennelle à la Reine, en l'assurant de la fidélité du parlement, et en la suppliant de donner la paix à ses peuples, et de retirer les troupes du Roi des environs de Paris. Comme il étoit fort tard, et que l'on avoit bon appétit (ce qui influe plus qu'on ne se peut imaginer dans les délibérations), l'on fut sur le point de laisser mettre cette clause, sans y prendre garde. Le président Le Coigneux s'aperçut le premier de la conséquence; et il dit, en se tournant vers un assez grand nombre de conseillers qui commençoient à se lever : « J'ai, messieurs, à parler à la compagnie; je vous « prie de reprendre vos places : il y va du tout pour « toute l'Europe. » Tout le monde s'étant remis, il prononça d'un air froid et majestueux, qui n'étoit pas ordinaire à maître Gonin (on lui avoit donné ce sobriquet), ces paroles pleines de bon sens : « Le roi « d'Espagne nous prend pour arbitres de la paix géné- « rale; peut-être qu'il se moque de nous, mais il nous « fait toujours honneur de nous le dire. Il nous offre

« des troupes pour les faire marcher à notre secours;
« et il est sûr que sur cet article il ne se moque pas
« de nous, et qu'il nous fait beaucoup de plaisir. Nous
« avons entendu son envoyé; et, vu la nécessité où
« nous sommes, nous n'avons pas eu tort. Nous avons
« résolu d'en rendre compte au Roi, et nous avons
« eu raison. On veut s'imaginer que pour rendre ce
« compte il faut que nous envoyions la feuille de l'ar-
« rêt : voilà le piége. Je vous déclare, monsieur, dit-
« il en se tournant vers M. le premier président,
« que la compagnie ne l'a pas entendu ainsi, et que
« ce qu'elle a arrêté est purement que l'on porte la
« copie, mais que l'original demeure au greffe. J'au-
« rois souhaité qu'on n'eût pas obligé les gens à s'ex-
« pliquer, parce qu'il y a des matières sur lesquelles
« il est sage de ne parler qu'à demi ; mais puisque l'on
« y force, je dirai sans balancer que si nous por-
« tons la feuille, les Espagnols croiront que nous
« commettons au caprice du Mazarin les propositions
« qu'ils nous font pour la paix générale, et même
« pour ce qui regarde notre secours; au lieu qu'en
« ne portant que la copie, et en ajoutant en même
« temps, comme la compagnie l'a très-sagement or-
« donné, de très-humbles remontrances pour faire
« lever le siége, toute l'Europe connoîtra que nous
« nous tenons en état de faire ce que le véritable ser-
« vice du Roi et le bien solide de l'Etat demandent
« de notre ministère, si le cardinal est assez aveugle
« pour ne se pas servir de cette conjoncture comme
« il le doit. »

Ce discours fut reçu avec une approbation générale; on cria de toutes parts que c'est ainsi que la com-

pagnie l'entendoit: messieurs des enquêtes donnèrent à leur ordinaire maintes bourrades à messieurs les présidens. Martineau, conseiller des enquêtes, dit publiquement que le *retentum* de l'arrêt étoit que l'on feroit bonne chère à l'envoyé d'Espagne, en attendant la réponse de Saint-Germain; qui ne pouvoit être que quelque méchante ruse du cardinal Mazarin. Charton pria tout haut M. le prince de Conti de suppléer à ce que les formalités du parlement ne permettoient pas à la compagnie de faire. Pontcarré dit qu'un Espagnol ne lui faisoit pas tant de peur qu'un mazarin. Enfin il est certain que les généraux en virent assez pour ne pas appréhender que le parlement se fâchât des démarches qu'ils pourroient faire vers l'Espagne; et M. de Bouillon et moi n'en eûmes que trop pour satisfaire pleinement l'envoyé de l'archiduc, à qui nous fîmes valoir jusques aux moindres circonstances. Il en fut content au delà de ses espérances, et il dépêcha dès la nuit un second courrier à Bruxelles, que nous fîmes escorter jusqu'à dix lieues de Paris avec cinq cents chevaux. Le courrier portoit la relation de tout ce qui s'étoit passé au parlement, les conditions que M. le prince de Conti et les autres généraux demandoient pour faire un traité avec le roi d'Espagne, et ce que je pouvois donner en mon particulier d'engagement. Je vous rendrai compte de ce détail et de la suite, après que je vous aurai raconté ce qui se passa le même jour, qui fut le 19 février.

Pendant que cette pièce de l'envoyé d'Espagne se jouoit au Palais, Noirmoutier sortit avec deux mille chevaux pour amener à Paris un convoi de cinq cents charrettes chargées de farine, qui étoient à Brie-Comte-

Robert, où nous avions garnison. Comme il eut avis que le comte, depuis maréchal de Grancey (1), venoit du côté de Lagny pour s'y opposer, il détacha M. de La Rochefoucauld avec dix-sept escadrons, pour occuper un défilé par où les ennemis étoient obligés de passer. M. de La Rochefoucauld, qui avoit plus de cœur que d'expérience, s'emporta de chaleur; il n'en demeura pas à son ordre, il sortit de son poste, et chargea les ennemis. Comme il avoit affaire à de vieilles troupes, il fut bientôt renversé : il y fut blessé d'un grand coup de pistolet dans la gorge. Il y perdit Rauzan (2), frère de Duras (3) : le marquis de Sillery son beau-frère y fut pris prisonnier; Rachecourt, premier capitaine de mon régiment de cavalerie (4), y fut fort blessé; et le convoi étoit perdu, si Noirmoutier ne fût arrivé avec le reste des troupes. Il fit filer les charrettes du côté de Villeneuve-Saint-Georges; il marcha avec les troupes en bon ordre par le grand chemin du côté de Gros-Bois, à la vue de Grancey, qui ne crut pas devoir hasarder de passer un pont qui se rencontra sur le grand chemin devant lui. Il rejoignit son convoi dans la plaine de Creteil, et il l'amena, sans avoir perdu une charrette, à Paris, où il ne rentra qu'à onze heures du soir.

Je vous ai déjà dit que M. de Bouillon et moi, de concert avec les autres généraux, fîmes dépêcher par l'envoyé de l'archiduc un courrier à Bruxelles, qui

(1) Jacques Rouxel, comte de Grancey, devenu maréchal de France en 1651, mort à Paris en 1680. (A. E.) — (2) Frédéric-Maurice de Durfort, comte de Rauzan, tué près de Bric-Comte-Robert en 1649. (A. E.) — (3) Jacques-Henri, duc de Duras, frère aîné de Rauzan, maréchal de France. (A. E.) — (4) *Mon régiment de cavalerie :* Le régiment de Corinthe.

partit à minuit. Nous nous mîmes à table pour souper chez M. de Bouillon un moment après, lui, madame sa femme et moi. Comme elle étoit fort gaie dans le particulier, et que de plus le succès de cette journée lui avoit encore donné de la joie, elle nous dit qu'elle vouloit faire débauche. Elle fit retirer tous ceux qui servoient, et elle ne retint que Briquemaut, capitaine des gardes de monsieur son mari, en qui l'un et l'autre avoient confiance. La vérité est qu'elle vouloit parler en liberté de l'état des choses, qu'elle croyoit bon. Je ne la détrompai pas tant que l'on fut à table, pour ne point interrompre son souper, ni celui de M. de Bouillon, qui étoit assez mal de la goutte. Comme on fut sorti de table, je leur représentai qu'il n'y avoit rien de plus délicat que le poste où nous nous trouvions ; que si nous étions dans un parti ordinaire, qui eût la disposition de tous les peuples du royaume aussi favorable que nous l'avions, nous serions incontestablement maîtres des affaires. Mais que le parlement, qui faisoit en un sens notre principale force, faisoit en deux ou trois manières notre principale foiblesse : que bien qu'il parût de la chaleur dans cette compagnie, il y avoit toujours un fond d'esprit de retour, qui paroissoit à toute occasion ; que dans la délibération même du jour où nous parlions, nous avions eu besoin de tout notre savoir faire, pour faire que le parlement ne se mît pas à lui-même la corde au cou ; que je convenois que ce que nous en avions tiré étoit utile pour faire croire aux Espagnols qu'il n'étoit pas si inabordable pour eux qu'ils se l'étoient figuré ; mais qu'il falloit aussi convenir que si la cour se conduisoit bien, elle en tireroit un fort grand avantage, parce qu'elle se serviroit de la déférence de la compagnie, qui lui rendoit compte de l'envoi du député, comme d'un motif pour la porter à revenir avec bienséance de sa première hauteur; et de la députation si solennelle que le parlement avoit résolu de lui faire, comme d'un moyen pour entrer en négociation. Que je ne doutois point que le mauvais effet que le refus d'audience aux gens du Roi, envoyés à Saint-Germain le lendemain de la sortie du Roi, avoit produit contre les intérêts de la cour, ne fût un exemple assez instructif pour elle, pour l'obliger à ne pas manquer l'occasion qui se présentoit, quand je n'en serois pas persuadé par la manière si bonne et si douce dont elle avoit reçu les excuses que nous lui avions faites de l'exclusion du héraut; qu'elle ne pouvoit pas ignorer toutefois n'avoir pour fondement que le prétexte le plus mince; que le premier président et le président de Mesmes, qui seroient chefs de la députation, n'oublieroient rien pour faire connoître au Mazarin ses véritables intérêts dans cette conjoncture; que ces deux hommes n'avoient dans la tête que ceux du parlement; que pourvu qu'ils se tirassent d'affaire, ils auroient même de la joie de nous laisser, en faisant un accommodement qui supposeroit notre sûreté sans nous la donner, et qui, en terminant la guerre civile, établiroit la servitude.

Madame de Bouillon m'interrompit à ce mot, et me dit: « Voilà des inconvéniens qu'il falloit, ce me « semble, prévoir avant l'audience de l'envoyé d'Es- « pagne, puisque c'est elle qui les fait naître. » Monsieur son mari lui repartit brusquement: « Vous avez perdu « la mémoire de ce que nous dîmes dernièrement sur

« cela. Ne prévîmes-nous pas en général ces incon-
« véniens? Mais les ayant balancés avec la nécessité
« que nous trouvâmes à mêler, en quelque façon que
« ce pût être, l'envoyé et le parlement, nous prîmes
« celui qui nous parut le moindre; et je vois bien que
« M. le coadjuteur pense, à l'heure qu'il est, remé-
« dier même à ce moindre. — Il est vrai, monsieur,
« lui répondis-je; et je vous proposerai le remède
« que je m'imagine, quand j'aurai achevé de vous ex-
« pliquer tous les inconvéniens que j'y vois. Vous
« avez remarqué que ces jours passés Brillac dans le
« parlement, et le président Aubry dans le conseil
« de l'hôtel-de-ville, firent des propositions de paix
« auxquelles le parlement faillit à donner presque à
« l'aveugle; et il crut beaucoup faire que de se ré-
« soudre à ne point délibérer sans les généraux. Vous
« voyez qu'il y a beaucoup de gens dans les compa-
« gnies qui commencent à ne plus payer leurs taxes,
« et beaucoup d'autres qui affectent de laisser couler
« le désordre dans la police. Le gros du peuple, qui
« est ferme, fait que l'on ne s'aperçoit pas encore de
« ce démanchement des parties, qui s'affoibliroient et
« se détruiroient en peu de temps, si on ne travailloit
« à les lier et à les consolider ensemble. La chaleur
« des esprits suffit pour faire cet effet au commence-
« ment : quand elle se ralentit, il faut que la force
« y supplée; et quand je parle de la force, j'entends
« celle qu'on tire de la considération où l'on demeure
« auprès de ceux de la part desquels vous peut venir
« le mal auquel vous cherchez le remède. Ce que vous
« faites présentement avec l'Espagne fait entrevoir
« au parlement qu'il ne se doit pas compter pour tout.

« Ce que nous pouvons, M. de Beaufort et moi, dans
« le peuple, lui doit faire connoître qu'il nous y doit
« compter pour quelque chose; mais ces deux vues
« ont leurs inconvéniens comme leur utilité. L'union
« des généraux avec l'Espagne n'est pas assez publi-
« que pour jeter dans les esprits toute l'impression
« qui y seroit dans un sens nécessaire, et qui cepen-
« dant, si elle étoit plus déclarée, seroit pernicieuse.
« Cette même union n'est pas assez secrète pour ne pas
« donner lieu à cette compagnie d'en prendre avan-
« tage contre nous dans les occasions, qu'elle pren-
« droit toutefois encore plus tôt, si elle nous croyoit
« sans protection. Pour ce qui est du crédit que M. de
« Beaufort et moi avons dans le peuple, il est plus
« propre à faire du mal au parlement, qu'à l'em-
« pêcher de nous en faire. Si nous étions de la lie du
« peuple, nous pourrions peut-être avoir la pensée
« de faire ce que Bussy Le Clerc (1) fit au temps de la
« Ligue, c'est-à-dire d'emprisonner, de saccager le
« parlement. Nous pourrions avoir en vue ce que
« firent les Seize quand ils pendirent le président
« Brisson (2), si nous voulions être aussi dépendans
« de l'Espagne que les Seize l'étoient. M. de Beaufort
« est petit-fils de Henri-le-Grand, et je suis coadju-
« teur de Paris. Ce n'est ni notre honneur ni notre
« compte; et cependant il nous seroit plus facile d'exé-
« cuter ce que fit Bussy Le Clerc, et ce que firent

(1) Bussy Le Clerc, tireur d'armes, et ensuite procureur au parlement. Il étoit un de ces seize zélés ligueurs dont on voit les noms dans
les notes sur la satire Ménippée. Ils furent nommés *les Seize*, parce qu'ils
se distribuèrent dans les seize quartiers de Paris. Dans la suite, Bussy
Le Clerc se sauva à Bruxelles, et y reprit son métier de tireur d'armes.
(A. E.) — (2) Les Seize le pendirent le 15 novembre 1591. (A. E.)

« les Seize, que de faire que le parlement connoisse
« ce que nous pourrions faire contre lui, assez dis-
« tinctement pour l'empêcher de faire contre nous ce
« qu'il croira toujours facile, jusqu'à ce que nous l'en
« ayons empêché. Et voilà le destin des pouvoirs po-
« pulaires : *ils ne se font croire que quand ils se
« font sentir, et il est très-souvent de l'intérêt et
« de l'honneur de ceux entre les mains de qui ils
« sont de les faire moins sentir que croire.* Nous
« sommes en cet état. Le parlement penche vers une
« paix très-peu sûre et très-incertaine : nous soule-
« verions demain le peuple, si nous voulions. Le de-
« vons-nous ? Et si nous ôtions l'autorité au parlement,
« en quel abîme ne nous jetterions-nous pas dans les
« suites ? Tournons le feuillet. Si nous ne le soulevons
« pas, le parlement croira-t-il que nous le puissions
« soulever ? S'empêchera-t-il de faire des pas vers la
« cour qui le perdront peut-être, mais qui nous per-
« dront infailliblement avant lui ? Vous direz bien,
« madame, que je marque beaucoup d'inconvéniens
« et peu de remèdes. A quoi je réponds que je vous
« ai parlé de ceux qui se trouvent déjà naturellement
« dans le traité que vous projettez avec l'Espagne, et
« dans l'application que nous avons, M. de Beaufort
« et moi, à nous maintenir dans l'esprit des peuples ;
« mais que comme je reconnois dans tous les deux
« de certaines qualités qui en affoiblissent la force et
« la vérité, j'ai cru être obligé, monsieur, à recher-
« cher dans votre capacité et dans votre expérience
« ce qui y pourroit suppléer : et c'est ce qui m'a fait
« prendre la liberté de vous rendre compte d'un détail
« que vous auriez vu d'un coup d'œil bien plus dis-

« tinctement que moi, si votre mal vous avoit permis
« d'assister une fois ou deux aux assemblées du par-
« lement, ou à un conseil de l'hôtel-de-ville. »

M. de Bouillon, qui ne croyoit nullement les affaires en cet état, me pria de lui mettre par écrit tout ce que j'avois commencé, et tout ce que j'avois encore à lui dire. Je le fis sur l'heure même : et il m'en rendit le lendemain une copie que j'ai encore, écrite de la main de son secrétaire. On ne peut être plus étonné ni plus affligé que le furent M. et madame de Bouillon de ce que je venois de leur marquer de la disposition des affaires, et je n'en avois pas été moins surpris qu'eux. Il ne s'est jamais rien vu de si subit. La réponse douce et honnête que la Reine fit aux gens du Roi touchant le héraut; sa protestation de pardonner sincèrement à tout le monde; les couleurs dont Talon, avocat général, embellit cette réponse, tournèrent en un instant presque tous les esprits. Il y eut des momens où ils revinrent à leurs emportemens, soit par les accidens qui survinrent, ou par l'art de ceux qui les y ramenèrent; mais le fond pour le retour y demeura toujours. Je le remarquai en tout, et je fus bien aise de m'en ouvrir avec M. de Bouillon, qui étoit le seul homme de tête de sa profession qui fût dans le parti, pour voir avec lui la conduite que nous aurions à y prendre. Je fis bonne mine avec tous les autres; je leur fis valoir les moindres circonstances, presque avec autant de soin qu'à l'envoyé de l'archiduc. Le président de Mesmes, qui, à travers toutes les *bourrades* qu'il venoit de recevoir dans les deux dernières délibérations, avoit connu que le feu qui s'y étoit allumé n'étoit que de paille, dit au président de Bellièvre que pour le coup j'étois la dupe, et que j'avois pris le frivole pour la substance. Le président de Bellièvre, à qui je m'étois ouvert, m'eût pu justifier, s'il l'eût jugé à propos ; mais il fut lui-même la dupe, et il railla le président de Mesmes, comme un homme qui prenoit plaisir à se flatter lui-même.

M. de Bouillon ayant examiné, tout le reste de la nuit jusqu'à cinq heures du matin, le papier que je lui avois laissé à deux, me récrivit le lendemain un billet, par lequel il me prioit de me trouver chez lui à trois heures après-midi. Je ne manquai pas de m'y rendre, et je trouvai madame de Bouillon pénétrée de douleur, parce que monsieur son mari l'avoit assurée que ce que je marquois dans mon écrit n'étoit que trop bien fondé, supposé les faits dont il ne pouvoit pas croire que je ne fusse très-bien informé ; et qu'il n'y avoit à tout cela qu'un remède, que non-seulement je ne prendrois pas, mais auquel même je m'opposerois. Ce remède étoit de laisser agir le parlement pleinement à sa mode, et de contribuer même sous main à lui faire faire des pas odieux au peuple ; de commencer dès cet instant de le décréditer dans le public ; de jouer le même personnage à l'égard de l'hôtel-de-ville, dont le chef, qui étoit le président Le Féron, prévôt des marchands, étoit déjà très-suspect ; de se servir ensuite de la première occasion que l'on jugeroit la plus favorable, pour s'assurer, ou par l'exil ou par la prison, des personnes de ceux dont nous ne nous pourrions pas nous répondre à nous-mêmes. Voilà ce que M. de Bouillon nous proposa sans balancer : en ajoutant que Longueil, qui connoissoit mieux le parlement qu'homme du royaume, et qui l'avoit été voir sur le midi, lui avoit confirmé tout ce que je lui avois dit la veille, de la pente que ce corps prenoit sans s'en apercevoir soi-même; et que le même Longueil étoit convenu avec lui que le seul remède efficace étoit de penser de bonne heure *à le purger.* Ce fut son mot, et je l'eusse reconnu à ce mot. Il n'y a jamais eu d'esprit si décisif ni si violent; mais il n'y en a jamais eu qui ait pallié ses décisions et ses violences par des termes plus doux. Quoique le même expédient que M. de Bouillon me proposoit me fût déjà venu dans l'esprit, et peut-être avec plus de raison qu'à lui, parce que j'en connoissois la possibilité plus que lui, je ne lui laissai aucun lieu de croire que j'y eusse fait réflexion, parce que je savois qu'il avoit le foible d'aimer à avoir imaginé une chose le premier; et c'est l'unique défaut que je lui aie connu dans la négociation. Après qu'il m'eut bien expliqué sa pensée, je le suppliai d'agréer que je lui misse la mienne par écrit : ce que je fis sur le champ ainsi :

« Je conviens de la possibilité de l'exécution, mais je la tiens pernicieuse pour les suites, et pour le public et pour les particuliers; parce que le même peuple dont vous vous serez servi pour abattre l'autorité des magistrats ne reconnoîtra plus la vôtre, dès que vous serez obligé de demander ce que les magistrats en exigent. Ce peuple a adoré le parlement jusqu'à la guerre : il veut encore la guerre, et il a commencé à n'avoir plus tant d'amitié pour le parlement. Il s'imagine lui-même que cette diminution ne regarde que quelques membres de ce corps qui sont *maza-*

rins : il se trompe : elle va à toute la compagnie, mais elle y va comme insensiblement, et par degrés. Les peuples sont las quelque temps avant que de s'apercevoir qu'ils le sont. La haine contre le Mazarin soutient et couvre cette lassitude. Nous égayons les esprits par nos satires, par nos vers et par nos chansons ; le bruit des trompettes, des tambours et des timbales réjouit les boutiques : mais au fond paie-t-on les taxes avec la ponctualité avec laquelle on les a payées les premières semaines? Y a-t-il beaucoup de gens qui vous aient imité, vous, M. de Beaufort et moi, quand nous avons envoyé notre vaisselle à la monnoie ? N'observez-vous pas que quelques-uns de ceux qui se croient encore très-bien intentionnés pour la cause commune commencent à excuser, dans les faits particuliers, ceux qui le sont le moins? Voilà les marques d'une lassitude qui est d'autant plus considérable, qu'il n'y a pas encore six semaines que l'on a commencé à courir ; jugez de celle qui sera causée par de plus longs voyages! Le peuple ne sent presque pas encore la sienne : il est au moins très-certain qu'il ne la connoît pas. Ceux qui sont fatigués s'imaginent qu'ils ne sont qu'en colère : et cette colère est contre un parlement, c'est-à-dire contre un corps qui étoit, il n'y a qu'un mois, l'idole du public, et pour la défense duquel il a pris les armes. Quand nous nous serons mis à la place de ce parlement ; quand nous aurons ruiné son autorité dans l'esprit de la populace ; quand nous aurons établi la nôtre, nous tomberons infailliblement dans les mêmes inconvéniens, parce que nous serons obligés de faire les mêmes choses que fait aujourd'hui le parlement. Nous ordonnerons des taxes, nous leverons de l'argent; et il n'y aura qu'une différence, qui sera que la haine et l'envie que nous contracterons dans le tiers de Paris, c'est-à-dire dans le plus gros des bourgeois, attachés en je ne sais combien de manières différentes à cette compagnie dès que nous l'aurons attaquée, diminuée ou abattue; que cette haine, dis-je, et cette envie produiront et achèveront contre nous dans les deux autres tiers, en huit jours, ce que six semaines n'ont encore que commencé contre le parlement. Nous avons dans la Ligue un exemple fameux de ce que je viens de vous dire. M. de Mayenne trouvant dans le parlement cet esprit que vous lui voyez, et qui va toujours à unir les contradictions, et à faire la guerre civile selon les conclusions des gens du Roi, se lassa bientôt de ce *pédantisme*. Il se servit, quoique ouvertement, des Seize, qui étoient les quarteniers de la ville, pour abattre cette compagnie : mais il fut obligé de faire pendre dans la suite quatre de ces Seize qui étoient trop attachés à l'Espagne. Ce qu'il fit en cette occasion, pour être moins dépendant de cette couronne, fit qu'il en eut plus de besoin pour se soutenir contre le parlement, dont les restes commençoient à se relever. Qu'arriva-t-il de tous ces inconvéniens? M. de Mayenne fut obligé de faire un traité qui a fait dire à toute la postérité qu'il n'avoit su faire ni la paix ni la guerre. Voilà le sort de M. de Mayenne, chef d'un parti formé pour la défense de la religion, cimenté par le sang de messieurs de Guise, tenus universellement pour les Machabées de leur temps; d'un parti déjà répandu dans les provinces. En sommes-nous là? La cour ne nous peut-elle pas ôter demain le prétexte de la guerre civile, par la levée du siége de Paris et par l'expulsion du Mazarin? Les provinces commencent à branler ; mais enfin le feu n'y est pas encore assez allumé, pour ne pas continuer avec plus d'application que jamais à faire de Paris notre capitale. Et ces fondemens supposés, est-il sage de songer à faire dans notre parti une diversion qui a ruiné celui de la Ligue, plus formé, plus établi et plus considérable que le nôtre? Madame de Bouillon dira encore que je prône les inconvéniens sans en marquer les remèdes. Les voici :

« Je ne parlerai point du traité que vous projettez avec l'Espagne, ni du ménagement du peuple : j'en suppose la nécessité. Il y en a un qui m'est venu en l'esprit, et qui est très-capable de nous donner dans le parlement la considération qui nous y est nécessaire. Nous avons une armée à Paris qui, tandis qu'elle sera dans l'enclos des murailles, n'y sera considérée que comme peuple. Il n'y a pas un conseiller dans les enquêtes qui ne s'en croie le maître, pour le moins autant que les généraux. Je vous disois hier au soir que le pouvoir que les premiers prennent quelquefois dans les peuples n'y est jamais cru que par les effets, parce que ceux qui l'y doivent avoir naturellement par leurs caractères en conservent toujours le plus long-temps qu'ils peuvent l'imagination, après qu'ils en ont perdu l'effectif. Faites réflexion sur ce que vous avez vu dans la cour sur ce sujet. Y a-t-il un ministre ni un courtisan qui, jusqu'au jour des Barricades, n'ait tourné en ridicule tout ce qu'on lui disoit de la disposition des peuples pour le parlement?

Il est pourtant vrai qu'il n'y avoit pas un seul ministre ni un seul courtisan qui n'eût déjà vu des signes infaillibles de la révolution. Il faut avouer que les barricades les devoient convaincre : l'ont-elles fait? les ont-elles empêchés d'assiéger Paris, sur ce fondement que le caprice du peuple, qui l'avoit porté à l'émotion, ne le pourroit pas pousser jusques à la guerre? Ce que nous faisons aujourd'hui et tous les jours les pourroit détromper de cette illusion : en sont-ils guéris ? Ne dit-on pas tous les jours à la Reine que le gros bourgeois est à elle, et qu'il n'y a dans Paris que la canaille achetée à prix d'argent qui soit au parlement? Je vous ai marqué la raison pourquoi les hommes se flattent et se trompent eux-mêmes en ces matières. Ce qui est arrivé à la cour arrive présentement au parlement. Il a dans ce mouvement tout le caractère de l'autorité : il en perdra bientôt la substance ; il le devroit prévoir et par les murmures qui commencent à s'élever contre lui, et par le redoublement de la manie du peuple pour M. de Beaufort et moi. Nullement; il ne le connoîtra jamais que par une violence actuelle et positive qu'on lui fera, et que par un coup qui l'abattra. Tout ce qu'il verra de moins lui paroîtra une tentative que nous aurons faite contre lui, et dans laquelle nous n'aurons pu réussir. Il en prendra du courage, il nous poussera effectivement si nous plions, et il nous obligera par là à le perdre. Ce n'est pas là notre compte : au contraire notre intérêt est de ne lui point faire de mal pour ne point mettre de division dans notre parti, et d'agir toutefois d'une manière qui lui fasse voir qu'il ne peut faire son bien qu'avec nous. Il n'y a point de moyens plus efficaces, à mon avis, pour cela, que de tirer notre armée de Paris, de la poster en quelque lieu où elle puisse être hors de l'insulte des ennemis, d'où elle puisse toutefois favoriser nos convois ; et de se faire demander cette sortie par le parlement même, afin qu'il n'en prenne point d'ombrage, ou qu'il n'en prenne que quand il sera bon pour nous qu'il en ait. Cette précaution, jointe aux autres que vous avez déjà résolues, fera que cette compagnie, presque sans s'en être aperçue, se trouvera dans la nécessité d'agir de concert avec nous : et la faveur des peuples, par laquelle seule nous la pouvons véritablement retenir, ne lui paroîtra plus une fumée, dès qu'elle la verra fortifiée et comme épaissie par une armée qu'elle ne croira plus entre ses mains. »

Voilà ce que j'écrivis sur la table du cabinet de madame de Bouillon. Je le leur lus aussitôt après, et je remarquai qu'à l'endroit où je proposois de faire sortir l'armée de Paris, elle fit signe à monsieur son mari, qui, à l'instant que j'eus achevé ma lecture, la tira à part, et lui parla près d'un demi quart-d'heure ; après quoi il me dit : « Vous avez une si grande con-
« noissance de l'état de Paris, et j'en ai si peu, que
« vous me devez excuser si je n'en parle pas juste.
« Je vais fortifier vos raisons par un secret que nous
« vous allons dire, pourvu que vous nous promet-
« tiez sur votre salut de nous le garder pour tout le
« monde, et particulièrement à l'égard de mademoi-
« selle de Bouillon (1). » Il continua en ces termes :
« M. de Turenne nous écrit qu'il est sur le point de

(1) Charlotte de La Tour, morte sans alliance en 1662. (A. E.)

« se déclarer pour le parti ; qu'il n'y a plus que
« deux colonels dans son armée qui lui fassent peine ;
« qu'il s'en assurera d'une manière ou d'autre avant
« qu'il soit huit jours, et qu'à l'instant il marchera
« à nous. Il nous a demandé le secret pour tout
« le monde, hors pour vous. — Mais sa gouver-
« nante, ajouta avec colère madame de Bouillon,
« nous l'a commandé pour vous comme pour les
« autres. » La gouvernante dont elle vouloit parler
étoit la vieille mademoiselle de Bouillon sa sœur,
en qui il avoit une confiance abandonnée, et que
madame de Bouillon haïssoit de tout son cœur.
M. de Bouillon reprit la parole, et me dit : « Qu'en
« dites-vous ? ne sommes-nous pas les maîtres de
« la cour et du parlement ? — Je ne serai pas in-
« grat, répondis-je ; je paierai votre secret d'un autre
« qui n'est pas si important, mais qui n'est pas peu
« considérable. Je viens de voir un billet d'Hocquin-
« court (1) à madame de Montbazon, où il n'y a que
« ces mots : *Peronne est à la belle des belles ;* et
« j'en ai reçu un ce matin de Bussy-Lamet, qui m'as-
« sure de Mézières. »

Madame de Bouillon se jeta à mon cou : nous ne
doutâmes plus de rien, et nous conclûmes en un
quart-d'heure le détail de toutes les précautions dont
vous avez vu les propositions ci-dessus.

Je ne puis omettre à ce propos une parole de M. de
Bouillon. Comme nous examinions les moyens de
tirer l'armée hors des murailles, sans donner de la

(1) Charles de Mouchy, marquis d'Hocquincourt, gouverneur de Peronne, etc., maréchal de France en 1651, et tué devant Dunkerque en
1658. (A. E.)

défiance au parlement, madame de Bouillon, qui étoit transportée de joie de tant de bonnes nouvelles, ne faisoit plus aucunes réflexions sur ce que nous disions. Monsieur son mari se tourna vers moi, et il me dit presque en colère, parce qu'il prit garde que ce que je venois d'apprendre de M. de Turenne m'avoit touché et distrait : « Je le pardonne à ma femme, « mais je ne vous le pardonne pas. Le vieux prince « d'Orange disoit que le moment où l'on reçoit les « plus heureuses nouvelles étoit celui où il falloit « redoubler son attention pour les petites. »

Le 24 de ce mois de février, les députés du parlement, qui avoient reçu leurs passeports la veille, partirent pour aller rendre compte à la Reine de l'audience accordée à l'envoyé de l'archiduc. La cour ne manqua pas de se servir de cette occasion pour entrer en traité. Quoiqu'elle ne traitât pas dans ses passeports les députés de présidens et de conseillers, elle ne les traita pas aussi de gens qui l'eussent été et qui en fussent déchus, les nommant simplement par leurs noms ordinaires. La Reine dit aux députés qu'ils ne devoient point avoir entendu l'envoyé, mais que c'étoit une chose faite; qu'il falloit songer à une bonne paix; qu'elle y étoit très-disposée; que M. le chancelier étant malade depuis quelques jours, elle donneroit dès le lendemain une réponse plus ample par écrit. M. d'Orléans et M. le prince s'expliquèrent encore plus positivement, et promirent aux députés, qui eurent avec eux des conférences très-longues, de déboucher tous les passages, aussitôt que le parlement auroit nommé des députés pour traiter.

Le même jour, nous eûmes avis que M. le prince

avoit dessein de jeter dans la rivière toutes les farines de Gonesse et des environs, parce que les paysans en apportoient une fort grande quantité dans la ville. Nous les prévînmes; l'on sortit avec toutes les troupes, entre neuf et dix heures du soir; on passa toute la nuit en bataille devant Saint-Denis, pour empêcher le maréchal Du Plessis (1), qui y étoit avec huit cents chevaux, composés de la gendarmerie, d'incommoder notre convoi. On prit tout ce qu'il y avoit de chariots, de charrettes et de chevaux dans Paris. Le maréchal de La Mothe se détacha avec mille chevaux; il enleva tout ce qu'il trouva dans Gonesse et dans tout le pays, et rentra dans la ville sans avoir perdu un seul homme ni un seul cheval. Les gendarmes de la Reine donnèrent sur la queue du convoi, mais ils furent repoussés par Saint-Germain d'Apchon (2) jusque dans la rivière de Saint-Denis.

Le même jour, Flamarin (3) arriva à Paris pour faire compliment de la part de M. le duc d'Orléans à la reine d'Angleterre sur la mort du Roi (4) son époux, que l'on n'avoit apprise que trois ou quatre jours auparavant. Ce fut là le prétexte du voyage de Flamarin : en voici la cause. La Rivière, de qui il étoit intime, se mit dans l'esprit de lier commerce par son moyen avec M. de La Rochefoucauld, avec lequel Flamarin avoit aussi beaucoup d'habitude. Je savois de moment à autre tout ce qui se passoit entre eux, parce que Flamarin, qui étoit amoureux de madame

---

(1) César, duc de Choiseul, comte Du Plessis-Praslin, maréchal de France en 1645, mort en 1657. (A. E.) — (2) .... Saint-Germain, comte d'Apchon. (A. E.) — (3) *Flamarin* : Antoine-Agésilan de Grossoles, marquis de Flamarin, mort en 1652. — (4) Charles Stuart, premier du nom, roi d'Angleterre, décapité le 9 février 1649. (A. E.)

de Pomereux, lui en rendoit un compte très-fidèle. Comme le cardinal Mazarin faisoit croire à La Rivière que le seul obstacle qu'il trouvoit au cardinalat étoit M. le prince de Conti, Flamarin crut ne pouvoir rendre un service plus considérable à son ami que de faire une négociation qui les pût disposer à quelque union. Il vit pour cet effet M. de La Rochefoucauld, et il n'eut pas beaucoup de peine à le persuader. Il le trouva au lit, incommodé de sa blessure, et très-fatigué de la guerre civile. Il dit à Flamarin qu'il n'y étoit entré que malgré lui; et que s'il fût revenu de Poitou deux mois avant le siége de Paris, il eût assurément empêché madame de Longueville d'entrer dans cette méchante affaire; mais que je m'étois servi de son absence pour l'y embarquer, elle et M. le prince de Conti, parce qu'il avoit trouvé les engagemens trop avancés pour les pouvoir rompre; que sa blessure étoit encore un nouvel obstacle à son dessein de réunir la maison royale; que ce diable de coadjuteur ne vouloit point de paix, et qu'il étoit toujours pendu aux oreilles de M. le prince de Conti et de madame de Longueville, pour en fermer toutes les voies; que son mal l'empêchoit d'agir auprès d'eux comme il eût fait. Il prit ensuite avec Flamarin toutes les mesures qui obligèrent depuis, à ce qu'on a cru, M. le prince de Conti à céder sa nomination au cardinalat à La Rivière. Je fus informé de tous ces pas par madame de Pomereux; j'en tirai toutes les lumières qui me furent nécessaires, et je fis dire après par le prévôt des marchands à Flamarin de sortir de Paris, parce qu'il y avoit déjà quelques jours que le temps de son passeport étoit expiré.

Le 26, il y eut de la chaleur dans le parlement, sur ce qu'y ayant eu nouvelle que Grancey avoit assiégé Brie-Comte-Robert avec cinq mille hommes de pied et trois mille chevaux, la plupart des conseillers vouloient ridiculement que l'on s'exposât à une bataille pour la secourir. Messieurs les généraux eurent toutes les peines du monde à leur faire entendre raison. La place ne valoit rien ou étoit inutile, par deux ou trois considérations. M. de Bouillon, qui à cause de sa goutte ne pouvoit venir au Palais, les envoya par écrit à la compagnie, qui se montra plus peuple en cette occasion qu'on ne le peut croire. Bourgogne, qui étoit dans la place, se rendit ce jour-là même. S'il eût tenu plus long-temps, je ne sais si l'on eût pu s'empêcher de faire, contre les règles de la guerre, quelques tentatives bizarres pour étouffer les criailleries de ces impertinens. Je m'en servis pour leur faire désirer à eux-mêmes que notre armée sortît de Paris. J'apostai le comte de Malauze (1) pour dire au président Charton qu'il savoit de science certaine que si l'on n'avoit pas secouru Brie-Comte-Robert, c'étoit parce qu'il étoit impossible de faire sortir assez à temps les troupes de la ville ; et que c'avoit déjà été l'unique cause de la perte de Charenton. Je fis dire au président de Mesmes que l'on savoit de bon lieu que j'étois fort embarrassé, parce que d'un côté je voyois que la perte de ces deux places étoit imputée par le public à l'opiniâtreté que l'on avoit eue de tenir nos troupes resserrées dans l'enclos de nos murailles, et que de l'autre je ne me pouvois résoudre à éloigner seulement de deux pas de ma personne tous ces gens de

(1) Louis de Bourbon-Malauze, mort en 1667. (A. E.)

guerre, qui étoient autant de crieurs à gage pour moi dans les rues et dans la salle du Palais. Toute cette poudre prit feu. Le président Charton ne parla plus que de campement; le président de Mesmes finissoit tous ses avis par la nécessité de ne pas laisser les troupes inutiles. Les généraux témoignèrent être embarrassés de cette proposition : je fis semblant de la contrarier ; nous nous fîmes prier huit ou dix jours, après lesquels nous fîmes ce que nous souhaitions encore plus fortement que ceux qui nous en pressoient.

Noirmoutier sortit de Paris avec quinze cents chevaux, et y amena ce jour-là de Dammartin et des environs une quantité immense de grains et de farine. M. le prince ne pouvoit pas être partout : il n'y avoit pas assez de cavalerie pour occuper toute la campagne, et toute la campagne favorisoit Paris. On y apporta plus de blé qu'il n'en eût fallu pour le maintenir six semaines. La police y manqua, par la friponnerie des boulangers, et par le peu de soin des officiers.

Le 27, le premier président fit la relation au parlement de ce qui s'étoit passé à Saint-Germain, et l'on y résolut de prier messieurs les généraux de se trouver au Palais l'après-dînée, pour délibérer sur les offres de la cour. Nous eûmes de la peine, M. de Beaufort et moi, à retenir le peuple qui vouloit entrer dans la grand'chambre, et qui menaçoit les députés de les jeter dans la rivière, en criant qu'ils les trahissoient, et qu'ils avoient eu des conférences avec Mazarin. Il nous fallut tout notre crédit pour l'apaiser, et le bon est que le parlement croyoit que nous le soulevions. Le pouvoir dans les peuples est fâcheux, en ce qu'il nous rend responsables même de ce qu'ils font malgré nous. L'expérience que nous en fîmes ce matin-là nous obligea de prier M. le prince de Conti de mander au parlement qu'il n'y pourroit pas aller l'après-dînée, et qu'il le prioit de différer la délibération jusqu'au lendemain matin ; et nous crûmes qu'il seroit à propos que nous nous trouvassions chez M. de Bouillon, pour aviser à ce que nous avions à dire et à faire dans une conjoncture où nous nous trouvions entre un peuple qui crioit, un parlement qui vouloit la paix, et les Espagnols qui pouvoient vouloir l'un et l'autre à nos dépens, selon leurs intérêts. Nous ne fûmes guère moins embarrassés dans notre assemblée chez M. de Bouillon, que nous avions appréhendé de l'être dans celle du parlement. M. de Conti, instruit par M. de La Rochefoucauld, y parla comme un homme qui vouloit la guerre, et y agit en homme qui vouloit la paix. Le personnage qu'il joua, et ce que je savois de Flamarin, ne me laissa aucun lieu de douter qu'il n'attendît quelque réponse de Saint-Germain. La moins forte proposition de M. d'Elbœuf fut de mettre tout le parlement en corps à la Bastille. M. de Bouillon n'avoit encore rien dit de M. de Turenne, parce qu'il ne s'étoit pas encore déclaré publiquement. Je n'osois m'expliquer sur les raisons qui me faisoient juger qu'il étoit nécessaire de couler sur tout généralement, jusqu'à ce que notre camp formé hors des murailles, l'armée d'Allemagne en marche, et celle d'Espagne sur la frontière, nous missent en état de faire agir à notre gré le parlement. M. de Beaufort, à qui l'on ne se pouvoit ouvrir d'aucun secret important, à cause de madame de Montbazon qui n'avoit point de fidélité, ne comprenoit pas pourquoi nous ne nous servions pas de tout le crédit que lui et moi avions parmi le peuple. M. de Bouillon, parce qu'en son particulier il eût pu trouver mieux que personne ses intérêts dans le bouleversement, ne m'aidoit qu'autant que la bienséance le forçoit à faire prendre le parti de la modération, c'est-à-dire à faire résoudre que nous ne troublassions pas la délibération que nous devions faire le lendemain au parlement, par aucune émotion populaire. Comme on ne doutoit point que la compagnie n'embrassât, même avec précipitation, l'offre que la cour lui faisoit de traiter, l'on n'avoit presque rien à répondre à ceux qui disoient que l'unique moyen de l'empêcher, c'étoit d'aller au devant de la délibération par une émotion populaire. M. de Beaufort y donnoit à pleines voiles. M. d'Elbœuf, qui venoit de recevoir une lettre de La Rivière pleine de mépris, faisoit le capitan. Je me trouvai dans l'embarras dont vous pouvez juger, en faisant réflexion sur les inconvéniens qu'il y avoit pour moi, ou à ne pas prévenir une émotion qui me seroit infailliblement imputée, ou à la combattre dans l'esprit des gens à qui je ne pouvois dire les raisons les plus solides que j'avois pour ne pas l'approuver. Le premier parti que je pris fut d'approuver les incertitudes et les ambiguités de M. le prince de Conti. Mais comme je vis que cette manière de galimatias pourroit bien empêcher que l'on ne prît la résolution de faire l'émotion, mais qu'elle ne seroit pas capable de faire que l'on prît celle de s'y opposer (ce qui étoit pourtant nécessaire, vu la disposition où étoit le peuple, qu'un mot du moins accrédité d'entre nous pouvoit enflammer), je crus qu'il n'y avoit point à balancer. Je me déclarai publiquement : j'exposai à toute la compagnie ce que vous avez vu que j'avois dit à M. de Bouillon. J'insistai à ce que l'on n'innovât rien, jusqu'à ce que nous sussions positivement, par la réponse de Fuensaldagne, ce que nous pouvions attendre des Espagnols. Je suppléai par cette raison aux autres que je n'osois dire, et que j'eusse tirées encore plus aisément et du secours de M. de Turenne, et du camp que nous avions projeté auprès de Paris.

J'éprouvai en cette occasion que l'une des plus grandes incommodités des guerres civiles est qu'il faut encore plus d'application à ce que l'on ne doit pas dire à ses amis, qu'à ce que l'on doit faire contre ses ennemis. Je fus assez heureux pour les persuader, parce que M. de Bouillon revint à mon avis, convaincu qu'une confusion telle qu'elle eût été dans la conjoncture fût retombée sur ses auteurs. Mais ce qu'il me dit sur ce sujet, après que tout le monde s'en fut allé, me convainquit à mon tour qu'aussitôt que nos troupes seroient hors de Paris, que notre traité avec l'Espagne seroit conclu, et que M. de Turenne se seroit déclaré, il étoit résolu de s'affranchir de la tyrannie ou plutôt du pédantisme du parlement. Je lui répondis qu'avec la déclaration de M. de Turenne je lui promettois de me joindre à lui pour ce sujet; mais qu'il jugeoit bien que jusque là je ne pouvois me séparer du parlement, quand j'y verrois clairement ma ruine, parce que j'étois au moins assuré de conserver mon honneur en demeurant uni à ce corps avec lequel il semble que les particuliers ne peuvent faillir. Au lieu que si je contribuois à le perdre, sans avoir de quoi suppléer par un parti dont le fond fût français et non odieux, je pouvois être réduit fort aisément à devenir dans Bruxelles une *copie des exilés de la Ligue;* que pour lui M. de Bouillon, il y trouveroit mieux son compte que moi, par sa capacité dans la guerre, et par les établissemens que l'Espagne lui pourroit donner; mais qu'il devoit toutefois se ressouvenir de M. d'Aumale, qui étoit tombé à rien dès qu'il n'avoit eu que la protection d'Espagne; qu'il étoit nécessaire pour lui et pour moi de faire un fonds certain au dedans du royaume avant que de songer à se détacher du parlement, et se résoudre même à en souffrir, jusqu'à ce que nous eussions vu clair à la marche de l'armée d'Espagne, au campement de nos troupes et à la déclaration de M. de Turenne, qui étoit la pièce décisive, en ce qu'elle donnoit au parti un corps indépendant des étrangers; ou plutôt parce qu'elle formoit elle-même un parti purement français, et capable de soutenir les affaires par son propre poids. Ce fut cette dernière considération qui emporta madame de Bouillon, qui étoit rentrée dans la chambre de son mari aussitôt que les généraux en furent sortis. Elle s'irrita bien fort quand elle sut que la compagnie s'étoit séparée sans résoudre de se rendre maître du parlement; et elle dit à M. de Bouillon : « Je vous l'avois bien dit « que vous vous laisseriez aller à M. le coadjuteur. » Il lui répondit : « Voulez-vous, madame, que M. le « coadjuteur hasarde pour nos intérêts de devenir « l'aumônier de Fuensaldagne? Est-il possible que « vous n'ayez pas compris ce qu'il vous prêche depuis « trois jours? » Je pris la parole sans émotion, en disant à madame de Bouillon : « Ne convenez-vous « pas, madame, que nous prendrons des mesures plus « certaines quand nos troupes seront hors de Paris, « quand nous aurons la réponse de l'archiduc, et « quand la déclaration de M. de Turenne sera pu- « blique ? — Oui, me repartit-elle ; mais le parlement « fera demain des pas qui rendront tous les préalables « que vous attendez fort inutiles. — Non, madame, « lui répondis-je ; je soutiens que, quelques pas qu'il « fasse, nous demeurerons en état, pourvu que ces « préalables réussissent, de nous moquer du parle- « ment. — Me le promettez-vous, reprit-elle ? — Je « m'y engage de plus, lui dis-je, et je vous le vais « signer de mon sang. — Vous l'en signerez tout-à- « l'heure, s'écria-t-elle. » Elle me lia le pouce avec de la soie, quoi que son mari lui pût dire; elle m'en tira du sang avec le bout d'une aiguille, et elle m'en fit signer un billet de cette teneur : « Je promets à « madame la duchesse de Bouillon de demeurer uni « avec monsieur son mari contre le parlement, en cas « que M. de Turenne s'approche avec l'armée qu'il « commande à vingt lieues de Paris, et qu'il se déclare « pour la ville. » M. de Bouillon jeta cette belle pro- messe dans le feu ; mais il se joignit avec moi pour faire connoître à sa femme que si nos préalables réussissoient, nous demeurerions sur nos pieds, quoi que pût faire le parlement ; et que s'ils ne réus- sissoient point, nous aurions la joie de n'avoir pas causé une confusion où la honte et la ruine m'étoient infaillibles, et où l'avantage de la maison de Bouillon étoit fort problématique.

Comme la conversation finissoit, je reçus un billet

du vicaire de Saint-Paul, qui me donnoit avis que Toucheprez, capitaine des gardes de M. d'Elbœuf, avoit jeté quelque argent parmi les garçons de boutique de la rue Saint-Antoine, pour aller crier le lendemain contre la paix dans la salle du Palais. M. de Bouillon, de concert avec moi, écrivit sur l'heure à M. d'Elbœuf ces quatre ou cinq mots sur le dos d'une carte, pour lui faire voir qu'il avoit été bien pressé : « Il n'y a point de sûreté pour vous demain au Pa-« lais. »

M. d'Elbœuf vint en même temps à l'hôtel de Bouillon, pour apprendre ce que ce billet vouloit dire; et M. de Bouillon lui dit qu'il venoit d'avoir avis que le peuple s'étoit mis dans l'esprit que M. d'Elbœuf et lui avoient intelligence avec le Mazarin; et qu'il ne croyoit pas qu'il fût judicieux de se trouver dans la foule que l'attente de la délibération attireroit infailliblement le lendemain dans la salle du Palais.

M. d'Elbœuf, qui savoit bien qu'il n'avoit pas la voix publique, et qui ne se tenoit pas plus en sûreté chez lui qu'ailleurs, témoigna qu'il appréhendoit que son absence dans une journée de cette nature ne fût mal interprétée. M. de Bouillon, qui ne la lui avoit proposée que pour lui faire craindre l'émotion, prit ouverture de la difficulté qu'il lui en fit, pour s'assurer encore plus de lui par une autre voie, en lui disant qu'il étoit effectivement persuadé qu'il feroit mieux d'aller au Palais : mais qu'il n'y devoit pas aller comme une dupe; qu'il falloit qu'il y vînt avec moi; qu'il le laissât faire, et qu'il trouveroit un expédient naturel, et comme imperceptible à moi-même.

Le lendemain 28 février, j'allai au Palais avec

M. d'Elbœuf, et je trouvai dans la salle une foule de peuple qui crioit : *Vive le coadjuteur! point de paix, et point de Mazarin!* Comme M. de Beaufort entra en même temps par le grand degré, les échos de nos noms qui se répandoient faisoient croire aux gens que ce qui ne se rencontroit que par un pur hasard avoit été concerté pour troubler la délibération du parlement. Et comme *en matière de sédition tout ce qui la fait croire l'augmente*, nous faillîmes à faire en un moment ce que nous travaillions depuis huit jours à empêcher.

Le premier président et le président de Mesmes, qui avoient supprimé, de concert avec les autres députés, la réponse par écrit que la Reine leur avoit faite, pour ne point aigrir les esprits par des expressions un peu trop fortes, à leur gré, qui y étoient contenues, ornèrent de toutes les couleurs qu'ils purent les termes obligeans avec lesquels elle leur avoit parlé. On opina ensuite ; et après quelques contestations sur le plus ou moins de pouvoir que l'on donneroit aux députés, on résolut de le leur donner plein et entier; de prendre pour la conférence tel lieu qu'il plairoit à la Reine de choisir; de nommer pour députés quatre présidens, deux conseillers de la grand'-chambre, un de chaque chambre des enquêtes, un des requêtes, un ou deux de messieurs les généraux, deux de chacune des compagnies souveraines, et le prévôt des marchands; d'en donner avis à M. de Longueville, et aux députés des parlemens de Rouen et d'Aix; et d'envoyer dès le lendemain les gens du Roi demander l'ouverture des passages, selon ce qui avoit été promis par la Reine. Le président de Mesmes, surpris de ne trouver aucune opposition ni de la part des généraux, ni de la mienne, dit au premier président : « Voilà un grand concert, et j'appréhende les suites « de cette fausse modération. » Je crois qu'il fut encore plus étonné, quand les huissiers vinrent dire que le peuple menaçoit de tuer tous ceux qui seroient d'avis d'une conférence avant que le Mazarin fût hors du royaume. Nous sortîmes M. de Beaufort et moi; nous fîmes retirer les séditieux, et la compagnie sortit sans aucun péril. Je fus surpris moi-même de la facilité que nous y trouvâmes. Elle donna une audace au parlement qui faillit à le perdre.

Le 2 de mars, Champlâtreux, fils du premier président, apporta au parlement, de la part de son père, une lettre de M. le duc d'Orléans et une de M. le prince, où ils témoignoient tous deux la joie qu'ils avoient du pas que le parlement avoit fait; mais où en même temps ils nioient que la Reine eût promis l'ouverture des passages. Je ne puis exprimer la fureur qui parut dans le corps et dans les particuliers à cette nouvelle. Le premier président fut piqué de ce procédé; il s'en expliqua avec beaucoup d'aigreur au président de Nesmond, que le parlement lui avoit envoyé pour le prier d'en écrire à messieurs les princes. On manda aux gens du Roi, qui étoient partis le matin pour aller demander à Saint-Germain les passeports nécessaires aux députés, de déclarer que l'on ne vouloit entrer en aucune conférence, que la parole donnée au premier président ne fût exécutée. Je crus qu'il étoit à propos de prendre ce moment pour faire faire à la compagnie quelque pas qui marquât à la cour que toute sa vigueur n'étoit pas éteinte. Je sortis de ma place sous prétexte d'aller à la cheminée; et je priai Pelletier, frère de La Houssaie, de dire au bonhomme Broussel, de ma part, de proposer, vu le peu de bonne foi que l'on voyoit dans la conduite de la cour, de continuer les levées, et de donner de nouvelles commissions. La proposition fut reçue avec applaudissement. M. le prince de Conti fut prié de les délivrer, et l'on nomma même six conseillers pour y travailler sous lui.

Le 3 mars, l'on s'appliqua avec ardeur pour faire payer les taxes, auxquelles personne ne vouloit plus satisfaire, dans l'espérance que la conférence donneroit la paix. M. de Beaufort ayant pris ce temps, de concert avec M. de Bouillon, avec le maréchal de La Mothe et avec moi, pour essayer d'animer le parlement, parla à sa mode contre la contravention; et il ajouta qu'il répondoit, au nom de ses collègues et au sien, de déboucher dans quinze jours tous les passages, s'il plaisoit à la compagnie de prendre une ferme résolution de ne se plus laisser amuser par des propositions trompeuses, qui ne servoient qu'à suspendre le mouvement de tout le royaume, qui, sans ces bruits de négociations et de conférences, se seroit déjà déclaré pour la capitale. Il est inconcevable ce que ces vingt ou trente paroles produisirent dans les esprits. Il n'y eut personne qui n'eût jugé que le traité alloit être rompu : ce ne fut plus cela un moment après. Les gens du Roi revinrent de Saint-Germain : ils apportèrent des passeports pour les députés, et un galimatias, à proprement parler, pour la subsistance de Paris ; car au lieu de l'ouverture des passages, on accorda de laisser passer cent muids de blé par jour pour la ville : encore affecta-t-on d'omettre, dans le premier passeport qui en fut expédié, le mot de *par jour*, pour s'en pouvoir expliquer selon les concurrences. Ce galimatias ne laissa pas de passer pour bon dans le parlement. On ne s'y ressouvint plus de tout ce qui s'y étoit dit et fait un quart-d'heure auparavant, et l'on se prépara pour aller dès le lendemain à la conférence, que la Reine avoit assignée à Ruel.

Nous nous assemblâmes chez M. de Bouillon dès le soir même, M. le prince de Conti, messieurs de Beaufort et d'Elbœuf, le maréchal de La Mothe, de Brissac, le président de Bellièvre et moi, pour résoudre s'il étoit à propos que les généraux députassent. M. d'Elbœuf, qui avoit envie d'avoir la commission, insista beaucoup pour l'affirmative. Il fut tout seul de son sentiment, parce que nous jugeâmes qu'il seroit sans comparaison plus sage de demeurer pleinement dans la liberté de le faire et de ne le pas faire, selon les occasions que nous en aurions. Et de plus y eût-il eu rien de moins judicieux que d'envoyer à la conférence de Ruel, dans le temps que nous étions sur le point de conclure avec l'Espagne, et que nous disions à tout moment à l'envoyé que nous ne souffririons cette conférence que parce que nous étions assurés que nous la romprions par le moyen du peuple, quand il nous plairoit? M. de Bouillon, qui commençoit à sortir, et qui étoit allé ce jour-là même reconnoître le poste où il vouloit former un camp, nous en fit ensuite la proposition, comme d'une chose qui ne lui étoit venue dans l'esprit que du matin. M. le prince de Conti n'eut pas la force d'y consentir, parce qu'il n'avoit pas consulté son oracle : il n'eut pas la force d'y résister, parce qu'il n'osoit contester à M. de Bouillon une proposition de guerre. Messieurs de Beaufort, de La Mothe, de Brissac et de Bellièvre, que nous avions avertis, et qui savoient le dessous des cartes, y donnèrent avec approbation. M. d'Elbœuf s'y opposa par de méchantes raisons. Je me joignis à lui pour mieux couvrir notre jeu, en représentant à la compagnie que le parlement se pourroit plaindre de ce qu'on feroit un mouvement de cette sorte sans sa participation. M. de Bouillon me répondit d'un ton de colère qu'il y avoit plus de trois semaines que le parlement se plaignoit au contraire de ce que les généraux ni les troupes n'osoient se montrer hors des portes; qu'il ne s'étoit point ému de leurs crieries, tant qu'il avoit cru qu'il y auroit du péril à les exposer à la campagne; mais qu'ayant reconnu un poste où elles seroient autant en sûreté qu'à Paris, et d'où elles pourroient agir encore plus utilement, il étoit raisonnable de satisfaire le public.

Le lendemain 4 mars, les députés sortirent pour Ruel, et notre armée sortit pour le camp formé entre Marne et Seine. L'infanterie fut postée à Villejuif et à Bicêtre, la cavalerie à Vitry et à Ivry. On fit un pont de bateaux sur la rivière au Port-à-l'Anglais, défendu par des redoutes où il y avoit du canon. Ceux qui dans le parlement étoient bien intentionnés pour le parti se persuadèrent qu'elle alloit agir avec beaucoup plus de vigueur; et ceux qui étoient à la cour se figurèrent que le peuple, qui ne seroit plus échauffé par les gens de guerre, en seroit plus souple. Saint-Germain même donna dans ce panneau, et le prési-

dent de Mesmes y fit fort valoir tout ce qu'il avoit dit en sa place à messieurs les généraux, pour les obliger à prendre la campagne avec leurs troupes. Senneterre, qui étoit le plus habile homme de la cour, ne les laissa pas long-temps dans cette erreur : il pénétra par son bon sens notre dessein. Il dit au premier président et au président de Mesmes qu'ils étoient dupés, et qu'ils s'en apercevroient au premier jour. Je dois à la vérité le témoignage d'une parole qui marque la capacité de cet homme. Le premier président, qui étoit tout d'une pièce, et qui ne voyoit jamais deux choses à la fois, s'étant écrié sur le camp de Villejuif, avec un transport de joie, que le coadjuteur n'auroit plus tant de crieurs à gage dans la salle du Palais, et le président de Mesmes ayant ajouté, Ni tant de coupe-jarrets, Senneterre repartit à l'un et à l'autre : « L'intérêt du coadjuteur n'est pas de vous
« tuer, messieurs, mais de vous assujétir. Le peuple
« lui suffiroit pour le premier : le camp lui est admi-
« rable pour le second. S'il n'est pas plus homme
« de bien qu'on le croit ici, nous avons pour long-
« temps la guerre civile. »

Le cardinal avoua dès le lendemain que Senneterre avoit vu clair : car M. le prince conçut d'une part que nos troupes, qui ne se pouvoient attaquer au poste qu'elles avoient pris, lui feroient plus de peine que si elles étoient demeurées dans la ville ; et nous commençâmes de l'autre à parler plus haut dans le parlement que nous n'avions accoutumé.

L'après-dînée du 4 mars en fournit une occasion. Les députés étant arrivés sur les quatre heures du soir à Ruel, apprirent que M. le cardinal Mazarin étoit un des nommés par la Reine pour assister à la conférence. Ceux du parlement prétendirent qu'ayant été condamné par la compagnie, ils ne pouvoient conférer avec lui. M. Le Tellier leur dit, de la part de M. le duc d'Orléans, que la Reine trouvoit étrange que le parlement ne se contentât pas de traiter comme d'égal avec son Roi, mais qu'il voulût encore borner son autorité jusqu'à se donner la licence d'exclure même des députés. Le premier président demeurant ferme, et la cour persistant de son côté, l'on fut sur le point de rompre; et le président Le Coigneux et Longueil, avec lesquels nous avions un commerce secret, nous ayant donné avis de ce qui se passoit, nous leur mandâmes de ne se point rendre, et de faire voir même comme en confidence au président de Mesmes et à Menardeau, qui étoient tous deux très-dépendans de la cour, un bout de lettre de moi à Longueil, dans lequel j'avois écrit comme par apostille ces paroles : « Nous avons pris nos mesures ; nous sommes en « état de parler plus décisivement que nous n'avons « cru le devoir jusqu'ici ; et je viens, depuis ma lettre « écrite, d'apprendre une nouvelle qui m'oblige à « vous avertir que le parlement se perdra s'il ne se « conduit très-sagement. » Cela, joint au discours que nous fîmes le premier, au matin, devant le feu de la grand'chambre, obligea les députés à ne se point relâcher sur la présence du cardinal à la conférence : ce qui étoit un article si odieux au peuple, que nous eussions perdu tout crédit auprès de lui si nous l'eussions souffert ; et par cette considération nous aurions été forcés de fermer les portes aux députés après leur retour, s'ils l'eussent fait. Comme la cour vit que le premier président et ses collègues avoient demandé escorte pour revenir à Paris, elle se radoucit; M. le duc d'Orléans envoya querir monsieur le premier président et le président de Mesmes. On chercha des expédiens, et l'on trouva celui de donner deux députés de la part du Roi, et deux de la part de l'assemblée, qui conféreroient dans une des chambres de M. le duc d'Orléans sur les propositions qui seroient faites de part et d'autre, et qui en feroient après le rapport aux autres députés, et du Roi et des compagnies. Ce tempérament, qui ne sauvoit pas au cardinal le chagrin de n'avoir pu conférer avec le parlement, et qui l'obligea de quitter Ruel et de s'en retourner à Saint-Germain, fut accepté avec joie.

Je vous marquerai les principales délibérations que l'on fit dans le cours de la conférence, et je les mêlerai par l'ordre des jours dans la suite de celles du parlement, avec les autres incidens qui se trouveront avoir du rapport avec les unes et les autres.

Ce même jour 5 mars 1649, don Francisco Pizarro, second envoyé de l'archiduc, arriva à Paris avec les réponses que lui et le comte de Fuensaldagne faisoient aux premiers députés de don Joseph d'Illescas, avec un plein pouvoir de traiter avec tout le monde, et une instruction de quatorze pages de petite lettre pour M. de Bouillon, outre une lettre de l'archiduc fort obligeante pour M. le prince de Conti, et un billet pour moi très-galant, mais très-substantiel, du comte de Fuensaldagne. Il portoit que le Roi son maître me déclaroit qu'il ne se vouloit point fier à ma parole, mais qu'il prendroit toute confiance en celle que je donnerois à madame de Bouillon. L'instruction me la témoignoit tout entière, et je connus la main de M. et de madame de Bouillon dans le caractère de Fuensaldagne.

Nous nous assemblâmes, deux heures après l'arrivée de l'envoyé, dans la chambre de M. le prince de Conti à l'hôtel-de-ville, pour y prendre notre résolution ; et la scène fut assez curieuse. M. le prince de Conti et madame de Longueville, inspirés par M. de La Rochefoucauld, vouloient se lier presque sans restriction avec l'Espagne, parce que les mesures qu'ils avoient cru prendre avec la cour par le canal de Flamarin ayant manqué, ils se jetoient à corps perdu à l'autre extrémité. M. d'Elbœuf, qui ne cherchoit que de l'argent, taupoit à tout ce qui lui en montroit. M. de Beaufort, persuadé par madame de Montbazon, qui le vouloit vendre cher aux Espagnols, faisoit du scrupule de s'engager par un traité signé avec les ennemis de l'Etat. Le maréchal de La Mothe déclara qu'il ne pouvoit rien résoudre sans M. de Longueville, et madame de Longueville doutoit que monsieur son mari y voulût entrer. C'étoient les mêmes personnes qui avoient conclu tout d'une voix, quinze jours auparavant, de demander à l'archiduc un plein pouvoir pour traiter avec lui. M. de Bouillon leur dit qu'il ne pouvoit concevoir que l'on pût seulement balancer à traiter avec l'Espagne, après les pas qu'on avoit faits vers l'archiduc; qu'il les prioit de se ressouvenir qu'ils avoient tous dit à son envoyé qu'ils n'attendoient que ce pouvoir et ses propositions pour conclure avec lui; qu'il les envoyoit en la forme du monde la plus honnête; qu'il faisoit marcher ses troupes sans attendre leur engagement; qu'il marchoit lui-même, et qu'il étoit déjà sorti de Bruxelles ; qu'il les supplioit de considérer que le moindre pas en arrière, après des avances de cette nature, pouvoit faire prendre aux Espagnols des mesures aussi contraires à notre sûreté qu'à notre honneur ; que les démarches si peu concertées du parlement nous donnoient tous les jours de justes appréhensions d'en être abandonnés ; que j'avois ces jours passés avancé et justifié que le crédit que M. de Beaufort et moi avions dans le peuple étoit plus propre à faire du mal, qu'il n'étoit pas de notre intérêt de faire, qu'à nous donner la considération dont nous avions besoin ; qu'il confessoit que nous en tirerions dorénavant de nos troupes davantage que nous n'en avions tiré jusques ici ; mais que les troupes n'étoient pas encore assez fortes pour nous en donner à proportion de ce que nous en avions besoin, si elles n'étoient elles-mêmes soutenues par une protection puissante, au moins dans le commencement : qu'ainsi il falloit traiter et même conclure avec l'archiduc, mais non à toute condition ; que ses envoyés nous portoient la carte blanche, mais que nous devions aviser à ce dont nous la devions remplir ; qu'ils nous promettoient tout, parce que dans les traités le plus fort peut tout promettre, mais que le plus foible s'y doit conduire avec beaucoup de réserve, parce qu'il ne peut pas tout tenir ; qu'il connoissoit les Espagnols ; qu'il avoit déjà eu des affaires avec eux ; que c'étoient les gens du monde avec qui il étoit le plus nécessaire de conserver ; particulièrement à l'abord, de la réputation ; qu'il seroit au désespoir que leurs envoyés eussent seulement la moindre lueur du balancement de messieurs de Beaufort et de La Mothe, et de la facilité de messieurs de Conti et d'Elbœuf ; qu'il les conjuroit, les uns et les autres, de lui permettre de ménager pour les premiers jours les esprits de don Joseph d'Illescas et de don Francisco Pizarro ; et que comme il n'étoit pas juste que M. le prince de Conti et les autres s'en rapportassent à lui seul, il les prioit de trouver bon qu'il n'y fît pas un pas que de concert avec le coadjuteur, qui avoit déclaré publiquement, dès le premier jour de la guerre civile, qu'il n'en tireroit jamais quoi que ce soit pour lui, ni dans le mouvement ni dans l'accommodement ; et que par cette raison le coadjuteur ne pouvoit être suspect à personne.

Ce discours de M. de Bouillon gagna tout le monde. On nous chargea lui et moi d'agiter les matières avec l'envoyé d'Espagne, pour en rendre compte le lendemain à M. le prince de Conti et aux autres généraux.

J'allai, au sortir de chez M. le prince de Conti, chez M. de Bouillon, avec lui et madame sa femme, que nous ramenâmes aussi de l'hôtel-de-ville. Nous consultâmes sur la manière dont nous devions agir avec les envoyés. Elle n'étoit pas sans embarras dans un parti dont le parlement faisoit le corps, et dont la constitution présente étoit une conférence ouverte avec la cour. M. de Bouillon m'assuroit que les Espagnols n'entreroient pas dans le royaume, que nous ne nous fussions engagés à ne poser les armes qu'avec eux, c'est-à-dire qu'en traitant la paix générale. Et quelle assurance de prendre cet engagement dans une conjoncture où nous ne pouvions pas assurer que le

25.

parlement ne fît la paix particulière d'un moment à l'autre? Nous avions de quoi chicaner et retarder ses démarches; mais comme nous n'avions pas encore de second courrier de M. de Turenne, dont le dessein nous étoit bien plus connu que le succès qu'il pouvoit avoir, et que d'ailleurs nous étions avertis qu'Antonville, qui commandoit la compagnie des gendarmes de M. de Longueville, et qui étoit son négociateur en titre d'office, avoit déjà fait un voyage secret à Saint-Germain, nous ne voyions pas de fondement assez solide pour y appuyer du côté de la France le projet que nous aurions pu faire de nous soutenir sans le parlement, ou plutôt contre le parlement. M. de Bouillon y eût pu trouver son compte, mais j'observai qu'il se faisoit justice dans son intérêt : ce qui est une des qualités les plus rares ; et il répondit à madame de Bouillon, qui n'étoit pas sur cela si juste que lui : « Si
« je disposois, madame, du peuple de Paris, et que
« je trouvasse mes intérêts dans une conduite qui
« perdît M. le coadjuteur et M. de Beaufort, ce que
« je pourrois faire pour leur service, et ce que je de-
« vrois faire pour mon honneur, seroit d'accorder ce
« qui seroit de mon avantage avec ce qui pourroit em-
« pêcher leur ruine. Nous ne sommes pas en cet état,
« je ne puis rien dans le peuple : ils y peuvent tout.
« Il y a quatre jours qu'on ne vous dit autre chose,
« si ce n'est que leur intérêt n'est pas de s'employer
« pour assujettir le parlement; et l'on vous le prouve
« en vous disant que l'on ne veut pas se charger chez
« la postérité de la honte d'avoir mis Paris entre les
« mains du roi d'Espagne, pour devenir lui-même l'au-
« mônier du comte de Fuensaldagne; et que l'autre

« seroit encore beaucoup plus idiot qu'il n'est (ce qui
« est beaucoup dire), s'il se pouvoit résoudre à se na-
« turaliser Espagnol, portant comme il le porte le
« nom de Bourbon. Voilà ce que M. le coadjuteur
« vous a répété dix fois depuis quatre jours, pour
« vous faire entendre que ni lui ni M. de Beaufort ne
« veulent opprimer le parlement par le peuple; parce
« qu'ils sont persuadés qu'ils ne se pourroient main-
« tenir que par la protection d'Espagne, dont le pre-
« mier soin dans la suite seroit de les décréditer eux-
« mêmes dans le public. — Ai-je bien compris votre
« sentiment? me dit M. de Bouillon en se tournant
« vers moi; » et puis il me dit en continuant: « Ce qui
« nous convient, ce fondement posé, est d'empêcher
« que le parlement ne nous mette dans la nécessité
« de faire ce qui, par ces raisons, n'est pas de notre
« intérêt. Nous avons pris pour cet effet des mesures,
« et nous avons lieu d'espérer qu'elles réussiront. Mais
« si nous nous trouvons trompés par l'événement, et
« si le parlement se porte malgré nous à une paix
« honteuse, où nous ne rencontrions pas même notre
« sûreté, que ferons-nous? Je vous le demande d'au-
« tant plus instamment que cette résolution est le
« préalable de celle qu'il faut prendre dans ce mo-
« ment, sur la manière dont il est à propos de con-
« clure avec les envoyés de l'archiduc. » Je répondis
à M. de Bouillon ces propres paroles, que je trans-
crivis, un quart-d'heure après les avoir dites, sur la
table même du cabinet de M. de Bouillon.

« Si nous ne pouvons retenir le parlement par les
considérations et par les mesures que nous avons déjà

tant rebattues, mon avis seroit que, plutôt que de nous servir du peuple pour l'abattre, nous le devrions laisser agir suivant sa pente, et nous abandonner à la sincérité de nos intentions. Je sais que le monde, qui ne juge que par les événemens, ne leur fera pas justice; mais je sais aussi qu'il y a beaucoup de rencontres où il faut espérer uniquement de son devoir les bons événemens. Je ne répéterai point ici les raisons qui marquent si clairement, ce me semble, les règles de notre devoir en cette conjoncture. La lettre y est grosse pour M. de Beaufort et pour moi; il ne m'appartient pas d'y vouloir lire ce qui vous touche: mais je ne laisserai pas de prendre la liberté de vous dire que j'ai observé qu'il y a des heures, dans chaque jour, où vous avez aussi peu de disposition que moi à vous faire Espagnol. Il faut d'autre part se défendre, s'il se peut, de la tyrannie que nous avons cruellement irritée. Voici mon avis : il faut que messieurs les généraux signent dès demain un traité avec l'Espagne, par lequel elle s'engage de faire entrer incessamment son armée en France jusques à Pont-à-Verre, et de ne lui donner de mouvement, au moins en deçà de ce poste, que celui qui sera concerté avec nous. »

Comme j'achevois de prononcer cette période, Briquemaut entra, qui nous dit qu'il y avoit dans la chambre un courrier de M. de Turenne, qui avoit crié tout haut, en entrant dans la cour : *Bonnes nouvelles!* et qui ne s'étoit pas voulu toutefois expliquer avec lui en montant les degrés. Le courrier, qui étoit un lieutenant du régiment de Turenne, voulut nous le dire avec apparat, et il s'en acquitta assez mal. La lettre de M. de Turenne à madame de Bouillon étoit très-succincte : un billet qu'il m'écrivoit n'étoit pas plus ample ; et un papier plié en mémoire pour mademoiselle de Bouillon sa sœur étoit en chiffre. Nous en apprîmes assez pour ne pas douter qu'il ne se fût déclaré ; que son armée, qui étoit la meilleure sans contredit qui fût en Europe, ne se fût engagée avec lui ; et qu'Erlac, gouverneur de Brisach, qui avoit fait tous ses efforts au contraire, n'eût été obligé de se retirer dans sa place avec mille ou douze cents hommes : ce qui étoit ce qu'il avoit pu débaucher. Un quart-d'heure après que le courrier fut entré, il se ressouvint qu'il avoit une lettre dans sa poche du vicomte de Lamet, qui servoit dans la même armée, mon parent proche et mon ami intime. Il me donnoit en son particulier toutes les assurances imaginables, et il ajoutoit qu'il marchoit avec deux mille chevaux droit à nous, et que M. de Turenne le devoit suivre un tel jour et en tel lieu avec le gros. C'est ce que M. de Turenne mandoit en chiffre à mademoiselle de Bouillon.

Vous êtes surprise sans doute de ce que M. de Turenne, qui en toute sa vie n'avoit je ne dis pas été de parti, mais qui n'avoit jamais voulu ouïr parler d'intrigues, s'avise de se déclarer contre la cour, étant général de l'armée du Roi, et de faire une action sur laquelle je suis assuré que le Balafré (1) et

---

(1) Henri de Lorraine, premier du nom, duc de Guise, etc., surnommé *le Balafré*, à cause d'une blessure qu'il reçut à la joue gauche au combat de Dormans, et dont la cicatrice lui demeura toute sa vie. Il forma la Ligue, et fut poignardé aux Etats de Blois en 1588. (A. E.)

l'amiral de Coligny auroient balancé. Vous serez bien plus surprise quand je vous aurai dit que je suis encore à deviner son motif; que monsieur son frère et madame sa belle-sœur m'ont juré que tout ce qu'ils en savoient étoit que ce ne fut point à leur considération; et que mademoiselle de Bouillon, qui étoit son unique confidente, ou n'en a rien su, ou en a toujours fait un mystère. La manière dont il se conduisit dans cette déclaration, qu'il ne soutint que quatre ou cinq jours, est aussi fort surprenante. Je n'en ai jamais rien pu tirer de clair, ni de lui ni de ceux qui lui manquèrent. Il a fallu un mérite aussi éminent que le sien, pour n'être pas obscurci par un événement de cette nature; et cet exemple nous apprend que la malignité des ames vulgaires n'est pas toujours assez forte pour empêcher le crédit que l'on doit faire en beaucoup de rencontres aux extraordinaires.

Je reprends le fil du discours que je faisois à M. et à madame de Bouillon quand le courrier de M. de Turenne nous interrompit. « Mon avis est que les Es-
« pagnols s'engagent à s'avancer jusqu'à Pont-à-Verre;
« et à n'agir, au moins en deçà de ce poste, que de
« concert avec nous; que nous ne fassions aucune
« difficulté de nous engager à ne poser les armes que
« lorsque la paix générale sera conclue, pourvu qu'ils
« demeurent aussi dans la parole qu'ils ont fait por-
« ter au parlement, qu'ils s'en rapporteront à son ar-
« bitrage. Cette parole n'est qu'une chanson; mais
« cette chanson nous est bonne, parce qu'il ne nous
« sera pas difficile d'en faire quelque chose de solide.
« Il n'y a qu'un quart-d'heure que mon sentiment n'é-
« toit pas que nous allassions si loin avec les Espa-

« gnols; et quand le courrier de M. de Turenne est
« entré, j'étois sur le point de vous proposer un ex-
« pédient qui les eût, à mon avis, satisfaits à beau-
« coup moins. Mais comme la nouvelle que nous ve-
« nons de recevoir nous fait voir que M. de Turenne
« est assuré de ses troupes, et que la cour n'en a point
« qu'elle lui puisse opposer que celles qui nous assiè-
« gent, je suis persuadé que non-seulement nous leur
« pouvons accorder ce point, mais que nous devrions
« nous le faire demander, s'ils ne s'en étoient point
« avisés. Nous avons deux avantages : 1° que les deux
« intérêts que nous avons dans notre parti, qui sont
« celui du public et le particulier, s'y accordent fort
« bien ensemble : ce qui n'est pas commun; 2° que les
« chemins pour arriver aux uns et aux autres s'uni-
« ront et se retrouveront même d'assez bonne heure :
« ce qui est encore plus rare. L'intérêt véritable du
« public est la paix générale; des compagnies, c'est
« le rétablissement de l'ordre; de vous, monsieur,
« des autres et de moi, c'est de contribuer à tous
« ceux que je viens de marquer, et d'y contribuer
« de telle sorte que nous en soyons et que nous en
« paroissions les auteurs. Tous les autres avantages
« sont attachés à celui-là; et pour les avoir il faut,
« à mon avis, faire voir qu'on les méprise. Vous sa-
« vez la profession publique que j'ai faite de ne vou-
« loir jamais rien tirer en mon particulier de cette
« affaire : je la tiendrai jusqu'au bout. Vous n'êtes pas
« en même condition : vous voulez Sedan, et vous
« avez raison. M. de Beaufort veut l'amirauté, et il
« n'a pas tort. M. de Longueville a d'autres prétentions,
« à la bonne heure. M. le prince de Conti et madame

« de Longueville ne veulent plus dépendre de M. le
« prince : ils n'en dépendront plus. Pour venir à toutes
« ces fins, le premier préalable est de n'en avoir au-
« cune ; de songer uniquement à faire la paix géné-
« rale ; de signer dès demain avec les ennemis tous
« les engagemens les plus positifs et les plus sacrés ;
« de joindre, pour plaire encore plus au peuple, à
« l'article de la paix, l'exclusion du cardinal Mazarin,
« comme de son ennemi mortel ; de faire avancer en
« diligence l'archiduc à Pont-à-Verre, et M. de Tu-
« renne en Champagne ; d'aller, sans perdre un mo-
« ment, proposer au parlement ce que don Joseph
« d'Illescas lui a déjà proposé touchant la paix gé-
« nérale ; de le faire opiner à notre mode : à quoi il
« ne manquera pas dans l'état où il nous verra ; d'en-
« voyer ordre aux députés de Ruel, ou d'obtenir de
« la Reine un lieu pour la tenue de la conférence pour
« la paix générale, ou de revenir dès le lendemain
« reprendre leurs places au parlement. Je ne déses-
« père pas que la cour, qui se verra à la dernière ex-
« trémité, n'en prenne le parti : auquel cas n'est-il
« pas vrai qu'il ne peut y avoir rien de plus glorieux
« pour nous? Et si elle s'y pouvoit résoudre, je sais
« bien que le roi d'Espagne ne nous en feroit pas les
« arbitres, comme il nous le fait dire ; mais je sais
« bien aussi que ce que je vous disois tantôt n'être
« qu'une chanson ne laisseroit pas d'obliger les mi-
« nistres à garder des égards qui ne peuvent être que
« très-avantageux à la France. Que si la cour refuse
« cette proposition, pourra-t-elle soutenir ce refus
« deux mois durant? Toutes les provinces qui bran-
« lent déjà ne se déclareront-elles pas ; et l'armée de

« M. le prince est-elle en état de tenir contre celle
« d'Espagne, contre celle de M. de Turenne, et con-
« tre la nôtre? Ces deux dernières, jointes ensemble,
« nous mettent au dessus des appréhensions que nous
« avons eues jusques ici des forces étrangères; elles
« dépendront beaucoup plus de nous que nous ne
« dépendrons d'elles; nous serons maîtres de Paris
« par nous-mêmes, et d'autant plus sûrement que
« nous le serons par le parlement, qui sera toujours
« le milieu par lequel nous tiendrons le peuple, dont
« l'on n'est jamais plus assuré que quand on ne le
« tient pas immédiatement. La déclaration de M. de
« Turenne est l'unique voie qui nous peut conduire
« à ce que nous n'aurions pas seulement osé ima-
« giner, qui est l'union de l'Espagne avec le parle-
« ment pour notre défense; en ce que la proposi-
« tion pour la paix générale devient solide et réelle
« par la déclaration de M. de Turenne. Elle met la
« possibilité à l'exécution, elle nous donne lieu d'en-
« gager le parlement, avec lequel nous ne pouvons
« rien faire qui au moins ne soit bon en un sens; mais
« il n'y a que ce moment où cet engagement soit et
« possible et utile. Le premier président et le pré-
« sident de Mesmes sont absens, et nous ferons pas-
« ser ce qu'il nous plaira dans la compagnie, sans
« comparaison plus aisément que s'ils étoient présens.
« S'ils exécutent fidèlement ce que le parlement leur
« aura commandé par l'arrêt que nous lui avons fait
« donner, duquel je vous ai parlé ci-devant, nous
« aurons notre compte, et nous réunirons ce corps
« pour le grand œuvre de la paix générale. Si la cour
« s'opiniâtre à rebuter notre proposition, et que ceux

« des députés qui sont attachés à elle ne veuillent pas
« suivre notre mouvement et refusent de courre notre
« fortune, nous ne trouverons pas moins notre avan-
« tage d'un autre sens; nous demeurerons avec le
« corps du parlement, dont les autres seront les dé-
« serteurs : nous en serons encore plus les maîtres.
« Voilà mon avis, que je m'offre de signer et de pro-
« poser au parlement, pourvu que nous ne laissions
« point échapper la conjoncture dans laquelle seule
« il est bon. Car s'il arrivoit du changement du côté
« de M. de Turenne avant que je le lui eusse porté,
« je combattrois ce sentiment avec autant d'ardeur
« que je le propose. »

Madame de Bouillon, qui m'avoit trouvé jusque là trop modéré à son gré, fut surprise au dernier point de cette proposition, qui lui parut bonne parce qu'elle lui parut grande. Monsieur son mari me dit : « Il n'y a rien de plus beau que ce que vous
« me proposez : il est possible, mais il est perni-
« cieux pour tous les particuliers. L'Espagne nous
« promettra tout; mais elle ne nous tiendra rien dès
« que nous lui aurons promis de ne travailler avec la
« cour qu'à la paix générale. Cette paix est son uni-
« que vue, et elle nous abandonnera toutes les fois
« qu'elle la pourra avoir; et si nous faisons tout d'un
« coup ce grand effet que vous proposez, elle la
« pourra avoir infailliblement en quinze jours, parce
« qu'il sera impossible à la France de ne la pas faire
« même avec précipitation. Ce qui sera d'autant plus
« facile que je sais de science certaine que les Espa-
« gnols la veulent en toutes manières; et même avec
« des conditions si peu avantageuses pour eux que

« vous en seriez étonné. Cela supposé, en quel état
« nous trouverons-nous le lendemain que nous au-
« rons fait ou plutôt procuré la paix générale? Nous
« aurons de l'honneur, je l'avoue; mais cet honneur
« nous empêchera-t-il d'être les objets de la haine
« et de l'exécration de notre cour? La maison d'Au-
« triche reprendra-t-elle les armes, quand on vous ar-
« rêtera vous et moi quatre mois après? Vous me ré-
« pondrez que nous pouvons stipuler des conditions
« avec l'Espagne qui nous mettront à couvert de ces
« insultes : mais je crois avoir prévenu cette objec-
« tion, en vous assurant par avance qu'elle est si
« pressée dans le dedans par ses nécessités domesti-
« ques, qu'elle ne balancera pas un moment à sacri-
« fier à la paix toutes les promesses les plus solen-
« nelles qu'elle nous auroit pu faire ; et à cet incon-
« vénient je ne trouve aucun remède. Si l'Espagne
« nous manque dans la parole qu'elle nous aura don-
« née de l'exclusion du Mazarin, où en sommes-nous?
« Et la gloire de la paix générale se comparera-t-elle
« dans l'esprit du peuple à la conservation d'un mi-
« nistre pour la perte duquel nous aurons pris les ar-
« mes? Vous savez quelle horreur il a pour le cardi-
« nal. Je veux que l'on nous tienne parole, et que
« l'on exclue du ministère le cardinal; n'est-il pas
« vrai que nous demeurerons toujours exposés à la
« vengeance de la Reine, aux ressentimens de M. le
« prince, et à toutes les suites qu'une cour outragée
« peut donner à une action de cette nature? Il n'y a
« de véritable gloire que celle qui peut durer; la pas-
« sagère n'est qu'une fumée : celle que nous tirerons
« de la paix est des plus légères, si nous ne la sou-

« tenons par des établissemens qui joignent à la ré-
« putation de la bonne intention celle de la sagesse.
« Sur le tout, j'admire votre désintéressement, et je
« l'estime; mais je suis assuré que vous n'approuve-
« riez pas le mien s'il alloit aussi loin que le vôtre.
« Votre maison est établie : considérez la mienne, et
« jetez les yeux sur l'état où est cette dame, et sur
« celui où sont le père et les enfans. »

Je répondis à ces raisons par toutes celles que je crus trouver en abondance dans la considération que les Espagnols ne pourroient s'empêcher d'avoir pour nous en nous voyant maîtres absolus de Paris, de huit mille hommes de pied, de trois mille chevaux à sa porte, et de l'armée de l'Europe la mieux aguerrie qui marchoit à nous. Je n'oubliai rien pour le persuader de mes sentimens. Il fit tout ce qu'il put pour me persuader les siens, qui étoient de faire toujours croire aux envoyés de l'archiduc que nous étions tout-à-fait résolus à nous engager avec eux pour la paix générale; de leur dire en même temps que nous croyions qu'il seroit beaucoup mieux d'y engager le parlement : ce qui ne se pouvoit faire que peu à peu, et comme insensiblement; et d'amuser par ce moyen les envoyés, en signant avec eux un traité qui ne seroit que comme un préalable de celui que l'on projetoit avec le parlement, lequel par conséquent ne nous obligeroit encore à rien de tout-à-fait positif à l'égard de la paix générale; et cependant cela les contenteroit suffisamment pour faire avancer leurs troupes. « Celles de mon frère, ajouta M. de Bouillon,
« s'avanceront en même temps; la cour étonnée en
« viendra à un accommodement. Comme dans notre

« traité avec l'Espagne nous nous laissons toujours
« une porte de derrière ouverte par la clause qui re-
« gardera le parlement, nous nous en servirons et
« pour l'avantage du public et pour le nôtre, si la
« cour ne se met à la raison. »

Ces considérations, quoique sages et profondes, ne me convainquirent pas, parce que la conduite que M. de Bouillon en inféroit me paroissoit impraticable. Je concevois bien qu'il amuseroit les envoyés; mais je ne me figurois pas comment il amuseroit le parlement, qui traitoit actuellement avec la cour, qui avoit déjà ses députés à Ruel, et qui, de toutes ses saillies, retomboit toujours, même avec précipitation, à la paix. Je considérois qu'il n'y avoit qu'une déclaration publique qui le pût retenir en la pente où il étoit; que, selon les principes de M. de Bouillon, cette déclaration ne se pouvoit point faire; et que ne se faisant point, et le parlement par conséquent allant son chemin, nous tomberions, si quelqu'une des cordes manquoit, dans la nécessité de recourir au peuple : ce que je tenois pour le plus mortel de tous les inconvéniens.

M. de Bouillon m'interrompit à ces mots, *Si quelqu'une de nos cordes manquoit*, pour me demander ce que j'entendois par là. Je lui répondis : « Par exem-
« ple, monsieur, si M. de Turenne mouroit à l'heure
« qu'il est; si son armée se révoltoit, comme il n'a
« pas tenu à Erlac que cela ne fût, que deviendrions-
« nous si nous n'avions engagé le parlement? Des
« tribuns du peuple, le premier jour; et le second, des
« valets du comte de Fuensaldagne. C'est ma vieille
« chanson : *Tout avec le parlement, rien sans lui.* »

Nous disputâmes sur ce ton trois ou quatre heures pour le moins; mais nous ne nous persuadâmes point, et nous convînmes d'agiter le lendemain la question chez M. le prince de Conti, en présence de messieurs de Beaufort, d'Elbœuf, de La Mothe, de Brissac, de Noirmoutier et de Bellièvre. Je sortis de chez lui fort embarrassé. J'étois persuadé que son raisonnement dans le fond n'étoit pas solide, et je le suis encore. Je croyois que la conduite que ce raisonnement inspiroit donnoit ouverture à toutes sortes de traités particuliers; et sachant que les Espagnols avoient confiance en lui, je ne doutois point qu'il ne donnât à leurs envoyés tous les jours qu'il lui plairoit. J'eus encore bien plus d'appréhension en revenant chez moi, où je trouvai une lettre en chiffres de madame de Lesdiguières, qui me faisoit des offres immenses de la part de la Reine, le paiement de mes dettes, des abbayes, la nomination au cardinalat. Un petit billet à part portoit ces paroles : « La déclaration de l'armée d'Al-« lemagne met tout le monde ici dans la consterna-« tion. » Je jugeai que l'on ne manqueroit pas de faire des tentatives auprès des autres comme on en faisoit auprès de moi ; et je crus que puisque M. de Bouillon commençoit à songer aux *petites portes* dans un temps où tout nous rioit, les autres auroient peine à ne pas prendre les grandes, que je ne doutois plus, depuis la déclaration de M. de Turenne, qu'on ne leur ouvrît avec soin. Ce qui m'affligeoit plus que tout le reste étoit que je ne voyois pas le fond de l'esprit et du dessein de M. de Bouillon. J'avois cru jusque là l'un plus vaste et l'autre plus éclairé qu'ils ne me paroissoient en cette occasion, qui étoit pourtant la décisive, puisqu'il y alloit d'engager ou de ne pas engager le parlement. Il m'avoit pressé plus de vingt fois de faire ce que je lui offrois présentement. La raison qui me donnoit lieu de lui offrir ce que j'avois toujours rejeté étoit la déclaration de monsieur son frère, qui lui donnoit encore plus de force qu'à moi. Au lieu de la prendre il s'affoiblit, parce qu'il croit que le Mazarin lui lâchera Sedan. Il s'attache dans cette vue à ce qui le lui peut donner purement : il préfère les petits intérêts à celui qu'il pouvoit trouver à donner la paix à l'Europe. Ce pas m'a obligé de vous dire que, quoiqu'il ait eu de très-grandes parties, je doute qu'il ait été aussi capable qu'on l'a cru des grandes choses qu'il n'a pas faites. Il n'y a point de qualités qui déparent tant un grand homme que de n'être pas juste à prendre le moment décisif de la réputation. On ne le manque presque jamais que pour mieux prendre celui de sa fortune ; et c'est en quoi l'on se trompe pour l'ordinaire doublement. Il ne fut pas, à mon avis, habile en cette occasion, parce qu'il y voulut être fin. Cela arrive assez souvent.

Nous nous trouvâmes le lendemain chez M. le prince de Conti. Madame de Longueville, qui étoit accouchée de monsieur son fils plus de six semaines auparavant, et dans la chambre de laquelle on avoit parlé plus de vingt fois d'affaires, ne se trouva point à ce conseil ; et je crus du mystère à son absence. La matière y ayant été débattue par M. de Bouillon et par moi sur les mêmes principes agités chez lui, M. le prince de Conti fut du sentiment de M. de Bouillon, et avec des circonstances qui me firent juger qu'il y avoit de la négociation. M. d'Elbœuf fut doux comme un agneau; et il me parut qu'il eût enchéri, s'il eût osé, sur l'avis de M. de Bouillon.

Le chevalier de Fragés, frère de la vieille Fiennes, qui ne servoit dans notre parti que de double espion, sous le titre toutefois de commandant du régiment d'Elbœuf, m'avoit averti, comme j'entrois dans l'hôtel-de-ville, qu'il croyoit son maître accommodé. M. de Beaufort fit connoître par ses manières que madame de Montbazon avoit essayé de modérer ses emportemens. Mais comme j'étois assuré que je l'emporterois toujours sur elle, l'irrésolution qu'il témoigna d'abord ne m'eût pas embarrassé; et en joignant sa voix à celle de messieurs de Brissac, de La Mothe, de Noirmoutier et de Bellièvre, qui entrèrent tout-à-fait dans mon sentiment, j'eusse emporté de beaucoup la balance, si la considération de M. de Turenne, qui étoit dans ce moment la *grosse corde* du parti, et celle que M. de Bouillon avoit avec les Espagnols par les anciennes mesures qu'il avoit toujours conservées avec Fuensaldagne, ne m'eussent obligé de me faire honneur de ce qui n'étoit qu'un parti de nécessité. J'avois été la veille chez les envoyés de l'archiduc, pour essayer de pénétrer s'ils étoient toujours aussi attachés à traiter avec nous, sur le seul engagement que nous prendrions nous-mêmes sur la paix générale, qu'ils me l'avoient toujours dit, et que M. et madame de Bouillon me l'avoient prêché. Je les trouvai l'un et l'autre absolument changés: ils vouloient toujours un engagement pour la paix générale, mais ils le vouloient à la mode de M. de Bouillon, c'est-à-dire à deux fois. Il leur avoit mis dans l'esprit qu'il seroit bien plus avantageux pour eux en cette manière, parce que nous y engagerions le parlement. Enfin je reconnus la main de l'ouvrier; et je vis bien que ces raisons, jointes à l'ordre qu'ils avoient de se rapporter à lui de toutes choses, l'emporteroient de bien loin sur tout ce que je pourrois dire au contraire. Je ne m'ouvris point à eux par cette considération. J'allai entre minuit et une heure chez le président de Bellièvre pour le mener chez Croissy, afin d'être moins interrompus. Je leur exposai l'état des choses. Ils furent tous deux sans hésiter de mon sentiment : ils crurent que le contraire nous perdroit infailliblement, et ils convinrent qu'il falloit toutefois s'y accommoder pour le présent, parce que nous dépendions absolument des Espagnols et de M. de Turenne, qui n'avoient encore de mouvemens que ceux qui leur étoient inspirés par M. de Bouillon. Ils voulurent espérer que nous obligerions M. de Bouillon dans le conseil du lendemain à revenir à notre sentiment, ou que nous le persuaderions nous-mêmes à M. de Turenne quand il nous auroit joints : mais je me flattai d'autant moins de cette espérance, que ce que je craignois le plus de cette conduite pouvoit très-naturellement arriver avant que M. de Turenne pût être à nous. Croissy, qui avoit un esprit d'expédiens, me dit : « Vous avez raison; mais voici une pensée « qui me vient. Dans le traité préliminaire que M. de « Bouillon veut qu'on signe avec les envoyés, y signe-« rez-vous ? — Non, lui répondis-je. — Eh bien ! « reprit-il, prenez cette occasion pour faire entendre « à ces envoyés les raisons que vous avez de ne pas « signer. Ces raisons sont les mêmes qui feroient voir « à Fuensaldagne, s'il étoit ici, que le véritable inté-

« rêt de l'Espagne est la conduite que vous proposez.
« Peut-être que les envoyés demanderont du temps
« pour en rendre compte à l'archiduc ; et, en ce cas,
« j'ose répondre que Fuensaldagne approuvera votre
« sentiment, auquel il faudra que M. de Bouillon se
« soumette. Il n'y a rien de plus naturel que ce que
« je vous propose ; et les envoyés même ne s'aperce-
« vront d'aucune division dans le parti, parce que
« vous ne paroîtrez alléguer vos raisons que pour ne
« pas signer, et non pour combattre l'avis de M. de
« Bouillon. »

Comme cet expédient n'avoit que peu ou point d'inconvéniens, je me résolus à tout hasard de le prendre ; et je priai M. de Brissac dès le lendemain matin d'aller dîner chez madame de Bouillon, et de lui dire sans affectation qu'il me voyoit un peu ébranlé sur le sujet de la signature avec l'Espagne. Je ne doutai point que M. de Bouillon ne fût ravi de me voir balancer à l'égard du traité particulier des généraux, qu'il ne m'en pressât, et qu'il ne me donnât lieu de m'expliquer en présence des envoyés.

Voilà la disposition où j'étois quand nous entrâmes en conférence chez M. le prince de Conti. Quand je connus que tout ce que nous disions, M. de Bellièvre et moi, ne persuadoit pas M. de Bouillon, je fis semblant de me rendre à ses raisons, et à l'autorité de M. le prince de Conti notre généralissime. Nous convînmes de traiter avec l'archiduc aux termes proposés par M. de Bouillon, qui étoient qu'il s'avanceroit jusqu'à Pont-à-Verre, et plus loin même, lorsque les généraux le souhaiteroient ; et qu'eux n'oublieroient rien de leur part pour obliger le parlement à entrer dans ce traité, ou plutôt à en faire un nouveau pour la paix générale, c'est-à-dire pour obliger le Roi à en traiter sous des conditions raisonnables, du détail desquelles le roi Catholique se remettroit même à l'arbitrage du parlement. M. de Bouillon se chargea de faire signer ce traité, aussi simple que vous le voyez, aux envoyés. Il ne me demanda pas seulement si je le signerois, ou non. Toute la compagnie fut satisfaite d'avoir le secours d'Espagne à si bon marché, et de demeurer dans la liberté de recevoir les propositions que la déclaration de M. de Turenne obligeoit la cour de faire à tout le monde avec profusion. On prit heure à minuit pour signer le traité dans la chambre de M. le prince de Conti à l'hôtel-de-ville. Les envoyés s'y trouvèrent à point nommé, et je pris garde qu'ils m'observèrent extraordinairement. Croissy, qui tenoit la plume pour dresser le traité, ayant commencé à l'écrire, le bernardin, se tournant vers moi, me demanda si je ne signerois pas ? A quoi lui ayant répondu que M. de Fuensaldagne me l'avoit défendu de la part de madame de Bouillon, il me dit d'un ton sérieux que c'étoit toutefois un préalable absolument nécessaire, et qu'il avoit encore reçu depuis deux jours des ordres très-exprès sur cela de l'archiduc. Je reconnus en cet endroit l'effet de ce que j'avois fait dire à madame de Bouillon par M. de Brissac. Monsieur son mari me pressa au dernier point. Je ne manquai pas cette occasion pour faire connoître aux envoyés d'Espagne leurs intérêts, en leur prouvant que je trouvois si peu de sûreté pour moi-même, aussi bien que pour tout le parti, en la conduite que l'on prenoit, que je ne me pouvois résoudre à y entrer, au moins par une signature, en mon particulier. Je leur répétai l'offre que j'avois faite la veille de m'engager à tout sans exception, si on vouloit prendre une résolution finale et décisive. Je n'oubliai rien pour leur donner ombrage, sans paroître toutefois le marquer, des ouvertures que le chemin qu'on prenoit donnoit aux accommodemens particuliers.

Quoique je ne disse ces choses que par forme de récit, et sans témoigner avoir aucun dessein de combattre ce qui avoit été résolu, elles ne laissèrent pas de faire une forte impression sur l'esprit du bernardin, et au point que M. de Bouillon m'en parut embarrassé. Don Francisco Pizarro, qui avoit apporté de Bruxelles de nouveaux ordres de se conformer entièrement aux sentimens de M. de Bouillon, pressa son collègue de s'y rendre. Il y consentit sans beaucoup de résistance; je l'y exhortai moi-même quand je vis qu'il y étoit résolu; et j'ajoutai que pour lui lever tout le scrupule de la difficulté que je faisois de signer, je leur donnois ma parole que si le parlement s'accommodoit, je leur donnerois, par des expédiens que j'avois en main, tout le temps nécessaire pour retirer leurs troupes. Je fis cette offre pour deux raisons : l'une, parce que j'étois persuadé que Fuensaldagne, qui étoit habile homme, ne seroit nullement de l'avis de ses envoyés, et n'engageroit pas son armée dans le royaume, ayant aussi peu de généraux, et rien de moi; l'autre raison fut que j'étois bien aise de faire voir, même à nos généraux, que j'étois résolu à ne point souffrir, au moins en ce qui seroit de moi, de perfidie; que je m'engageois publiquement à ne pas laisser accabler ni surprendre les Espagnols, en cas même d'accommodement du parlement, quoique dans la même conférence j'eusse plus de vingt fois protesté que je ne me séparerois point de lui. Cette résolution étoit l'unique cause pour laquelle je ne voulois pas signer un traité dont il n'étoit point.

M. d'Elbœuf me dit tout haut : « Vous ne pouvez « trouver que dans le peuple les expédiens dont vous « venez de parler à ces messieurs. — C'est où je ne « les chercherai pas, lui répondis-je : M. de Bouillon « en répondra pour moi. » M. de Bouillon, qui eût voulu que je signasse, prit la parole. « Je sais, dit- « il, que ce n'est pas votre intention; mais je suis « persuadé que vous faites contre votre intention, « sans le croire : et que nous gardons, en signant, « plus d'égard pour le parlement que vous n'en gar- « dez vous-même en ne signant pas » (il abaissa sa voix à cette dernière parole, afin que les envoyés n'en entendissent pas la suite); « nous nous réservons « une porte de derrière pour sortir d'affaire avec le « parlement. — Il ouvrira cette porte, lui répondis- « je, quand vous ne le voudrez pas, comme il y pa- « roît déjà, et vous la voudrez fermer quand vous « ne le pourrez pas : on ne se joue pas avec cette « compagnie. » M. le prince de Conti nous appela à cet instant. On lut le traité, et on le signa. Voilà ce qui nous en parut. Don Gabriel de Tolède m'a dit depuis que les envoyés avoient donné deux mille pistoles à madame de Montbazon, et autant à M. d'Elbœuf.

Je revins chez moi, chagrin de ce qui venoit de se passer. Le président de Bellièvre et Montrésor [1],

(1) *Montrésor* : Claude de Bourdeille, comte de Montrésor, fils de Henri de Bourdeille. Ses Mémoires font partie de cette série.

qui m'y attendoient, ne le furent pas moins que moi. Le premier me dit une parole que l'événement qui l'a justifiée rend digne de réflexion. « Nous avons man-
« qué aujourd'hui d'engager le parlement : moyen-
« nant quoi tout étoit sûr, tout étoit bon. Prions Dieu
« que tout aille bien : car si une seule de nos cordes
« nous manque, nous sommes perdus. » Comme M. de Bellièvre achevoit de parler, Noirmoutier entra dans ma chambre, et nous dit que, depuis que j'étois sorti de l'hôtel-de-ville, un valet de chambre de Laigues y étoit arrivé qui me cherchoit, et qui ne m'ayant pas trouvé étoit remonté à cheval sans avoir voulu parler à personne. Vous remarquerez que Laigues, qui avoit une grande valeur, mais peu de sens, et qui s'étoit fort lié avec moi depuis qu'il avoit vendu sa compagnie aux gardes, se mit en tête de négocier en Flandre, aussitôt que le bernardin nous fut venu trouver. Il crut que cet emploi le rendroit considé-rable dans le parti. Il me le demanda, il m'en fit pres-ser par Montrésor, qui le destina dès cet instant à la charge d'amant de madame de Chevreuse, qui étoit à Bruxelles. Il me représenta qu'elle pourroit ne m'être pas inutile dans la suite; que la place étoit vide, qu'elle se pourroit remplir par un autre qui ne dé-pendroit pas de moi. Enfin, quoique j'eusse beau-coup de répugnance à laisser aller à Bruxelles un homme qui avoit mon caractère, je m'y laissai aller à ses prières et à celles de Montrésor ; et nous lui donnâmes la commission de résider auprès de l'ar-chiduc. Ce valet-de-chambre qu'il m'envoyoit appor-toit une dépêche de lui qui me fit pitié. Il ne parloit que des bonnes intentions de l'archiduc, de la sin-

cérité de Fuensaldagne, et de la confiance que nous devions prendre en eux : enfin je n'ai jamais rien vu de si sot. Il croyoit déjà gouverner Fuensaldagne. Quel plaisir d'avoir un négociateur de cette espèce, dans une cour où nous devions avoir plus d'une affaire ! Noirmoutier, qui étoit son ami intime, avoua que la lettre étoit impertinente, mais il ne pensa pas qu'elle le rendroit lui-même fort impertinent : car il se mit dans la fantaisie d'aller aussi à Bruxelles, en disant qu'il confessoit qu'il y avoit de l'inconvénient d'y laisser Laigues; mais qu'il y auroit de la malhonnêteté à le révoquer, et même à lui envoyer un collègue qui ne fût pas son ami particulier, et d'un grade tout-à-fait supérieur au sien. Voilà ce qu'il disoit, voilà ce qu'il pensoit. Il espéroit de se distinguer beaucoup par cet emploi, qui le mettroit dans la négociation sans le tirer de la guerre ; qui lui donneroit toute la confiance du parti à l'égard de l'Espagne, et qui lui donneroit en même temps toute la considération de l'Espagne à l'égard du parti. Nous fîmes tous nos efforts pour lui ôter cette pensée : il le voulut absolument, et il le fallut. Il portoit le beau nom de La Trémouille, il étoit lieutenant général, il brilloit dans le parti, il y étoit entré avec moi et par moi. *Voilà le malheur des guerres civiles : on y fait souvent des fautes par bonne conduite.*

La conférence de Ruel commença aussi mal qu'il se pouvoit. Les députés prétendirent qu'on ne leur tenoit pas la parole qu'on leur avoit donnée de déboucher les passages, et qu'on ne laissoit pas même passer librement les cent muids de blé. La cour soutint qu'elle n'avoit point promis l'ouverture des passages, et qu'il ne tenoit pas à elle que les cent muids de blé ne passassent. La Reine demanda, pour condition préalable de la levée du siége, que le parlement s'engageât à aller tenir ses séances à Saint-Germain tant qu'il plairoit au Roi, et qu'il promît de ne s'assembler de trois ans. Les députés refusèrent tout d'une voix ces deux propositions, sur lesquelles la cour se modéra dès l'après-dînée même; M. le duc d'Orléans ayant dit aux députés que la Reine se relâchoit de la translation du parlement, et qu'elle se contenteroit que, lorsqu'on seroit d'accord de tous les articles, il allât tenir un lit de justice à Saint-Germain, pour y vérifier la déclaration qui contiendroit les articles. On modéroit aussi les trois années de défense de s'assembler, à deux. Les députés ne s'opiniâtrèrent pas sur le premier, mais ils ne se rendirent pas sur le second, soutenant que le privilége de s'assembler étoit essentiel au parlement. Ces contestations, jointes à plusieurs autres, irritèrent si fort les esprits lorsqu'on les sut à Paris, que l'on ne parloit de rien moins, au feu de la grand'chambre, que de révoquer le pouvoir des députés; et messieurs les généraux, qui se voyant recherchés par la cour, qui n'en avoit pas fait beaucoup de cas jusqu'à la déclaration de M. de Turenne, ne doutoient point qu'ils ne fissent leurs conditions encore beaucoup meilleures lorsqu'elle seroit plus embarrassée, n'oublièrent rien pour faire crier le parlement et le peuple, afin que le cardinal connût que tout ne dépendoit pas de la conférence de Ruel. J'y contribuai de mon côté, dans la vue de régler ou plutôt de modérer un peu la précipitation avec laquelle le premier président et le président de Mesmes couroient à tout ce qui paroissoit acommodement.

Celle du 8 mars fut très-considérable. M. le prince de Conti dit au parlement que M. de Bouillon, que la goutte avoit repris, l'avoit prié de dire à la compagnie que M. de Turenne lui offroit sa personne et ses troupes contre le cardinal Mazarin, l'ennemi de l'Etat. J'ajoutai que comme je venois d'être averti que l'on avoit dressé la veille une déclaration à Saint-Germain, par laquelle M. de Turenne étoit déclaré criminel de lèse-majesté, je croyois qu'il étoit nécessaire de casser cette déclaration; d'autoriser ses armes par un arrêt solennel; d'enjoindre à tous les sujets du Roi de lui donner passage et subsistance; et de travailler en diligence à lui faire un fonds pour le paiement de ses troupes, et pour prévenir le mauvais effet que huit cent mille livres, que la cour venoit d'envoyer à Erlac pour les débaucher, y pourroit produire. Cette proposition passa tout d'une voix. La joie qui parut dans les yeux et dans les avis de tout le monde ne se peut exprimer. On donna un arrêt sanglant contre Courcelles, Lavardin et Amilly, qui faisoient des troupes pour le Roi dans le pays du Maine. On permit aux communes de s'assembler au son du tocsin, et de courir sus à tous ceux qui feroient des assemblées sans ordre du parlement.

Ce ne fut pas tout. Le président de Bellièvre ayant dit à la compagnie qu'il avoit reçu une lettre du premier président, par laquelle il l'assuroit que ni lui ni les autres députés ne feroient rien qui fût indigne de la confiance qu'elle leur avoit témoignée, il s'éleva un cri plutôt qu'une voix publique, qui ordonna au président de Bellièvre d'envoyer dire expressément au premier président de n'entendre à aucune proposition nouvelle, ni même de rien résoudre sur les anciennes, jusqu'à ce que tous les arrérages du blé promis eussent été entièrement fournis et délivrés, que tous les passages eussent été débouchés et tous les chemins ouverts, pour les courriers et pour les vivres.

Le 9, on donna arrêt de faire surseoir la conférence jusqu'à l'entière exécution des promesses et de l'ouverture des passages, non-seulement pour le blé, mais même pour toutes sortes de victuailles. Les plus modérés eurent peine à obtenir que l'on ajoutât cette clause à l'arrêt; que l'on attendroit pour le publier que l'on eût su de M. le premier président si les passeports pour les blés n'avoient pas été expédiés depuis la dernière nouvelle qu'on avoit eue de lui.

M. le prince de Conti ayant dit le même jour au parlement que M. de Longueville l'avoit prié de l'assurer qu'il partiroit de Rouen sans remise, le 15 du mois, avec sept mille hommes de pied et trois mille chevaux, et qu'il marcheroit droit à Saint-Germain, la compagnie en témoigna une joie incroyable, et pria M. le prince de Conti de presser encore plus M. de Longueville.

Le 10, Miron, député du parlement de Normandie, entra au parlement, et dit que M. de Longueville lui avoit donné charge de déclarer à la compagnie que le parlement de Rouen avoit reçu avec joie la lettre et l'arrêt de celui de Paris, et qu'il n'attendoit que M. de La Trémouille pour donner celui de jonction contre l'ennemi commun. Après qu'il eut fait ce discours, et ajouté que le Mans, qui s'étoit aussi déclaré pour le parti, avoit des envoyés auprès de M. de Longueville, on le remercia de la part de toute la compagnie, comme lui ayant apporté des nouvelles très-agréables.

Le 11, un envoyé de M. de La Trémouille demanda audience au parlement, à qui il offrit de la part de son maître huit mille hommes de pied et deux mille chevaux; et qu'il prétendoit être en état de marcher dans deux jours, pourvu qu'il plût à la compagnie de permettre à M. de La Trémouille de se saisir des deniers royaux dans les recettes générales de Poitiers, de Niort, et des autres lieux dont il étoit déjà assuré. Le parlement lui fit de grands remercîmens, lui donna arrêt d'union, avec plein pouvoir sur les recettes générales; et le pria d'avancer ses levées avec diligence.

L'envoyé n'étoit pas sorti du Palais, que le président de Bellièvre dit à la compagnie que le premier président la supplioit de lui envoyer un nouveau pouvoir d'agir à la conférence, parce que l'arrêt du jour précédent lui avoit ordonné, et à lui et aux autres députés, de surseoir. Le président de Bellièvre n'eut autre réponse, sinon qu'on leur donneroit ce pouvoir quand la quantité de blé qui avoit été promise auroit été reçue.

Un instant après, Roland, bourgeois de Reims, qui avoit maltraité personnellement et chassé de la ville M. de La Vieuville (1), lieutenant de roi dans la province, parce qu'il s'étoit déclaré pour Saint-Germain, présenta requête au parlement contre les offi-

(1) Charles, second du nom, duc de La Vieuville, mort en 1698. (A. E.)

ciers qui l'avoient déféré à la cour pour cette action. Il en fut loué de toute la compagnie, et on lui promit toute protection.

Voilà bien de la chaleur dans le parti ; et vous croyez apparemment qu'il faudra au moins un peu de temps pour l'évaporer avant que la paix se puisse faire. Nullement : elle est faite et signée le même jour, 11 de mars, par les députés qui avoient demandé le 10 un nouveau pouvoir, parce que l'ancien étoit révoqué ; par ces mêmes députés auxquels on avoit refusé ce nouveau pouvoir. Voici le dénoûment de ce contretemps que la postérité aura peine à croire, et auquel on s'accoutuma en quatre jours.

Aussitôt que M. de Turenne se fut déclaré, la cour travailla à gagner les généraux avec beaucoup plus d'application qu'elle n'avoit fait jusque-là ; mais elle ne réussit pas à son gré. Madame de Montbazon, pressée par Vineuil en plus d'un sens, promettoit M. de Beaufort à la Reine ; mais la Reine voyoit bien qu'elle auroit beaucoup de peine à le livrer, tant que je ne serois pas du marché. La Rivière ne témoignoit plus de mépris pour M. d'Elbœuf. Le maréchal de La Mothe n'étoit accessible que par M. de Longueville, duquel la cour ne s'assuroit pas à beaucoup près tant par la négociation d'Antonville, que nous nous en assurions par la correspondance de Varicarville. M. de Bouillon faisoit paroître, depuis l'éclat de monsieur son frère, plus de pente à s'accommoder avec la cour. Vassé, qui commandoit, ce me semble, son régiment de cavalerie, l'avoit insinué par des canaux différens à Saint-Germain ; mais les conditions paroissoient bien hautes. Il en falloit de grandes pour les deux frères, qui, au poste où ils étoient, n'étoient pas d'humeur à se contenter de peu de chose. Les incertitudes de M. de La Rochefoucauld ne plaisoient pas à La Rivière, qui d'ailleurs considéroit que le compte que l'on feroit avec M. le prince de Conti ne seroit jamais bien sûr pour les suites, s'il n'étoit aussi arrêté par M. le prince, qui, sur l'article du cardinalat de monsieur son frère, n'étoit pas de trop facile composition. Ce que j'avois répondu aux offres que j'avois reçues par le canal de madame de Lesdiguières ne donnoit pas lieu à la cour de croire que je fusse aisé à ébranler.

Enfin M. le cardinal Mazarin trouvoit toutes les portes de la négociation ou fermées ou embarrassées. Ce désespoir de réussir, pour ainsi dire, fut par l'événement plus utile à la cour que la négociation la plus fine lui eût pu être : car il ne l'empêcha pas de négocier, le cardinal ne s'en pouvant jamais empêcher par son naturel. Il fit toutefois que, contre son ordinaire, il ne se fia pas à la négociation ; et ainsi il amusa nos généraux, tandis qu'il envoyoit huit cent mille livres qui enlevèrent à M. de Turenne son armée; et qu'il obligeoit les députés de Ruel à signer une paix, contre les ordres de leur corps. Le président de Mesmes m'a assuré plusieurs fois que cette conclusion de la paix fut purement l'effet d'un concert pris, la nuit d'entre le 8 et le 9 de mars, entre le cardinal et lui ; et que le cardinal lui ayant dit qu'il connoissoit clairement que M. de Bouillon ne vouloit négocier que quand M. de Turenne seroit à la portée de Paris et des Espagnols, c'est-à-dire en état de se faire donner la moitié du royaume, lui, président de Mesmes, lui avoit répondu : « Il n'y a de salut qu'à faire

« le coadjuteur cardinal. » Que le cardinal lui ayant répondu : « Il est pis que l'autre, car on voit au moins « un temps en l'autre négociation : mais celui-là ne « traitera jamais que pour tout le général ; » lui, président de Mesmes, lui avoit dit : « Puisque les choses « sont en cet état, il faut que nous payions de nos « personnes pour sauver l'Etat ; il faut que nous si- « gnions la paix : car, après ce que le parlement a « fait aujourd'hui, il n'y a plus de mesures, et peut- « être qu'il nous révoquera demain. Nous hasardons « tout, si nous sommes désavoués ; on nous fermera « les portes de Paris ; on nous fera notre procès ; on « nous traitera de prévaricateurs et de traîtres : c'est « à vous de nous donner des conditions qui nous don- « nent lieu de justifier notre procédé. Il y va de votre « intérêt, puisque, si elles sont raisonnables, nous « les saurons bien faire valoir contre les factieux ; « mais faites-les telles qu'il vous plaira, je les signerai « toutes, et je vais de ce pas dire au premier prési- « dent que c'est mon sentiment, et l'unique expédient « pour sauver le royaume. S'il nous réussit, nous « avons la paix ; si nous sommes désavoués, nous af- « foiblissons toujours la faction, et le mal n'en tom- « bera que sur nous. » Le président de Mesmes, en me contant ce que je viens de vous dire, ajoutoit que la *commotion* où le parlement avoit été le 8, jointe à la déclaration de M. de Turenne, et à ce que le cardinal lui avoit dit de la disposition de M. de Bouillon et de la mienne, lui avoit inspiré cette pensée ; que l'arrêt donné le 9, qui ordonnoit aux députés de surseoir la conférence jusqu'à ce que les blés promis eussent été fournis, la lui confirmoit ; que la chaleur qui avoit paru dans le peuple, le 10, l'y fortifioit; et qu'il avoit persuadé, quoiqu'avec peine, le premier président.

Il accompagnoit ce récit de tant de circonstances, que je crois qu'il disoit vrai. Feu M. le duc d'Orléans et M. le prince m'ont dit que l'opiniâtreté avec laquelle le premier président et le président de Mesmes défendirent, le 8, le 9 et le 10, quelques articles, n'avoit guère de rapport à cette résolution que le président de Mesmes disoit avoir prise dès le 8. Longueil, un des députés, étoit persuadé de la vérité de ce que disoit le président de Mesmes. Le cardinal Mazarin, à qui j'en ai parlé depuis la guerre, me le confirma, en se donnant pourtant la gloire d'avoir rectifié cet avis, qui étoit, ajouta-t-il, « de soi très-dangereux, « si je n'eusse pénétré les sentimens de M. de Bouil- « lon et les vôtres. Je savois que vous ne vouliez pas « perdre le parlement par le peuple, et que M. de « Bouillon vouloit, préférablement à toutes choses, « attendre son frère. »

La paix fut donc signée, après plusieurs contestations, le 11 mars 1649; et les députés consentirent avec beaucoup de difficulté que le cardinal Mazarin y signât avec M. le duc d'Orléans et M. le prince, qui étoient les députés nommés par le Roi. Voici les articles :

I. Le parlement se rendra à Saint-Germain : il y sera tenu un lit de justice, où la déclaration contenant les articles de la paix sera publiée; après quoi il retournera faire ses fonctions ordinaires à Paris.

II. Ne sera fait aucune assemblée des chambres

par toute l'année 1649, excepté pour la réception des officiers et pour les mercuriales.

III. Tous les arrêts rendus par le parlement depuis le 6 janvier seront nuls, à la réserve de ceux qui auront été rendus entre particuliers, sur faits concernant la justice ordinaire.

IV. Toutes les lettres de cachet, déclarations et arrêts du conseil, rendus au sujet des mouvemens présens, seront nuls et comme non avenus.

V. Les gens de guerre, levés pour la défense de Paris, seront licenciés aussitôt après l'accommodement signé; et Sa Majesté fera aussi retirer ses troupes des environs de la ville.

VI. Les habitans poseront les armes, et ne les pourront reprendre que par ordre du Roi.

VII. Le député de l'archiduc sera renvoyé incessamment sans réponse.

VIII. Tous les papiers et meubles qui ont été pris aux particuliers, et qui se trouveront en nature, seront rendus.

IX. M. le prince de Conti, les princes, ducs, et tous ceux sans exception qui ont pris les armes, n'en pourront être recherchés sous quelque prétexte que ce puisse être; étant déclaré par les dessusdits dans quatre jours, à compter de celui auquel les passages seront ouverts, et par M. de Longueville en dix, qu'ils veulent bien être compris dans le présent traité.

X. Le Roi donnera une décharge générale pour tous les deniers royaux qui ont été pris, pour tous les meubles qui ont été vendus, pour toutes les armes et munitions qui ont été enlevées à l'Arsenal et ailleurs.

XI. Le Roi fera expédier des lettres pour la révocation des semestres du parlement d'Aix, conformément aux articles accordés entre les députés de Sa Majesté et ceux du parlement et du pays de Provence, du 21 février.

XII. La Bastille sera remise entre les mains du Roi, etc.

M. de Bouillon fut extrêmement surpris quand il apprit que la paix étoit signée; et madame de Bouillon se jetant sur le lit de monsieur son mari, s'écria : « Ah! qui l'eût dit? Y avez-vous seulement jamais « pensé? — Non, madame, lui répondis-je; je n'ai « pas cru que le parlement pût faire la paix aujour- « d'hui; mais j'ai cru, comme vous savez, qu'il la « feroit très-mal, si nous le laissions faire. Il ne « m'a trompé qu'au temps. » M. de Bouillon prit la parole : « Il ne l'a que trop dit, il ne nous l'a que « trop prédit : nous avons fait la faute tout entière. » Je vous confesse que ce mot de M. de Bouillon m'inspira une nouvelle espèce de respect pour lui : car *il est, à mon sens, d'un plus grand homme de savoir avouer sa faute, que de savoir ne la pas faire.* Comme nous consultions sur ce qu'il y avoit à faire, M. le prince de Conti, M. d'Elbœuf, M. de Beaufort et M. de La Mothe entrèrent dans la chambre; qui ne savoient rien de la nouvelle, et qui venoient chez M. de Bouillon lui communiquer une entreprise que Saint-Germain d'Apchon avoit formée sur Lagny, où il avoit quelque intelligence. Ils furent surpris de la signature de la paix; et d'autant plus que tous leurs négociateurs, selon le style ordinaire de ces sortes d'agens, leur avoient fait voir depuis deux ou trois jours que la cour étoit persuadée que le parlement n'étoit qu'une représentation, et qu'au fond il falloit compter avec les généraux. Vassé en avoit assuré M. de Bouillon : madame de Montbazon avoit reçu cinq ou six billets de la cour, qui portoient la même chose. Il faut avouer que M. le cardinal Mazarin joua et couvrit très-bien son jeu en cette rencontre; et il en est d'autant plus à estimer, qu'il avoit à se défendre de l'imprudence de La Rivière qui étoit très-grande, et de l'impétuosité de M. le prince, qui en ce temps-là n'étoit pas médiocre. Le propre jour que la paix fut signée, le prince s'emporta contre les députés d'une manière capable de rompre l'accommodement.

Je reviens au conseil que nous tînmes chez M. de Bouillon. Je vous ai déjà dit qu'il ne balança pas un moment à reconnoître qu'il n'avoit pas jugé sainement de l'état des choses. Il le dit publiquement, comme il me l'avoit dit à moi seul. Il n'en fut pas ainsi des autres : nous eûmes le plaisir lui et moi de remarquer qu'ils *répondoient à leurs pensées plutôt qu'à ce qu'on leur disoit : ce qui ne manque presque jamais en ceux qui savent qu'on peut leur reprocher quelque chose avec justice.* Il ne tint pas à moi de les obliger à dire leur avis les premiers. Je suppliai M. le prince de Conti de considérer qu'il lui appartenoit par toutes sortes de raisons d'ouvrir et de fermer la scène. Il parla si obscurément que personne n'y entendit rien. M. d'Elbœuf s'étendit beaucoup, et ne conclut rien. M. de Beaufort employa son lieu commun, qui étoit d'assurer qu'il iroit toujours son grand chemin. Les oraisons du maréchal de La Mothe n'étoient jamais que d'une demi période ; et M. de Bouillon dit que, n'y ayant que moi dans la compagnie qui connût bien le fond de la ville et du parlement, il croyoit qu'il étoit nécessaire que j'agitasse la matière, sur laquelle il seroit plus facile après de prendre une bonne résolution. Voici la substance de ce que je dis :

« Nous avons tous fait tout ce que nous avons cru
« devoir faire : il n'en faut pas juger par les événe-
« mens. La paix est signée par des députés qui n'ont
« plus de pouvoir, elle est nulle. Nous n'en savons
« point encore les articles, au moins nous ne les sa-
« vons pas parfaitement : mais il n'est pas difficile de
« juger, par ceux qui ont été proposés ces jours passés,
« que ceux qui auront été arrêtés ne seront ni hon-
« nêtes ni sûrs. C'est à mon avis sur ce fondement
« qu'il faut opiner : et cela supposé, je ne balance
« point à croire que nous ne sommes pas obligés à te-
« nir l'accommodement, et que nous sommes même
« obligés à ne le pas tenir, par toutes les raisons et
« de l'honneur et du bon sens. Le président Viole me
« mande qu'il n'y est pas seulement fait mention de
« M. de Turenne, avec lequel il n'y a que trois jours
« que le parlement a donné un arrêt d'union. Il ajoute
« que messieurs les généraux n'ont que quatre jours
« pour déclarer s'ils veulent être compris dans la paix;
« M. de Longueville et le parlement de Rouen n'en ont
« que dix. Jugez si cette condition, qui ne donne le
« temps ni aux uns ni aux autres de songer seulement
« à leurs intérêts, n'est pas un pur abandonnement!
« On peut inférer de ces deux articles quels seront

« les autres, et quelle infamie ce seroit de les rece-
« voir. Venons aux moyens de les refuser solidement,
« et avantageusement pour le public et pour le parti-
« culier. Ces articles seront rejetés universellement
« de tout le monde, et même avec fureur, dès qu'ils
« paroîtront dans le public. Mais cette fureur est
« ce qui nous perdra, si nous n'y prenons garde,
« parce qu'elle nous amusera. Le fond de l'esprit du
« parlement est la paix, et vous pouvez avoir obser-
« vé qu'il ne s'en éloigne jamais que par saillies. Celle
« que nous y verrons demain ou après-demain sera
« terrible : si nous manquons de la prendre au bond,
« elle tombera comme les autres, et d'autant plus
« dangereusement que la suite en sera décisive. Ju-
« gez de l'avenir par le passé : voyez à quoi se sont
« terminées toutes les émotions que vous avez vues
« jusqu'ici dans cette compagnie. Je reviens à mon
« ancien avis, qui est de songer uniquement à la paix
« générale; de signer, dès cette nuit, un traité sur
« ce chef avec les envoyés de l'archiduc; de le por-
« ter demain au parlement; d'y ignorer ce qui s'est
« passé aujourd'hui à la conférence, que nous pou-
« vons très-bien ne pas savoir, puisque le premier
« président n'en a point encore fait part à personne;
« et de faire donner un arrêt par lequel il soit or-
« donné aux députés de la compagnie d'insister uni-
« quement sur ce point, et sur celui de l'exclusion du
« cardinal Mazarin; et, en cas de refus, de revenir à
« Paris prendre leurs places. Le peu de satisfaction
« que l'on y a eue du procédé de la cour, et de la
« conduite même des députés, fait que ce que la dé-
« claration de M. de Turenne toute seule rendoit très-

« possible sera si facile présentement, que nous n'a-
« vons pas besoin d'attendre, pour animer davantage
« la compagnie, qu'on nous ait fait le rapport des ar-
« ticles qui l'aigriroient assurément. C'étoit ma pre-
« mière pensée ; et quand j'ai commencé à parler,
« j'avois dessein de vous proposer, monsieur, dis-je à
« M. le prince de Conti, de vous servir du prétexte
« de ces articles pour échauffer le parlement. Mais il
« est plus à propos d'en prévenir le rapport, parce que
« le bruit que nous pouvons répandre cette nuit de
« l'abandonnement des généraux jettera plus d'in-
« dignation dans les esprits que le rapport même,
« que les députés déguiseront au moins de quelques
« méchantes couleurs. »

Comme j'en étois là, je reçus un paquet de Ruel,
dans lequel je trouvai une seconde lettre de Viole,
avec un brouillon du traité contenant les articles ci-
dessus. Ils étoient si mal écrits que je ne les pus presque lire : mais ils me furent expliqués par une autre
lettre qui étoit dans le même paquet de Lescuyer,
maître des comptes, et qui étoit un député. Il ajoutoit, par un billet séparé, que le cardinal Mazarin
avoit signé. Toute la compagnie douta encore moins,
depuis la lecture de ces lettres et de ces articles, de
la facilité qu'il y auroit à enflammer le parlement.
« J'en conviens, leur dis-je, mais je ne change pas
« pour cela de sentiment : je suis encore plus per-
« suadé qu'il ne faut point souffrir le retour des dé-
« putés, si l'on se résout à prendre le parti que je
« propose. En voici la raison. Si vous leur donnez le
« temps de revenir à Paris avant que de vous décla-
« rer pour la paix générale, il faut que vous leur

« donniez aussi le temps de faire leur rapport, con-
« tre lequel vous ne pourrez pas vous empêcher de
« déclamer. Que si vous joignez la déclamation con-
« tre eux, à ce grand éclat de la proposition de la
« paix générale dont vous allez éblouir toutes les
« imaginations, il ne sera pas en votre pouvoir d'em-
« pêcher que le peuple ne déchire à vos yeux et le
« premier président et le président de Mesmes. Vous
« passerez pour les auteurs de cette tragédie ; vous
« serez formidables le premier jour, et odieux le se-
« cond. »

M. de Beaufort, à qui Brillac venoit de parler à l'o-
reille, m'interrompit à ce mot, et me dit : « Il y a un
« bon remède : il leur faut fermer les portes de la
« ville; il y a plus de quatre jours que tout le peuple
« ne crie autre chose. — Ce n'est pas mon sentiment,
« lui répondis-je; vous vous feriez passer dès de-
« main pour les tyrans du parlement, dans l'esprit de
« ceux mêmes de ce corps qui auront été d'avis au-
« jourd'hui que vous les leur fermiez. — Il est vrai, re-
« prit M. de Bouillon; le président de Bellièvre me
« le disoit cette après-dînée, et qu'il est nécessaire
« pour les suites que le premier président et le pré-
« sident de Mesmes paroissent les déserteurs et non
« pas les exilés du parlement. — Il a raison, ajoutai-je
« encore : car en la première qualité ils y seront
« abhorrés toute leur vie; dans la seconde, ils y seront
« plaints dans deux jours, et regrettés dans quatre.
« — Mais on peut tout concilier, dit M. de Bouillon;
« laissons entrer les députés, laissons-leur faire leur
« rapport, sans nous emporter : ainsi nous n'échauffe-
« rons pas le peuple. Vous convenez que le parlement

« ne recevra pas les conditions qu'ils apporteront : il
« n'y aura rien de si aisé que de les renvoyer, pour es-
« sayer d'en obtenir de meilleures. En cette manière
« nous ne précipiterons rien, nous nous donnerons
« du temps pour prendre nos mesures, nous demeu-
« rerons sur nos pieds, et en état de revenir à ce que
« vous proposez, avec d'autant plus d'avantage que
« les trois armées de M. l'archiduc, de M. de Lon-
« gueville et de M. de Turenne seront plus avan-
« cées. »

Dès que M. de Bouillon commença à parler sur ce ton, je ne doutai point qu'il ne fût retombé dans l'appréhension de voir tous les intérêts particuliers confondus et anéantis dans celui de la paix générale ; et je me ressouvins d'une réflexion que j'avois déjà faite, *qu'il est plus ordinaire aux hommes de se repentir en spéculation d'une faute qui n'a pas eu un bon événement, que de revenir dans la pratique de l'impression qu'ils ne manquent jamais de recevoir du motif qui les a portés à la commettre.* Je fis semblant de prendre tout de bon ce qu'il disoit, et je me contentai d'insister sur le fond, en faisant voir les inconvéniens inséparables du délai : l'agitation du peuple, qui nous pouvoit à tout moment précipiter à ce qui nous déshonoreroit, nous perdroit ; l'instabilité du parlement, qui recevroit peut-être dans quatre jours les articles, qu'ils déchireroient demain si nous le voulions ; la facilité que nous aurions de procurer à toute la chrétienté la paix générale, ayant quatre armées en campagne, dont trois étoient à nous, et indépendantes de l'Espagne. J'ajoutai à cela que cette dernière qualité détruisoit, à mon avis, ce que M. de Bouillon avoit dit ces jours passés de la crainte qu'il avoit qu'elle ne nous abandonnât, aussitôt qu'elle auroit lieu de croire que nous aurions forcé le cardinal Mazarin à désirer si nécessairement la paix avec elle. Je conclus mon discours par l'offre que je fis de sacrifier de bon cœur la coadjutorerie de Paris au ressentiment de la Reine et à la passion du cardinal, si on vouloit prendre le parti que je proposois. Je l'eusse fait avec joie pour un aussi grand honneur qu'eût été celui de contribuer à la paix générale; et je ne fus pas fâché de plus de faire un peu de honte aux gens touchant les intérêts particuliers, dans une conjoncture où il est vrai qu'ils arrêtoient la plus glorieuse, la plus utile et la plus éclatante action du monde. M. de Bouillon combattit mes raisons par toutes celles dont il les avoit déjà combattues la première fois, et il finit en disant: « Je « sais que la déclaration de mon frère peut faire « croire que j'ai de grandes vues et pour lui et pour « moi, et pour toute ma maison. Je n'ignore pas « que ce que je viens de dire de la nécessité que je « crois qu'il y a de le laisser avancer avant que nous « prenions un parti décisif, doit confirmer tout le « monde dans cette pensée. Je ne désavoue pas même « que je ne l'aie, et que je ne sois persuadé qu'il « m'est permis de l'avoir : mais je consens que vous « me fassiez tous passer pour le plus lâche des hom- « mes si je m'accommode jamais avec la cour, que « vous ne m'ayez tous dit que vous êtes satisfaits : et « je prie M. le coadjuteur de me déshonorer, si je ne « demeure fidèlement dans cette parole. »

Cette déclaration ne réussit pas à faire recevoir de

toute la compagnie l'avis de M. de Bouillon, qui agréa cependant à tout le monde, en ce qu'en laissant le mien pour la ressource, il laissoit les portes ouvertes aux négociations que chacun avoit ou espéroit avoir en sa manière. *La vue la plus commune dans les imprudences est celle que l'on a de la possibilité des ressources.* J'eusse bien emporté, si j'eusse voulu, M. de Beaufort et M. le maréchal de La Mothe; mais comme la considération de l'armée de M. de Turenne, et celle de la confiance que les Espagnols avoient en M. de Bouillon, faisoit qu'il y eût eu de la folie à se figurer seulement que l'on pût faire quelque chose de considérable sans lui, je pris le parti de me rendre avec respect, et à l'autorité de M. le prince de Conti, et à la pluralité des voix; et l'on résolut très-prudemment que l'on ne s'expliqueroit point du détail le lendemain matin au parlement, et que M. le prince de Conti y diroit seulement en général que le bruit commun portant que la paix avoit été signée à Ruel, il avoit résolu d'y députer pour ses intérêts, et pour ceux de messieurs les généraux. M. de Bouillon jugea qu'il seroit à propos de parler ainsi, pour ne point témoigner au parlement que l'on fût contraire à la paix, et pour se donner à soi-même plus de lieu de trouver à redire aux articles en détail; qu'on satisferoit le peuple par le dernier, et que l'on contenteroit par le premier le parlement, dont la pente étoit à l'accommodement, même dans les temps où il n'en approuvoit pas les conditions; et qu'ainsi nous mitonnerions les choses (ce fut son mot) jusqu'à ce que nous vissions le moment propre à les décider. Il se tourna vers moi en finissant, pour me demander si je

n'étois pas de son sentiment. « Il ne se peut rien de
« mieux, lui répondis-je, supposé ce que vous faites;
« mais je crois qu'il se pourroit quelque chose de
« mieux que ce que vous faites. — Non, reprit M. de
« Bouillon; vous ne pourrez être de cet avis, supposé
« que mon frère puisse être à nous dans trois semai-
« nes. — Il ne sert rien de disputer, lui répliquai-je :
« il y a arrêt; mais il n'y a que Dieu qui nous puisse
« assurer qu'il y soit de sa vie. » Je dis ce mot si à
l'aventure, que je fis même réflexion un moment après
sur quoi je pouvois l'avoir dit, parce qu'il n'y avoit
rien qui parût plus certain que la marche de M. de
Turenne. Je ne laissai pas d'en avoir quelque sorte
de doute dans l'esprit. Nous sortîmes à trois heures
après minuit de chez M. de Bouillon, où nous étions
entrés à onze heures, un moment après que j'eus reçu
les nouvelles de la paix, qui ne fut signée qu'à neuf
heures.

Le lendemain 12 mars, M. le prince de Conti dit au
parlement, en douze ou quinze paroles, ce qui avoit
été résolu chez M. de Bouillon. M. d'Elbœuf les paraphrasa. M. de Beaufort et moi, qui affectâmes de ne
nous expliquer de rien, trouvâmes que ce que j'avois
prédit du mouvement du peuple n'étoit que trop bien
fondé. Miron, que j'avois prié d'être alerte, eut peine
à se contenir dans la rue Saint-Honoré à l'entrée des
députés; et je me repentis plus d'une fois d'avoir jeté
dans le monde, comme j'avois fait dès le matin, les
plus odieux des articles, et les circonstances de la signature du cardinal Mazarin. Vous avez vu la raison
pour laquelle nous avions jugé à propos de les faire
savoir; mais il faut avouer que *la guerre civile est une*

de ces maladies compliquées, dans lesquelles le remède que vous destinez pour la guérison d'un symptôme en aigrit quelquefois trois ou quatre autres.

Le 13, les députés de Ruel étant entrés au parlement, qui étoit bien ému, M. d'Elbœuf, désespéré d'un paquet qu'il avoit reçu de Saint-Germain la veille à onze heures du soir, leur demanda brusquement, contre ce qui avoit été arrêté chez M. de Bouillon, s'ils avoient traité de quelques intérêts des généraux. Le premier président ayant voulu répondre, par la lecture du procès-verbal, de ce qui s'étoit passé à Ruel, il fut presque accablé par un bruit confus, mais uniforme, de toute la compagnie, qui s'écria qu'il n'y avoit point de paix; que le pouvoir des députés avoit été révoqué; qu'ils avoient abandonné lâchement et les généraux et tous ceux à qui la compagnie avoit accordé arrêt d'union. M. le prince de Conti dit assez doucement qu'il s'étonnoit qu'on eût conclu sans lui et sans les généraux : à quoi M. le premier président répliqua qu'ils avoient toujours protesté qu'ils n'avoient point d'autres intérêts que ceux de la compagnie, et que de plus il n'avoit tenu qu'à eux d'y députer. M. de Bouillon, qui commença à sortir de son logis ce jour-là, dit que le cardinal Mazarin demeurant premier ministre, il demandoit pour toute grâce au parlement de lui obtenir un passeport pour sortir en sûreté hors du royaume. Le premier président lui dit qu'on avoit eu soin de ses intérêts; qu'il avoit insisté lui-même sur la récompense de Sedan, et qu'il en auroit satisfaction. Mais M. de Bouillon lui témoigna que ce discours n'étoit qu'en l'air, et qu'il ne se sépareroit jamais des autres généraux. Le bruit recommença avec une telle fureur, que le président de Mesmes, que l'on chargeoit d'opprobres sur la signature du cardinal Mazarin, trembloit comme la feuille. Messieurs de Beaufort et de La Mothe s'échauffèrent par le grand bruit; et le premier dit, en mettant la main sur la garde de son épée : « Vous avez beau « faire, messieurs les députés, celle-ci ne tranchera « jamais pour le Mazarin. » Vous voyez que j'avois raison quand je disois chez M. de Bouillon que, dans le mouvement où seroient les esprits au retour des députés, nous ne pourrions pas répondre d'un quart-d'heure à l'autre. Je devois ajouter que nous ne pourrions pas répondre de nous-mêmes.

Comme le président Le Coigneux proposoit de renvoyer les députés pour traiter des intérêts de messieurs les généraux, et pour faire réformer les articles qui ne plaisoient pas à la compagnie, l'on entendit un fort grand bruit dans la salle du Palais qui fit peur à *maître Gonin* (1) : ce qui l'obligea de se taire. Le président de Bellièvre, ayant voulu appuyer la proposition de Le Coigneux, fut interrompu par un second bruit plus grand que le premier. L'huissier qui étoit à la porte de la grand'chambre entra; et dit d'une voix tremblante que le peuple demandoit M. de Beaufort. Il sortit, il harangua la populace, et il l'apaisa pour un moment. Le fracas recommença aussitôt qu'il fut rentré; et le président de Novion étant sorti hors du parquet des huissiers pour voir ce que c'étoit, y trouva un certain Duboisle, méchant avocat, et si peu connu que je ne l'avois jamais ouï nom-

(1) Le président Le Coigneux, connu alors par ce sobriquet. Voyez *ci-dessus*, page 348. (A. E)

mer, qui, à la tête d'un nombre infini de peuple, dont la plus grande partie avoit le poignard à la main, lui dit qu'il vouloit qu'on lui donnât les articles de la paix, pour faire brûler par la main du bourreau et dans la Grève la signature du Mazarin; que si les députés avoient signé de leur gré, il les falloit pendre; que si on les y avoit forcés, il falloit les désavouer. Le président de Novion, fort embarrassé, représenta à Duboisle qu'on ne pouvoit brûler la signature du cardinal sans brûler celle de M. le duc d'Orléans : mais que l'on étoit sur le point de renvoyer les députés, pour faire réformer les articles. On n'entendoit cependant dans la salle, dans les galeries et dans la cour du Palais que des voix confuses : *Point de paix, point de Mazarin! Il faut aller à Saint-Germain querir notre bon Roi ; il faut jeter dans la rivière tous les mazarins.*

M. le premier président témoigna une intrépidité extraordinaire. Quoiqu'il se vît l'objet de la fureur du peuple, on ne vit pas un mouvement sur son visage qui ne marquât une fermeté inébranlable, et une présence d'esprit presque surnaturelle : ce qui est quelque chose de plus grand que la fermeté. Il prit les voix avec la même liberté d'esprit qu'il l'auroit fait dans les audiences ordinaires; il prononça de même ton l'arrêt formé sur la proposition de messieurs Le Coigneux et de Bellièvre. Cet arrêt portoit que les députés retourneroient à Ruel, pour y traiter des prétentions et des intérêts de messieurs les généraux et de tous les autres qui étoient joints au parti, pour obtenir que M. le cardinal Mazarin ne signât pas dans le traité qui se feroit tant sur ce chef que sur les autres qui se pourroient remettre en négociation.

Cette déclaration assez informe ne s'expliqua point pour ce jour-là plus distinctement, parce qu'il étoit plus de cinq heures du soir quand elle fut achevée (quoiqu'on fût au Palais dès les sept heures du matin), et parce que le peuple étoit si fort animé que l'on appréhendoit qu'il n'enfonçât les portes de la grand'chambre. On proposa à M. le premier président de sortir par les greffes, par lesquels il se pourroit retirer en son logis sans être vu. A cela il répondit ces mots : « La cour ne se cache jamais. Si j'étois assuré de pé- « rir, je ne commettrois pas cette lâcheté, qui de plus « ne serviroit qu'à donner de la hardiesse aux sédi- « tieux. Ils me trouveroient bien dans ma maison, « s'ils croyoient que je les eusse appréhendés ici. » Comme je le priois de ne se point exposer que je n'eusse fait mes efforts pour adoucir le peuple, il se tourna vers moi d'un air moqueur, et il me dit cette parole mémorable : « Hé ! mon bon seigneur, dites le « bon mot. » Il me témoignoit assez par là qu'il me croyoit auteur de la sédition : en quoi il me faisoit une horrible injustice. Je ne me sentis pourtant en cette occasion touché d'aucuns mouvemens, que de celui qui me fit admirer l'intrépidité de cet homme, que je laissai entre les mains de Caumartin, afin qu'il le retînt jusqu'à ce que je revinsse à lui. Je priai M. de Beaufort de demeurer à la porte du parquet des huissiers, pour empêcher le peuple d'entrer et le parlement de sortir. Je fis le tour par les buvettes[1], et

---

[1] *Les buvettes* : Les buvettes du parlement étoient des lieux où les magistrats alloient se chauffer, et prendre de légers repas. Il n'y avoit qu'eux qui pussent y entrer ; mais il y avoit d'autres buvettes pour les

quand je fus dans la grand'salle je montai sur un banc de procureur; et ayant fait un signe de la main, tout le monde cria silence pour m'écouter. Je dis tout ce que je pus pour calmer la sédition. Du Boisle s'avançant alors, et me demandant avec audace si je lui répondois que l'on ne tiendroit pas la paix qui avoit été signée à Ruel, je lui répondis que j'en étois très-assuré, pourvu que l'on ne fît point d'émotion : mais que l'émotion continuant, on obligeroit les gens les mieux intentionnés pour le parti de chercher toutes les voies d'éviter de pareils inconvéniens. Je jouai en un quart-d'heure trente personnages différens : je menaçai, je commandai, je suppliai. Enfin, comme je crus me pouvoir assurer du moins de quelques instans, je revins dans la grand'chambre; je mis devant moi M. le premier président, en l'embrassant : M. de Beaufort en usa de la même manière avec M. le président de Mesmes, et nous sortîmes ainsi avec le parlement en corps; les huissiers à la tête. Le peuple fit de grandes clameurs; nous entendîmes même quelques voix qui crioient *République!* mais on n'attenta rien contre nous. M. de Bouillon courut plus de péril que personne, ayant été couché en joue par un misérable de la lie du peuple qui le prenoit pour Mazarin.

Le 14, on arrêta, après de grandes contestations, que l'on feroit le lendemain au matin lecture de ce même procès-verbal de la conférence de Ruel, et de ces mêmes articles dont on n'avoit pas voulu seulement entendre parler la veille.

avocats et les plaideurs. Chaque chambre du parlement avoit sa buvette, et le Roi payoit la dépense qui s'y faisoit.

Le 15, ce procès-verbal et ces articles furent lus: ce qui ne passa pas sans beaucoup de chaleur et de picoteries. On arrêta enfin de concevoir l'arrêt en ces termes :

« La cour a accepté l'accommodement et le traité, et a ordonné que les députés du parlement retourneront à Saint-Germain pour faire instance et obtenir la réformation de quelques articles; savoir, de celui d'aller tenir un lit de justice à Saint-Germain; de celui qui défend l'assemblée des chambres, que Sa Majesté sera très-humblement suppliée de permettre en certains cas; de celui qui permet les prêts, qui est le plus dangereux de tous pour le public, à cause des conséquences; et les députés y traiteront aussi des intérêts de messieurs les généraux et de ceux qui se sont déclarés pour le parti, conjointement avec ceux qu'il leur plaira de nommer pour aller traiter particulièrement en leur nom. »

Le 16, comme on lisoit cet arrêt, Machaut, conseiller, remarqua qu'au lieu de mettre *faire instance et obtenir*, on avoit écrit *faire instance d'obtenir;* et il soutint que le sentiment de la compagnie avoit été que les députés fissent *instance et obtinssent*, et non pas qu'ils fissent *instance d'obtenir*. Le premier président et le président de Mesmes s'opiniâtrèrent pour le contraire : la chaleur fut grande dans les esprits; et comme on étoit sur le point de délibérer, Saintot, lieutenant des cérémonies, rendit au premier président une lettre de M. Le Tellier, qui lui témoignoit la satisfaction que le Roi avoit de l'arrêté du jour précédent, et qui lui envoyoit des passeports pour les députés des généraux. Cette petite pluie abattit le vent qui s'étoit élevé : on ne parla plus de la question. Miron, conseiller et député du parlement de Rouen, qui dès le 13 s'étoit plaint en forme au parlement de ce qu'on avoit fait la paix sans appeler sa compagnie, et qui y revint encore le 16, fut à peine écouté. Le premier président lui dit simplement que s'il avoit les mémoires concernant les intérêts de son corps, il pouvoit aller à la conférence. On se leva ensuite, et les députés partirent dès l'après-dînée pour se rendre à Ruel.

Je vais vous raconter ce qui se passa à l'hôtel-de-ville le soir du 16. Le bruit qu'il y eut dans le Palais, le 13, obligea le parlement à faire garder les portes du Palais par les compagnies colonelles de la ville, qui étoient encore plus animées contre la paix mazarine (c'est ainsi qu'ils l'appeloient) que la canaille; mais que l'on ne redoutoit pourtant pas tant, parce que l'on savoit qu'au moins les bourgeois dont elles étoient composées ne vouloient pas le pillage. Celles que l'on établit ce jour-là à la garde du Palais furent choisies du voisinage, comme les plus intéressées à l'empêcher; et il se trouva qu'elles étoient en effet très-dépendantes de moi, parce que je les avois toujours ménagées comme étant fort proches de l'archevêché, et qu'elles s'étoient en apparence attachées à M. de Champlâtreux, fils du premier président, parce qu'il étoit leur colonel. Ce rencontre m'étoit très-fâcheux, et faisoit qu'on avoit lieu de m'attribuer le désordre dont elles menaçoient quelquefois; et que l'autorité que M. de Champlâtreux y eût dû avoir par sa charge lui pouvoit donner par l'événement l'honneur de l'obstacle qu'elles faisoient au mal. Cet embarras est rare et cruel, et c'est peut-être un des plus grands où je me sois trouvé. Ces gardes si bien choisis furent dix fois sur le point d'insulter le parlement, et insultèrent des conseillers et des présidens en particulier. Ils menacèrent le président de Thoré, sur le quai proche de l'horloge, de le jeter dans la rivière. Je ne dormois ni jour ni nuit en ce temps-là, pour empêcher le désordre. Le premier président et ses adhérens prirent une telle audace de ce qu'il n'arrivoit point de mal, qu'ils en prirent même avantage contre nous, et picotèrent, pour ainsi dire, les généraux par des plaintes et par des reproches, dans des momens où le peuple eût infailliblement déchiré malgré eux le parlement, si les généraux eussent reparti assez haut pour se faire entendre du peuple. Le président de Mesmes les picota sur ce que les troupes n'avoient pas agi avec assez de vigueur; et Payen, conseiller de la grand'chambre, dit des impertinences ridicules à M. de Bouillon, qui les souffrit avec une modération merveilleuse; mais elle ne l'empêcha pas de faire une sérieuse réflexion, et de me dire au sortir du Palais que j'en connoissois mieux le terrain que lui. Il vint le soir à l'hôtel-de-ville, et y fit à M. le prince de Conti et aux autres généraux le discours dont voici la substance :

« Je n'eusse jamais cru ce que je vois du parle-
« ment : il ne veut pas, le 13, ouïr seulement la paix
« de Ruel, et il la reçoit le 15, à quelques articles
« près. Il fait partir le 16, sans limiter ni régler leur
« pouvoir, ces mêmes députés qui ont signé la paix
« contre ses ordres. Ce n'est pas assez : il nous charge

« d'opprobres, parce que nous nous plaignons de ce
« qu'il a traité sans nous, et parce qu'il a abandonné
« M. de Longueville et M. de Turenne. C'est peu ; il
« ne tient qu'à nous de les laisser étrangler : il faut
« qu'au hasard de nos vies nous sauvions la leur, et
« je conviens que la bonne conduite le veut. Ce n'est
« pas, monsieur, dit-il en se tournant vers moi, pour
« blâmer ce que vous avez toujours dit sur ce sujet :
« c'est pour condamner ce que nous avons toujours
« répondu. Je conviens, monsieur, continua-t-il en
« s'adressant à M. le prince de Conti, qu'il n'y a qu'à
« périr avec cette compagnie, si on la laisse en l'état
« où elle est. Je me rends à l'avis que M. le coadju-
« teur ouvrit dernièrement chez moi ; et je suis per-
« suadé que si Votre Altesse diffère à l'exécuter, nous
« aurons dans deux jours une paix plus honteuse et
« moins sûre que la première. »

Comme la cour, qui avoit de moment à autre des nouvelles de toutes les démarches du parlement, ne doutoit presque plus qu'il ne se rendît bientôt, et que par cette raison elle se refroidissoit beaucoup à l'égard des négociations particulières, le discours de M. de Bouillon les trouva dans une disposition à prendre feu. Ils entrèrent dans son sentiment : on n'agita plus que la manière ; l'on convint de tout, et il fut résolu que le lendemain à trois heures on se trouveroit chez M. de Bouillon, où l'on seroit plus en repos qu'à l'hôtel-de-ville, pour y concerter la forme dont nous porterions la chose au parlement. Je me chargeai d'en conférer le soir avec le président de Bellièvre, qui avoit toujours été de mon sentiment sur cet article. Comme nous allions nous séparer,

M. d'Elbœuf reçut un billet de chez lui, qui portoit que don Gabriel de Tolède y étoit arrivé. Nous ne doutâmes pas qu'il n'apportât la ratification du traité que messieurs les généraux avoient signé, et nous l'allâmes voir dans le carrosse de M. d'Elbœuf, M. de Bouillon et moi. Il apportoit effectivement la ratification de M. l'archiduc; mais il venoit particulièrement pour essayer de renouer le traité pour la paix générale que j'avois proposé. Comme il étoit d'un naturel assez impétueux, il ne se put empêcher de témoigner même un peu aigrement, à M. de Bouillon, qu'on n'étoit pas fort satisfait d'eux à Bruxelles. Il leur fut aisé de le contenter, en lui disant que l'on venoit de prendre la résolution de revenir à ce traité; qu'il étoit venu tout à propos pour cela, et que le lendemain il en verroit des effets. Il vint souper avec madame de Bouillon, qu'il avoit connue autrefois lorsqu'elle étoit dame du palais de l'Infante; et il lui dit en confidence que l'archiduc lui seroit obligé, si elle pouvoit faire en sorte que je reçusse dix mille pistoles que le roi d'Espagne l'avoit chargé de me donner de sa part. Madame de Bouillon n'oublia rien pour me le persuader, mais elle n'y réussit pas. Je m'en démêlai avec beaucoup de respect, mais d'une manière qui fit connoître aux Espagnols que je ne prendrois pas aisément de leur argent. Ce refus m'a coûté cher depuis, non par lui-même en cette occasion, mais par l'habitude qu'il me donna à prendre la même conduite dans des conjonctures où il eût été du bon sens de recevoir ce qu'on m'offroit, quand même je l'eusse dû jeter dans la rivière. *Ce n'est pas toujours jeu sûr de refuser de plus grand que soi.* Comme nous étions en conversation après souper dans le cabinet de madame de Bouillon, Briquemaut y entra avec un visage consterné. Il la tira à part, et ne lui dit qu'un mot à l'oreille. Elle fondit d'abord en pleurs ; et en se tournant vers don Gabriel de Tolède et vers moi : « Hélas ! s'écria-t-elle, nous sommes perdus : M. de Turenne est abandonné. » Le courrier entra au même instant, qui nous conta succinctement la chose. Tous les corps avoient été gagnés par l'argent de la cour, et toutes les troupes lui avoient manqué, à la réserve de deux ou trois régimens. M. de Turenne avoit fait beaucoup que de n'être point arrêté ; et il s'étoit retiré, lui cinq ou sixième, chez madame la landgrave de Hesse [1], sa parente et son amie.

M. de Bouillon fut atterré de cette nouvelle, et j'en fus presque aussi touché que lui. Je ne sais si je me trompai : mais il me parut que don Gabriel de Tolède n'en fut pas trop affligé, soit qu'il crût que nous n'en serions que plus dépendans de l'Espagne, soit que son humeur gaie et enjouée l'emportât sur l'intérêt du parti. M. de Bouillon pensa un demi quart-d'heure après aux expédiens de réparer cela ; et nous envoyâmes chercher le président de Bellièvre, qui venoit de recevoir un billet de M. le maréchal de Villeroy, qui lui mandoit cette nouvelle. Ce billet portoit que le premier président et le président de Mesmes

---

(1) Amélie-Elisabeth, femme de Guillaume, landgrave de Hesse. Elle étoit cousine germaine de M. de Turenne, étant petite-fille de Charlotte de Bourbon, femme de Guillaume premier, prince d'Orange, grand'-mère de M. de Turenne. (A. E.)

avoient dit que si les affaires ne s'accommodoient pas, ils ne retourneroient plus à Paris. M. de Bouillon, qui, en perdant sa principale considération dans la perte de l'armée de M. de Turenne, jugeoit bien que les espérances qu'il avoit conçues d'être l'arbitre du parti n'étoient plus fondées, revint tout à coup à la première disposition de porter les choses à l'extrémité ; et il prit sujet de ce billet du maréchal de Villeroy, pour nous dire que nous pouvions juger, par ce que le premier président et le président de Mesmes avoient dit, que ce que nous avions projeté la veille ne recevroit pas grande difficulté dans son exécution.

Je reconnois de bonne foi que je manquai beaucoup en cet endroit de la présence d'esprit qui étoit nécessaire : car au lieu de me tenir couvert devant don Gabriel de Tolède, et de me réserver à m'ouvrir à M. de Bouillon, quand nous serions demeurés, le président de Bellièvre et moi, seuls avec lui, je lui répondis que les choses étoient bien changées ; et que la désertion de l'armée de M. de Turenne faisoit que ce qui la veille étoit facile dans le parlement, y seroit le lendemain impossible, et même ruineux. Je m'étendis sur cette matière, et cette imprudence me jeta dans des embarras dont j'eus bien de la peine à me démêler.

Don Gabriel de Tolède, qui avoit ordre de s'ouvrir avec moi, s'en cacha au contraire avec soin dès qu'il me vit changé sur la nouvelle de M. de Turenne ; et il fit, parmi les généraux, des cabales qui me donnèrent beaucoup de peine, comme je le dirai.

M. de Bouillon, qui se sentoit, et qui ne pouvoit nier que ses délais n'eussent mis les affaires dans l'état où elles étoient, coula dans les commencemens d'un discours qu'il adressoit à don Gabriel, comme pour lui expliquer le passé; il coula, dis-je, que c'étoit au moins une espèce de bonheur que la nouvelle de la désertion des troupes de M. de Turenne fût arrivée avant que l'on eût exécuté ce qu'on avoit résolu de proposer au parlement : parce que, ajouta-t-il, le parlement, voyant que le fondement sur lequel on l'eût engagé lui eût manqué, auroit tourné tout à coup contre nous, au lieu que nous sommes en état de fonder de nouveau la proposition ; et c'est sur quoi nous avons, ce me semble, à délibérer. Ce raisonnement me parut d'abord faux, parce qu'il supposoit qu'il y eût une nouvelle proposition à faire : ce qui étoit pourtant le fond de la question. Je n'ai jamais vu homme qui entendît cette figure comme M. de Bouillon. Il m'avoit souvent dit que le comte Maurice (1) avoit accoutumé de reprocher à Barneveldt (2), à qui depuis il fit trancher la tête, *qu'il renverseroit la Hollande, en donnant toujours le change aux Etats, par la supposition certaine de ce qui faisoit la question.* J'en fis ressouvenir en riant M. de Bouillon au moment dont il s'agit, et je lui soutins qu'il n'y avoit plus rien qui pût empêcher le parlement de

(1) Le prince d'Orange, Maurice de Nassau, capitaine général et stathouder des sept Provinces-Unies, mort en 1625. C'est lui qui prit pour sa devise: *Tandem fit surculus arbor*, pour dire qu'enfin la Hollande s'éleveroit à l'état de souveraineté, malgré l'Espagne. (A. E.) — (2) Barneveldt, pensionnaire de Hollande, condamné et exécuté en 1619, à l'âge de soixante-seize ans. (A. E.)

faire la paix; que tous les efforts par lesquels on prétendoit l'arrêter l'y précipiteroient, et qu'il falloit délibérer sur ce principe. La contestation s'échauffant, M. de Bellièvre proposa d'écrire ce qui se diroit de part et d'autre. Voici ce que je lui dictai, et ce que j'avois encore de sa main cinq ou six jours avant que je fusse arrêté. Il en eut quelque scrupule; il me le demanda; je le lui rendis, et ce fut un grand bonheur pour lui : car je ne sais si cette paperasse, qui eût été prise, ne lui auroit point nui quand on le fit premier président.

« Je vous ai dit plusieurs fois que *toute compa-*
« *gnie est peuple, et qu'ainsi tout y dépend des*
« *instans*. Vous l'avez éprouvé peut-être plus de cent
« fois depuis deux mois; et si vous aviez assisté aux
« assemblées du parlement, vous l'auriez observé
« plus de mille. Ce que j'y ai remarqué de plus, c'est
« que les propositions n'y ont qu'une fleur, et que
« telle qui y plaît fort aujourd'hui y déplaît demain
« à proportion. Ces raisons m'ont obligé jusqu'ici à
« vous presser de ne pas manquer l'occasion de la
« déclaration de M. de Turenne, pour engager le
« parlement d'une manière qui le puisse fixer. Rien
« ne pouvoit produire cet effet que la proposition de
« la paix générale, qui nous donnoit lieu de demeu-
« rer armés dans le temps de la négociation.

« Quoique don Gabriel ne soit pas Français, il sait
« assez nos manières pour ne pas ignorer qu'une pro-
« position de cette nature, qui va à faire faire la paix
« à son roi malgré son consentement, demande de
« grands préalables dans un parlement, au moins

« quand on la veut porter jusqu'à l'effet. Lorsqu'on
« ne l'avance que pour amuser les auditeurs, ou pour
« donner un prétexte aux particuliers d'agir avec plus
« de liberté, comme nous le fîmes dernièrement,
« lorsque don Joseph de Illescas eut son audience
« du parlement, on la peut hasarder plus légère-
« ment, parce que le pis est qu'elle ne fasse point
« son effet. Mais quand on pense à la faire effective-
« ment réussir, et quand même on s'en veut servir
« en attendant qu'elle réussisse à fixer une compa-
« gnie, je mets en fait qu'il y a encore plus de perte
« à la manquer en la proposant légèrement, qu'il n'y
« a d'avantage à l'emporter en la proposant à propos.
« Le seul nom de l'armée de Weymar étoit capable
« d'éblouir dès le premier jour le parlement. Je vous
« le dis : vous eûtes vos raisons de différer ; je m'y
« suis soumis. Le nom et l'armée de M. de Turenne
« l'eussent encore apparemment emporté il n'y a que
« trois ou quatre jours. Je vous le répétai : vous eûtes
« vos considérations pour attendre. Je les crois justes;
« je m'y suis rendu. Vous revîntes hier à mon senti-
« ment, et je ne m'en départis pas, quoique je con-
« nusse que la proposition dont il s'agissoit avoit déjà
« beaucoup perdu de sa fleur ; mais je crus que nous
« l'eussions fait réussir si l'armée de M. de Turenne
« ne lui eût pas manqué, non pas peut-être avec au-
« tant de facilité que les premiers jours, mais au moins
« avec la meilleure partie de l'effet qui nous étoit né-
« cessaire. Cela n'est plus : qu'est-ce que nous avons
« pour appuyer dans le parlement la proposition de
« la paix générale ? Nos troupes ? Vous voyez ce qu'ils

« nous en ont dit eux-mêmes aujourd'hui dans la
« grand'chambre. L'armée de M. de Longueville?
« Vous savez ce que c'est : nous la disons de sept
« mille hommes de pied et de trois mille chevaux,
« et nous ne disons pas vrai de plus de la moitié; et
« vous n'ignorez pas que nous l'avons tant promise
« et que nous l'avons si peu tenue, que nous n'en ose-
« rions plus parler. À quoi nous servira donc de faire
« au parlement la proposition de la paix générale,
« qu'à lui faire croire et dire que nous n'en parlons
« que pour rompre la particulière? ce qui sera le vrai
« moyen de la faire désirer à ceux qui n'en veulent
« point. Voilà l'esprit des compagnies, et plus de
« celle-là que de toute autre. Si nous exécutons ce
« que nous avions résolu, nous n'aurons pas quarante
« voix qui aillent à ordonner aux députés de revenir
« à Paris, en cas que la cour refuse ce que nous lui
« proposerons. Tout le reste n'est que paroles qui
« n'engageront à rien le parlement, dont la cour sor-
« tira aussi par des paroles; et nous ferons croire à
« tout Paris et à Saint-Germain que nous avons un
« très-grand concert avec l'Espagne. »

Le président de Bellièvre ayant lu notre écrit en présence de M. et de madame de Bouillon, et de M. de Brissac qui revenoit du camp, nous nous aperçûmes en moins de rien que don Gabriel, qui y étoit aussi présent, n'avoit pas plus de connoissance de nos affaires que nous en pouvions avoir de celles de Tartarie : de l'esprit, de l'enjouement, de l'agrément, peut-être même de la capacité; mais je n'ai guère vu d'ignorance plus crasse, au moins par rapport aux matières dont il s'agissoit. C'est une grande faute que d'envoyer de tels négociateurs. Il nous parut que M. de Bouillon ne contesta notre écrit qu'autant qu'il fut nécessaire pour faire voir à don Gabriel qu'il n'étoit pas de notre avis : « dont je ne suis pas en effet, « me dit-il à l'oreille ; je vous en dirai demain la « raison. »

TABLE DES MATIÈRES

CONTENUES

DANS LE QUARANTE-QUATRIÈME VOLUME.

MÉMOIRES DU CARDINAL DE RETZ.

Notice sur le cardinal de Retz et sur ses Mémoires. Pag. 3
Mémoires du cardinal de Retz. 85
Livre premier. *ibid.*
Livre second. 149

FIN DU TOME QUARANTE-QUATRIÈME.

www.ingramcontent.com/pod-product-compliance
Lightning Source LLC
Chambersburg PA
CBHW071056230426
43666CB00009B/1732